Steven Spielberg

STEVEN SPIELBERG

oder Geschichten der Film–Bilder eines netten jüdischen
Jungen aus Phoenix, Arizona, der keine Frösche zer-
schneiden wollte, dem Fahrstühle, Höhen und Wasser
Angst machten, und der daher die Traummaschine von
Hollywood neu erfand

Georg Seeßlen

Steven Spielberg und seine Filme

SCHÜREN

Die Deutsche Bibliothek – CIP-Einheitsaufnahme

Ein Titeldatensatz für diese Publikation ist
bei Der Deutschen Bibliothek erhältlich

Schüren Presseverlag
Deutschhausstr. 31· D-35037 Marburg
www.schueren-verlag.de
© Schüren 2001
Alle Rechte vorbehalten
Umschlaggestaltung: Rolf Zöllig
Druck: Clausen & Bosse, Leck
Printed in Germany
ISBN 3-89472-335-1

INHALT

Einleitung

> Es gehört zu den Freuden der Talmudischen Tradition, dass die Diskussion endlos ist, aber nicht ziellos. Die Schraube dreht sich immer weiter.
>
> *Leon Wieseltier*

Es gibt sehr viele Arten zu denken, auch wenn es keine Art des Denkens gibt, die uns vollständig erklären könnte, was „Denken" überhaupt ist. Wenn wir Denken als vernünftig akzeptieren – so haben wir es gelernt –, dann ist es etwas, das sich nach und in Sprache drängt. Wer nicht in Sprache denkt, hat, wenn überhaupt, ein „primitives Denken", ein „kindliches Denken" (das Denken der Wünsche) oder aber ein ästhetisches Empfinden, was aber gefälligst erst durch einen mehr oder minder akademischen Apparat zum sprachlichen Ausdruck und damit zum „eigentlichen" Denken gebracht wird. Wie aber, wenn man nicht nur in Worten, sondern auch in Tönen, in Farben, in den Bewegungsbildern des Kinos „denken" könnte. Ein Denken nicht in den Begriffen, sondern in den Dingen und in den Körpern selbst, die sich, zum Beispiel, auf der Leinwand bewegen, um ihre Dauer zu beweisen. Dann, vielleicht, stände dem Postulat „Die Grenzen meiner Welt sind die Grenzen meiner Sprache" ein zweites gegenüber: „Die Grenzen meiner Welt sind die Grenzen meiner Bilder".

Wenn wir das Kino als eine „Traumfabrik" ansehen, dann machen wir es auch harmlos, schließen es von den Diskursen und von der Suche nach den neuen Formen dafür aus, die wir möglicherweise dringender benötigen als den Zuwachs des reinen Wissens. Das Kino ist aber auch eine Denkfabrik. Selbst wenn die Anzahl derjenigen Menschen, die wirklich in Bildern denken und nicht Sprach-Gedanken in Bilder übersetzen, beklagenswert klein ist. Auch darum lohnt sich die Auseinandersetzung mit einem Filmemacher wie Steven Spielberg: Weil da einer, ganz im Sinne von Gilles Deleuze, wirklich in Bildern denkt, der Bilder so verkettet wie andere Menschen Sätze verketten. Die Übersetzung des Bilderdenkens in Wörterdenken, die auch dieses Buch unternehmen will, kann nur bis zu einem gewissen Grad erfolgreich sein; sie möchte es ehrlich gesagt auch gar nicht anders. Worum es geht, ist es, das Bilderdenken und das Wörterdenken einander etwas näherzubringen und gleichzeitig zwischen beidem eine inspirierende Reibungshitze zu erzeugen. Zur Steigerung des wechselseitigen Genusses ebenso wie zur Konstruktion ei-

EMPIRE OF THE SUN

nes Weges zur Erkenntnis der Welt und ihrer Spiegelungen, oder der Welt als ihre Spiegelungen, jenseits der blanken Rationalität des Wortes. Vielleicht denken wir längst oder gar schon immer in Bildern so gut wie in Worten. Aber wir denken dieses Denken nicht, wir halten es für den kindlicheren und barbarischeren Teil unserer Vorstellung. So wie ja auch nur ein paar Philosophinnen und Philosophen erkannt haben, dass das Kino zwar einerseits ein mythisches und konservatives Mittel zur Unterhaltung ist, andrerseits aber auch selber ein Medium des vielleicht radikalen Philosophierens oder selber Philosophie. Das muss niemanden abschrecken. Denn Philosophie ist nicht als erstes schwierig. Philosophie ist als erstes schön.

Da trifft es sich gut, dass bei dem Bilder-Denker Steven Spielberg eben dies, der Widerspruch zwischen der Kindlichkeit und der Erkenntnis, nicht nur Form, sondern auch Thema ist. Die universale Verständlichkeit der meisten seiner Filme, die eindeutige Zuordnung zu Mainstream und Tradition, täuscht leicht darüber hinweg, dass in ihnen auch etwas über die Zukunft unserer Wahrnehmung verhandelt wird, eine Veränderung der Raum/Zeit-Empfindung ebenso wie die Konstruktion des (filmischen) Subjekts. Vielleicht gerade weil es auf der Oberfläche so einfach ist, können wir in Spielbergs Filmen dem Denken in Bildern bei der Entwicklung zusehen.

So viel ist sicher: Steven Spielberg hat eine Reihe der erfolgreichsten Filme der Kinogeschichte gedreht, gleichgültig ob man „Erfolg" an der Anzahl verkaufter Kinokarten misst, an dem sozialen Rumoren, das ein Film auslöst, an der Aufregung der Kritik oder am Einfluss, den Filme auf andere Filme haben. Einer an den Möglichkeiten und Innovationen, am ästhetischen Eigensinn des Mediums interessierten Kritik können sie erst einmal suspekt erscheinen. Handwerklich (beileibe nicht immer) perfekte Werke eines überaus talentierten

Menschen, der von sich selber behauptet, er sei mit einer Kamera vor den Augen geboren worden. Spielbergs Filme wären demnach als Phänomen der Pop-Kultur so aussagekräftig wie im eigentlich Filmischen eher unbedeutend, vielleicht sogar schlimmeres: Ein entschiedener und entscheidender Schritt zurück – nach den auch cineastischen Aufbrüchen der sechziger und frühen siebziger Jahre. Und wie sollten ästhetische Schritte zurück nicht auch politische Schritte zurück sein? Es gibt eine Menge Leute, die Steven Spielberg und seine Filme hassen, aus sehr unterschiedlichen Gründen. Und manche tun es wider besseres Wissen.

Dieses schnelle Urteil nämlich, das viel, aber weiß der Himmel nicht alles, für sich hat, kann man ebenso in Frage stellen, wie man der Konstruktion der Mythen vom „Wunderkind" und vom „König Midas von Hollywood" misstrauen kann, die uns so gern vorgehalten werden. Als wäre erst nach Spielberg das Kino an den Kommerz verraten. Und als hätte nicht die amerikanische und die Welt-Cinematografie so sehnsüchtig auf einen wie Steven Spielberg gewartet, dass man ihn sich hätte erfinden müssen, wenn es ihn nicht wirklich gäbe. Aber gewiss hat Steven Spielberg weniger Film-Geschichte als Kino-Geschichte, ja, mehr noch Geschichte der Pop-Kultur geschrieben. Er und die vielen Filmleute, die in seinem Umkreis in die Traumfabrik hineinwuchsen, haben sich, nie ganz ohne Ironie, nie ganz ohne Melancholie, daran gemacht, die große strukturelle und moralische Krise Hollywoods, die „Vietnamisierung" der Bewegungsbilder in den siebziger Jahren und den Verlust des Vertrauens zwischen der Leinwand und dem Zuschauerraum, noch einmal zu überwinden. Beinahe im Nebenhinein haben sie dabei Strategie und Ästhetik des *blockbuster* entwickelt, die das alte Studio- und Genresystem ablösen sollten. Während die Filme der „Modernen"

Bei den Dreharbeiten zu JAWS

immer kleiner, fragmentarischer, vorläufiger wurden, beharrten diese Regisseure, und Steven Spielberg vor allem, auf dem unvergleichlichen, dem „nachhaltigen" Kino-Erlebnis. Sie retteten, vielleicht, das „große Kino" so sehr, weil sie es brauchten, so wie manche europäische Regisseurinnen und Regisseure es zerstören mussten, um für sich den Film zu retten.

Aber mehr noch haben Spielberg und die Seinen ein Kino aus dem Geist eines neuen Bündnisses zwischen Produktion und Konsumenten geschaffen, das die Mitte der Gesellschaft wieder erreichen konnte, ohne sie zugleich zu spalten. Ganz gewiss kann man dieses Kino als ein mediales Versöhnungsprojekt ansehen (und wie immer bei solchen sozialen, nationalen und internationalen Versöhnungsmythen argwöhnen, das neue, wärmende Innen könne nur durch eine entsprechende Rekonstruktion des feindlichen Außen geschehen, und seien es weiße Haie oder In-

dianer aus dem Weltraum). Aber Steven Spielberg hat in seinen Filmen den Bruch in der Geschichte, den Bruch in der Gesellschaft nicht einfach verleugnet. Nichts von einem Krieg, den die eine Hälfte der Gesellschaft wollte und die andere ablehnte, nichts von einer Situation zwischen den Klassen und Rassen, die immer wieder in einen manifesten Bürgerkrieg umzuschlagen drohte, nichts von den Verschwörungen und Verschwörungsängsten, von der Nation, deren Demokratie sich in einer Welle von politischen Morden erfüllte, als ginge es um ein Shakespeare-Stück *on dope*, nichts von dem Hass zwischen den Generationen, nichts von dem neuen Krieg in den Familien und zwischen den Männern und den Frauen. Nichts konnte und wollte, in einem Wort, jemand wie Steven Spielberg von der nationalen Katastrophe verleugnen. Er hat indes in seinen *plots*, in seinen Bildern, in jeden Dialogsatz und jede Kameraeinstel-

Bei den Dreharbeiten zu JURASSIC PARK

lung hinein ein Angebot einer Versöhnung gemacht. Nicht in den melodramatischen Gottesurteilen für die Werte des alten Amerika, wie es der „Katastrophenfilm" und die Dinosaurier der Studios taten, nicht als verzweifelte Geste des rechtsanarchistischen Cop à la DIRTY HARRY (USA 1971 – Regie: Don Siegel), nicht in der regressiven Verweigerung der EASY RIDERS (USA 1969 – Regie: Dennis Hopper), nicht in der Rekonstruktion alter Feindbilder und schon gar nicht in der nihilistischen Geste der „neuen Wilden" des amerikanischen Horrorfilmes wie Tobe Hooper, Wes Craven oder George A. Romero, die in den Jahren von Vietnam und in den Jahren von „Love, Peace and Happiness" das kalte, ausweglose Grauen in Gestalt von Kannibalen und Zombies über die Provinz ihrer Heimat brachten.

Eine Versöhnung von innen her. Das ist eine sehr alte Aufgabe, die das Mainstream-Kino zu übernehmen hat, und die es von al-

ler Mythologie im Lauf der Zeiten geerbt hat. Aber in der Mitte der siebziger Jahre stellte sich diese Aufgabe vollkommen neu. Und sie schien so schwierig, dass nur noch eine Rückkehr zu einer kindlichen Form der Unschuld Heilung versprach. Steven Spielberg musste die Wurzeln dieses Mainstream-Kinos wiederfinden und es zugleich neu erfinden. Er hat aus dem Kino wieder eine Heimat gemacht. Was vielleicht in der Tat keine allzu moderne Idee ist. Aber auch keine schlechte.

Wenn man ein Genre wie den amerikanischen Western als ein „Nationalepos" als *work in progress* bezeichnen kann, unabhängig davon, dass es auch als „universales Männermärchen" funktioniert, und unabhängig davon, dass es sich dabei wohl auch um eine „Dimensionierung" von Zeit und Raum handelt (weshalb das Verschwinden des Western ebenso gut auch als Verschwinden des Raumes gedeutet werden kann) so ist es vielleicht auch möglich, den *blockbuster* des Post-Genrekinos und des Post-Studiosystems der Traumfabrik als eine Art von *contrat social* als *work in progress* zu sehen. Gewiss funktioniert vor wie nach Spielberg auch das Kino als eines der „Dispositive der Macht", von denen Michel Foucault spricht. In seinen vernetzten Bildern und Diskursen fließt Macht und Interesse, das auch über das schiere Verwertungsinteresse des eingesetzten Kapitals hinausgeht. Vielleicht ist das Fernsehen mittlerweile um etliches mächtiger geworden, ein schnelleres und direkteres Mittel zum Einschreiben von Macht in den Alltag, aber das Kino hat seine maßgebende Kraft bewahrt.

Im „dualen System" Hollywoods (die Macht der „Saurier" in den Studios auf der einen Seite und die Unverschämtheit der Independents auf der anderen) wurde dieses Dispositiv der Macht immer wieder neu formuliert, das entscheidend auch auf andere Dispositive, nicht zuletzt die Sexualität, einwirkt. Der Aufstieg von Spielberg und einigen anderen jüngeren Regisseuren, Produzenten und Autoren hob diese Dialektik weitgehend auf. Sie vereinigten in bestimmter Weise die Unverschämtheit der Independents mit der Macht der Studios. Aber um dieses Ziel zu erreichen, mussten sie sich auf neue Weise mit dem Publikum verbünden. Sehr einfach ausgedrückt ging es dabei um die schlichte Anerkennung des Umstandes, dass sich das Kino von einem Anbieter- zu einem Verbrauchermarkt gewandelt hatte. So wandelte sich das Dispositiv zur „Ruhigstellung" des Publikums, die formelhafte Ausstellung der eigenen Möglichkeiten von einem Ausstattungsschinken zur nächsten Doris Day-Komödie, hin zu jenem filmischen Event, das gewissermaßen die Frage nach der eigenen Akzeptanz vor sich her trug. Es ist nicht der gewaltige *hype* um Filme wie THE EXORCIST (USA 1973 – Regie: William Peter Blatty) oder JAWS (USA 1974 – Regie: Steven Spielberg) allein, was zur synthetischen Konstruktion des Mega-Filmes führt, sondern auch der Inhalt dieses *hype*. Die Hysterisierung, ohne die eine solche Kampagne kaum denkbar ist, entzündet sich an der Frage, ob man einen Film als nationale Metapher und als allgemeine Verständigung anzusehen bereit ist oder nicht. An Filmen wie Michael Ciminos HEAVEN'S GATE (USA 1980) oder Steven Spielbergs eigenem *1941* ist zu beobachten, dass diese Frage plebiszitär und marktkonform durchaus mit „nein" beantwortet werden kann. Und während man das letzte Dinosaurier-Genre Hollywoods, den „Katastrophenfilm", dessen wilde und, wenn man so will: romantische, Kinder Filme wie THE EXORCIST und JAWS sind, noch so eindeutig als Dispositiv der Macht erkennen konnte (die melodramatische Prüfung der Schuldigen durch das Schicksal und die Errettung der Guten und Nützlichen durch die Vertreter der kleinen Macht, die Polizisten, Feuerwehrleute, Seemänner), wird der

blockbuster von Anfang an als offene soziale und kulturelle Metapher behandelt. Für wen oder was der weiße Hai steht und wen oder was man aus dem Leib und der Seele der kindlichen Unschuld vertreiben muß, wird erst jenseits der Leinwand, in einem allgemeinen medialen und gesellschaftlichen „Spiel" geklärt. Das Entscheidende indes ist die Antwort auf die Frage, welche gesellschaftlichen Allianzen und welche Ordnungsmächte zur Abwehr der inneren und äußeren Gefahr eingesetzt werden. Der Mega-Film als neue Form des *contrat social* (von dem sich unendlich viele kleinere Abbildungen, von den Nachahmungen, Wellen, dem Merchandising und der multimedialen Vervielfältigung ableiten lassen), ersetzt nun keineswegs das Dispositiv des Mediums, aber es gibt dem Publikum eine verlorene Chance der Selbstinszenierung zurück. Der *blockbuster* ist gegenüber dem Studio- und Genrefilm das

Bei den Dreharbeiten zu SAVING PRIVATE RYAN

Schindler's List: Dreharbeiten im Schnee

angemessenere Angebot für eine populistische Mediengesellschaft, in der man es gewohnt ist, in den eigenen Dispositiven zu „wüten" (wie es die Nachfolger von DIRTY HARRY oder die Horrorfilme der *fauves* à la THE TEXAS CHAINSAW MASSACRE – USA 1974 – Regie: Tobe Hooper und DAWN OF THE DEAD – USA/Italien 1979 – Regie: George A. Romero), tun, zugleich aber vor diesem Wüten zurückzuschrecken. Etwas ganz Ähnliches spielt sich zwei Jahrzehnte später im Medium Fernsehen ab: Unentwegt scheint die Dynamik des Publikums nach der gezielten Entgleisung des Trash-TV zu verlangen, und zugleich produziert die Entgleisung eine heillose Entfremdung zwischen dem Apparat und dem Publikum.

Um das Kino als „hässliches" Dispositiv (eine Maschine, die Angst macht und Elend erzeugt, um sich als Retter zu präsentieren) durch eine Form des medialen *contrat social* zu ersetzen, musste Steven Spielberg nicht nur seine spezielle Form des Filmemachens anbieten, nämlich eine

Offenheit, die sich nicht als selbstzerstörerisch erweisen, sondern auch weit zurück zu den Wurzeln gelangen soll, an einen Schnittpunkt von Kino und Kindheit, an dem, noch vor dem imaginären *contrat social* als *work in progress*, ein „contrat medial" zu schließen ist. Diese Rückkehr zur Kindheit, die parallel zu Spielberg und doch ganz anders auch sein Freund George Lucas erfolgreich inszenierte, führte zu einem Aspekt des Spielbergischen Arbeitens, den wir als eine Neuformulierung der fundamentalen Fragen des Filmemachens ansehen können: Die Fragen nach Raum, Zeit, Bewegung und Person einerseits, und die Frage nach dem „Verstehen" des Erlebten andererseits. Gewiss also kann man eine Reihe von Steven Spielbergs Filmen „erklären" durch den biographischen Impuls eines Mannes, der nicht erwachsen werden will, und der in seinen Filmen sein eigenes Neverland errichtet, in dem er als Peter Pan und zugleich sein unbotmäßiger Schatten auf paradoxe Weise zugleich eingeschlossen und befreit sein kann.

Aber dieses „Peter-Pan-Syndrom", von dem ganze Bereiche der populären Kultur in den USA und auch in Europa in den Jahren nach den großen Krisen von Vietnam, Watergate und der „bleiernen Zeit" der Reaktionen auf innere Unruhe erfasst wurden, ist nicht bloß Inhalt, sondern auch Medium eines Kinos, das sich selber neu erfinden muss, um die Dialektik von Erstarrung und Zerstörung zu überwinden. Auch der Neorealismus, um etwas scheinbar weit Entferntes anzuführen, musste immer wieder den Blick des Kindes finden, um das Kino zugleich zu verändern und zu retten. So also setzte Steven Spielberg, wie viel auch immer dabei „geplant" und „gedacht" sein mochte, oder wie sehr umgekehrt der biographische Impuls „dispositiv" gewesen sein mag für die Produktion des imaginären *contrat social*, zwar einerseits die avancierten Techniken des Kinos ein, um ein Reich der geträumten Kindheit zu errichten, aber andererseits setzte er die Konstruktion der geträumten Kindheit

auch ein, um an einen Punkt des Kinos zu gelangen, von dem aus wieder zu „beginnen" war. Das heißt: zu sehen.

Nebenbei – und vielleicht eben ganz und gar nicht nebenbei – gehen auf Spielbergs künstlerisches Konto auch eine Anzahl von bemerkenswerten Filmen, die überraschend direkt historische Komplexe angehen und in der Lage scheinen, mehr oder minder schmerzhafte Erinnerungsschübe auszulösen, so als sei es seine Idee des neuen Mythos, dass in ihm die Versöhnung nicht ohne Erinnerung, ohne Trauer zu haben ist. Filme, die schon deswegen nicht ganz schlecht sein können, weil es sich offensichtlich an mehreren interessanten Orten der Welt lohnte, über sie zu streiten. Kein anderer Regisseur hat so (scheinbar) gnadenloses Entertainment wie INDIANA JONES oder JURASSIC PARK verbinden können mit moralisch-künstlerischen Gesten von Filmen wie AMISTAD oder SCHINDLER'S LIST (welche Kritik auch im-

A. I.: **Haley John Osmond, Steven Spielberg, Jude Law**

mer diese Versuche auf sich ziehen müssen), oder etwa der Arbeit bei der Begründung der *Shoa Foundation*. Wie sehr dies freilich eine innere Einheit ist, das, unter anderem, soll dieses Buch zeigen.

Spielberg hat, sagt man, ein Reich der ewigen Kindheit im Kino geschaffen, aber ein Film wie SAVING PRIVATE RYAN konnte noch einmal historische Erinnerung so heftig auslösen wie SCHINDLER'S LIST eine höchst fundamentale, weltweite Diskussion darüber, ob und wie eine Erzählweise (nämlich, bei allen ästhetischen Reduktionen, die der Regisseur vornahm, die Erzählweise des Hollywood-Mainstream-Erzählkinos) das Erzählte (den Holocaust, die Shoah) verfehlen und verfälschen musste. Dass sich dabei immerhin die beiden Diskurse vom persönlichen und vom strukturellen Verfehlen höchst selten gegen den „Autor" Spielberg selbst richteten, auch wenn man ihm hier und dort den „Verrat" seines Themas an seine Erzählweise anlasten konnte, hat die Kritik offener gemacht als bei vergleichbaren Medien-Ereignissen wie etwa der TV-Serie „Holocaust" von Marvin Chomsky.

Steven Spielbergs Filme werden beinahe überall in der Welt verstanden und geliebt, aber zur gleichen Zeit hat er auch so etwas wie eine neue amerikanische Mythologie geschaffen, der sich die Kritik freilich allzu schnell mit ein paar Schlagworten (*family values*, Peter Pan-Syndrom, Super-Matinee etc.) entledigt hat. Grund genug, sich mit dieser mittlerweile umfänglichen Arbeit einmal zu beschäftigen, nicht aus der Position des Fans und nicht

mit der Intention, einen Autor und seinen Markt näher zu betrachten (was einigermaßen ausreichend geschehen ist), sondern mit der Absicht, diese Filme in einen anderen, größeren Zusammenhang zu stellen. Die Welt in diesen Filmen, und die Filme in dieser Welt.

Wir können uns fragen, wie „gut" oder wie „schlecht" Spielbergs Filme sind, im handwerklichen wie im moralischen Sinne, ups und downs seiner Karriere verfolgen und, natürlich, diese Arbeiten im Kontext einer Generation diskutieren, die auch im Kino Erneuerung auf die Agenda gesetzt hatte, und doch nur wenige als Künstler Überlebende in einem unbarmherzigen Affirmationsprozess übrig bleiben sah. Interessanter vielleicht aber ist die Frage, wie diese Filme so universal wirksam werden konnten, wie sie gleichsam – natürlich im Verbund mit anderen – Hollywood noch einmal erfunden haben, wie sie um das Entscheidende mehr als Entertainment wurden: Ein metapolitisches Symbolspiel auf der globalisierten Medien-Bühne.

Die Montage des Textes in diesem Buch wird sich also nicht ganz und immer an historische oder hierarchische Linearität halten, nicht an das Film-nach-Film einer Werkgeschichte noch an eine Unterscheidung von „wichtigen" und „weniger wichtigen" Arbeiten. Was wir suchen, sind Erklärungen für die Art und Weise, in der Spielberg-Filme in unserer „Wirklichkeit" funktionieren, und wie unsere Wirklichkeit in ihnen funktioniert. Oder vielleicht: Nicht wirklich funktioniert.

Die Familie. Das Kino. Die Einsamkeit

Steckbrief

Steven Spielberg gehört zu der „Filmhochschulgeneration" der amerikanischen Filmemacher und ist doch wieder Ausnahme: Er ist der berühmteste unter denen, die vom Filmdepartement der University of Southern California abgelehnt wurden. So studierte er in Los Angeles Englische Literatur, vervollständigte aber nebenbei im „Selbststudium" sein Film-Wissen, in dem sich, wie bei den Filmhochschülern selbst, die Kenntnis der amerikanischen Filmgeschichte und die Auseinandersetzung mit dem modernen europäischen Kino trafen.

„Alles habe ich mir selber beigebracht", wird er später gerne selber sagen. Da schwingen Stolz und Kränkung zugleich mit.

So drehte er als Außenseiter seine Filme in eigener Produktion und ohne jene „Vaterfiguren" im Hintergrund, die noch für die frühen Arbeiten eines Regisseurs wie Martin Scorsese wichtig waren. Steven Spielberg, der als Kind mit der Super-8-Kamera seines Vaters Western, Science Fiction- und Kriegsfilme gedreht hatte, arbeitete zwischen Amateur- und Profi-Status auf 16 mm und erzielte dann mit der ersten 35mm-Produktion AMBLIN' einen auch für ihn selbst etwas überraschenden Erfolg (seine Produktionsfirma trägt in Dankbarkeit diesen Namen), der ihm neue Chancen eröffnete. Vielleicht, weil er Aspekte dieser Traditionslinien des neuen amerikanischen Films (wie dann auch in seiner TV-Produktion DUEL) in ein wunderschönes, semiotisch fast leeres Niemandsland führte. Der Film AMBLIN' wurde bei den Filmfestspielen in Venedig ausgezeichnet und in den amerikanischen Kinos im Vorprogramm zu, ausgerechnet, LOVE STORY gezeigt. Das brachte Spielberg einen Sie-

benjahresvertrag mit *Universal*-Television, für die er zwischen 1969 und 1971 acht Episoden verschiedener Serien inszenierte, unter anderem Folgen von „Marcus Welby, M.D.", „Night Gallery", „Owen Marshall" und den Pilotfilm von „Columbo" („Murder By the Book", 1971, deutscher Titel „Tödliche Trennung"). Es gibt abenteuerlichere und es gibt komischere Erzählungen zu Steven Spielbergs früher Karriere, wie die vom Jungen, der sich durch pure Chuzpe und Insistenz ein Büro auf dem Produktionsgelände eroberte: ein „unverschämter" Eindringling in der ersehnten Welt der fernen Väter, der einfach ein leerstehendes Büro auf dem Studio-Gelände besetzte, mit seinem Namen versah und fortan im Apparat arbeitete, ohne je wirklich eingeladen gewesen zu sein. Sagen wir es freundlich: Der Wahrheitsgehalt dieser Erzählungen ist nicht über alle Zweifel erhaben. Wie dem auch sei: Da hätte sich also die Erzählmaschine einen neuen Routinier und Erfüllungsgehilfen herangezogen. Oder ein hungriges Genie hätte beträchtliche Chuzpe aufgewandt, um ins Innere der Macht zu gelangen (und sich diesen oder jenen Türsteher zum Gehilfen gemacht). Aber in diesem jungen, dankbaren und ehrgeizigen Filmbesessenen steckte mehr. Und sein „Gesellenstück" verriet ein wenig davon.

First time on the road: Von AMBLIN' ZU DUEL
Nach der Reihe von auf Super-8 und 16mm gedrehten, „sehr persönlichen" Filmen, die er in seiner Studentenzeit drehte, darunter einige, die schon sehr spielbergianische Elemente enthielten, fertigte Spielberg, entschlossen, nichts anderes auf der Welt zu werden als ein Filmregisseur, um endlich eine akzeptable Visitenkarte für

die Studios zu haben, den 35mm-Film AM-
BLIN', den er selber eher gering als einen
„raffinierten Film" einschätzt, „der sehr
professionell aussah, obwohl er nicht eine
Spur von Gefühl und Inhalt besaß". Dafür
aber eine bemerkenswerte „Reinheit". Er
erzählt von jungen Anhaltern, einem Jungen und einem Mädchen, die gemeinsam
unterwegs sind und kein Wort miteinander sprechen. Was Spielberg „keinen Inhalt" nennt, ist eher schon jene Offenheit
der Fabel für Interpretation oder gegen Interpretation, die auch seine ersten Kino-
-Arbeiten bestimmen soll. Ist dies ein
sprachloser Film oder ein Film über Sprach-
losigkeit? Ein Road Movie oder eine Parodie darauf? Steven Spielberg war nicht nur
auf keiner Filmhochschule, er hat auch das
andere Kapitel des amerikanischen Traums
vom Filmemacher geschwänzt, das *exploi-
tation movie* für den Produzenten Roger
Corman. Dafür erkannten einige der älteren Kollegen, darunter bemerkenswerter-
weise Jerry Lewis (der AMBLIN' sogar in seinem Buch „The Total Filmmaker" hervor-
hob) das Potential dieses Jungen.

Vor allem ist AMBLIN' ein Film, der zeigt,
wie es jemand versteht, Bilder miteinander zu verketten, Inhalt her oder hin. AM-
BLIN' präsentierte ein Talent – und vielleicht ist es am allermeisten ein Film, der
die Notwendigkeit einer „Talentprobe" zugleich akzeptiert und unterläuft, und damit in der Tat die beste „Visitenkarte" für
den jungen Regisseur. Jedenfalls brachte er
Spielberg den ersehnten Vertrag, und
dann folgten, nach und neben der
Routine-Arbeit für Serien, drei TV-Movies,
die schon deutlicher Handschrift und Absicht erkennen ließen. DUEL (siehe Seite
77) wird dabei zu einem in den späteren
Chroniken fast mythisch überhöhten Erfolg in den USA und, mehr noch, in Europa. Es ist die lakonisch-konzentrierte Verfilmung einer im *Playboy* erstveröffent-
lichten Story von Richard Matheson um
einen biederen Handelsvertreter, der auf

einer Dienstreise von einem Truck verfolgt
wird, dessen für ihn unsichtbarer Fahrer
offenscheinlich nichts als seinen Tod auf
der Landstraße will. Mit diesem Film bereits schreibt sich Spielberg in die Chronik
des neuen amerikanischen Films ein, der
die Mythen des alten Kinos ebenso in Frage stellt wie seine Dimensionierungen.
DUEL ist ebenso ein „skelettierter" Thriller,
ein negatives Road Movie und ein bitterer
Heimat-Film.

Die Produktion, so scheint es, war ein
weiteres Kapitel in der rauen Schule der
Fernsehproduktionen für Spielberg: Für die
Ausarbeitung eines exakten Drehbuchs war
weder der Stoff geeignet (schließlich gibt es
im Film nur ganze 50 Zeilen Dialog), noch
die Zeit gegeben, und so arbeitete Spielberg
anhand eines präzisen Storybords in den li-
mitierten Möglichkeiten, die *Universal Television* ihm boten. Das Gesamtbudget belief
sich auf 375.000 Dollar, die Drehzeit betrug
16 Tage, und der Sendetermin war drei Wochen nach ihrem Abschluss angesetzt. Was
man auf der einen Seite als heftige Restriktionen ansehen konnte, wäre den meisten
der Kollegen und Kolleginnen Spielbergs,
die bei Roger Corman begannen (Martin
Scorsese, Jonathan Demme, Joe Dante um
nur ein paar sehr unterschiedliche Kino-
Charaktere zu nennen) als purer Luxus erschienen. Allerdings waren Spielberg von
Anfang an durch das TV-Format Grenzen
der filmischen Frechheit gesetzt, für die er
vielleicht sowieso nicht der Richtige gewesen wäre. Steven Spielberg lernte das Filmemachen mit vergleichsweise bescheidenen
Mitteln in einem sehr reichen Apparat. So
wurde etwa an vier Schnitttischen gleichzeitig gearbeitet, der Soundtrack von Billy Goldenberg musste innerhalb von zwei Tagen
in verschiedenen Studios angepasst und
eingefügt werden. Spielberg erwies sich in
dieser Situation als Regisseur, der eine ästhetische Absicht mit strategischem Geschick
zu verwirklichen weiß, ein *planender Regisseur*, dessen Arbeit, vielleicht ohne dass dies

seine Umwelt bereits bemerkte, weit über das Aufgabenfeld eines klassischen Hollywood-Regisseurs hinausgeht, vom inszenatorischen Erfüllungsgehilfen der Serienproduktion beim Fernsehen ganz zu schweigen.

DUEL, 1971 produziert, kam im Jahr 1973 auch in einer etwas verlängerten Version in die Kinos und machte Furore als Talentnachweis eines kommenden Exponenten von „New Hollywood". Spielberg hatte das Glück, von Kritikerinnen und Kritikern entdeckt zu werden, die sich auf der Suche nach dem Neuen befanden. In dieser Zeit schrieb Spielberg auch eine Reihe von Drehbüchern, und ACE ELI AND ROGER OF THE SKIES, das von John Erman verfilmt wurde, zeigt bereits, neben der Begeisterung für alles, was mit dem Fliegen zu tun hat, einige weitere typische Spielbergianismen. Es ist die Geschichte des Träumers Eli (Cliff Robertson), der drauf und dran ist, den Kontakt zur Wirklichkeit vollends zu verlieren. Er träumt davon, mit einem alten Doppeldecker-Flugzeug durchs Land zu ziehen und mit zahlenden Passagieren Rundflüge zu veranstalten. Und es ist eine boy/hero oder eben auch Vater/Sohn-Beziehung: Der Mann, der immer ein Kind bleibt begegnet dem Kind, das schon viel zu früh erwachsen sein muss, dem Roger (Eric Shea) des Titels. In vielen Spielberg-Filmen späterer Zeit wird es diese boy/hero-Begegnung als Spiegelung geben, und die besten von ihnen handeln nicht nur von einem Peter Pan-Syndrom, sondern davon, dass das Kindliche und das Erwachsene ihre Eindeutigkeit verloren haben. Nicht einmal in INDIANA JONES AND THE TEMPLE OF DOOM weiß man so recht, wer mehr kindlich oder erwachsen ist, der Junge (der sich Holzklötze an die Füße schnallen muss, um das Gaspedal für das Fluchtauto zu erreichen), oder der Held (der aus Begeisterung für die archäologischen Spielsachen, denen sein etwas verdrehtes Begehren gilt, nicht einmal mehr auf den gesunden Menschenver-

stand seines kleinen Begleiters hört). ACE ELI AND ROGER OF THE SKIES zeigt indes vor allem, dass Spielberg ohne Spielberg fast so wenig funktioniert wie Hitchcock ohne Hitchcock. Denn was AMBLIN' und dann, noch mehr, DUEL und schließlich THE SUGARLAND EXPRESS gezeigt hatten, war nicht nur die reduzierte Dramaturgie, die Spielbergs frühen Stil ausmachte, sondern auch eine besondere Behandlung der filmischen Raumerfahrung, die den späten siebziger Jahren mehr entsprach als die nostalgischen Beschwörungen des *big sky* in den Post-Western und Road Movies von New Hollywood. Es ist nicht mehr der weite Horizont, auf den das Bewegungsbild hinauswill. Die Bewegungen vor der Kamera richten sich vielmehr auf die Rückeroberung der Mitte. Die Welt scheint sich buchstäblich zu stauchen; das Versprechen der endlosen Weite wandelt sich in das einer neuen Übersichtlichkeit. Und auf die Melancholie der endlosen Reise, die doch immer wieder nur zu den selben trostlosen Orten und ihren bornierten Bewohnern führt, ist die Idee der stabilen Position gefolgt. Spielbergs Kamera lässt sich von den unsteten Helden nicht mehr so ohne weiteres anstecken; seit AMBLIN' bereits sucht sie eine vertikale Distanz zum horizontalen amerikanischen (Alp-)Traum. Diese Kamera will nicht „reisen", sie will beobachten – und sie will fliegen. Doch diese Stauchung des Raumes kippt sehr rasch in pure Klaustrophobie, wie Steven Spielbergs nächster Film zeigt:

SOMETHING EVIL (Das Haus des Bösen – 1972) ist eine geradezu klassische Spukhaus-Geschichte, die Spielberg im Rahmen eines *Movie of the Week*-Budgets kompetent inszeniert hat, die aber, anders als DUEL, keinen „sensationellen" eigenen Zugang erkennen lässt – jedenfalls nicht auf den ersten Blick. Marjorie Worden (Sandy Dennis) und ihr Mann Paul (Darren McGavin) beziehen mit ihren Kindern ein kleines Landhaus in Pennsylvania, an dem zunächst nur das seltsame Pentagramm-Zeichen auf dem Dach auffallend ist. Sehr rasch greifen die Geister des Bösen nach ihnen. Die Warnungen des Farmers Gehrmann (Jeff Corey), der merkwürdige Rituale abhält, und des Nachbarn Lincoln (Ralph Bellamy) tun sie als provinziellen Aberglauben ab. Aber als Marjorie dem Weinen eines kleinen Kindes in die Scheune folgend auf die ersten Beweise für die Gegenwart des Übernatürlichen trifft, folgt sie doch dem Rat Lincolns und unternimmt ein Ritual der Reinigung: Zusammen mit den Kindern tritt sie in die Mitte eines Pentagramms und spricht dazu ein magisches Gebet. Paul aber erweist sich gegenüber den Bitten seiner Frau, das Haus so rasch wie möglich zu verlassen, als unzugänglich, nicht zuletzt, weil er es für einen geplanten Werbefilm als Kulisse verwenden will. Stevie (Johnnie Whitaker) verändert sich als erstes. Er scheint mehr als das für einen Jungen seines Alters gewöhnlich ist, Gefallen daran zu finden, seine Schwester und seine Mutter zu peinigen. Harry Lincoln fällt den Geistern zum Opfer, und Marjorie verliert ihren Mut. Auch sie wird aggressiv und unberechenbar. Steve und Laurie werden von ihren Spielsachen attackiert. Marjorie schließt die Kinder ein und ist drauf und dran, Selbstmord zu begehen, als sie von Gehrman gerettet wird. Zusammen mit Paul, der von seiner Reise zurückgekehrt ist, begleitet er sie in das Kinderzimmer, in das sie Stevie und Laurie eingeschlossen hat. Stevie scheint sich endgültig in ein pures Monster verwandelt zu haben, aber nun, nachdem sie ihre eigene tiefste Lebenskrise gemeistert hat, gelingt es der Mutter, ihr Kind vor dem Bösen zu retten, indem sie es in das magische Pentagramm zieht und dort an sich presst. Durch das Haus tobt ein furchtbarer Sturm, dem die Familie in letzter Minute entkommt. Dann können die Wordens mit dem Auto flüchten.

Ein Formula-Movie, gewiss. So wie man in jenen Jahren dazu überging, die großen Katastrophenfilme im kleinen Format für das Fernsehen nachzuerzählen, so entstanden auch im Genre des Horrorfilms kleine Abbildungen der großen Erfolge. Freilich war hier der Unterschied nicht nur technischer Natur, es gibt auch moralische Grenzen des Erzählens. Daher musste sich das Bedrohliche auf dem Weg vom Kino zum Fernsehen vom Horror zur Mystery wandeln (auch wenn der Begriff dafür erst später geprägt wurde), ein inneres Grauen musste die groben und schockhaften Splatter-Effekte ersetzen, was gelegentlich, selten genug, die Fernseh-Nacherzählungen intelligenter als die Kino-Vorbilder machte. Während also die Familie in Filmen wie der AMITYVILLE-Serie durch eine enorme äußere (oder „untere") Bedrohung in Gefahr gerät, kann Spielberg es sich leisten, schon ein wenig genauer auf die inneren Brüche zu achten. Der Zerfall der Familie in einem Haus, das mehr Gefängnis als Zuflucht ist, greift dabei auf spätere Grundmotive der Spielberg-Filme voraus. Wenn in DUEL der Vater das Opfer des grausamen Zugriffs ist, so ist es hier die Tochter der Familie. Und POLTERGEIST scheint beinahe so etwas wie ein Remake dieser Arbeit, nur dass im späteren Film an die Stelle des realen „Teufels" als Quelle der Spuk-Bedrohung eine Mischung aus heidnischen, metaphorischen und märchenhaften Elementen getreten ist.

SAVAGE/WATCH DOG (1973) ist einer der wenigen seiner Filme, zu denen Spielberg im Nachhinein nicht recht stehen will – obwohl das Drehbuch von seinen Freunden William Link und Barry Levinson stammte, die seit dem „Columbo"- Film mit ihm zusammenarbeiteten und in seiner *factory* Karriere machten, und obwohl es sich um den Pilotfilm für eine mögliche Serie mit dem Schauspieler Barry Sullivan handelte, dem der Regisseur seit seiner allerersten Arbeit freundschaftlich verbunden war. „Es war", so erklärte der Regisseur später, „das erste und einzige Mal, dass ein

Filmstudio mich angewiesen hat, etwas zu tun, was ich eigentlich überhaupt nicht wollte". Tatsächlich weist die Geschichte um einen prominenten Richter, der durch kompromittierende Fotos erpresst wird, und um zwei Privatdetektive, die der Sache auf den Grund zu gehen versuchen, kaum ein Spielberg-Motiv auf. Es ist der so ziemlich langweiligste Spielberg-Film seiner Karriere geworden.

Mit SUGARLAND EXPRESS beginnt dann die Serie der Spielfilme. Die ersten Erfahrungen indes werden den Regisseur nie ganz loslassen; ganz anders als so viele Filmemacher seiner Generation wird er immer wieder zum Fernsehen zurückkehren, auf der Suche nach einer angemessenen, handwerklich ehrbaren Weise, das, was ihn bei seinen Kinofilmen beschäftigt, auch wieder in das kleine Format zu bringen. Neben einigen Erfolgen gibt es dabei freilich immer wieder unerwartete Einbrüche: Niemals wird der Fernsehproduzent Steven Spielberg so erfolgreich wie der Filmregisseur. Der allerdings ist nun endgültig auf dem Weg zur Spitze.

Die Inversion des Road Movie:
THE SUGARLAND EXPRESS

Mit seinem ersten „wirklichen" Kino-Film, THE SUGARLAND EXPRESS, wiederholte Spielberg den Erfolg von DUEL, den er mit seinen folgenden TV-Projekten nicht mehr hatte erzielen können. Freilich gab es auch gegenüber der aufwändigeren Produktion hier und dort erste Einwände. Während *The New Yorker* immerhin von „einem der phänomenalsten Debüts in der Filmgeschichte" schrieb, wurde in Europa auch dieser Film zu den Exponenten des New Hollywood gezählt, die ihre klaren Geschichten und eindrucksvoll genauen Bilder mit einem unnötigen Schuss „Larmoyanz" (Zoom) versehen. Ein wenig zeichnete sich da schon die Trennung ab, die die Kritik gern in der kommenden Zeit in Bezug auf Spielbergs Arbeiten vornehmen

sollte: ein brillanter Handwerker und ein furchtbarer Sentimentalist.

Das Drehbuch schrieben Hal Barwood und Matthew Robbins, beide später auch Regisseure im Spielberg-Universum, nach einer Story, die Spielberg und Barwood entwickelt hatten. Die Story geht auf einen authentischen Fall aus dem Jahr 1969 zurück. Clovis Poplin (William Atherton), wegen eines geringfügigen Vergehens, einem kleinen Diebstahl, zu kurzer Haft (in einer als liberal bekannten Bewährungsinstitution) verurteilt, erhält Besuch von seiner sehr jungen Frau Lou Jean (Goldie Hawn), die ihn zur Flucht überredet. Ihr Baby – Langston – soll endgültig von einer anderen Familie adoptiert werden, weil auch sie im Gefängnis war, und Lou Jean verlangt, dass er es zurückhole, andernfalls werde sie ihn verlassen. Das ist ihr Ernst.

Auf der Fahrt nach dem Ort mit dem zynischen Namen Sugarland in Texas, die sie als Anhalter im Auto eines älteren, ständig zankenden Ehepaares begonnen haben, geraten die beiden in eine Polizeikontrolle. Schnell werden sie von Panik ergriffen, und sie nehmen einen jungen Polizisten namens Maxwell Slide (Michael Sacks) als Geisel, der bei der tagelangen gemeinsamen Fahrt immer mehr begreift, was in den beiden vorgeht, und versucht, ihnen zu helfen. Das ist nicht so leicht, denn nun haben die beiden ein Kapitalverbrechen begangen und werden daher über alle Staatsgrenzen hinweg gejagt. Das Auto der Flüchtenden wird längst von einer absurden Kolonne von Polizei-Autos (über 200 Streifenwagen sind es am Ende), Presseleuten und neugierigen Zeitgenossen verfolgt. Dieser „Sugarland Express" ist wie ein blecherner Drache, der sich durch das Land wälzt. Rundfunk und Presse machen aus der Familie rasch einen populären Mythos; „das Volk" ist, wie in ähnlichen Outlaw-Filmen der Zeit, auf ihrer Seite, und „Baby Langston" wird das Symbol für das verlorene Glück der ameri-

kanischen Familie. Nur verspricht Spielberg sich und uns nicht so viel von einer solchen „solidarischen" Euphorie wie einige seiner Kollegen. Er zeigt den radikalen Bruch in der Familiengeschichte ohne Umschweife. Über Megaphon, so dass es alle hören müssen, schreit Lou-Jeans Vater: „Du taugst nichts und hast nie was getaugt. Wenn ich ein Gewehr hätte, würde ich dich abknallen". Nicht durch den Raum, wie in der „alten" amerikanischen Mythologie, sondern durch die Zeit geht der Riss. Aber diese väterliche „Verurteilung", die die kollektive Verurteilung der Generationen im Vietnamkrieg beschreibt, führt bei Spielberg nicht zur Selbstidentifikation der Verurteilten. Die beiden jungen Leute, die doch nur Familie sein möchten, wissen nicht, warum sie verurteilt wurden. Das Familiäre selbst ist das Problem, da es sich offenkundig immer auf die falsche Seite stellt: Die Familie verurteilt die Rebellen, die ihre Familie haben wollen in ihrem eigenen Namen. Der Preis ist nicht nur Krieg mit dem Rest der Welt (so weit waren die Wild Angels und Easy Rider schon längst), sondern auch, einander zu drohen und Schmerz zuzufügen. (Schließlich ist der erste Gedanke von Lou Jean, um ihr Baby zu bekommen, ihrem Mann zu drohen, ihn zu verlassen.) Alles was die Menschen in SUGARLAND EXPRESS tun, um einen Konsens zu erzielen, führt zu neuer Gewalt, und alles, was sie tun, um ihre Familien wieder herzustellen, erweist sich als um so härtere Attacke auf die nicht mehr heilige Institution. Schon hier wird deutlich, dass Spielberg, so merkwürdig das zunächst klingen mag, nicht zu den „Populisten" des amerikanischen Kinos gehört. Der Mann, der später für sein „familienfreundliches" Weltbild bekannt werden sollte, beginnt seine Arbeit für das Kino mit einer der radikalsten Anti--Familienfilme der Filmgeschichte. Beides wird Spielberg in seinen kommenden Filmen immer weiter bearbeiten und umwenden, die Sehnsucht und den realen Zerfall. Doch er wird nicht mehr so unbarmherzig sein, das eine gerade und beinahe ausschließlich als die Ursache des anderen zu zeigen. Diese Spirale von Schutz, Restauration und Zusammenbruch setzt sich weit über das einzelne Schicksal hinaus fort. Am Ende tötet der Staat sogar im Namen der Familie die Familie.

Die Situation ist vollkommen absurd: Niemand will etwas wirklich Böses, und doch ist die Katastrophe nicht aufzuhalten. Auch der Einsatzleiter Captain Tanner (Ben Johnson), der die Verfolgung leitet und nicht weniger als zweihundert Polizeiwagen dabei einsetzt, will nichts anderes als seinen Job tun, möglichst ohne Blutvergießen, und er ist nicht wirklich brutal. Doch gerade er muss zum großen Verräter des Spiels werden: Er gibt Clovis und Lou-Jean sein Ehrenwort für die Übergabe des Kindes, und wie fröhlich und falsch singen die beiden darauf zusammen mit dem entführten Slide vom „Glück, das beginnt und niemals enden wird"! Und wie eine gute Nachricht breitet sich im Blech-Drachen des Sugarland Express' diese gute, aber falsche Nachricht aus. Natürlich setzt sich ein wenig der Monster-Truck aus DUEL in dieser Blech-Lawine fort, und zugleich zeichnet sich schon das männliche Dreigestirn von JAWS ab. Wenn in AMBLIN' und DUEL noch die Bewegung vollständig über die Charaktere triumphierte, so versuchen sie in THE SUGARLAND EXPRESS sich mit einem Anflug von Verzweiflung dagegen zur Wehr zu setzen. Spielbergs Figuren, vor allem auf der Seite der Verfolger diesmal, beginnen, ein wenig darüber nachzudenken, was zum Teufel sie da eigentlich tun. Auf die reinen Affekte von Flucht und Überleben, das sich in dem Paar *on the road* mit einem vagen Impuls von Liebe und Sehnsucht verbindet, folgen nun Reflexion und Erinnerung (und eben das, was wir als „Larmoyanz" nun durchaus weiter verfolgen können: Men-

schen, die nicht tun wollen, was sie tun müssen – also keineswegs „Helden" – und die nicht dort sind, wo sie sein sollten, versuchen ihre elende Situation zu begreifen und sich selbst rechtfertigen, trösten, vielleicht sogar verzeihen).

Don't blame the man, blame the system – hieß es einst in anderen Hollywood-Zeiten. Spielberg attackiert nicht einmal das System – etwa den kapitalistischen Staat und seine Helfer, wie es viele Outlaw-Filme dieser Zeit tun, von denen man nie so recht zu sagen weiß, ob sie nun eher rechts oder eher links sind – er attackiert eine Struktur. Was in SUGARLAND EXPRESS zur Disposition steht, ist die Idee der Familie selbst, so wie die Straße nicht so sehr für Automobile gedacht scheint als für die Idee des Automobils. Die eine verspricht genau die Geborgenheit, die sie selbst zerstört, die andere verspricht genau die Beweglichkeit (ja Freiheit), die sie selbst vernichtet. Die Autolawinen und blechernen Drachen werden bei ihm zum „Triebbild" einer Gesellschaft, deren Vertreter sich in die Maschine Automobil eingemummt haben, ihre Qualität wie Quantität aber nicht mehr kontrollieren können. Sie wissen von ihrem Auto so wenig wie der Vampir von seinem Drang weiß, sich immer wieder aus seinem Sarg zu erheben, um sich im Morgengrauen wieder in ihn hinein zu begeben. So wird die Straße zu einem Ort des Stillstandes viel mehr als zu einem der Bewegung, auch als soziale Metapher verstanden. Zu einem „gothischen" Ort wie das Meer in JAWS. Und der Kameramann Vilmos Zsigmond zeigt in seinen zunehmend „bleichen" Bildern überdies, was da noch geschieht, ein Verlust der Wahrnehmung, das Verschwinden der Konturen und „satten" Farben, die doch einst „Amerika" bedeuteten. Das blutige Ende von SUGARLAND EXPRESS ist eine Konsequenz aus dem Gesetz, und es ist zugleich eine Konsequenz dieser Form von Bewegung/Stillstand.

So genau Spielberg sich diese Situation ansieht, so fern sind seiner Kamera noch die Menschen, und am meisten die Frauen. Selbst wohlmeinende Kritiker haben stets bemerkt, dass Spielberg sich bei der Inszenierung seiner grotesken Südstaaten-Reise zu sehr auf die männlichen Darsteller konzentrierte und Lou Jean, die panische Mutter, mit der eigentlich alles beginnt, an den Rand drängt. Von Goldie Hawn bleibt beinahe nicht mehr als ein hysterischer McGuffin; die einzige Person, die einen wirklichen, tiefen Grund für ihre Handlung hat, verblasst im Zentrum des Geschehens, und wesentlich faszinierter rückt die Kamera, neben der lächerlichen Bewegung der Auto-Saurier, den Männern auf den Leib, deren Schicksal grotesk und fremdbestimmt ist. Und wieder gibt es zwischen dem Polizisten und dem Geiselnehmer mehr als eine äußere Verwandtschaft. Sie sind, betont Spielberg, beide aus der gleichen Vorstadtgegend und haben nur unterschiedliche Wege eingeschlagen. Ein wenig sind sie wie zwei Brüder, die wieder aufeinander getroffen sind.

Deswegen könnte alles gut ausgehen, die Situation entbehrt nicht der komischen Züge. Aber Spielberg bleibt diesmal bei den Fakten: Am bitteren Ende werden alle Hoffnungen dieses Kind-Eltern-Paares zerstört, und die Geschichte des Sugarland Express endet im tödlichen Kugelhagel. Spielberg widerspricht da allen Regeln von *happy* oder wenigstens *heroic ending*. Clovis wird durch einen Scharfschützen der Polizei so schwer verletzt, dass er nach einem letzten Fluchtversuch am Rio Grande stirbt, Lou Jean überlebt, ohne etwas hoffen zu dürfen. Der Suspense dieses Filmes ähnelt ein wenig der einer „Chronik eines angekündigten Todes": Fast alle Beteiligten versuchen, dieses schreckliche Ende, das Opfer, das nicht einmal die Sensationspresse fordert, zu vermeiden, und es ist doch unausweichlich.

Was Steven Spielberg in SUGARLAND EXPRESS gelingt, ist etwas, das man ihm in späteren Filmen immer abgesprochen hat, nämlich eine „differenzierte" Schilderung der Charaktere. Er macht aus den beiden jungen Eltern nicht die schönen Verlierer, die das New Hollywood-Kino so liebt, und auch „das System" ist nicht das Böse schlechthin, das mit einem verständnislosen technologischem Overkill wie in VANISHING POINT (Fluchtpunkt San Francisco – 1970 – Regie: Richard C. Sarafian) reagiert und den einsamen Helden als „letzten Amerikaner" in den Tod hetzt, oder es wenigstens versucht, wie bei Rubber Duck in Sam Peckinpahs CONVOY (1978). So besehen gruppieren sich AMBLIN', DUEL und THE SUGARLAND EXPRESS zu einer Trilogie: Steven Spielberg sieht auf den einsamen Straßen nicht die Outlaws und Wiedergänger der Pioniere und Cowboys unterwegs, sondern viel mehr die kleinen Bürger, die von den großen Reisen und Abenteuern, die man ihnen anbietet, hoffnungslos überfordert sind. So wenig diese Bürger „bei sich" sein können, wie SOMETHING EVIL zeigt, so wenig sind sie zum „Unterwegssein" begabt.

Wenn man die Mehrzahl der frühen Filme Spielbergs dem Genre „Road Movie" zurechnen kann, dann ist diese Einordnung wohl nur sehr oberflächlich. Denn alle diese Filme widersprechen dem Kern des Genres, erzählen weniger von einer melancholischen Befreiung, von der Weiterung des Raumes, von der Erfahrung einer anderen, endlosen Zeit, von Verengung und Gefängnis. Sie sind das Paradox von Road Movies, die offensichtlich durch nichts so bestimmt sind wie von Angst vor der endlosen weiten Straße und von der Sehnsucht nach dem erträumten Glück eines Heimes. SUGARLAND EXPRESS scheint nachgerade eine Inversion des Genres und verfehlt damit auch ein wenig das Publikum. Denn Spielberg und seine Helden wollen nicht fort und hinaus. Sie wollen zurück.

Der perforierte Familienroman

Zur Familie, zur Kindheit, zum Ursprung wollen sie, aber doch nicht zu nah. Überhaupt scheinen es die biographischen Daten einem überaus leicht zu machen, den Spielberg-Stil aus einem kategorisch und vielleicht ein bisschen verdächtig rituell wiederholten Satz seines Schöpfers zu verstehen: „Alle meine Filme haben ihren Ursprung in meiner Kindheit".

Er ist der Sohn eines Ingenieurs und einer Pianistin (wir verstehen: das Technische trifft das Künstlerische). Wir vermuten ein Bild aus Kindererinnerung, wenn wir in EMPIRE OF THE SUN die Mutter des kleinen Jim hingebungsvoll am Flügel den A-Dur-Teil von Chopins f-moll Mazurka intonieren sehen. Mit elf Jahren begann er die Super-8-Kamera seines Vaters für seine ersten Werke zu benutzen. 1961 drehte er einen immerhin vierzig Minuten langen Kriegsfilm und gewann damit eine Medaille der Boy Scouts. Insgesamt sollen es bis 1969 sechs „Spielfilme", Western (THE LAST GUN), Action- und SF-Filme gewesen sein, oder es waren etwa 15, von denen nur fünf Abschluss und Titel erhielten. FIRELIGHT, der erste Film, in dem Spielberg freundliche außerirdische Besucher auf der Erde erscheinen ließ, wurde im März 1964 sogar in einem Kino in Phoenix aufgeführt.

Die Legende des Steven Spielberg konstruiert in seinen Filmen eine endlos mäandrierende Abbildung der Familie, die Suche nach dem Ideal und die mehr oder minder verdeckte Darstellung ihrer Probleme. Verzwickt, gewiss, waren die Verhältnisse in der Familie Spielberg in der Tiefe: Spielberg erinnert sich, unter den Schwestern, den „kleinen Drachen" zu leiden gehabt zu haben, seine Mutter sieht eher in Steven den „kleinen Teufel". Eine lange Geschichte der Konflikte und der immer wieder aufgeschobenen, aber unausweichlichen Trennung der Eltern wird zum Kern des Spielbergischen Ur-Dramas, ohne dass wir unterscheiden könnten, was Ursache und was Maskierung war. Welche *Wünsche* trieben den bekennend unsportlichen und unter immer neuen sozialen Anpassungsforderungen leidenden Jungen? Spielbergs Legende ist die der Kleinbürgerfamilie, die nach außen hin durch und durch „normal" erscheint, doch im Inneren von einem psycho-dramatischen Verfallsprozess geprägt ist.

Dass Steven Spielberg eine Biographie und einen Familienroman „fälscht" ist keine große Sache. Alle Künstler tun das, mehr oder weniger. Erstaunlich ist eher, dass er seine so „stinknormale" Biographie in eine andere stinknormale Biographie umdeutet. In diesem Zusammenhang ist wohl auch die etwas enigmatische Fälschung des eigenen Geburtsdatums um ein Jahr zu sehen: Die von dem Regisseur gestreute Legende gibt das Jahr 1946 an, während Steven Spielberg tatsächlich im Jahr 1947 geboren wurde. Die Fälschung wurde übrigens bei einem Rechtsstreit um den Film AMBLIN' ruchbar, bei dem Spielberg argumentierte, er könne zum damaligen Zeitpunkt noch nicht für einen Vertrag haftbar gemacht werden, weil er damals noch nicht volljährig gewesen sei. Wer aber fälscht seine Lebensdaten um ein einziges Jahr, und zu welchem Zweck täte er es?

Eine Erklärung für diese seltsame Maskierung ist vielleicht die späte Bekenntnis zu dem was Spielberg als seine jüdische Identität bezeichnet. Bis zu den Dreharbeiten von SCHINDLER'S LIST kommt sie in seiner Legende nicht vor. Jedenfalls nicht anders als einer der weiteren kleinen Defizite, die einem Kind in Middle America das soziale Leben zur Hölle und das Abtauchen in die Paradiese der popular culture zum Paradies machen kann. Dass selbst die noch schwer zu erreichen waren, dass die Eltern zu strengen Türhütern vor den Leinwänden, Bildschirmen und Comic-Seiten wurden, die den einzigen Ausweg aus der Diaspora der Wirklichkeit versprachen, gehört zu jenen Umwegen der

Spielberg-Legende, die sie ein wenig verräterisch machen, zu gleich zu leicht und zu schwer zu lesen.

Steven Spielberg wurde in einer mittelständischen, liberalen jüdischen Familie in Cincinnati, Ohio geboren, deren Wurzeln in Russland liegen. (Die Familien beider Elternteile waren zu Beginn des Jahrhunderts aus dem noch zaristischen russischen Reich in die USA ausgewandert.) Der Vater ist Elektroingenieur und Computerspezialist (zu einer Zeit, da das digitale Denken noch Geheimwissen scheint). Arnold Spielberg, so scheint es, war so *workaholic* und umtriebig wie die Väter in Spielberg-Filmen wie POLTERGEIST oder HOOK, einer der frühen Cracks der Computer-Entwicklung. Die Karriere des Vaters war es, die die Familie Spielberg unstet machte, von Cincinnati nach Phoenix, Arizona und schließlich nach Kalifornien ins „Silicon Valley" führte. Von einem Ort zum anderen und doch immer wieder an den gleichen magisch-langweiligen Ort, das Suburbia der Industriestädte: „Ich war ein Computer-Kind. Mein Vater arbeitete in der Elektronik und Computer Design Branche, und zwischen Kindergarten und College sind wir wahrscheinlich fünfmal umgezogen und lebten an fünf verschiedenen Orten. Jedesmal in einer Vorstadt-Gegend. Also ist alles, was ich kenne Vorstadt". Aber da gab es Veränderungen der eher inneren und nicht leicht zu merkenden Art. In Cincinati hatte es ein reges jüdisches Gemeindeleben gegeben, an der die Familie Spielberg teilnahm, erst mehr und dann immer weniger, und die schrittweise Entfernung, sozial und topographisch, beschrieb wohl auch so etwas wie eine Entfremdung der Eltern von ihren Wurzeln, eine Isolierung der Familie samt ihrer ungelösten inneren Probleme. Mehr noch: Der soziale Aufstieg führte zu einer regelrechten Maskierung der jüdischen Identität, Schritt für Schritt. Die Treffen der Familie wurden weniger formell, man zeigte nicht herum, dass an den Symbolen des christlichen Weihnachtsfestes kein innerer Bedarf bestand. Die Mutter Leah nahm nun den Namen „Lee" an, auf jüdische Gebräuche wurde ebenso verzichtet wie schließlich auf die Zubereitung koscherer Mahlzeiten. Auch Steven selbst beteiligte sich an dieser Verdrängung des jüdischen Aspekts der Familiengeschichte; er hasste es, als Außenseiter zu gelten. Aber in den Highschool-Jahren in Saratoga fühlte sich Steven Spielberg von antisemitischen Äußerungen der Mitschüler dennoch verfolgt. Es war nicht vollständig abzuschütteln, zumal wenn man schon aus Gründen sportlicher Insuffizienz nicht in das Zentrum der WASP-Mythologie eindringen konnte.

Das ist der amerikanische Traum, auch über diese WASP-Mythologie zum Aufstieg in die Mitte hinaus, dass die Familie umso zärtlicher und energischer zusammenhält, je größer der Druck von außen ist, und dass man den extrovertierten WASP-Tugenden die inneren der kulturellen und kritischen Reflexion gegenüberstellt. Irgend jemand muss ja den Tod des Handlungsreisenden beschreiben. Aber eine unterschwellige Bosheit begleitete den Spielberg-Familienroman auch noch in jene Sphären, da sich der Schöpfer des Spielberg-Universum längst „erwachsen" und autonom wähnen musste. Spielbergs Liebesgeschichten, so weit sie öffentlich wurden, fehlte es an romantischem Glanz, und vielleicht hätte gerade jemand wie er nicht einer Geliebten (der Schauspielerin Kate Capshaw) boshaft nachreden sollen, sie sei nur an seinem Scheckbuch interessiert gewesen. Vielleicht ist es auch ein wenig, nun, ungewöhnlich, wenn sich die Mutter des erfolgreichsten Regisseurs der Welt im verbreitetsten Nachrichtenmagazin der Welt über ihren Sohn vernehmen lässt: „Steven ist zwar reich, aber er hat keine Klasse". Das geht möglicherweise noch einen entscheidenden Schritt über Woody Allens komische Verzweiflung über die Bösartigkeit der Mamme in OEDIPUS WRECKS (1989) hinaus ...

Der Bruch der amerikanischen Identität: Vietnam

Das wenn nicht Verdrängen so doch Übermalen des Jüdischseins indes mag nur ein weiterer Schlüssel zu Spielbergs Erfolgsfilmen unter mehreren sein. Seine Arbeit begann in einer Zeit, in der der Generationenkonflikt noch einmal erheblich verschärft worden war. Die extremste und dunkelste Legende zum Vietnamkrieg geht über die Konstruktion eines historischen Verbrechens noch hinaus. Sie besagt, dass eine Generation der Väter, die ihre eigene Schwäche zu spüren begannen, ihre Söhne strukturell in den Tod im fernen Dschungel schickten, da sie ihren Aufstand fürchten mussten. Die Söhne wurden, wie erst viele Jahre später in Bildern wie denen von Stanley Kubricks FULL METAL JACKET (USA 1987) zu zeigen war, zuerst im Drill aller rebellischer Impulse befreit und als Person vernichtet, dann im Krieg selber verloren, geschlagen und getötet, um schließlich als Heimkehrer nur als versehrter, ungefährlicher, an Leib und Seele zerstörter Verlierer oder aber als dekorierter Held und daher vollständig Vater-identifizierter Repräsentant der Nation weiterzuleben. (Zu den verlogensten unter den vielen verlogenen Vietnam-Mythen des amerikanischen Kinos gehört die repetierte Geschichte von den Vätern, die selber in den Dschungel aufbrechen, um ihre vom Vietcong, vom „roten Mann", gefangenen Söhne zu befreien und heimzuholen. Da war die Geschichte von RAMBO (1982 – Regie: Ted Kotcheff) noch ehrlicher, des verstoßenen Sohnes, der unter Anleitung des militärischen Ersatzvaters zurückkehrt, um seine verlorene Seele zu suchen – und nur wieder bluten muss.)

So zynisch es klingen mag: Diese Opferung der Söhne in einem scheinbar absurden Krieg, hatte ihre mythische Unterfütterung in der christlichen Religion, und Oliver Stone erfüllte das Bild in PLATOON (1986), in dem er seinem Helden einen so betont Christushaften Opfertod gönnt. Tatsächlich spaltet sich der vom Vater in den Krieg und in den Tod geschickte Sohn sogleich wieder in den Kain und Abel, und vielleicht macht er das, weil er die Schuld des Vaters an seinem Elend (dem Kampf in einer unverstandenen Fremde) nicht erkennen darf und nicht erkennen kann. Deswegen werden sich im Blick eines weitgehend unsichtbaren Feindes, die Soldaten gegenseitig zu Feinden, eine lange mythische Tradition der amerikanischen Kultur und natürlich des amerikanischen Kinos – keineswegs kritisch, keineswegs relativierend, sondern im Gegenteil die beinahe endgültige Blendung des Ödipus im Land, in dem er nichts verloren und nichts zu suchen hat.

Eine Reihe von Mythen der amerikanischen Pop-Kultur ist sehr direkt bezogen auf diesen Zusammenhang von Sexualität, Familie und Krieg (von „The End" der DOORS bis zu vielen Filmen von New Hollywood). Das Opfer der Söhne wird reaktionär angenommen, indem das Blutbad als Initiation akzeptiert wird, oder es wird fundamental angenommen, als endgültige Verurteilung durch den Vater, die nur im Tod enden kann, wie in Buddy Giovinazzos COMBAT SHOCK (1986).

So funktioniert also Vietnam in einem christlichen Kontext, in der Religion des Sohnes, der die Rebellion gegen den Vater nur im Opfer hat vollbringen können, und dieser finstere Mythos wiederum ist abgespalten von der Geschichte derer, die wie Steven Spielberg und später Bill Clinton „nicht gehen wollten" und von ihren Familien dabei mehr oder weniger offen unterstützt wurden. Steven Spielberg, ein eher unterdurchschnittlicher Schüler, blieb nach eigenem freimütigen Eingestehen nur auf dem College eingeschrieben, damit man ihn nicht zur Armee und nach Vietnam holen konnte. Während also eine blutige ödipale Struktur diesen Krieg selber zu bestimmen schien, eine Entfernung und Rekonstruktion des Vaters in der Fremde, teilte sich die Generation der Söhne in die, die hinübergingen und die, die daheimblieben. Ihre wechselseitige Beziehung musste mit Misstrauen und Schuld behaftet bleiben.

Das Kino der frühen siebziger Jahre war also auf eine äußere Art „vietnamisiert", wie Pauline Kael das nannte, was nicht nur das Blutige und Zynische, das Verstörte und Unversöhnte meinte, sondern auch den Bruch der Wahrnehmung. Es war aber auch auf eine innere Weise vietnamisiert, nämlich als Zerstörung der *family values*, als tiefstes Misstrauen der Generationen untereinander. Der sowieso schon gelegentlich grotesk forcierte Kampf der amerikanischen Söhne, um Anerkennung und Ablösung vom Vater zugleich, eskalierte noch einmal.

Für beide, den heimgekehrten Soldaten aus Vietnam wie für den Kämpfer gegen den Krieg und Geächteten im eigenen Land, konnte der Vater nur der große Verräter sein. Und von sehr, sehr unterschiedlichen Positionen aus machten sich beide auf den Weg zur Anklage und dann zur Suche: Diese Gestalt, die vielleicht gerade noch „an allem Schuld" sein konnte, oder wenigstens dazu gezwungen hätte werden können, sich und die Geschichte zu erklären, war einfach verschwunden.

Der christlichen Sohn/Opfer-Religion, die diesen „Krieg" wenn nicht produzierte so doch in ihrer Mythologie negativ wie positiv „erklärte", standen in den USA zwei große Gegenkräfte entgegen: die Kultur der Afroamerikaner, die den „Feind" nicht erkennen konnten: „No Vietnamese ever called me Nigger". Sie mussten den Krieg als Flash einer Emanzipation im Feuer, als eine Form der Anerkennung sehen, als Fortsetzung der Unterdrückung und schließlich noch einmal als Opfer innerhalb der Opfersituation. Die andere war die jüdische Minderheit, die den Vietnamkrieg genau so paradox erleben mussten, nämlich einerseits als Fortsetzung des ewigen Krieges um die Freiheit und gegen die Verwundbarkeit, und andererseits als zynisches Spiel der puritanisch-kapitalistischen Welt. Die Vater-Religion verlangte dieses Opfer nicht, sie konnte es, mehr noch, gar nicht annehmen. War es nicht der WASP-Vater, der seine Söhne ins Feuer schicken musste, um sein „gutes Amerikanertum" und ganz nebenbei, seine soziale Vormachtstellung zu beweisen? Weder der afroamerikanische noch der jüdische Vater konnte dieses Opfer verlangen – und wenn, dann nur um den Preis, sich auch selbst als Opfer zu identifizieren.

So geht es im christlichen oder postchristlichen Film um die Vollendung des Opfers, im Sinne des Vaters, in dem des Sohnes, oder sogar, in der ideologischen Geste der „Versöhnung" in beider Sinn. Für diese Position gibt es kein jüdisches Pendant. Der Vater kann das Opfer nicht verlangen – Abraham bekam von Gott die Erlaubnis, auf dieses Opfer zu verzichten, und damit beginnt vielleicht die wahrhaft menschliche Zeit der Geschichte, nein, die Möglichkeit dazu – die Geschichte, die dem Vater/Gott das Opfer des Sohnes erspart. Das Ersparen dieses Opfers schwächt und stärkt die Position des Vaters zugleich. Der Sohn kann ihn im Opfer nicht mehr treffen. Und der Vater will durch das Opfer nicht mehr die Geschichte dynamisieren. Der Vater indes bleibt übermächtig, auch und gerade in seiner Abwesenheit, die Revolte des Sohnes führt nicht zur Überwindung, sondern vor allem zur Rekonstruktion des Vaters. Der Sohn muss den Vater erfinden. (Zur gleichen Zeit, nebenbei, zieht die Mutter einiges von diesem untersagten Kampf auf sich: Während er den Vater immer wieder rekonstruieren muss, muss der jüdische Sohn den Kampf gegen die Mamme gewinnen. Sie ist es, die, wie im christlichen Diskurs der Vater, „entheiligt" und zugleich vermenschlicht werden muss.)

Vietnam das hieß, neben vielem anderen, für die christliche Mehrheit in den USA, eine radikale Entzweiung zwischen Vater und Sohn. Vielleicht sind es also die jüdischen Erzähler in der amerikanischen Kultur, die den Sohn im Blick des Vaters, den Vater im Blick des Sohnes neu erfinden müssen. Wie schwierig das sein kann, wissen wir aus den Büchern von Philipp Roth. Steven Spielberg ist einen längeren Weg gegangen.

Wo, bitte, geht's nach Hollywood?

Hollywood in den siebziger Jahren war eine hoffnungslos überalterte Institution. Und auch hier vollzog sich der Übergang, der letztlich von den Gerontokraten nicht zu verhindern war, auf der einen von mehreren Bühnen als „ödipale Revolte". Die jungen Filmhochschüler verlangten nicht nur ihren Platz in Hollywood, sie verlangten auch ein neues Hollywood. Aber so etwas wie EASY RIDER (1969 – Regie: Dennis Hopper) war, ökonomisch gesehen, eher ein Strohfeuer. Ein Erfolg, zu dem vieles beitrug, und das meiste davon war nicht primär filmischer Natur, und dem unendlich viele Misserfolge junger Filmemacher gegenüberstanden.

Steven Spielberg gehörte zu den jungen Filmemachern, die sich mit der Sicht der „Väter-Generation" Hollywoods identifizierten. Das Erbe war wichtiger als die Revolte, das Verständnis bedeutender als die Reflexion. Er bedauerte es zwar, dass sich die Generation der Ford, Hawks, Minelli mit meist schlechten Produkten verabschieden mussten, aber er kritisierte seine Altersgenossen auch für ihre handwerklich schlechte Arbeit, die prätentiöse Geste mit der sie sich zu verkaufen suchten, ihren Verrat an den alten Werten.

Und daher musste er als erstes unter seiner eigenen Jugend leiden, eben unter genau dem, was die Rebellen zur gleichen Zeit als ihre primäre Waffe einsetzten. „Das alte Hollywood-Establishment, das ja selbst am Ende war, traute niemandem über den Weg, der lange Haare hatte und unter dreißig war", so Spielberg, für den es in erster Linie darauf ankam, in dieses System „hineinzukommen". Und dazu passt natürlich Spielbergs Legende von seinem Anfang bei *Universal* nur allzu prächtig: Er habe sich, so geht sie, ins Studiogelände geschlichen, ein leerstehendes Büro besetzt und mit seinem Namen versehen, sich ins interne Telefonverzeichnis eintragen lassen und so bei allerhand Produktionen bei Regie und Schnitt sein Filmwissen vervollkommnet, bis er nach Monaten dieser usurpatorischen Mission („Das Schloss", Spielbergianisches Remake!) endlich einen gewissen Chuck Silvers (der vielleicht auf eine ganz ähnliche Weise in das Gelände gekommen war wie Spielberg selbst) dazu überreden konnte, sich seine Filme anzusehen. Und der schließlich verschaffte ihm Eintritt ins Allerheiligste des Produzenten Sid Sheinberg, der Spielberg die ersten Möglichkeiten als TV-Regisseur bot.

Wenn es nicht wahr ist, so ist es gut erfunden. Denn für Spielberg war es wichtig, nicht ohne Widerstand, aber ohne Kampf und ohne Opfer in das magische Land der Filmproduktion zu gelangen, das er in der Folgezeit von innen heraus erneuern und festigen sollte. Steven Spielberg war nicht einmal ein geläuterter Rebell (wie George Lucas), er war „der gute Sohn", auf den die Väter (die Vatermaschine Hollywood) nur erst aufmerksam werden musste. Was nicht heißen soll, dass er nicht bemerkt hätte, wie er mit seinem ebenso komfortablen wie knebelnden 7-Jahres-Vertrag bei *Universal* auch die Unterschrift unter eine eigene Gefangenschaft gegeben hatte. Da ihm der Vertrag jede freie Tätigkeit untersagte, blieb Spielberg nichts anderes übrig als in diesem System zu arbeiten und sich möglichst schnell durch professionelle Ergebnisse darüber hinaus bewegen zu können. (Was ausgerechnet mit der Inszenierung einer Episode von „Night Gallery" mit Joan Crawford in der Rolle einer hysterischen, blinden Millionärin begann.)

Und während er zum erfolgreichsten Filmemacher aller Zeiten wurde, ängstigte er sich doch vor nichts so sehr wie davor, dass sich die Türen wieder schließen könnten, die er auf so raffinierte und friedliche Weise geöffnet hatte. Keiner der alten Götter musste unter dem neuen jungen Gott Spielberg leiden. Niemand wurde gestürzt. Er öffnete den Himmel über Hollywood. Er beendete nicht die Herrschaft der Alten, wohl aber die Herrschaft des Alt-Seins. Für den Produzenten Spielberg ging es später darum, diesen Fehler der alten Götter in Hollywood nicht noch einmal zuzulassen. Er ist immer Förderer der jungen Talente gewesen, die sich auf den Pakt mit dem System eingelassen haben, hat erkleckliche Summen für die filmtechnische Ausstattung der *University of California* gespendet, und er hat sich auf der anderen Seite nie um die Independent-Produktion gekümmert. Natürlich kann jemand, der – so hat man jedenfalls behauptet – an guten Tagen eine Million Dollar verdient, wohl gemerkt: an einem einzigen Tag, in dieser Traumfabrik mehr bewegen als ein traditioneller Studio-Boss. Aber Steven Spielberg steht nicht für eine architektonische Rekonstruktion der Macht in der Traumfabrik. Zum Spielbergianismus gehört die Verflüssigung der Macht, die Beweglichkeit in der Form, die Abwehr jeden neuen Generationenkonflikts, die Vermeidung des inneren Opfers in einem offenen System. Steven Spielberg, das hat die Legende nie verschwiegen, kann sehr hart sein (vielleicht auch auf eine ich-süchtige Weise), aber er ist, so scheint es, nicht wirklich jemandes Konkurrent.

Und sein System ist nicht zuletzt die Abbildung eines neuen Amerika nach den Erfahrungen des Vietnamkrieges und der unmöglichen Bearbeitung der Brüche. Ein neues Amerika, das er beschrieb in einem Film, der angeblich nur von einem Haifisch handelte.

JAWS: Drei Männer im Boot Amerika

Als der Film JAWS in die amerikanischen Kinos kam war es genau sechs Wochen her, dass Saigon gefallen, der Vietnamkrieg definitiv verloren war. Einerseits: Noch ein Katastrophenfilm, so wie er nach der Öl- und Wirtschaftskrise, in der zweiten Amtszeit von Richard Nixon und noch mehr nach seinem Rücktritt im Jahr 1974 zum beliebtesten Genre geworden war: Hochhäuser, die in Flammen aufgehen, Schiffe die untergehen, Flugzeugkatastrophen, immer wieder ausgelöst, durch das Versagen und Verschwinden der „Lenker", und nun eben ein weißer Hai, der einen Badestrand der amerikanischen Ostküste als sein Jagdrevier ansieht.

Die Zeit zuvor war von jener „Vietnamisierung" des amerikanischen Kinos geprägt, die Pauline Kael auf den Begriff gebracht hatte. Von Filmen, die mit Gewalt auf die Erfahrungen der Gewalt reagierten, wie die von Sam Peckinpah oder Arthur Penn, und die in der amerikanischen Gründungsmythologie, insbesondere im Western, aber auch in den rauen Zeiten der kapitalistischen Konsolidierung, in den Gang Wars, keinen Hoffnungsschimmer und keine Verpflichtung mehr sehen konnten. Auf der anderen Seite gab es im *New Hollywood* junge Regisseure, zu denen man auch Steven Spielberg zählte, die elegische Geschichten vom Scheitern erzählten. Von schönen Verlierern, die anders als die rauen oder kranken Helden von New Hollywood auf alles andere aus waren als auf das Opfer. Und dennoch forderte die Geschichte, forderte die Gesellschaft das Blut. In den Katastrophenfilmen ging nicht nur das alte Amerika unter, das paradoxerweise das Amerika der bedingungslosen Modernisierung war, sondern auch das alte Hollywood, im schönen Tod seiner Veteranen-Darsteller, ebenso wie in den dramaturgischen Volten, welche Opfer, Tat und Rettung in ein Gleichgewicht zwischen dem entschlossenen Handeln der

einfachen Leute und einem schicksalhaft moralischen Eingreifen von oben zu bringen versuchten.

JAWS war zugleich ein Meisterwerk dieses katastrophischen amerikanischen Gewaltkinos und seine Überwindung. Die Bedrohung wurde ins Abstrakte und Mythische gespiegelt, kein Krieg, kein Ghetto, keine soziale Ungerechtigkeit, nur die besinnungslose Grausamkeit der Natur. Und zur gleichen Zeit entfaltete der Film auch bereits seine *family values* – wenn auch vorsichtig und nicht ohne Misstrauen. Eine ähnliche Übertragungsarbeit leisteten dann zwei Filme, die ähnlich erfolgreich waren, sich aber von der Gewaltkrankheit des amerikanischen Kinos viel weniger zu befreien suchten: THE EXORCIST (1973 – Regie: William Friedlin) und STAR WARS (1976 – Regie: George Lucas). Während Friedlin die Katastrophe endgültig ins Innere der Familie, ins Innere der Menschen selbst verlagerte, projizierte George Lucas in seinem Weltraummärchen die selbe Frage (Wer hilft uns, wenn Gott nur sein böses Gesicht zeigt, die Geschichte uns definitiv unrecht gegeben hat, und die Familie hoffnungslos zerbrochen ist?) an den Rand der Galaxis.

Steven Spielbergs Lösung war möglicherweise nicht weniger fundamental. Die Schocks und Brüche der amerikanischen Geschichte und Gesellschaft saßen tief; ein Jahrzehnt, das sich als Abfolge von Katastrophen gezeigt hatte, verlangte nach Bildern, und man konnte sie nicht leugnen, auch im Kino nicht. Aber man konnte sie verschieben. Von innen nach außen, von der Gesellschaft in die Natur. Spielbergs Lösung blieb ambivalenter. Und es war nicht nur Ideologie (oder das blanke Entsetzen), es war auch Erinnerung, was durch die Naturkatastrophe von JAWS durchschimmerte.

Die Katastrophenfilme hatten eine einfache Moral. Es war nie das System, sondern immer ein einzelner, der Schuld am Schlammassel hatte. Die Katastrophe selbst lief ab nach dem Prinzip einer moralischen Reinigung. Die Bösen starben, die mittendrin konnten sich im Opfer bewähren, und die Guten überlebten. Die Katastrophen, Schiffsuntergänge (THE POSEIDON ADVENTURE – 1972 – Regie: Ronald Neame), Flugzeugabstürze (AIRPORT – 1969 – Regie: George Seaton), Hochhausbrände (TOWERING INFERNO – 1974 – Regie: John Guillermin, Irvin Allen), Lawinenabgänge (AVALANCHE – 1978 – Regie: Corey Allen), Erdbeben (EARTHQUAKE – 1974 – Regie: Mark Robson), usw. erschienen als Strafe für das „ausschweifende" oder „dekadente" Leben, für den Sieg des Lust- über das Realitätsprinzip. Die überlebenden Menschen konnten am Ende „zur Besinnung" kommen. Und wem sie ihr Überleben verdankten, das war in der Regel ein weißer Mittelständler, oft ein Mann in der Uniform eines Piloten, eines Feuerwehrmannes oder eines Polizisten, aber keiner mit allzu hohem Rang, und schon gar keiner, der irgend eine Beziehung zu hohen politischen oder wirtschaftlichen Kreisen hatte. Ein professioneller John Doe.

JAWS folgte auch darin der Formel des Genres. Aber es ging diesmal nicht um die Hybris der Menschen, ihre technischen Wunderwerke und ihr allzu großes Vertrauen in den Fortschritt. Diesmal kam die Katastrophe direkt aus dem Urschoß der

Natur, etwas, das da höchst obszön aus dem kollektiven Unterbewusstsein aufstieg, halb Phallus, halb Vagina, ganz und gar sadistischer Genuss. Vielleicht war es nur für amerikanische Zuschauer von besonderer Bedeutung, dass die Haifischattrappe, der man den Namen Bruce gegeben hatte, an eben jener Stelle kreuzte, an der Senator Ted Kennedy sein Auto mit der Wahlhelferin ins Wasser gesteuert hatte, die dabei ertrunken war. Aber für alle war klar, dass hier eine Katastrophe erheblich mit Sexualität zu tun hatte, von der ersten Szene an, in der wir sozusagen das weibliche Opfer durch die Augen des Haifisch-Killers, des besinnungslosen Vergewaltigers sehen und ein betrunkener junger Mann unfähig ist, ihr zu Hilfe zu kommen. Die Anspielung auf die Geschehnisse auf Martha's Vineyard mögen damit deutlich genug sein: Der weiße Hai ist das Wesen, das am Schnittpunkt des Politischen und des Sexuellen erscheint.

Spielberg reduzierte und konzentrierte die Formeln des Genres bis aufs äußerste. Er vermied zunächst einmal die moralische Geschwätzigkeit und Bigotterie vieler anderer Katastrophenfilme. Auch die traditionellen Nebenelemente, die es noch im Roman von Peter Benchley gegeben hatte, tilgte er, zum Beispiel eine Liebesaffäre zwischen der Frau des Polizisten und dem jungen Meeresbiologen, eine Verstrickung der Protagonisten in Machenschaften der Mafia – kurz das meiste von dem, worauf sich andere Filmemacher im Genre geradezu gestürzt hätten. Es ging um die pure Wirkung, sonst nichts. Vom Sex wurde nicht mehr erzählt, das Filmbild selber *war* Sex. Spielberg hat das in

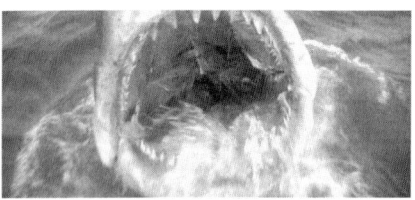

dankenswerter Offenheit später gesagt: In diesem Film wollte er die Zuschauer mit einer emotionalen Peitsche genau dorthin treiben, wo er sie hinhaben wollte, und er verwendete dazu jedes geeignete Mittel und vermied jede Abschweifung.

Der *plot* erzählt von der Verteidigung eines amerikanischen Beach-Paradieses namens Amity, was, wie wir hören, Freundschaft bedeutet, gegen einen vulgären Fremdling oder eine große psychosexuelle Herausforderung. Von hier an können Tiefenpsychologen das Feld übernehmen. *Amity Island* jedenfalls ist keine Schatzinsel.

Gerade hat die Saison begonnen, da wird die zerfetzte Leiche eines Mädchens (Susan Backline), das es wagte, ein Bad im Schein der romantisch untergehenden Sonne zu nehmen, an den Strand gespült. Der Polizeichef Brody (Roy Scheider) vermutet einen Mörderhai als „Täter". Er verlangt, dass man die Badestrände sperrt, aber damit kommt er bei Bürgermeister Vaughn (Murray Hamilton), in dem die zeitgenössischen Zuschauer unschwer einen „Nixon im Westentaschenformat" (Tony Crawley) erkennen konnten, und den Geschäftsleuten des Ortes nicht durch, die um die Einnahmen für die Gemeinde bangen. Bald darauf schlägt die Bestie wieder zu: Diesmal fällt ihm ein kleiner Junge zum Opfer. Immer noch zögern die Verantwortlichen, etwas zu unternehmen. Immerhin begibt man sich auf große Haifischjagd und kehrt bald mit einem Beutetier zurück. Erleichtert präsentiert man den Hai der Öffentlichkeit. Aber inzwischen ist der junge Meeresforscher Matt Hooper (Richard Dreyfuss) eingetroffen, der von Anbeginn bezweifelt, dass das erlegte Tier tatsächlich der Killer ist. Dazu erscheint er ihm zu klein. Auch Hoopers Warnungen werden in den Wind geschlagen, und nach anfänglichem Zögern geben die Einheimischen den Touristen wieder ein Beispiel und steigen in die Wellen des abgründigen Ozeans. Aber schließlich

fällt Brodys Sohn, dem er mit all seiner Autorität einen gefährlichen Segeltörn verboten hat (was sogleich zu einem Streit zwischen den Eltern führte), beinahe zusammen mit einigen Freunden dem Untier zum Opfer. Hooper überredet Brody, mit ihm den gefangenen Hai zu untersuchen, und sie erkennen an seinem Mageninhalt, dass es sich nicht um den Menschenfresser handeln kann.

Unterdessen ist ein weiterer Protagonist in Amity angelangt, der Haifischjäger Quint (Robert Shaw), der sich gegen gute Bezahlung anbietet, die Gemeinde von ihrem Fluch zu befreien. Er hat freilich, wie Ahab, auch ein persönliches Motiv für die Jagd nach dem Tier: im Zweiten Weltkrieg wurde die Mannschaft seines gesunkenen Kreuzers von Haien dezimiert. Seine fluchreiche Sprache kann kaum überdecken, dass er selbst der Verfluchte in diesem Spiel ist. Robert Shaw bricht wie eine Urgewalt in diese Szenerie ein; wo vorher Zögern und Vernunft ist, da ist nun auch Kraft und eine gehörige Portion Wahnsinn. Quint ist der einzige, der die Gesellschaft der guten Bürger wirklich verachtet, wie es der Westerner unter dem *wandering star* zu tun pflegte. Übrigens ist Shaws Verachtung möglicherweise nicht gespielt. Den Roman von Peter Benchley, nach dem der Film entstand, bezeichnete der selbst als Romancier hervorgetretene Darsteller schlicht als „Stück Scheiße" (aber auch Spielberg selbst empfand die Vorlage eher als Herausforderung denn als Inspiration).

Die drei Männer, so unterschiedlich in ihren Motiven wie in ihren Charakteren, gehen auf einem Trawler gemeinsam auf die Jagd. Dabei gibt es auch nicht wenige Autoritätsprobleme, und schließlich kommt es zur ersten Begegnung mit dem Weißen Hai, der sich schnell vom Gejagten zum Jäger entwickelt. Während Hooper in einem Käfig das Tier zu ködern versucht, fällt Quint ihm zum Opfer. Brody auf dem

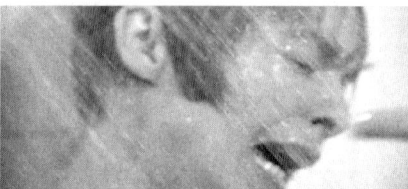
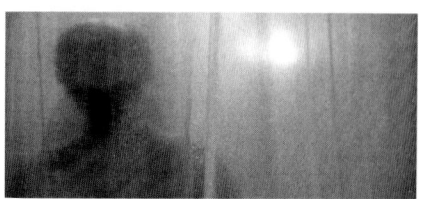

JAWS (oben); PSYCHO (unten)

schon untergehenden Schiff, greift zu einer letzten List, indem er den Hai ein Fass zu schlucken gibt, das er schließlich mit einem Schuss zur Explosion bringt. Sein Triumph in diesem Augenblick ähnelt dem von David Mann in DUEL.

Die Gründe für den anhaltende Erfolg von JAWS sind schnell aufgezählt: 1. war es ganz einfach ein verdammt guter Film, zugleich zeitgemäß in der Technik und wohltuend „altmodisch" in der Erzählweise. Die Einfälle von Drehbuch und Regie, aus einem eigentlich ungeheuer simplen Stoff eine aufregende und emotionale Parforce-Tour zu machen, kann man in jedem Seminar zum Filmemachen vorstellen. Allerdings darf man sich dann nicht auf einen Diskurs über Fairness beim Filmemachen einlassen, denn Spielberg scheut sich nicht, seinen Feind gleichsam maschinell und unbarmherzig zum Objekt von umfassendem Hass aufzubauen. Und wie gut der Film ist, sieht man am besten an seinen Sequels oder seinen Imitationen, von denen sich keine auch nur über die Niederungen unfreiwilliger Komik erheben konnte. Übrigens gehört JAWS zu den wenigen Filmen, in denen die offenkundigen Hitchcock-Anspielungen nicht auf die Macher zurückfallen. Schon die Eingangssequenz, die das erste Opfer des Hais bezeich-

net, und dem ganzen Film zugleich seinen sexuellen und seinen moralischen Ton verleiht, ist die pure Apologie der berühmten Mord-Szene aus PSYCHO (1960 – Regie: Alfred Hitchcock). Und sie macht auf ganz ähnliche Weise, indem die Kamera die Perspektive des Mörders einnimmt, den Zuschauer zum Mitschuldigen. Wenn Hitchcock genüsslich formuliert hat, er liebe es in seinen Filmen, mit den Gefühlen des Publikums „wie auf einer Orgel" zu spielen, so ist Spielberg auch hierin sein Nachfolger und Zerstörer, wenn er nicht minder genussvoll konstatiert, bei JAWS habe er sich gefühlt, als könne er das Publikum mit einem elektrisch geladenen Viehtreiberstock dirigieren. Hitchcock wie Spielberg (zumindest der Spielberg der JAWS-Ära) lassen das Publikum spüren, wie sehr das Bewegungsbild auf der Leinwand die masochistische Unterwerfung der Blicke benötigt.

2. erzählte der Film die unwiderstehliche Geschichte vom Bösen, das schließlich bezwungen wird, als hätte er sie gerade erfunden: dieses monströse Zahngetier am Ende explodieren zu sehen ist so genau das, worauf wir einen Film lang hingeführt werden, dass es nur wie eine Erlösung erscheinen kann, wenn das Tier endlich in die

Luft gejagt wird. Der Film endet mit den Bildern, auf die wir uns im Unbewusstsein von Anbeginn eingestellt haben, so konsequent, dass wir den ganzen Film schließlich nicht nur hysterisch aufgeladen, sondern auch mit einer Portion dankbarer Zufriedenheit verlassen. JAWS hat in uns wie kein anderer Monster-Film den Wunsch erzeugt, das Untier tot zu sehen, und Spielberg hat diesen Wunsch so erfüllt, dass eigentlich schon daher alle Sequels absurd erscheinen mussten.

Dabei ist die Konvention des Katastrophenfilms gleichsam wieder vom Kopf auf die Füße gestellt. Wenn in dem apokalyptisch-melodramatischen Genre die Frage gestellt wird, wer und warum das „Gottesgericht" der Katastrophe überleben kann, so stellt JAWS wieder die Frage, wie die Menschen beschaffen sein müssen, die sie abwenden können. Über den Umweg von purem Hass verwandelt sich der Fatalismus des Genres wieder in Tatkraft.

3. gibt der Film gleich zwei wohlige Zuhause-Modelle, die es reichlich nötig hatten, ein wenig aufpoliert zu werden, das Zuhause-Modell der Familie und das Zuhause-Modell der jagenden und spielenden Jungs, Huckleberry Finn und Tom Sawyer. Und natürlich zeigt uns Spielberg, dass diese beiden Modelle höchst gefährdet sind.

Das Zuhause-Modell der Familie scheint von Anfang an prekär. Brody hat nicht nur seine angestammte soziale und kulturelle Heimat verloren, die Stadt New York, der er entfloh, gerade weil sie ihn und seine Familie so gefährdete. Er ist auch drauf und dran seine Autorität zu verlieren, nicht zuletzt deswegen, weil er seine eigene Angst vor dem Wasser auf seinen Sohn überträgt und sich dabei zugleich überprotektiv und hysterisch verhält. Um seine Position in der Familie wieder zu gewinnen, muss er seine eigene Angst überwinden und sie, zumindest für eine Zeit, verlassen – nachdem es ihm gelungen ist, die Kinder vor dem Angriff der Bestie heimzuholen.

Das Team der drei Männer, das sich unter den Augen der Familie und mehr noch unter den Augen der Gesellschaft, aber gegen die Regeln bildet, geht weit über eine Hawkssche Gruppe von Professionals hinaus. Zunächst repräsentieren die Männer die drei Ordnungsmächte der Gesellschaft, Polizei, Wissenschaft und Militär, und in allen dreien, das ist nicht zu übersehen, sind neurotisierende und entfremdende Impulse am Werk. Der Wissenschaftler, wie ihn Richard Dreyfuss gibt, ist jung und neugierig, Vertreter einer Generation, die sich gegen den Krieg in Vietnam ausgesprochen hat, gegen die Macht der Militärs und der Polizei. Der Vertreter der Polizei wiederum ist von Selbstzweifeln geplagt und muss überdies an seinem Auftrag zweifeln: Er ist es, den die verzweifelte Mutter des getöteten Kindes angreift, nicht die korrupten Politiker, die ihm Auftrag und Legitimation geben sollen. Und vollends traumatisiert ist der Ex-Soldat, der den Verlust seiner Kameraden ebenso wenig verkraften kann wie den seiner Lebensweise (seiner Sprache). Für einen Zuschauer des Jahres 1975 war unschwer zu erkennen, dass diese drei Männer und diese drei „Codes" nur zusammen kommen können, wenn es so etwas wie einen weißen Hai gibt, in den jeder von ihnen sein Trauma sehen konnte. Brody scheint zunächst mit seinen eigenen Ängsten genug zu kämpfen zu haben (der Stadtmensch, der in die amerikanische Provinz und zur Natur zurückgekehrt ist, seiner Familie zuliebe, und dort seine Fremdheit nicht ganz überwinden kann). Der psychische Hauptkonflikt entwickelt sich zwischen Hooper, der zuerst als eher etwas schmuddeliger Hippie vorgestellt wird, ehe er seine intellektuelle und soziale Überlegenheit auszuspielen beginnt, und Quint, der sich auf seine proletarischen Wurzeln etwas einbildet und seinen Kontrahenten und schließlich eben doch Verbündeten missmutig einen „reichen College-Jungen" nennt. Dieses symbolische Konstrukt einer neuerlichen Versöhnung zwischen den Generationen und den politischen Positionen fordert indes in JAWS noch einmal das Opfer; Quint wird vom Hai verschlungen (wie um ein Schicksal zu vollenden, dem er eigentlich schon damals auf dem Kriegsschiff zugedacht war), und mit seinem Tod, so könnte man meinen, kann auch eine neue Ära der Herrschaft der Söhne beginnen, der liberalen und rationalen Allianz einer neuen Mitte, die sich in seinem Opfer dem alten „Monster", dem reaktionären, ungebildeten, vom Krieg geprägten „Dinosaurier" der amerikanischen Sozialgeschichte, ihres Respekts versichert haben. (Wie in SAVING PRIVATE RYAN wird es auch hier nur darum gehen, wie und ob man sich des Opfers als würdig erweist, das man nicht auf Anhieb akzeptieren kann.) So beschreibt JAWS schließlich auch indirekt einen politischen und kulturellen Machtwechsel, und darin die maßgebende Position von Spielbergs eigenem Kleinbürgertum und seiner eigenen Generation (und zwar jener Teile von ihr, die weder in Vietnam waren, noch sich in der Subkultur mit Sex & Drugs & Rock'n'Roll gefährdeten). In der Gestalt von Richard Dreyfuss rettet sich Spielberg gleichsam symbolisch, wenn er den „Köder", der sich für das Monster auslegen ließ, ganz im Gegensatz zu Peter Benchleys Buch (in dem der Wissenschaftler mit größtem Vergnügen geopfert wird) wie durch ein Wunder (und im übrigen in auffallender ikonographischer Verwandtschaft zum Ishmael in MOBY DICK – 1956 – Regie: John Huston) aus der Tiefe an die Oberfläche gelangen lässt.

4. ist der Film ein Modell der Retardierungen und Kritik im Nebeneinein. Es geht um Helden, aber um defekte Helden. Der eine ist eigentlich wasserscheu, der zweite

ein wissenschaftlicher Nerd, dessen Hände schon verraten, dass er mehr mit dem Schreibtisch als mit dem Leben zu tun hat, und der dritte ist einer, dessen Körper und dessen Seele im Krieg ziemlich schwer verwundet wurden und der das nur unvollkommen hinter seinem Macho-Gehabe verbirgt. Wenn der weiße Hai so etwas wie ein Passepartout für die Ängste der siebziger Jahre war, von den puritanischen Sex-Ängsten bis zum Krieg in Vietnam, dann waren seine Helden Modelle der verletzten amerikanischen Männlichkeit, die sich in einer Situation der Bewährung zusammenfinden. Und es ist wohl überdeutlich, dass sich da einstige Befürworter und Gegner des Kriegs, einer der Haie hasst und der andere der sie liebt, in einem Projekt der Versöhnung durch einen neuen Feind finden, in einer Gesellschaft, die vor den vergangenen und gegenwärtigen Katsstrophen die Augen Schließen will. Dreyfuss war wirklich Kriegsdienstverweigerer gewesen und spielte in AMERICAN GRAFFITI (1973 – Regie: George Lucas) einen Jungen, der als „Drückeberger" den Krieg ablehnte. Dafür hat der „working class hero" Quint in seinem Schiff *Indianapolis* für die Überbringung der Bombe von Hiroshima gebüßt, nachdem ein japanisches Torpedo die Amerikaner zu den Haien geschickt hatte.

Wollen wir eine Spur von diesem Quint auf der *Indianapolis* zu Indiana Jones verfolgen, einem Wiedergänger des Helden, der nicht nur das Opfer, sondern sogar das Heldsein strikt ablehnt? Wahrscheinlich wird sich die Ergiebigkeit dieser Indizien, die uns umgekehrt auch vom Strand *Amity* auch an Bord der *Amistad* führen könnten, in Grenzen halten. Und doch betonen Spielberg und sein Drehbuchautor Carl Gottlieb Verweise und Analogien immer wieder: JAWS ist auf einer dritten oder vierten Ebene durchaus als Schlüssel zur Geschichte der USA zu verstehen, so wie sie Steven Spielberg immer wieder aufgreifen wird, nämlich als Echo in jedem einzelnen.

In der Manie des amerikanischen Fernsehens, jedem historischen und problematischen Verhalten ein TV-Movie zuzuordnen, erhielt auch das Geschehen, das als Folie für Quints Trauma diente, eine mehr oder weniger tatsachengetreue Darstellung: MISSION OF THE SHARK (Mission of the Shark/Operation Haifisch – Lautlos kommt der Tod – USA 1991 – Regie: Robert Iscove) geht direkt auf diesen Vorfall aus dem Juli 1945 zurück: Der Kapitän der *USS Indianapolis*, die die Atombomben in den Pazifik transportierte, Charles McVay (Stacy Keach), trifft, als das Schiff unter japanischen U-Boot-Beschuss gerät, eine verhängnisvolle Entscheidung: Er befiehlt der 1200 Mann starken Besatzung über Bord zu gehen. In dem Haifisch-verseuchten Gewässer überleben nur 317 Matrosen.

Nicht zuletzt kritisierte der Film eine „demokratische" Politik, die sich nach dem Profit ausrichtet, und die jederzeit bereit ist, die Wahrheit vor dem Volk auch mit allen Mitteln der Manipulation zu vertuschen. Insofern setzte Spielberg auch seine Arbeit von THE SUGARLAND EXPRESS fort. Dieselbe Mischung aus Sensations- und Profitgier hatte dort das Schicksal des jungen Paares besiegelt. In JAWS geht es auch um die Aufrechterhaltung einer amerikanischen Fassade der „Normalität". Dazu gibt es eine wunderbare Szene: Aufgefordert, den Touristen ein gutes Beispiel zu geben und zu demonstrieren, wie wenig man an eine Gefahr glaubt, nimmt einer der örtlichen Honoratioren seine Familie an die Hand, und tapfer und dumm schreitet man in die Wellen, die ebenso gut den Tod bedeuten können. Die Opfer in JAWS werden immer absurder: Sehen wir hier nicht das Selbstopfer im Namen des Konsenses, mit dem man in den Krieg, ins Verbrechen oder in die Gaskammern gehen könnte? In Amity Beach wird dies alles zugedeckt. Möglicherweise ist dies ein geheimes und dann nicht mehr so geheimes Nebenthema aller Filme von Steven Spielberg; das Verschweigen, das Vertuschen, die Machinationen in der Familie und in der Gesellschaft um die großen Geheimnisse herum, die zugleich sehr intimer und sehr politischer Natur sind.

5. war JAWS aber nicht bloß nur ein konservatives Modell, Angst und Bewährung in einem, der Film hatte auch durchaus seine kritischen Nebentöne. Dass ein profitgieriger Lokalpolitiker die Gefahr vertuschen will und die Gefahr erst richtig heraufbeschwört, ist später zu einem Klischee des Genres geworden. Aber damals traf es ziemlich genau das Verhältnis der Menschen zu ihren Politikern. Sehr konkret eine Abbildung der Leute, die die Umweltkatastrophen vertuschen, sehr allgemein die Abbildung jener Politiker, denen das Leben der Menschen weniger wert ist als das Geld, das man mit ihnen machen kann. Dagegen setzt sich keine Rebellion, sondern eine pragmatische Institution der Verbesserung von *middle america*. Die Überlebenden waren eine Allianz von Law and Order-Mann und Hippie-Technokratie; später wird man das den neuen Mittelstand nennen und zur Klientel von Jimmy Carter rechnen. Am Tag von dessen Amtseinsetzung kam JAWS wieder in die Kinos.

6. war JAWS, viel mehr als alle Folgen und Variationen, eine Phantasie über das große, inoffizielle amerikanische Nationalepos, „Moby Dick" und Robert Shaw war so etwas wie eine groteske Abbildung von Captain Ahab, bis zu seinem Tod. (In Spielbergs erster Vision sollte sich Quint, ehrlicherweise, auch John Hustons Film MOBY DICK mit Gregory Peck ansehen, aber der ließ dagegen sein Veto einlegen.) Auch wenn man es nicht genau erkennt, spürt man, dass da etwas ist, was größer, tragischer, philosophischer ist als ein Horror-

oder Katastrophenfilm. Aber zur gleichen Zeit bewahrt uns Spielberg auch davor, allzu tief in diesen Mythos des Wahns einzudringen. Er löst unser Interesse an diesem tragischen Seefahrer der amerikanischen Geschichte durch die Handlungen der jungen Protagonisten auf.

Und heute? Am meisten geändert hat sich sicher die Filmtechnik. Das große, ein wenig unbewegliche Modell des Hais, den man damals als den eigentlichen Star des Films ansah, kann mit den computergenerierten Monstern, schon gar nicht mit den Dinosauriern von Spielbergs JURASSIC PARK-Filmen unserer Tage nicht mehr mithalten. Was den Film dabei tatsächlich rettet, ist die Sparsamkeit, mit der der Regisseur seinen Star eingesetzt hat. Der Film ist viel schockierender, wenn er das zeigt, was uns nur allzu vertraut ist, wo nur die Musik oder die Stimmung oder die Perspektive der Kamera uns darauf hinweist, dass irgendwas nicht stimmt. Der Blick auf sanft bewegtes Wasser in der Dämmerung wird sozusagen mit Angst kontaminiert, so dass JAWS unter vielem anderen auch ein Film ist, der Augenblicke eines „reinen Kinos" (wie es sich René Clair vorgestellt haben mag) zerstört. Die Natur selber ist der Feind in diesem Film in einem viel umfassenderen als einem nur metaphorischen Sinn.

Tierhorror-Filme sind in den letzten fünfundzwanzig Jahren zu einem Genre geworden, das viel filmischen Humbug und nur gelegentlich etwas Bemerkenswertes hervorgebracht hat (wie nicht viel anders in den fünfundzwanzig Jahren zuvor, in der man sich mehr von der gothischen als der ökologischen Phantasie leiten ließ). In ihnen hat sich etwas zum Klischee verklumpt, was bei Spielberg nur *eine* Lesart war, und das Horst Stern schon bei der Uraufführung beklagte: „Tiermonster aller Sorten werden in die Kinos kommen und das rationale Bild zum geringeren Bruder Tier, das einige Wissenschaftler

und Forscher mühsam genug aufzurichten begannen, wieder einreißen". Da ist sicher etwas dran, und insbesondere der Hai bekam im Gefolge von Spielbergs Film das Image eines Killers, dem auch mit engagiertesten Versuchen der Wissenschaftler nicht beizukommen war, das Bild zurechtzurücken. Eine „echte" Angst vor dem Hai diente dem synthetischen Mythos von JAWS immer als „Wirklichkeitsrest", der „Bruce" von einem Alien oder einem Monster aus der Hölle unterscheidet.

Aber der weiße Hai bildet ja nicht nur seine armen biologischen Vorbilder ab. Er ist der Ausdruck der Katastrophe schlechthin, das passende Bild für eine Krisensituation. Und was das anbelangt, stehen die Chancen für seine glorreiche Wiederkehr nicht einmal so schlecht. Zwar gibt es nichts, was sich mit dem Ende des Vietnamkrieges oder Watergate vergleichen ließe, aber Krisen doch genug, von der neuerlichen Ölmarktkrise über die Spannungen in Europa und Nahost. Hierzulande wird von einer „Neuen Mitte" gesprochen, der irgendwie noch der weiße Hai fehlt, der sie zusammenschweißt. Denn JAWS, das war ein „Erneuerungsfilm", der nicht nur das Neue und das Alte Hollywood voneinander trennte und vereinte, sondern auch ein altes und neues Amerika, ein neues und altes Bündnis zwischen Demokratie und Kapitalismus. Vermutlich wäre JAWS der richtige Film zur Amtseinführung von Al Gore gewesen.

Aber mehr noch war den amerikanischen Kritikern in der Massenhysterie, die der Film auslöste aufgefallen, dass das Showbusiness in JAWS auch von der eigenen Mechanik erzählt hatte. Peter Benchley, der Autor des Romans und des Drehbuches, hatte vorher sehr erbauliche und religiöse Reden für Lyndon B. Johnson geschrieben, und mit JAWS schwebte ihm eine Geschichte vor, die amerikanische Väter ihren Kindern vor dem Einschlafen erzählen sollten. Steven Spielberg folgte diesem Konzept, indem er eine Reihe allzu grausamer oder allzu sarkastischer Szenen aus dem Film tilgte. Er führte vor, wie man sich von einem Dämon befreit, den ausschließlich der Film selber geschaffen hat. Mittlerweile gehen wir skeptischer mit den Bildern um; die grausamsten und erfolgreichsten Filme unserer Zeit handeln davon, dass wir die Grenzen zur zweiten Wirklichkeit der Bildern nicht mehr ziehen können. Der weiße Hai unserer Tage ist ein perfektes Computerprogramm.

Es mag ein wenig pathetisch klingen, wenn J. Hoberman die These aufstellt, in dem blutgierigen, mechanischen und bewusstlosen Hai habe die Unterhaltungsindustrie begonnen, „von sich selbst zu erzählen". Eher pragmatisch scheint da die Begeisterung, die Drehbuch-Coautor Carl Gottlieb in seinem „Jaws Log" (dt. Der Weiße Hai Report, 1975) formulierte: „JAWS vom Stapel zu lassen, war als produktionstechnisches Problem mit dem Versuch der NASA vergleichbar, Menschen auf den Mond zu schießen und heil wieder zurückzubringen". In der Tat aber hatten solche technisch-wissenschaftlichen Höchstleistungen zu dieser Zeit ihren Glanz schon weitgehend verloren, und auch die gesellschaftlichen Projekte in der Zeit nach dem Vietnam-Krieg waren entweder hilflose Versuche symbolischer „Übermalungen" (wie der überzogene Einsatz amerikanischer Kriegsschiffe gegen eine Handvoll Geiselnehmer im pazifischen Ozean) oder erstarrte Rituale der Reaktionen auf den zumindest moralischen Zerfall der amerikanischen Herrscherhäuser (allen voran der Kennedys). Was Gottliebs Aussage als ungewollt prophetisch erscheinen lässt, mag die Vorahnung der elektronischen, medialisierten, postmodernen Gesellschaft sein, die nicht mehr allein ihre Veränderungsprozesse fiktionalisiert, sondern auch umgekehrt der Fiktionalisierung der eigenen Befindlichkeit den Status eines gesellschaftlichen Prozesses zuordnet. Filme wie JAWS gehen also noch über den

event-Charakter eines blockbusters weit hinaus. Sie bilden nicht nur, vage und emotional, Politik ab, sie treten vielmehr selber an die Stelle politischer Installationen. Von Anfang an war es in den Rezensionen auch auf bescheidenerem Reflexionsniveau kenntlich, dass JAWS so etwas wie eine „nationale Metapher" war. Wofür diese freilich stand, das war eine andere Frage.

Der weiße Hai war einfach alles Böse auf der Welt, und in den kubanischen Karikaturen erkannten Fidel Castro und die seinen den amerikanischen Kapitalismus als weißen Hai, so wie umgekehrt die Amerikaner Fidel Castro als weißen Hai mit Zigarre darstellten. Und wenn in der klassischen „Propaganda" das Politische sexualisiert wird, so ist in dieser Umwandlung in der Unterhaltungsindustrie das Sexuelle politisiert. Die Obszönität des alles überlagernden Bildes der vagina dentata geht in JAWS einher mit Andeutungen höchst undeutlicher Konvenienz. Wenn „Bruce", der Spitzname für den mechanischen Hai, die jargonhafte Umschreibung eines Homosexuellen ist, so ist „fish" der Codename der amerikanischen Schwulen für „Frau". Quint macht gegenüber Hooper immer wieder zweideutige Andeutungen, etwa wenn er spöttisch bemerkt, der andere habe „seine Gummis dabei", wenn dieser sich Gummihandschuhe anzieht. Reichlich zweideutig ist auch die Szene an Bord des Trawlers und kurz vor dem finalen Kampf mit dem tierischen Ungeheuer, bei dem sich Hooper und Quint gegenseitig ihre Narben zeigen, und als wäre das noch nicht deutlich genug, handeln alle die Geschichten, die sie zu ihren Entstehungen zu erzählen haben, in der einen

 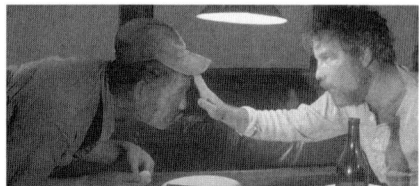

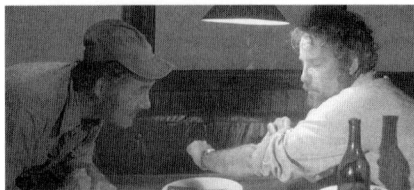 

oder anderen Weise von Frauen: bevor sie sich im Kampf gegen den Hai verbünden, erkennen die beiden so unterschiedlichen Männer einen anderen gemeinsamen „Feind". Wenn es nicht die Frau ist, dann ist es die Liebe. Brody, der Familienvater, hält sich dabei zurück. Vielleicht deshalb steht er in keinem Augenblick in Gefahr, dem weißen Hai wirklich als „Opfer" zu dienen.

Die Dramaturgie von JAWS zielt also nicht nur auf die Verteidigung des amerikanischen Paradieses namens Amity ab – ist Brody nicht ein Nachfahr des Will Kane aus HIGH NOON (1952 – Regie: Fred Zinnemann), der das Paradies, das er zur Begründung seiner Familie gesucht hat, gegen das Böse verteidigen muss, auch wenn ihn dabei sowohl „die Gemeinde" als auch die eigene Frau nur höchst widerwillig unterstützen? –, nicht nur auf die Versöhnung der zersplitterten militärischen, wissenschaftlichen und gesellschaftlichen Eliten und Ordnungsprinzipien, sondern auch auf die Rekonstruktion einer sich selbst

verständlichen Männlichkeit. Amity ist zwar auf dreifache Weise „krank", durch den Hai, durch die Korruption der Politik und die „Durchlässigkeit" für die Hysterie, aber es ist nichtsdestoweniger das amerikanische Paradies jenseits der großen Städte, die wenn auch synthetische Rekonstruktion der Pioniergesellschaft, das ewige Western-Dorf, das Amerika außerhalb von New York immer noch sein möchte. Eine Gesellschaft in der paradoxen Bewegung zur Prosperität und zur Nostalgie.

Mythologica I: Verluste und Berührungen

Der Vater. Dass der Vater in Steven Spielbergs Filmen eine ebenso herausgehobene wie prekäre Stellung innehat, ist gewiss nicht zu übersehen. Ebenso wenig wie der Umstand, dass es sich dabei um einen Vater mit Fehlern, mit Defekten handelt, einen Vater, der sich entzogen hat (wie in E.T.), einen Vater, der nicht genügend da ist (und nicht genügend „kindlich" affektiv, wie in HOOK), der einen nicht einmal im Krieg beschützen kann wie in EMPIRE OF THE SUN. Und es ist immer wieder der gespaltene Vater, der falsche und missbrauchende wie in THE COLOR PURPLE, der verführende und destruktive „andere" Vater in HOOK und INDIANA JONES AND THE LAST CRUSADE.

Der Vater ist abwesend, und es begleiten ihn die Phantasien des Sohnes. Oder er ist anwesend, und er zerstört die Phantasie seiner Kinder. Er ist, zum Beispiel, auf „Dienstreisen". In DUEL wird er dabei von einem Monster-Truck verfolgt. Darin mag zugleich eine kleine Rachephantasie des Sohnes stecken, die sich für den Vater zur Lebensgefahr auswächst, wie der Alptraum des Vaters selbst: sein mittelständisches Leben ist offensichtlich gefährdet, er selbst wie sein Automobil zeigen deutliche Spuren des Niedergangs. In dieser Situation mag der ihn verfolgende LKW nichts anderes sein als die materialisierte Angst davor, den sozialen Status nicht halten zu können. Das ist keine Frage der „Interpretation"; man *sieht* es.

Der Vater kommt, umgekehrt, aus unheilvoller Verstrickung zurück, um das Kind zu holen, in JAWS wie in THE SUGARLAND EXPRESS; welch ein Aufruhr, welche Legende das gibt, bis zum Tode! Auch hier hat sich der Vater, wie immer er nun in der Öffentlichkeit gelten mag, entschieden „daneben benommen" – und wieder war es die Mutter, die ihn dazu gereizt hat.

Mehrmals wendet sich der Vater einer anderen Frau zu; in E.T. ist er ganz einfach mit einer anderen nach Mexiko gegangen, was weder seine Frau noch sein Sohn wirklich verarbeiten können. In CLOSE ENCOUNTERS ist der von Außerirdischen „auserwählte" Vater von der Familie dagegen ausgestoßen, da er seinen Job und seine Unauffälligkeit verliert, um sich intensiv seinem Traum (oder seiner Psychose) zu widmen. Da ist er die Kombination des David Mann aus DUEL, den Spielberg beschrieb als einen „typisch vorstädtischen Mittelklasse-Amerikaner, einen Menschen, dessen schrecklichste Erfahrung ansonsten

das Versagen des Fernsehers ist, was aber nichts macht, weil nach einer halben Stunde der Reparaturservice da ist" und dem Helden von ACE ELI AND ROGER OF THE SKY, der aus seiner Traumwelt nicht mehr herauskommt. Nur haben beide Eigenschaften, die „Gewöhnlichkeit" und das Verträumte, nun ernste und weniger abstrakte Konsequenzen. Die Kinder ertragen kaum noch die Auseinandersetzungen der Eltern (wir kennen nun zur Genüge dieses biographische Detail). In seiner Auserwähltheit findet der Vater indes wieder eine andere Frau, die ihn „versteht", und sogar ein „Ersatzkind".

Vielleicht ist ja in der Tat der „Ersatz" das größere Problem als der Vater selbst, die Lücke, die der Verschwindende hinterlässt. Alexander Mitscherlich hat in den achtziger Jahren diagnostiziert: „Die amerikanische Kultur wird heute nicht mehr durch eine Rivalität mit dem Vater bewegt, die aus Ambivalenz zwischen ‚Vaterverehrung' und ‚Vaterhass' ihr Gefälle bezöge; es geschieht vielmehr etwas, was ganz anderswo zentriert ist und nebenbei auch eine recht wenig affektbezogene Nichtbeachtung des Vaters in sich einschließt. Zweifellos lag der Anlass der amerikanischen Kulturentwicklung in der Auflehnung gegen das despotische England. Was sich dann aber nach der Trennung in Amerika vollzogen hat, war der Vorgang des Sichüberantwortens an neue Praktiken der Lebensbewältigung, die schließlich die Wirksamkeit der kulturellen Traditionsmacht, die potestas des Vaters selbst, ungestraft paralysieren konnte".

Der Vater ist also, mit anderen Worten, schon viel länger, nicht nur in der einzelnen Biographie, verschwunden. Die „Erinnerung" an ihn, kann immer nur zugleich einen Defekt in der Lebensgeschichte und im Mythos der Nation betreffen, und so sind Steven Spielbergs Menschen, die Männer vor allem, von denen wir in seinen Filmen nur Wesentliches erfahren können, auf drei Weisen „alleingelassen":

von der Mutter, die sich jede Rückkehr, außer in der Form der starrsten Bigotterie, verbitten muss, vom Vater, der nie da ist, wenn man ihn braucht, und von der Nation, die ihre Geschichte nicht anders schreiben kann als in dieser Geste der „Überantwortung", von der Mitscherlich spricht. Einsamkeit also, viel radikaler als in der viktorianischen Phantasie vom Waisenkind, dem ja etwas immerhin Existierendes genommen wurde, ist die erste Wesenheit der Menschen im Spielberg-Kosmos, eine Einsamkeit, die kein Bild von sich hat, weil sie ja inmitten der fröhlichst inszenierten Gemeinschaft zu spüren ist. Einsamkeit, die sich, ganz im Gegensatz zu den meisten Kollegen und Kolleginnen Spielbergs in seiner Generation, nicht einfach in Gewalt entladen kann. Die ganze Welt also muss zum Leib der Mutter werden (und gewiss müssen wir dazu nicht nur die was dies anbelangt durchaus offenen Zeichen der INDIANA JONES-Filme betrachten), während sich die Räume für eine mäandrierende Suche und Rekreation des Vaters verketten.

Man könnte also wohl behaupten, die meisten Filme dieses so auf die Kindheit fixierten Regisseurs sind in Wahrheit genau dem Gegenteil gewidmet, nämlich der Suche nach dem Vater und mehr noch, immer wieder neue Versuche, den abwesend anwesenden Vater zu verstehen. Erst später hat sich in den Spielberg-Filmen die Perspektive umgekehrt, stellt sich die Frage nach dem falschen Weggehen des Sohnes. Die Differenz selbst erweist sich als Schimäre. Jack Lemmon erzählt etwas über den Zusammenhang von Film und Leben des Produzenten seines Films DAD: „Eine der schönsten Geschichten um diesen Film betrifft unseren Produzenten Steven Spielberg und dessen Vater. Beide hatten schon seit Jahren keinen Kontakt mehr miteinander. Dann besuchte Spielbergs Vater eine der Test-Vorführungen von DAD (USA 1989 – Regie: Gary Goldberg), griff

nach dem Telefon, rief Steven an und bat um ein klärendes Gespräch. Wenn man mit einem Film so etwas erreichen kann, ist das der Idealfall." Und einmal mehr: für die einzelnen Menschen, ihre Legende, und für die Gesellschaft und ihre Generationen.

In THE COLOR PURPLE ist der Familienroman vollends aus den Fugen geraten. „Vater" löst sich gewissermaßen im Leben der Protagonisten auf als eine ebenso angemaßte wie fatale Rolle von Herrschaft ohne Moral (so wie ja in 1941 eine wundervolle Kollektion „verrückter Väter" zu genießen ist, die nur von einer Kollektion noch viel verrückterer Söhne übertroffen wird). Am Ende aber, wie in A.I. ist nicht mehr der Vater, sondern das Kind der „Störfall". Es fordert, weil es gegeben hat (wenn auch nur das programmierte).

Die Reise. Fast alle Spielberg-Filme handeln von einer Reise, einer Begegnung mit dem Unbekannten. Erst auf der Reise (das ist natürlich nicht Spielbergs Erfindung) findet sich für den Helden manchmal auch die Frau, die Spielberg zumeist in einer blonden, sportlichen, ein wenig screwballhaften und nicht übertrieben „mütterlichen" Gestalt vermutet. „Ich glaube, in fast allen Filmen, an denen ich mitgewirkt habe, gibt es irgendeine Reise", meint Spielberg, und fügt hinzu: „Das Ziel erkennt man bereits am Anfang". Gerade das macht den Eindruck, Spielbergs Reisen würden selten anders durch das „Unbekannte" führen als durch die Umwege in symbolischen, unterirdischen Räumen. Der Raum schließt sich immer wieder, durch die Wahl der Kulissen nicht weniger als durch seine Definition durch die Reichweite des Louma-Krans oder auch durch die Wahl der Brennweiten. Spielbergs Bild-Räume sind ungefähr so geschlossen wie die von Alfred Hitchcock. Die Reise vollzieht sich als Abfolge von Übergängen und hat in sich kaum eine „Dauer". Der Weg ist ganz und gar nicht das Ziel.

Eben dies ist es, was Spielbergs Reisen so radikal von denen aus New Hollywood und solchen aus Europa unterscheidet, in denen das Ziel einer Reise, wenn überhaupt, gerade mal am Ende erkannt werden kann. In mindestens genau so vielen Fällen muss man sich damit begnügen, die Reise selbst als Ziel anzusehen. Die Reise, konnte man wohl sagen, ist bei Spielberg mit dem Verirren identisch und führt in der Regel viel zu schnell in neue Formen der Gefangenschaft, als dass man ihr selbst irgend einen Wert beimessen könnte.

Die Reise selbst ist eine notwendige Folge des Zerfalls der Familie, so wie sie in SUGARLAND EXPRESS zugleich ihrer Wiederherstellung und ihrem endgültigen Ende dient, so wie sie in EMPIRE OF THE SUN durch die Trennung des Kindes von den Eltern notwendig wird. Daher ist die Reise die des Kindes in einen Zustand des Erwachsenseins wie noch bei Elliots Abschiedsflucht mit E.T. – an beiden freilich können wir erheblich zweifeln: Am „Ende" der Reise könnte man ebenso gut behaupten, dass es eine Kindheit nie gegeben hat, wie dass man den wahren und radikalen Schritt aus ihr doch nie wird unternehmen können. Vielleicht ist die Kindheit ja nichts anderes als eine Erfindung der Erwachsenen. Und Erwachsensein ist ein Zustand, den es nur im Traum des Kindes gibt.

Der Begleiter. Was bei Spielberg zählt, ist freilich der Übergang selber. Und was dies anbelangt, so sehen wir immer einem höchst atavistischen Schauspiel zu: ein Mensch, der von einem zum anderen Zustand gelangen will, kann dies niemals auf eigene Faust und mit eigener Kraft bewerkstelligen. Er braucht einen Führer, einen Engel, einen Paten, einen mehr oder weniger phantastischen Begleiter.

Elliot findet seinen E.T., um einen entscheidenden Schritt in Richtung Erwachsensein zu tun; Peter Banning braucht Tinkerbell um wieder Peter Pan zu werden.

Pete (!) in ALWAYS braucht den Engel (Audrey Hepburn), ihn zwischen den Welten der Lebenden und der Toten zu geleiten. Der umgekehrte Weg wird wieder in Spielbergs Beitrag zu TWILIGHT ZONE – THE MOVIE gegangen. Mr. Bloom (Scatman Crothers) führt die alten Menschen wieder zu einem einfachen Kinderspiel, „Kick die Dose", um sie aus der Lethargie, der Unbarmherzigkeit der Zeit herauszuführen: „Wenn wir eines Tages nicht mehr spielen, ist es mit Sicherheit der Tag, an dem wir alt werden". Der „Zauber der Jugend" von dem Mr. Bloom spricht, das „Gefühl wieder Kind zu sein", ist zugleich Glücks- und Todeserfahrung. So ist Mr. Bloom der gnädigste aller Todesengel, wenn er die Alten für einige Augenblicke wieder in Kinder verwandelt, und der Zug in den Tod für den Großvater in „Ghost Train" ist so gnädig vorhergesehen wie beinahe friedvoll (hat er ihn doch noch einmal mit dem kleinen Enkel vereint).

Aber auch in den „ernsten" Filmen Spielbergs ist kein Übergang ohne solch ein Wesen zwischen Transzendenz und Realität zu denken. Tinkerbell oder Dämon. In einem unvergleichlichen Bild in EMPIRE OF THE SUN begegnet der junge Jim einem solchen „Führer" in eine andere Welt: Ganz nahe, ja „unmöglich" nahe fliegt eine B-29-Bombermaschine an ihm vorbei (in Zeitlupe), Jim erkennt genau den Piloten, mehr noch, er sieht dessen Augen und sieht daher durch seine Augen, und der Pilot winkt ihm zu. Jim ist in diesem Augenblick rasend vor Glück, eine kleine Ekstase, die den Tod schon in sich hat, denn im gleichen Augenblick, wie dieses Winken auch eine verführerische „Berührung" ist, ist es auch das Winken, das in das Reich des Todes führt (wie das Winken des toten Kapitän Ahab, der an den weißen Wal gefesselt ist).

Und selbst wo seine Filme noch tiefer in die furchtbare Realität reichen, kann sich Spielberg keinen seiner Helden ohne

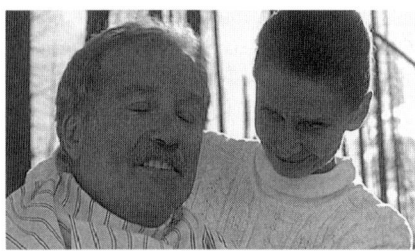

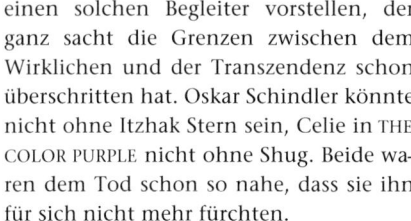

Paare: SCHINDLER'S LIST; ALWAYS; E.T.; THE COLOR PURPLE

einen solchen Begleiter vorstellen, der ganz sacht die Grenzen zwischen dem Wirklichen und der Transzendenz schon überschritten hat. Oskar Schindler könnte nicht ohne Itzhak Stern sein, Celie in THE COLOR PURPLE nicht ohne Shug. Beide waren dem Tod schon so nahe, dass sie ihn für sich nicht mehr fürchten.

Die Reise führt, scheinbar, im Kreis herum: von einer kaputten, sehr materiellen Familie zu einer idealen, nichtmateriellen, die allerdings auch nicht den Hang zur zähen Beständigkeit hat. In Spielbergs Reisen sucht der Vater das Kind und das Kind den Vater; beider Rollen werden zunehmend ununterscheidbar, so wie man nie weiß, wer da wen erfindet. Ödipus Rex jedenfalls hat seine Regentschaft aufgegebene; an seine Stelle ist der Kindmann getreten, der Junge, der seinen schwachen Vater stützt, statt ihn zu stürzen. Ganz explizit führt die Reise des Helden in Robert Zemeckis BACK TO THE FUTURE zu seinem Ursprung: Er muss dem schwachen Vater beistehen, damit er überhaupt erst einmal geboren werden kann. So deutlich würde es Spielberg selber vielleicht nicht sagen. Spielberg als Produzent und Zemeckis als Regisseur handeln diesen neuerlich inzestuösen Anti-Ödipus beängstigend frei von Anzüglichkeiten ab. Zemeckis erzählt die Geschichte des Sohnes, auch in FORREST GUMP (USA 1994 – Regie: Robert Zemeckis), die Spielberg nicht erzählen kann, weil er an der Differenz zwischen dem Kind und dem Erwachsenen festhält, die Zemeckis entschieden in Frage stellt.

Wie er das Leben aus der Perspektive der Kinder filmt, so sieht Spielberg die Reise aus dem Blickwinkel der Daheimgebliebenen (er selbst weigert sich hartnäckig, seine gewohnte Umgebung länger als irgend nötig zu verlassen), in der alles größer, magischer, aber auch sauberer und klarer erscheint. Auch die Vergangenheit der Väter erscheint ihm nun so ganz, als hätte Chuck Berry die Begleitmusik zum Revell-Basteln geliefert, und als wären Sexualität und Freundschaft nie aneinander kaputt gegangen.

In der abenteuerlichen Reise wird – das ist eine Lieblingskonstruktion der Serials und der Comics, die Spielberg viel mehr als nostalgisch zitiert – die schreckliche reale durch eine abenteuerliche, ideale Familie ersetzt: Indiana Jones, die schicke Blondine, der Chinesenjunge sind die Nachfolger von Roy Rogers, Dale Evans und all den Kindern, die mit ihnen über die Hügel in die untergehende Sonne verschwunden waren. Auch sie hatten ihre wirklichen Väter an den Krieg, an die schon wieder brutaler werdenden Verhält-nisse im Produktionsprozess, an die hartnäckigen Illusionen verloren. Doch im Gegensatz zu Roy Rogers' Familie findet die von Indiana Jones keine Zeit mehr zum Singen und zum Träumen; sie findet sich nur in pausenloser Aktion.

Die Berührung. In Steven Spielbergs Filmen fällt es den Menschen unendlich schwer, einander zu berühren. Sie versuchen immer wieder, die Hände nacheinander auszustrecken, aber sie schaffen zumeist nicht mehr, als sich irgendwie gegenseitig festzuhalten. Sie strecken die Hände nacheinander aus, aber zumeist ist das, wonach sie die Hände ausstrecken, eine Phantasmagorie. Immer wieder sind es die Kinder, die ihre Hände ausstrecken, nach den Eltern, nach Freunden, nach dem Wunder, in CLOSE ENCOUNTERS, in POLTERGEIST, in E.T. (wo die „unverschämte" Allegorie zu Michelangelos Fresko „Die Erschaffung Adams" auch schon wie eine plakative Selbstparodie wirkt). Die ausgestreckten Hände zwischen Mutter und Tochter in POLTERGEIST sind die Rettung vor der umgekehrten Geburt. Das ikonische Gelenk der INDIANA JONES-Filme ist das wiederkehrende Bild von dem nach Rettung ausgestreckten Arm. In INDIANA JONES AND THE LAST CRUSADE gelingt es, endlich, in einem ähnlich „abgründigen" Bild, Vater und Sohn unter großen Mühen die Hände nacheinander auszustrecken. Zögernd und begehrend zugleich streckt der junge Held von EMPIRE OF THE SUN den Arm und die gespreizten Hände nach dem runden Knauf eines Propellers aus. Selbst noch in SCHINDLER'S LIST sehen wir diese Geste, mit der der furchtbare Kommandant Göth seine Hände ausstreckt nach der „verbotenen" jüdischen Frau. Diese Geste der Berührung beschreibt ein Dazwischen von „Haben-Wollen" und „Erkennen-Wollen". Nur etwas, das weder Materie noch Wahrnehmung ist, kann sich durch diese Berührung bewegen. Dass sich Spielberg der „Blasphemie" dieser spiritu-

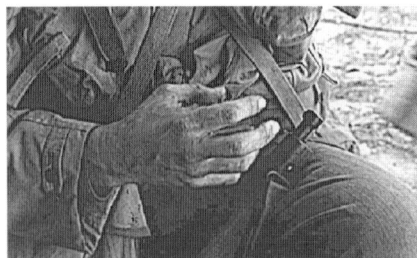

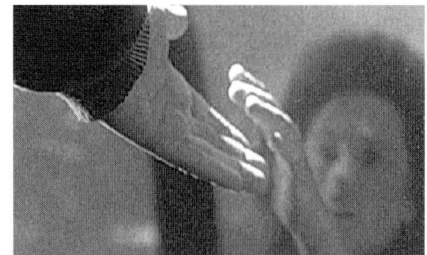
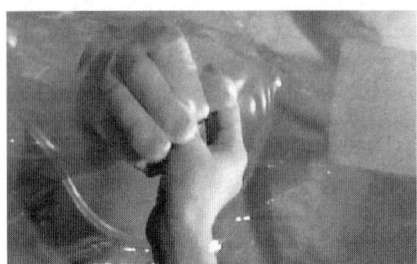

ellen Geste durchaus bewusst ist, zeigt er spätestens mit dem Michelangelo-Zitat des Plakats zu E.T.

Sie ist also beides, eine Bewegung zueinander, die nicht ganz vollendet werden kann, und ein Gestus, der sich seiner Erhabenheit wohl bewusst ist. Denn diese Berührung ist nicht das, was zwei Menschen in einer Realität zueinander in Beziehung setzt, es ist immer zugleich die Berührung zweier Welten.

Das Wasser. In den „Erlösungsfilmen" des Steven Spielberg spielt das Wasser eine unheilvolle, gefährdende Rolle. Es ist nicht in der Lage, zu reinigen; es „tauft" nicht. Der „kleine jüdische Junge", wie sich Spielberg gern nennt, der nach eigenem Bekenntnis

mit der christlichen Mythologie nur wenig im Sinn hat, verwendet die Metapher häufig gegen den Strich. So heilend das Licht sein kann, so tödlich ist das Wasser. Es hätte den Männern in JAWS ebenso das Leben kosten können wie E.T. (Und auch in Martin Scorseses CAPE FEAR [1991], an dem Spielberg beteiligt war, und den er selbst vorbereitet hatte, erweist sich das Wasser als ausgesprochen unheilvoll.) Spielbergs Helden, einschließlich Indiana Jones, würden lieber durchs Feuer als ins Wasser gehen; nie ist bei ihm eine Wasser- oder Badeszene ein wirkliches Intervall der Freude oder Belebung. Das Wasser des Meeres in SAVING PRIVATE RYAN verlangsamt auf tödliche Weise das Vorwärtskommen der Soldaten. Am Beginn von ALWAYS kommt es bei-

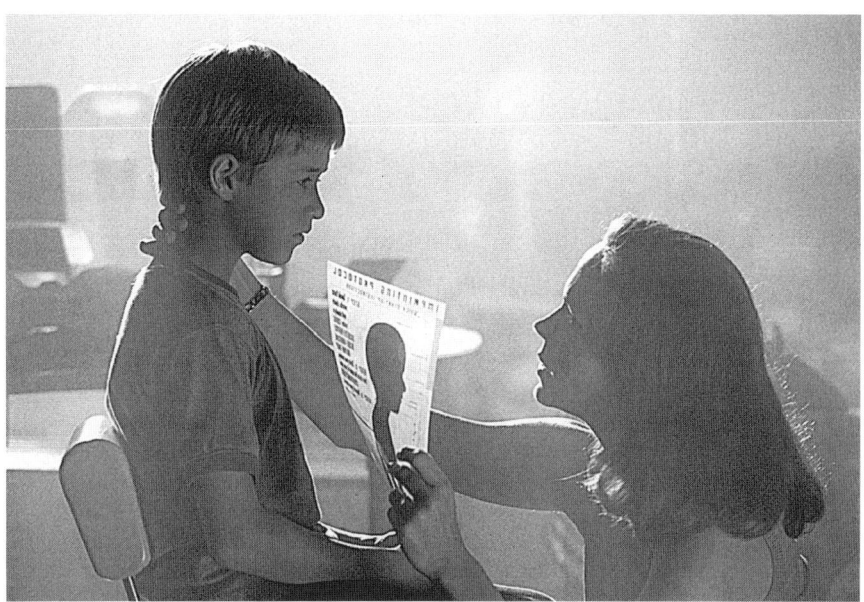

Berührungen: SAVING PRIVATE RYAN; EMPIRE OF THE SUN, JURASSIC PARK, ALWAYS; E.T.; THE COLOR PURPLE (links); A.I. (oben)

nahe zum tödlichen Zusammenstoß zwischen einem Flugzeug und einem Fischerboot. Der Fluss Jangtse in EMPIRE OF THE SUN ist der Ort des schlechten Todes, und für Celie in THE COLOR PURPLE ist jeder Wasser-Kontakt ein schmerzhafter Bruch in der Familie; was sie auch abwäscht, es kommt nichts Besseres zum Vorschein. Auch Fievel Mouskevitz in AN AMERICAN TAIL (Feivel – Der Mauswanderer – 1985 – Regie: Don Bluth) findet beinahe in den Wellen des Ozeans den frühen Tod. Sogar in der TV-Serie „SeaQuest" scheitert der Versuch einer Versöhnung mit dem Wasser, zu dem der Regisseur wieder seinen wasserscheuen Helden aus JAWS, Roy Scheider, ausgesandt hat. Und David, der kleine, maschinelle Held von A.I. stirbt drei mal (beinahe) im Wasser, im Swimming Pool der Familie und in den Tiefen des Ozeans.

Die Hoffnung des Wassers erweist sich immer als trügerisch; zweimal betont Spielberg diese Ambivalenz noch in

SCHINDLER'S LIST: Als Schindler es schafft, die vor Hitze und Durst halb ohnmächtigen Häftlinge in den Viehwaggons durch einen Wasserstrahl zu retten, da hält ihm Göth vor, er mache den Gefangenen nur falsche Hoffnungen. Und als im KZ statt des gefürchteten Todesgas tatsächlich Wasser aus den Duschen strömt, erscheint es wieder als Hoffnung und Verhöhnung zugleich.

Natürlich kommt in JAWS das Unheil in seiner ganzen Gestalt aus dem Wasser (wie dann auch das U-Boot in 1941 oder in INDIANA JONES AND THE TEMPLE OF DOOM); in E.T. findet der kleine Extraterrest beinahe sein Ende in einem Bach, und Regen begleitet, wie auch in anderen Spielberg-Filmen, die verzweifeltsten Szenen. Richtig in Panik gerät Dr. Jones in INDIANA JONES AND THE TEMPLE OF DOOM, abgesehen von den Schlangen, als ein gigantischer Wasserstrahl durch die labyrinthischen Höhlen schießt. In GREMLINS ist es das Wasser, das die putzigen Pelztierchen zu unversehener Vermehrung bringt (eine witzige erotische Metapher). Das Wasser ist im Spielberg-Kosmos die Ankündigung einer Katastrophe, des Rückschlags der Natur. Es gehört zu jenen Dingen, vor denen sich der Großstadtmensch ekeln muss.

„Die Natur ist schockierend", behauptet Spielberg bei der Promotionstour für JAWS, „Vor hundert Jahren gingen die Menschen nicht baden, und darum wurde auch kein Mensch in den flachen Küstengewässern von Haien angefallen. Jetzt wollen wir plötzlich auch die Küstengewässer beherrschen. Aber da haben wir eben Konkurrenz. Ich wollte die Gefahren zeigen, die die Natur für den Menschen bereithält, auch wenn er sich schon längst für den König aller Lebewesen hält. Ich zeige euch die Mysterien der Natur". Natürlich zeigt uns Spielberg alles andere als das, er zeigt (und erzeugt) vor allem Angst vor dieser Natur. Das Feuer scheint in INDIANA JONES AND THE TEMPLE OF DOOM die Heldin und Helden zwar aus tiefster Tiefe zu bedrohen, wirklich und materiell gefährlich aber wird ihnen nur das Wasser (mindestens die gefährlichen Tiere, die sich darin tummeln). Nicht im (atomaren) Feuer ist die Welt untergegangen in A.I., sondern in den Wellen einer großen Flut. Jedenfalls ist die Berührung von Wasser und Feuer in Spielbergs Filmen keine Lösung – weder pragmatisch noch mythisch.

Licht und Feuer. Die Erlösung in Spielbergs Filmen rührt weniger von einer bestimmten Gestalt her als von der Möglichkeit, Licht abzugeben. Die Extraterrestren in CLOSE ENCOUNTERS gelangen in einem Gefährt auf die Erde, das nur aus Licht zu bestehen scheint, und durch eine Kombination aus Licht und Musik können sich Außerirdische und Menschen auch verständigen. Indiana Jones wäre auch als ein Mensch zu beschreiben, der pausenlos auf der Suche nach dem Licht ist, und den es

um so mehr in unterirdische und andere Finsternis verschlägt (überhaupt mag es scheinen, die INDIANA JONES-Filme seien eher an der dunklen, der himmelabgewandten Seite der Spielberg-Welt zu finden, und hat nicht George Lucas vom ersten Film der Serie behauptet, er beschreibe nichts anderes als „das Ende der Welt"?). E.T. heilt mit seinem Finger aus rotem Licht, aber Licht ist auch eines der schrecklichen Dinge, die die Polizisten und anderen Erwachsenen beherrschen. Drachen und Engel entstehen durch Licht, vor allem aber, wie bei einem Lionel Feininger in Disneyland, Lichtdome, erleuchtete Räume weit über das Leben hinaus. Feuerregen, die so unendlich viel schöner als Wasserregen sind, wie in der Szene von THE EMPIRE OF THE SUN, in der Jim bei den Schweißarbeiten an einem Flugzeug zusieht.

Feuer und Wasser scheinen also in gewisser Weise in Spielbergs Filmen ihren symbolischen Gehalt untereinander vertauscht zu haben. Das Feuer, das gewiss etwas vom „Höllischen" behält, wird zum Ort der Reinigung, gar der Heiligung, wie in besonderem Maße in ALWAYS, wo die Fortsetzung der „Brandbekämpfung" durch die Braut des Helden und seinen Nachfolgern aus dieser narrativen Menschenkette gleichsam „Hüter der Flamme" macht. Wie der kleine Held in EMPIRE OF THE SUN ist auch Pete in ALWAYS von der Kombination dieser beiden Dinge besessen, Fliegen und Feuer („Wild" Bill Kelso aus 1941 kannte diese

CLOSE ENCOUNTERS

euphorisierende Mischung nicht minder). Das Feuer ist es, das die Maschine heiligt, sie wie in ALWAYS und EMPIRE OF THE SUN von einem äußeren zu einem inneren Leuchten bringt. Wir sehen in EMPIRE OF THE SUN so etwas alltägliches wie Schweißarbeiten an einem Flugzeug, und wir sehen doch zugleich eine innere Wandlung der Maschine durch das Funkenwerk und sein Licht.

Der Mensch, so scheint diese innere Ikonographie der Spielberg-Filme zu sagen, wird nur zum Schlechten durch die Natur (das Wasser), zum Besseren aber erst durch den Geist (das Feuer) und die Technik (das Flugzeug) geführt. Er muss werden, wie Jim in Spielbergs „persönlichstem" (und „verrücktesten") Film, EMPIRE OF THE SUN, indem er die Hand der Mutter loslässt, und den Vater (er)findet. (Das ist dennoch natürlich, denn es war die Mutter selbst, die dem Kind empfahl: „Träum' vom Fliegen!") Er muss werden, indem er sich vom Wasser distanziert und durchs Feuer geht.

Exkurs: Eine Maske des Herrn Spielberg.
Richard Dreyfuss, den Spielberg in einer Anzahl von Filmen einsetzte, und den er selber offen als sein „alter ego" bezeichnete, erschien das beste Vehikel für ein Spiel mit der eigenen Identität: Dreyfuss ist ein Schauspieler, der aus seinem Jüdischsein weder ein Hehl noch ein besonderes Problem macht, er ist am ehesten der perfekte Mr. Everyman mit einer verlorenen, vielleicht auch überflüssigen jüdischen Seele. Das Bild der perfekten Amalgamierung.

Denn in allen Spielberg-Filmen ist Dreyfuss ein Mann, der etwas verloren hat, der sich mit etwas Verdrängtem auseinandersetzen muss. Er sucht etwas, das er vorläufig nur in der Erscheinung einer furchtbaren Bedrohung findet. Da ist er eine genaue Abbildung seines Regisseurs. Wenn man ohne weiteres behaupten kann, alle Filme von Martin Scorsese seien gar nicht einmal sonderlich verkappte Selbstportraits des Regisseurs, so kann man wohl umgekehrt von den Filmen des Steven Spielberg behaupten, sie seien Versuche des Verbergens und Maskierens. Natürlich ist jeder neue Spielberg-Film wiederum eine Annäherung an ein Selbstportrait, das reicht vom Kind in Suburbia über den in einem Zwischenreich umherirrenden „erwachsenen" Helden in HOOK, ALWAYS oder INDIANA JONES bis hin zu den Schöpfern phantastischer Welten in JURASSIC PARK (und vielleicht zur Sehnsucht nach dem „Gerechten").

Wenn nun alle Filme Steven Spielbergs zugleich Anklagen gegen den Vater sind, der zuviel und zuwenig ist – und gerade daraus sich der enorme Erfolg generiert –, dann scheint es so, als nähere er sich in immer neuen Masken diesem Vater, um ihn zu prüfen und herauszufordern. Natürlich auch in den Stadien, in denen sich „Vater" in den Dispositiven der Macht und der Sprache vollkommen auflöst, und schließlich in jenen, in denen diese Rolle auch die eigene geworden ist. Am Ende ist auch „Vater" nur eine Metapher für den Schöpfer des Menschen (oder des „Menschen" wie in A.I.), der sein Geschöpf in einer unerträglichen Welt allein gelassen hat.

Das Kind. Steven Spielberg dreht seine Filme für das Kind in sich. Er möchte, mehr noch, ein mediales Reich der ewigen Kindheit errichten. „Ich glaube tatsächlich, wir alle sind Kinder". Ein Satz, so erleuchtet wie von erhebender Trivialität.

Richard Dreyfuss mit François Truffaut in CLOSE ENCOUNTERS OF THE THIRD KIND

Spielberg selbst hat sich wiederholt als „Peter Pan" bezeichnet, vielleicht auch, damit seine Interviewer damit zufrieden wären. Aber dann hat er, mit HOOK, einen der verkorkstesten und ungezieltesten Filme seiner Laufbahn gedreht, sich und sein Ziel so radikal verfehlt wie er es in E.T. getroffen zu haben scheint. Mit HOOK musste er sich wohl verabschieden von diesem Traum, genauer: HOOK ist die Dokumentation dieses Abschieds.

Natürlich gehört auch E.T. zur magischen Biographie des Steven Spielberg: „Ich wollte einfach ein Wesen aus dem All als besten Freund haben." Alle, buchstäblich alle Filme von Steven Spielberg handeln von einem *rite de passage*, von einem oder mehreren Aspekten des Erwachsenwerdens. Nicht einer seiner Filme träumt, wie es bestimmte Genrefilme tun können – Western, Piratenfilme, Science Fiction –

wirklich von einem Reich der ewigen Kindheit. Immer ist die Störung längst da, immer hat entweder das Kind oder seine Welt oder beide die Unschuld so gründlich verloren, dass an eine Rückkehr nicht zu denken ist. Aber das Dazwischen erweist sich als lang und schwer. Es ist ja leicht zu behaupten, ein „Erwachsener" zu sein (bloß weil man „erwachsene" Probleme in „erwachsenen" Worten ausdrückt), und eine ganz andere Sache ist es, zu wissen und zu zeigen, dass man immer alles zugleich ist, das Kind, der Greis und dieser auf sich selbst eingebildete erwachsene Mensch, wie das Federico Fellini immer wieder getan hat. Spielbergs Filme behandeln indes eines der größten Probleme unserer Zeit, die Auflösung des Subjekts, in seiner linearen Form: Der (weiß der Teufel) abenteuerliche und (weiß der Himmel) sentimentale Ritus des Übergangs ist nicht mehr in die Form eines Aktionsbildes wie das von der „Bewährung" zu gießen. Und nichts anderes bedeutete, lange Zeit, „Erzählen": Die Bewegung, die aus einem Ich als Möglichkeit ein bewusstes und verlässliches Ich macht, die Heldenreise, die ein paar Probleme gelöst, vor allem aber die Ordnung von Zeit und Raum durch das handelnde und reflektierende Subjekt erschaffen hat. Bei Spielberg ist offensichtlich nicht nur die symbolische Ordnung dieses Erzählens (wie in der Auflösung der Feuer- und Wasser-Metapher und später der Auflösung der Rollen zwischen „Kind" und „Wissenschaftler", schließlich sogar der Auflösung des Unterschieds zwischen „Vater" und „Sohn") entgleist, auch der verschwindende Raum vor der Kamera und die zyklisch gebrochene Zeit lassen eine Rückkehr zu dieser Form des (filmischen) Erzählens nicht mehr zu. Stattdessen treten das Ritual und das Gefühl gleichsam in ihrer Reinform hervor. Die Objekte (wie Indiana Jones' *outfit)*, die Maschinen (wie die funkenstreuenden Flugzeuge und lichtspielenden Raumschiffe), die Kunst- und Plüschwesen wie E.T. oder die Mogwai – bevor sie sich in Gremlins verwandeln –, treten als Erzeuger von Wahrnehmung, Begriff und Empfindung an die Stelle der (menschlichen) Subjekte. Im spielbergianischen Bilderkosmos werden wir daran gewöhnt, nach der Hilfe der Götter auch auf die Hilfe der Subjekte zu verzichten, und uns an ihrer Stelle etwas anderes zu erschaffen oder zu erträumen, das Flugzeug oder Celies „Regenbogen" aus THE COLOR PURPLE. Das ist, so scheint es zunächst einmal, in der Tat „unerwachsen", regressiv, „eskapistisch". Muss nicht eine unerträgliche Welt verändert werden, anstatt dass man sie sich über Objekte und Projektionen als bewohnbare zurechtträumt? Sie anders sehen, anders erzählen, statt anders *machen?* Und was tun, wenn es für diese Veränderung weder Subjekt noch „Raum" gibt? Wir müssen

diesem Erzähler vielleicht deswegen trauen, weil er keineswegs das „alte Erzählen" restaurieren will, sondern mit sehr spezifischen Mitteln auf die Krise (nein: auf die Katastrophe) dieses Erzählens reagiert.

Was in die Kindheit scheint: E.T.

Extraterrestren, schrumpelhäutige, kleine haarlose Gesellen mit klugen großen Augen und einem Oberkörper, der ganz aus Herz besteht und bei Erregung rot leuchtet, sind auf der Erde gelandet, ganz nah an einer typisch amerikanischen Klein- oder Vorstadt, mit allen ihren kleinen und großen Falten im Erscheinungsbild und ihren Schicksalen. Das Raumschiff ist charakterisiert durch die Lichtmalerei, die Spielberg liebt, eine Mischung aus Christbaumkugel und einem flackernd leuchtenden Halloween-Kürbis. Aus der Stadt kommen Männer herangefahren mit bedrohlich suchenden Autoscheinwerfern (das andere, das äußere Licht, das bei Spielberg so bösartig ist, wie das warme und innere Licht erst den Menschen und ihren Umständen eine Seele geben kann, wenn es sein muss aus der Ferne des Raums). Wir sehen vor allem Beine, aus der Sicht der E.T.s, wie Kinder sehen. Am Gürtel des einen dieser gefährlichen Erwachsenen baumelt ein Schlüsselbund (später wird man das noch einmal sehen, als die Erwachsenen schon gnadenlos in die Welt der Kinder eingebrochen sind), überall sind Symbole der Macht. Erschreckt flüchten die Extraterrestren in ihr Raumschiff und fliegen davon. Nur einer von ihnen, dem der Weg abgeschnitten war, bleibt zurück. (Merkwürdigerweise werden diesen Umstand die meisten Inhaltsangaben zum Film vergessen und behaupten, *der* E.T. sei von den Seinen einfach auf der Erde vergessen worden, wie Jahre später Kevin in New York.)

Unterdessen kommt Elliot (Henry Thomas), den sein Bruder und seine Freunde zum Pizza-Holen geschickt haben, zurück, und er entdeckt, dass sich im Geräte-

schuppen etwas bewegt. Er wirft einen Ball hinein, und der Ball kommt zurück. Die Mutter (Dee Wallace) – sie heißt Mary – und die Freunde suchen den Schuppen ab, lassen sich aber auch von den seltsamen Fußspuren so wenig wie von Elliots Erzählungen irritieren. Es ist Elliots „Kobold", über den man lacht, noch Tage später auf dem Schulweg. Aber da hat sich E.T. Elliot schon gezeigt, und die beiden sind eine Art mentale Verbindung eingegangen, die reinste Liebe, die man sich denken kann, oder, wie Elliots größerer Bruder Michael das später erklären wird: Elliot fühlt, was E.T. fühlt, und umgekehrt.

Diese Verbindung zeigt sich zum Beispiel, als Elliot in der Schule ist, während E.T., den er zuhause verborgen hält, die Wohnung der Familie zu inspizieren beginnt und dabei im Kühlschrank ein paar Dosen Bier erwischt. E.T. wird betrunken, fällt um, rülpst, läuft gegen die Wände, und Elliot erlebt das alles sehr drastisch und körperlich mit. Als E.T. im Fernsehen eine Kussszene erlebt, muss Elliot sie gleich nachmachen. Aber dass dies alles auch eine moralische Komponente hat, zeigt sich, als Elliot die gefangenen Frösche, die zum Sezieren im Klassenzimmer bereit stehen und gerade in ihren Gläsern chloroformiert werden sollen, befreit.

Die Ausgangsposition für Elliots Begegnung mit E.T. ist denkbar einfach: Der Vater hat die Familie verlassen und ist mit einer „Sally" nach Mexiko gegangen. Die

Mutter und die drei Kinder leiden unter dieser Trennung auf sehr verschiedene Weise. Es ist ein Schmerz, der an der Oberfläche verbindet, tiefer innen aber weiter trennt. Michael (Robert MacNaughton), ganz großer Bruder, will seiner Mutter möglichst ersparen, an ihren Kummer erinnert zu werden (und wird so schon zum Komplizen in einem Schweigegebot). Die kleine Schwester Gertie (Drew Barrymore) will wissen, wo Mexiko liegt, ganz direkt in ihrer Neugierde. Aber in Elliots Persönlichkeit hat das Verschwinden des Vaters etwas Endgültiges getan; E.T. kommt da, um ein wirklich böses Loch in seiner Seele zu füllen.

Zunächst machen die Geschwister Bekanntschaft mit E.T., der sich immer mehr mit der vorgefundenen Kultur vertraut gemacht und sich mit der kleinen Schwester sogar ein paar Grundbegriffe der amerikanischen Sprache angeeignet hat. Noch können ihn Erwachsene, wie alle Feen und Kobolde, nicht sehen. Das ist sehr hübsch dargestellt in einer Szene, wo E.T., immer noch betrunken, durch die Küche stolpert, vor den Füßen der Mutter herum, die zu beschäftigt ist mit eigenen Problemen, um ihn und die vielen Spuren, die er hinterlassen hat, zu erkennen. E.T. hat nicht nur Elliots Wunde geheilt (er kann das auch, mit einem leuchtenden Finger, ganz buchstäblich), er hat auch die Geschwister zu einer neuen Gemeinschaft gebracht, hat Elliots verlorene Position in

dieser Gruppe zurechtgerückt. Durch E.T. ist er wieder jemand.

E.T. spielt gewissermaßen seine Rolle unter den Spielsachen der Kinder, und einmal, als die Mutter ihn zu entdecken droht, setzt er sich ruhig zwischen eine Gruppe von niedlichen bis grotesken Puppen und ist sicher. Vielleicht wird es auch „Erwachsenen", die in den Film E.T. gehen, zuerst einmal genau so ergehen: Sie werden in E.T. nur das (cineastische) Spielzeug sehen. Doch Spielsachen haben ihr Zuhause nur in den Herzen der Kinder, E.T. aber hat das seine weit droben am Sternenhimmel, und dort möchte er wieder hin. (Um zu zeigen, wo das sein könnte, hat er den Kindern seine erstaunlichen Fähigkeiten bewiesen, indem er Gegenstände nach seinem Willen durch die Luft kreisen lässt.) E.T. beginnt aus Dingen, die er findet, eine Art Telephon zu basteln, mit dem er mit seinem Heimatplaneten Kontakt aufnehmen kann. Die Kinder schmuggeln ihn hinaus, als Gespenst, das

unter den vielen Monster-Masken zu Halloween nicht weiter auffällt, auf die Waldlichtung, auf der das Raumschiff gelandet war. Hier baut E.T. sein Telephon zusammen, doch er scheint keinen Erfolg zu haben. Elliot schläft ein, und als er erwacht, ist E.T. verschwunden. Ziemlich krank kehrt Elliot nach Hause zurück, wo die Mutter schon die Polizei benachrichtigt hat. Michael macht sich auf Elliots Geheiß auf die verzweifelte Suche nach E.T., den er schließlich dem Tod nahe in einem Bach liegend findet.

Unterdessen ist die während der ganzen Zeit latente Bedrohung durch eine noch einigermaßen anonyme Erwachsenen-Macht manifest geworden. Denn längst hat man das Haus der Familie überwacht, die Telephone abgehört, die Wege der Kinder verfolgt – der Film zeigt das als „Selbstverständlichkeit". Und nun greift dieser dunkle, dumme, mechanische Apparat zu. Männer in Raumfahreranzügen nehmen Besitz von dem Haus, E.T. und Elliot werden an medizinisch-technische Gerätschaften gehängt, die nichts verstehen, so wenig wie die weißen Männer und Frauen, die sie bedienen. E.T. rettet zunächst Elliot, indem er die Verbindung zu ihm löst. Er selbst wird immer schwächer und gilt schließlich den Wissenschaftlern und Medizinern als tot. Ein fast schon ein bisschen aufdringlich „väterlicher" Mann unter den Ärzten ermöglicht es Elliot, allein von E.T. Abschied zu nehmen. Und vielleicht ist es nichts anderes als seine Liebe, die den kleinen Fremden wieder ins Leben zurückbringt.

Nun geht es darum, E.T. aus den Klauen der Erwachsenen zu befreien und ihn zu der Lichtung zurückzubringen, wo das Raumschiff landen wird, das ihn heim bringen soll. Es gibt eine wilde und lustige Jagd zwischen den Kindern auf Fahrrädern mit E.T., und den Erwachsenen, den Polizisten und NASA-Leuten. Die Kinder haben dabei einen entscheidenden Vorteil: Mit ihren wendigen Gefährten sind sie nicht auf die Straße angewiesen wie die Erwachsenen in ihren Automobilen, die sich in schwerfälligen Serpentinen zu Tal windet. Als nach vielen kleinen Siegen aber doch die Flucht zu scheitern droht, lässt E.T. die Kinder, wie er es schon einmal mit Elliot getan hat, mit ihren Fahrrädern durch die Luft fliegen.

Elliot und E.T. nehmen Abschied voneinander, natürlich den grandiosesten Abschied seit CASABLANCA (1942 – Regie: Michael Curtiz), und E.T. bedeutet seinem menschlichen Freund, dass er immer bei ihm sein wird, was er, mit seinem leuchtenden Finger, Elliot gleichsam ins Gehirn einschreibt (das nun, nach dem Herzen, der Sitz seiner Persönlichkeit sein wird: Elliot wird mit E.T.s Hilfe den kleinen, aber entscheidenden Schritt über „Le petit prince" hinausgehen). Das Raumschiff startet, einen Regenbogen über dem Himmel einer typischen amerikanischen Kleinstadt hinterlassend.

Die sentimentale Wirkung von E.T. auf die Verfassung der populären Kultur ist unter anderem die Wiederentdeckung des Mitleids und des einfachen und direkten Gefühls der „Verbundenheit". Er beendete die Phase der radikalen „Vietnamisierung" des amerikanischen Kinos. E.T. verbreitete ein kosmisches Weltvertrauen in der absurden Konstruktion einer gleichzeitigen Bestätigung des Peter Pan-Syndroms und seiner Überwindung. Dieser Junge will ja nicht nur aus Lust und gegen die Vernunft um keinen Preis erwachsen werden. Sondern vor allem aus grenzenlosem Misstrauen. E.T., der ja tatsächlich ein wenig aussieht wie eine Schildkröte, die ihren schützenden Panzer verloren hat, ist auf einer zweiten Ebene nichts anderes als der Geist der Frösche, die zu töten die Erwachsenen den Kindern befehlen. Eben mit diesem erzwungenen Mord als Eingriff der bösen Rationalität in die unendlich suggestive Welt der Natur, verlässt Peter Pan auf jene so durch und durch falsche Art wie wir sie im gestressten und ignoranten Robin Williams von HOOK erleben müssen. Der Spielberg-Held, wir wissen es, kann da nur noch kotzen.

Natürlich wurde dieses Sentiment sogleich auch zur „Mode", und mehr als die Kinder ergriff das E.T.-Heulfieber die Erwachsenen, die in dem Film doch so schlecht weggekommen waren. Die Kinder liebten E.T. und sahen sich wie Drew Barrymore das intelligente Monsterlein küssen, die Erwachsenen dagegen bearbeiteten in ihren E.T.-Tränen durchaus auch die Schuld und den Verlust. Denn E.T. ist vor allem ein Film der radikalen Trennungen, der Anerkennung der Differenz. Der extraterrestrische Besucher ist beides zugleich, ein kleiner Erlöser und ein Wesen, das ganz genau so unter der Trennung der Familie leidet wie die jungen Menschen, denen er begegnet. Die Differenz ist des öfteren ganz „buchstäblich" im Bild gezeigt, wenn (wie in einigen Kid- oder Tier-Comics) die Erwachsenen nur in bis zum Gürtel gesehen werden,

gesichtslose Macht-Installationen. Nur in der doppelten Funktion von Macht und Ohnmacht werden sich Elliot und E.T. zu wahren Helfern, und am Ende steht die radikale neue Trennung von Globus und Licht, Erde und Regenbogen.

Es ist eine reinigende und heilende Kraft, die da in eine ausgesprochen unheile Kinderwelt hineinreicht. Schon am Anfang sieht man die Kinder bei einem blödsinnig „ernsthaften" Würfelspiel, wie es sie gibt, um Krieg, Kapitalismus und Karriere zu spielen. Dabei schlürfen sie ungesunde, aber irgendwie tröstende Speisen und Getränke in sich hinein. Als Elliot E.T. so seine kleine Kinderzimmer-Welt erklärt, da geht es vor allem um die Darstellung von Kämpfen in einer aus den Fugen geratenen Phantasiewelt: Das ist *Hammerhead*, das ist *Walrusman*, erklärt er seine Figuren, und dass sie miteinander kämpfen können und dann tot umfallen (und das ist auch schon alles, was sie können). Das ist wie eine Religion, auf die sich E.T. keinen Augenblick einlässt.

Es gibt in allen diesen Zimmern zu viele Sachen, zu wenig Platz, natürlich für die Gefühle, aber auch einfach so, und trotzdem versinken Teile davon in einem Halbdunkel: Das Licht ist fast nie irgendwie da,

sondern scheint immer in etwas hineinreichen zu wollen. Die Blumen waren dabei zu verdorren, bevor E.T. kam, der sie durch einen Blick wieder blühen lässt, vermutlich durch nichts als durch seine Freundlichkeit. (Und als er sein Leben zu verlieren droht, da verdorren die Pflanzen im Topf wieder, und die, die es wissen wollen, wissen es, dass er wieder lebt, durch einen Blick auf die wieder blühenden Pflanzen.)

Das ist wahrlich kein Film für „Erwachsene", im Gegenteil, einer gegen sie: Diese

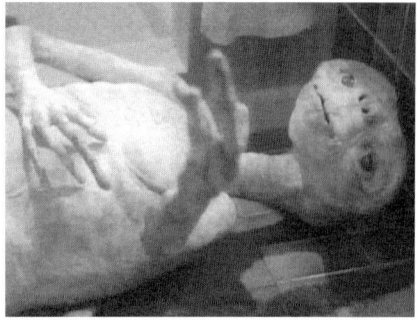

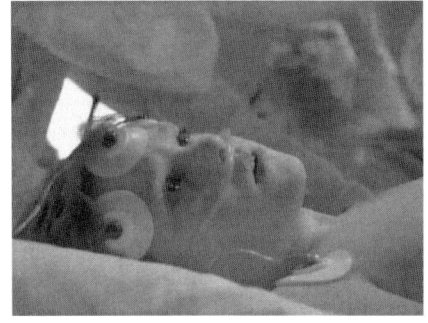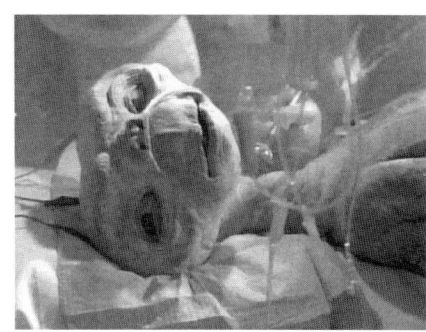

ganzen Polizisten, NASA-Leute, Ärzte und anderen sind nichts als die wahren Monster dieses Films, gefühllose, dumme, aber mächtige Menschen, Männer vor allem. Selbst die Mutter, alles andere als böse, versagt im entscheidenden Moment, als sie E.T. entdeckt und für ein gefährliches Ungeheuer hält, vor dem sie ihre Kinder schützen muss.

Worum es freilich auch geht, ist die Korrektur der Mythen durch einen neuen Mythos: ein neues Testament. Die Kinder in Spielbergs Film leben in einer Plastik-Science-Fiction-Welt, und E.T. muss sich sozusagen als Wirklichkeit dritter (oder wiederum erster, wie man es nimmt) Ordnung durchsetzen gegen die Wirklichkeit zweiter Ordnung, die den Alltag beherrscht. Die Irrrealität dieser Welt kann nur durch ein irreales Wesen aufgebrochen werden, weil die Wirklichkeit zweiter Ordnung ja nichts ist als der Korruptionsversuch der ersten Wirklichkeit, der Er-

wachsenen-Macht. Die Idee zu seinem „phone home" kommt E.T., als er einen Buck Rogers-Zeitungsstrip betrachtet und durch den Film THIS ISLAND EARTH (Metaluna IV antwortet nicht – 1955 – Regie: Joseph M. Newman) aus den 50er Jahren, der im Fernsehen gesendet wird. Und kurz bevor die Kinder ihn den Erwachsenen entreißen, um ihm die Heimreise zu ermöglichen, meint einer von ihnen, dass E.T. sich doch einfach nach Hause *beamen* lassen sollte. Aber Elliot weist ihn zurecht: Das hier ist die Wirklichkeit!

E.T. attackiert also alle diese „kindgerechten" Mythen von STAR WARS, Superhelden und TV, um dafür den eigenen, nicht weniger „künstlichen" Mythos auf höherer Ebene zu festigen. Die Wirklichkeit selber wäre für diese Kinder vielleicht schon die Erlösung, aber gibt es sie denn noch? Gewiss nicht, und wenn, wäre sie wahrscheinlich für kein Kind zu überleben. Für keinen Menschen. Es gibt also keinen Weg mehr zurück; Spielberg hat, er sei gepriesen, einen der wenigen Kinderfilme gedreht, die nicht die bequeme Schizophrenie der Post-Hippies und neuen Grünen von der „Authentizität" bediente.

„Peter Pan", der ein paar Mal direkt zitiert wird, einmal etwa, als die Mutter der Tochter daraus vorliest (die Stelle, in der von der Notwendigkeit die Rede ist, an Feen zu glauben, um ihnen zu begegnen), und in den Flugszenen (die freilich auch ein Verweis auf MARY POPPINS [1964 – Regie: Robert Stevenson] sind, ein Film der freilich seinerseits wiederum „Peter Pan" fortsetzt), hat die Kinder in die Traum- und Abenteuerwelt entführt, da sie einsam waren und zumindest Wendy Furcht hatte vor dem Erwachsenwerden. Und doch wurde gerade Wendy durch das Traumabenteuer erwachsen, weil in ihrem Traum die Liebe vorkam. Berechtigte Furcht davor haben auch die Kinder in E.T., deren Kinderwelt nichts als die Alpträume der Erwachsenen erhält. Und Elliot macht doch einen riesigen Schritt, weil in seinem Traum von E.T. die Liebe vorkam. Oder eine Form des tieferen Verständnisses, das selbst jemand wie Woody Allen auf ewig vergeblich in seinen Mitmenschen suchen muss: „Elliot versteht, dass E.T. unter seiner Einsamkeit leidet, und dass er in seine Welt zurückkehren muss, um zu überleben. E.T. dagegen spürt, dass Elliot ein Kind aus einer kaputten Familie und nicht weniger einsam ist" (Spielberg).

Elliot muss mit dem Verlust seines Vaters fertigwerden, was nicht nur ein persönliches Schicksal ist, sondern eben auch ein Bild für einen gesellschaftlichen Zustand. An seine Stelle tritt E.T., und auch er wird Elliot verlassen, aber es wird ein wirklicher Abschied sein, ein Abschied, den man verstehen, und mit dem man leben kann, ein Abschied, den die Liebe überlebt, nicht so ein Nach-Mexiko-Gehen und sonst nichts, ein Abschied, in dem E.T. das Recht auf sich selber von Elliot verlangt, und ihm im Gegenzug gleiches überträgt. Seine Trennung von ihm ist eine gemeinsame Arbeit. Elliot und E.T. trennen sich, indem sie ineinander weiterleben werden, während der fortgegangene Vater nichts als Wunden hinterlassen hat. Die freilich nimmt E.T. mit sich in den Weltraum, und Elliot ist am Ende allein, aber eine Person.

E.T. ist einerseits nur eine perfekt erzählte Geschichte, die sich mehr als durch ihre Erfindung dadurch auszeichnet, dass sie „nichts auslässt", andererseits aber auch eine Idee vom Glück, der Erlösung nach so viel (cinematographischer) Hölle in den Jahren zuvor. Und es ist, wie „Peter Pan", dessen Science Fiction-Remake E.T. unter anderem ist, ein ernstes symbolisches Spiel, magischer Vollzug eines Abschieds von einer Phase der Kindheit. Und ein echter *tearjerker* obendrein.

Da gab es einen Professor Albert Millar, der zusammen mit seinen Studenten von der Newport University in Virginia bei einem Literaturseminar nicht weniger als 33 Szenen gezählt hatte, die Parallelen zwischen dem Schicksal von E.T. und dem Leben Jesu gefunden hatte. Spielberg hielt diese Vergleiche für mehr als übertrieben: „Ich setze mich doch nicht hin und mache einen Film, der irgendeine Ähnlichkeit mit dem Leben Jesu hat. Ich bin ein netter jüdischer Junge aus Phoenix, Arizona. Es gab natürlich Szenen, über die ich zweimal nachgedacht habe. Zum Beispiel das

aufglühende Herz von E.T., das an gewisse Christus-Gemälde erinnert. Aber das war's auch". (Unterdessen übrigens untersagten die *Universal*-Studios dem Professor aus Gründen einer Copyright-Verletzung eine Publikation seiner vermutlich tiefschürfenden Untersuchungen.)

Aber diese Analogie schien sich doch allzu sehr aufzudrängen, und so wurde der Faden auch von Kritikern in Deutschland aufgenommen: „E.T.-Jesus wird nicht in einem Stall geboren", so der FAZ-Autor Mathias Schreiber, „doch immerhin: in einer Garage, einer Krambude erscheint er zum ersten Mal seinem irdischen Apostel, nachts (wie der Herr den Hirten), Ochs und Esel werden würdig durch einen Hund vertreten. Die Ärzte, Techniker und Polizisten, die E.T. untersuchen, bewachen und verfolgen, übernehmen zunächst die Rollen der Pharisäer und Schriftgelehrten, die den jungen Jesus verhörten, später sind sie die Meute, die ‚Kreuziget ihn!' ruft – unter dem Vorwand, ihn retten zu wollen. Das fahrbare Laborzelt ist das Grab, das leer ward: E.T. klinisch tot, wird auch durch die Liebe seines irdischen Freundes gerettet, zu neuem Leben erweckt; das entspricht dem theologischen Dogma, wonach der Gekreuzigte in der Liebe seiner Kirche (seines ‚Leibes') lebt. Nach der Auferstehung ‚erkannt' nur von den Gläubigen, kommt die Himmelfahrt; die spektakuläre Umarmung zwischen dem kleinen Irdischen und dem nun großen Außerirdischen wird zur Versöhnungsmesse im verklärten Licht, auch im Rausch der Musik. Haften bleibt im Zuschauer vor allem dieses Bild vom hässlichen Kleinen, der übrigens an den Greisenausdruck des Jesuskindes erinnert, wie es im Mittelalter tausendfach gemalt wurde". Nun wird man entsprechende Analogien in jedem Fantasy-Stoff und zu jeder messianischen Religion finden (und wird sie in den zahllosen B-Movies mit Mythen-Blasen nicht suchen). Bedeutender freilich mag dann

sein, was in dieser Analogie fehlt: Der kannibalische Aspekt der Vereinigung, die fundamentale und ambivalente Geschichte des Verrates, eine Forderung nach dem radikalen Opfer, der Augenblick furchtbarster Einsamkeit des „Mein Vater, warum hast du mich verlassen?", die Notwendigkeit der Kreuzigung und der blutigen Symbollat. Wenn überhaupt, dann wird hier eine Revision der messianischen Ur-Legende geliefert, die nicht mehr von der zentralen Stellung des Opfers ausgeht. Der kleine Schrumpeljesus wird nicht ans Kreuz genagelt, durchleidet keine letzte Versuchung und wird von seinem Vater nicht verlassen. (Höchstens hat ihn seine Familie, das ist besser und schlechter zugleich, auf Erden „vergessen".) Er ist (obwohl so um die sechshundert irdische Jahre alt) vielleicht ein Kind, aber kein Sohn. Und schon gar nicht schmeichelt dieser freundliche kleine Gott den narzisstischen Menschen etwa durch die Behauptung, er sei gerade wegen ihnen aus dem Himmel gefallen. Nein, dieser Blick in eine schönere Zukunft ist ein Versehen, ein Zufall, den freilich jemand wie Elliot zu nutzen weiß. Vielleicht hat Elliot in E.T. weniger die verpflichtende Mythologie der ewigen Wiederkehr erahnt (sind e und t nicht einfach nur Anfangs- und Endbuchstabe seines eigenen Namens?), als vielmehr ein wirklich Neues, etwas von dem, was nach und über den Menschen hinaus kommen könnte. Nicht gerade jenseits von gut und böse, aber immerhin doch einen Schritt hinaus aus den Fallen der (nicht nur) amerikanischen Bigotterie des christlichen Kapitalismus.

Jedes Jahrzehnt braucht (mindestens) einen großen *tearjerker*, der die Traurigkeit, die Trauer um die verpassten Möglichkeiten, die Trauer um die verlorenen Gefühle zusammenfasst. Für die Achtziger war das E.T., und eine Reihe von Geschichten gehörten zu dem Erfolg des Films, auf das Diktum von Frieda Grafe in Bezug auf das

Melodramatische zutrifft: „Entweder man heult, oder man muss kotzen". Aber bei E.T. verhielt sich das Verhältnis von Kotzen und Heulen doch noch ein bisschen anders als in einem gewöhnlichen (und schon genug künstlichen) Melodram: In Spielbergs Film geht es semiotisch nicht mehr um die Beziehung von „Ikonen" (Zeichen die ihrem Vor-Bild ähnlich sind) oder „Indizes" (Zeichen, die ihrem Vor-Bild in der Wirklichkeit eingeschrieben sind, wie der Schweißtropfen, der den Zustand „Hitze" – oder „Arbeit" – beschreibt), sondern um veritable Symbole (also um Zeichen, die weder eine innere noch eine äußere Verwandtschaft mit dem wirklichen Vor-Bild haben, sondern nur eine Übereinkunft veranschaulichen). Das Kino, das die Indizes liebt (weil sich durch sie mehr oder weniger alles durch alles ausdrücken lässt, nur nicht die Sache durch die Sache selbst) und das Ikon hasst (weil das Kino ja unentwegt gezwungen ist, etwas durch etwas anderes auszudrücken, das beinahe identisch mit dem ersten etwas ist), offenbart im Symbol immer gewollt oder ungewollt seine Nähe zum religiösen Ritus und seine Abhängigkeit vom literarischen Code. In Steven Spielbergs Kino der Symbole (ganz anders als im Kino der Symbole von, sagen wir: Luis Buñuel) werden die Symbole zu Ikonen, und die Ikonen zu Indizes. Das freilich dreht sich in der Welt der „Zeichen und Wunder" auch um: Aus einem Index kann jederzeit ein Symbol werden (davon handeln in ihren besten und blasphemischsten Momenten die INDIANA JONES-Filme), oder anders gesagt, das *rewriting of the history* in AMISTAD oder SAVING PRIVATE RYAN besteht exakt in diesem Vorgang, den der sterbende Miller im letztgenannten Film zusammenfasst: Earn it! Das heißt, pragmatisch-moralisch: das Opfer, wenn es dann doch nicht zu vermeiden war, muss immer erst im Nachhinein verdient werden, und der Verdienst selber besteht darin, dass aus einem Ikon ein Symbol werden kann (womit Steven Spielberg eben immer auch neben der Geschichte der Tatsachen auch die Geschichte des Kinos neu und rückwärts schreibt).

So mussten sich auch die Tränen der Zuschauer semiotisch verwandeln. Prinz Claus von Amsberg, für einen Tag aus der Klinik kommend, in die man ihn wegen seiner Depressionen gebracht hatte, setzte sich im Basler *Eldorado* in die erste Reihe, bevor der Kinobetreiber eine Notstuhl-Reihe für ihn und seine Sicherheitsbegleiter weiter hinten organisierte. Sie haben alle geheult, bevor es zurück in die psychiatrische Klinik ging. Öffentlich geheult aber haben ansonsten vor allem prominente Damen wie Nancy Reagan und ihr Präsidenten-Gatte bei einer Spezialvorführung im Weißen Haus, und Lady Diana natürlich. Ihr Gatte, Prinz Charles, reichte bei der Aufführung in London abwechselnd seiner Lady und der kleinen Drew Barrymore, die beim zwölften Ansehen immer noch pflichtschuldigst in Tränen ausbrach, das Taschentuch. Wer bei E.T. nicht heulte, war ein Unmensch. So war es in jeder Heimatzeitung zu lesen. Was uns über die schwerwiegende Frage hinweghalf: Wie künstlich dürfen Tränen sein, die angesichts eines offensichtlich künstlichen Wesens vergossen werden?

E.T. war so echt und unecht wie der Weihnachtsmann. Nach acht Monaten Kino-Laufzeit waren insgesamt 30 000 Briefe an E.T. – viele schlicht adressiert „E.T. – Hollywood" – eingegangen, in denen der kleine Alien um Beistand, Rat oder wenigstens Auskunft gebeten wurde (etwa welche Art von Batterien seine Finger leuchten machen). Geschichten wie die vom autistischen Jungen, der nach dem Kino-Besuch seinen emotionalen Panzer sprengen und sprechen und weinen konnte, machten die Runde.

Andererseits wurde auch die Merchandising-Maschinerie in einem neuen Maßstab hochgefahren. Allein 21 Millionen Dollar musste *Warner Communications* für die Lizenz zu einem E.T.-Videogame bezahlen. In einem E.T.-Club (Jahresbeitrag 6 Dollar) wurden die gesammelten Mono- und Dialoge auf Schallplatte vertrieben. Zu den Rennern gehörten Fotodruck-T-Shirts, auf denen sich der Besitzer Arm in Arm mit E.T. konterfeien lassen konnte. Selbst für ein einfaches E.T.-Button wurden anstandslos 2 Dollar hingelegt. 10 Millionen E.T.-Puppen wurden im Jahr nach der Erstaufführung verkauft. Als „E.T. Icecream" wurde gefrorener Vanillepudding mit Erdnüssen angeboten. Zumindest diese Verbindung von Geschmack und/oder Geschmacklosigkeit wird uns wohl ein ewiges Rätsel bleiben. Vielleicht auch diese Reaktion von Menschen, die, wer weiß, sich beim Träumen in der falschen Richtung ertappt gefühlt haben mussten: Die NASA ließ es sich nicht nehmen, energisch darauf hin zu weisen, dass Elliot sich „gesetzeswidrig" verhalten habe, da es streng verboten sei, einen Außerirdischen bei sich privat logieren zu lassen. Die Strafandrohung, da war man sehr genau, betrage 5000 Dollar oder ein Jahr Gefängnis.

POLTERGEIST: Die dunklere Seite des Traums
An die Seite seiner anrührenden Rettungsphantasie E.T. setzte Spielberg das Gegenbild einer wenn auch befristeten Auslieferung des Kindes an die Bilder seiner Ängste in POLTERGEIST, den er produzierte, schrieb und wohl auch kräftig mit (und an dem armen nominellen Regisseur Tobe Hooper vorbei) inszenierte. Wie sehr Spielberg die beiden Filme als Einheit sah, lässt sich wohl auch aus dem Umstand ablesen, dass er es, eigentlich gegen ökonomische Vernunft, durchsetzte, dass beide zur gleichen Zeit, im Frühjahr 1982, in die Kinos kamen. „E.T. ist ein modernes Märchen, das wir alle zusammen mit Liebe gemacht haben. POLTERGEIST ist ein Schrei – E.T. ist ein Flüstern. Oder anders ausgedrückt: POLTERGEIST ist mein persönlicher Alptraum, E.T. ist meine persönliche Auferstehung".

Die Ausgangsposition von POLTERGEIST, den man als eine Spielberg-Geschichte mit Hooper-Effekten sehen kann, ist der von E.T. sehr ähnlich. Wieder geht es um eine Klein- oder Vorstadt-Familie, und auch der Blick auf die Stadt, von einem Hügel hinunter ins zugebaute Tal, ist nahezu identisch. Hier gibt es den Vater noch, den netten, liberalen, ein bisschen gestressten Steve Freeling (Craig T. Nelson), der als Vertreter von Immobilien maßgeblichen Anteil daran hat, dass und wie es dieses Suburbia namens Cuesta Verde inmitten der kalifornischen „Natur" überhaupt gibt. Freeling verkauft im Auftrag der Firma die hübschen Einfamilienhäuser. Vater und Mutter genehmigen sich, um sich auf die Freuden der Liebe einzustimmen, einen Joint und werden dann doch von den Kindern gestört, die sich vor einem Gewitter fürchten. Der Vater trägt's mit Fassung; es ist eben so.

Der Sohn, Robbie (Oliver Robins) ist zwar in Elliots Alter, die Tochter in dem von Elliots Schwester, statt des älteren Bruders gibt es eine ältere Tochter, Dana (Dominique Dunne), die aber beginnt, eigene

über E.T. schon erheblich hysterisiert. Wie auch bei E.T. stammen übrigens die Hausgeister des Jungen aus STAR WARS.

Die ersten Spuk-Erscheinungen wirken noch eher amüsant: Möbel bewegen sich, die Küchengeräte spielen verrückt. Die Angst des Jungen wird real, der alte Baum vor dem Fenster wird lebendig und versucht ihn zu „fressen". Der Vater kann ihn im letzten Augenblick zurückreißen, doch unterdessen ist die kleine Schwester verschwunden. Nur durch den Fernseher ist schwach ihre Stimme zu vernehmen, die nach ihrer Mutter um Hilfe ruft.

Zu Hilfe eilt zunächst, die erste „gute Fee", die Parapsychologin Dr. Lesh (Beatrice Straight) mit ihren Helfern, die ihre Gerätschaften zur Geisterjagd im Haus der

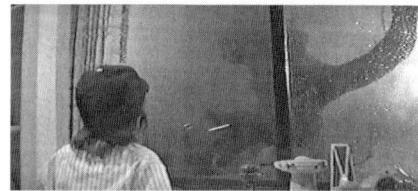

Wege zu gehen, und an dem sich anbahnenden Geschehen weniger Anteil hat als ihre Geschwister. (Es hat fast den Anschein, als hätte Hooper mit dieser Figur nichts Rechtes anfangen können; wahrscheinlicher ist aber, was eine Reihe von Sprüngen und Widersprüchen in der Handlung nahe legt, dass hier ziemlich herumgeschnitten wurde, um eine eigene Nebengeschichte mehr oder weniger zu eliminieren.)

Die ersten Kontakte mit den Geistern hat die kleine Schwester Carol Anne (Heather O'Rourke), die fasziniert auf den Fernsehbildschirm schaut, als die Nationalhymne verklungen ist und nur noch weißes Rauschen auf dem Bildschirm zu sehen ist. Die Mutter, Diane Freeling (Jobeth Williams) ist nur ein wenig beunruhigt; auch sie selbst war als Kind Schlafwandlerin. Die Geister – oder was immer es sein mag – befreien sich durch das TV-Gerät (das Loch in der Wirklichkeit) und nehmen eine Kammer neben dem Kinderzimmer als „Zentrum" (so nennen das später die „Geisterjäger") in Besitz. Der Junge hat Angst vor dem Baum, der vor der Tür steht, knorrig und armig, aber auch vor dem überlebensgroßen Hampelmann/Clown, der vor seinem Bett sitzt, und vor der Dunkelheit draußen. Der Zustand der Kinder in POLTERGEIST ist gegen-

Familie verteilen. Die Kräfte dieser „Fee" erweisen sich als nicht ausreichend, der nächtliche Spuk setzt ihr und ihren Helfern arg zu. Immerhin wird man sich darüber klar, dass es sich hier um einen *Poltergeist* handeln muss, oder um gar mehrere von dieser Sorte hartnäckiger Gespenster. In der Nacht zeigen diese sich mehrere Male, versuchen mit ihren Mitteln, ihre Widersacher zu vertreiben. So lassen sie etwa ein Steak-Stück über ein Küchenbord wandern, verwandeln es dann in eine eklige Würmermasse, worauf dem Helfer, der das mitangesehen hat und ins Bad gestürzt ist, um sich zu übergeben, buchstäblich das Fleisch von den Knochen zu fallen scheint, bis plötzlich der Spuk vorbei ist (so als hätte der Film den „harten" Horrorfilm dieser Jahre zitiert, um ihn zumindest partiell wiederum als Fiktion und Alptraum zurückzuweisen).

Am nächsten Tag wird eine zweite, mächtigere „Fee" herangezogen, Tangina (Zelda Rubinstein, deren Stimme den ame-rikanischen Fernsehzuschauern als die von „Atrocia Frankenstone" aus der Cartoon-Serie „The Flintstones" bekannt ist), fast zwergenhaft klein und rund und alterslos, und sie weist den richtigen, aber schwierigen Weg. Den Geistern nämlich ist es gelungen, ein Loch zwischen ihrer Welt und der menschlichen Realität aufzureißen, durch das sie Carol Anne entführt haben. Durch das Zentrum, in dem das Mädchen von den Geistern festgehalten wird, muss die Mutter, gehalten vom Vater an einem Seil, hindurch, um die Tochter durch ein weiteres Loch in der Wirklichkeit zu befreien. Es ist ein Akt von zweiter Geburt, in voller Verzweiflung, und im entscheidenden Moment lässt der Vater, durch eine besonders schreckliche Geistererscheinung geschockt, dann doch das Seil los, aber zum Glück gelingt diese grausame Wiedergeburt auch ohne ihn.

Zuvor hatte der Vater ein Gespräch mit seinem Arbeitgeber, der die ganze Stadt gebaut und seine Hände noch immer über

ihr hat; auf dem Hügel über der Stadt, wo ein Friedhof liegt. Ihm wird angeboten, hier ein neues Haus für seine Familie zu bauen, mit „unverbaubarer" Aussicht. Der Friedhof werde, genau wie der, der einmal im Tal lag, an einen anderen Platz verlegt. Der Vater, draußen in der ungemütlichen Welt, ahnt zum ersten Mal, dass es einen Zusammenhang geben könnte, den er sich aber noch nicht einzugestehen traut.

Alles ist schließlich für den Umzug vorbereitet; der Vater geht noch einmal ins Büro, seine „Sachen zu ordnen". Doch in seiner Abwesenheit kehren die Geister noch einmal, mächtiger als zuvor, zurück, und es gibt keine Feen, die nun vaterlose Familie zu beschützen. Wieder versuchen die Geister, die beiden kleineren Kinder zu entführen; sie entfachen erneut einen Sturm, der durchs Kinderzimmer fegt, während die Mutter für den Augenblick hilflos an die Decke ihres Schlafzimmers gepresst ist. Es ist nun auch bildhaft sehr deutlich, dass das, was die Kinder da holen will, ein böser Mutterschoß ist, der saugt statt zu pressen, zurückholt, statt freizugeben.

Bei dem Versuch, Hilfe herbeizuholen, fällt die Mutter in das für einen Swimmingpool ausgehobene Loch, das der Regen mit Wasser gefüllt hat, und aus der Erde tauchen plötzlich die Leichen der hier Beerdigten auf, die man einfach, statt sie umzubetten, in der Erde der Siedlung gelassen hat. Die Mutter schafft es in letzter Sekunde, gegen den Widerstand eines sehr weißen Gespenstergeschöpfs, die Kinder aus dem Zimmer, das sich zum zweitenmal in einem Wirbelsturm auflöst (am

Anfang stand, dass der Hampelmann, wie es der Junge wohl lange befürchtet hat, lebendig wurde und ihn zu erwürgen versuchte), zu befreien. Der Geisterspuk, gleichsam Amok laufend ob seines Misserfolgs, löst sich, indem er sich gegen sich selber richtet, auf. Als der Vater eingetroffen und die Familie im Auto in Sicherheit ist, bricht das Haus in sich zusammen und verschwindet im Nichts, während die berstenden Straßen immer weitere Leichen freigeben.

Dass dieser Alptraum die andere Seite der Mittelstands-Sozialisation darstellt, wird in der liebevollen Exposition deutlich, bevor der Film sich ganz auf seine technisch-elektronische Geisterbahnfahrt konzentriert und wie ein „normaler" *soft-core*-Horrorfilm wirkt. In E.T. sieht sich der außerirdische Besucher eine Szene mit John Wayne und Maureen O'Hara aus THE QUIET MAN (Der Sieger – 1952 – Regie: John Ford) an (eine Liebes- und Zivilisationsgeschichte): hier sieht sich der Vater im Fernsehen Spencer Tracy in A GUY NAMED JOE von Victor Fleming (USA 1943) an, wo Tracy ein Flieger ist, der im Krieg ums Leben kommt, aber vom Himmel auf die Erde zurückkehrt, um die Lebensgeschichte seiner früheren Freundin einzurenken (Spielberg selbst wird im Jahr 1989 unter dem Titel ALWAYS ein Remake drehen). Das verweist natürlich zum einen auf die Geistersituation, zum anderen aber auch auf den „Zeitgeist", denn A GUY NAMED JOE war in erster Linie ein Stück Propaganda für den Krieg, Trost für das patriotische Amerika, geschrieben freilich von Dalton Trumbo, einem der prominentesten Opfern der „Säu-

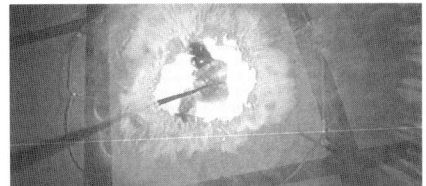
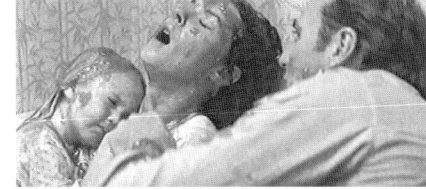

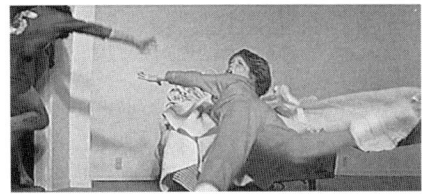

berung" Hollywoods durch den McCarthyismus. Und zu allem Überdruss liest der Vater daneben auch noch eine Ronald Reagan-Biographie. Es muss in diesen Köpfen poltern, wenn sie nicht vollständig versteinert sind.

Die Poltergeister sind ein wenig wohl auch die Geister, die die Mittelständler aus ihrer Vergangenheit heimsuchen, die vielleicht ihre „gegenkulturellen" Highlights hatte, wovon allenfalls noch ein paar Gesten, eine „private" Liberalität (und der Appetit auf Joints) übrig geblieben sind. Auch hier ist die phantastische Erscheinung eine Wirklichkeit dritter Ordnung, die sich als Diskurs gegen die (liebevoll kritisierten) Diskurse der amerikanischen Kultur setzt. Der Vater und sein Nachbar liefern sich ein regelrechtes Duell mit den Fernbedienungen ihrer Fernsehapparate, da sie sich wechselseitig das Programm umschalten können. Und natürlich ist auch hier die Kinderkultur zur Organisation der Alpträume verkommen. Eine der wenigen Szenen des Films, in

denen sich das Schreckliche und das Komische wirklich berühren, ist die, in der die Kinder mit einem ferngesteuerten Modellauto das Fahrrad des Vaters zum Sturz bringen, der mit einem Karton Bier für den Feierabend mehr oder minder wohlgelaunt nach Hause radelt. Es ist offenbar diese Regelbarkeit der Welt, die sich schon im Alltäglichen als destruktiv erweist, die die wahren Gespenster erst in die Welt ruft (nur dass der Poltergeist bei weitem nicht so viel Sinn für Humor hat wie die GREMLINS später). Am Ende heißt es, „this house is clean" (da nehmen die Parapsychologen von POLTERGEIST schon die mentalen Hygieniker von GHOST BUSTERS [1984 – Regie: Ivan Reitman] vorweg); die Familie Freeling aber ist ins Hotel gezogen – und als erstes muss der Fernsehapparat vor die Tür.

E.T. und POLTERGEIST sind zugleich Filme in der, gegen die und über die populäre Mythologie hinaus. Es geht um die „Realität" der (kollektiven) Phantasie in der Kultur; die populäre Mythologie erzeugt ihre eigene

Metaphysik, die ohne weiteres als „normale" Wirklichkeit im Alltag wieder erscheinen
kann. Wie schon bei CLOSE ENCOUNTERS OF
THE THIRD KIND wird uns bei beiden Filmen
nicht der Glauben an das Übersinnliche vermittelt, sondern das Vertrauen in die Nähe
von realen Menschen im Kino, die an das
Übersinnliche glauben.

Auch dieser Film sollte für Spielberg
eine Rückkehr in die Kindheit beschreiben: „Bei der Wahl des Schauplatzes dach-
te ich an die Peripherie von Scottsdale in
Arizona, wo ich aufgewachsen bin. Das
Milieu dort ist typisch für ganz Amerika;
mittelgroße Häuser mit Doppelgaragen,
Geschäftszentrum und Grundschule in
nächster Nähe. Die Familie Freeling aus
POLTERGEIST entspricht genau den Leuten,
die ich aus meiner Jugend in Scottsdale
kenne" (Spielberg). Aber es war wohl nicht
allein „seine" Story, die Spielberg so stark
an das Projekt band, sondern auch die
Möglichkeit, in Zusammenarbeit mit George Lucas' Industrial Light & Magic auch
technisch neue Erfahrungen zu machen.
„Glauben Sie es oder nicht", verkündete
Spielberg, „der Film enthält über einhundert Einstellungen mit optischen Spezial-
effekten. In RAIDERS OF THE LOST ARK waren
es nur rund vierzig".

Mythologica II, oder Das ewige Kind
Steven Spielbergs Arbeit – wir sind wieder
in der Legende – mag beschrieben werden
als ein *coming of age* in Filmen, die mal
glücklich mal weniger zugleich Aspekte der
bürgerlichen Familie und ihres Zerfalls sowie Aspekte einer Gesellschaft beschreiben, die um „Lücken" herum organisiert ist
und an Modellen für ihre Versöhnung arbeitet – vergeblich. Nur Kinder finden hier
einen Ausweg, und nur Erwachsene, die
sich in Kinder verwandeln, eine Ahnung.
In jedem Spielberg-Film ist zugleich das
Glück dieses Augenblicks präsent und die
Trauer um den Abschied. Eine Kindheit
wie, sagen wir bei Astrid Lindgren, ist in

Spielberg-Filmen sowieso nicht zu finden.
Sie besteht, in aller Deutlichkeit wird es in
den Filmen gesagt, zur Mehrheit aus Träumen, aus Träumen, die die Hippies „plas-
tic" genannt hätten. Aber ganz zweifellos
hat Spielberg lange Zeit versucht, sich diesen Traum der ewigen Kindheit in der Plas-
tikwelt zu erhalten (und ganz vergessen
hat er ihn gewiss immer noch nicht). „Ich
habe den Geist meiner Kindheit nie aufge-
geben. Ich hänge noch heute daran. Ich
glaube wirklich, ich hörte auf, mich zu entwickeln, gefühlsmäßig, als ich 19 war."
Neunzehn Jahre und der „Geist der Kindheit"? Spielbergs Selbstauskünfte sind in
einer merkwürdigen Weise immer verräterisch; sie machen schon aufmerksam auf
die Brüche in diesem Selbstbildnis. Ganz
schlimm wird es mit einem seiner am
meisten zitierten Sätze: „Walt Disney war
mein väterliches Gewissen, und mein
Stiefvater war der Fernsehapparat".

Zuerst einmal absentiert Spielberg in
diesem Satz den realen Vater und das Gewissen, dass er ihm hätte vermitteln können, und dann erklärt er die prägende Maschine, den Fernseher, zum „Stiefvater",
dem falschen Vater, dem Verräter des Märchens. Es scheint auf den ersten Blick paradox, dass zwei Systeme der Phantasie, zwei
„Wunschmaschinen", in dieser Metapher
als Institutionen der „familiären" Unterdrückung beschrieben werden. Der Vater
ist verflüssigt in Bildwelten, hat aber offenbar von seiner mahnenden und bedro-
henden Kraft nichts verloren. So ist zunächst einmal die Frage, ob Steven Spielberg für oder gegen diese beiden Väter
filmt, oder ob er filmt, mit der Kamera vor
den Augen geboren, wie er sagt, um ihnen
zu gefallen oder sie zu überwinden.

Worum es Spielberg, dem vielleicht
doch therapeutischen Filmemacher in seiner Sehnsucht nach einem Reich der ewigen Kindheit, eher zu gehen scheint, ist
zunächst die Abwehr einer kontrollierten,
logischen, historischen Denkweise: Er

will, so scheint es, erst einmal weg von einem übermächtigen „Gewissen": „Sobald man anfängt mit dem Satz ‚Ich sollte das nicht tun, *weil* ...', bürdet man dem Instinkt die Logik auf, und Kinder bieten uns Instinkt und Natürlichkeit." Einmal abgesehen davon, ob so eine Aussage überhaupt in irgendeiner Weise aufrechtzuerhalten ist, wäre eine solche bizarre Wiedergeburt Rousseaus im Medienzeitalter angewiesen auf eine Unschuldsvermutung, welche diese ideale (und daher verlorene) Kindheit nicht allein biographisch oder psychologisch-realistisch erscheinen lässt, sondern auch als eine religiöse, als jene Form der Meister Eckehartschen „Abgeschiedenheit", die allein zur Begegnung mit Gott (oder wenigstens mit Engeln oder Außerirdischen) befähigt. In diesem Reich gibt es die beiden Grundformen der Gier nicht, die sexuelle und die kapitalistische. Mehr als von den „natürlichen" Kindern freilich erzählt Spielberg von den Menschen, die in dieses Reich zurückkehren wollen, indem sie sich von diesen beiden Formen der Gier verabschieden. Nicht Peter Pan ist die Lösung, noch ist es Moses als fragloser Führer seines Volkes, sondern die Durchdringung von Moses und Peter Pan; der Prophet der „seine" Kinder heim führt ins Reich der Kindheit, das Kind, das – in aller Unschuld – zum historischen und moralischen Subjekt wird. Natürlich ist diese Konstruktion vollkommen absurd, aber welche religiöse Konstruktion wäre das nicht?

Kurzum: Der „unmögliche" Vater/ Sohn-Konflikt ist bei Steven Spielberg auf einen noch viel radikaleren Bruch erweitert und zugleich darin verborgen, nämlich dem zwischen Kindheit und Erwachsen-Sein. Immer wieder, natürlich insbesondere bei E.T., spricht Spielberg von seiner Sehnsucht danach, durch das Filmen „ein Kind" zu werden.

Natürlich ist diese mediale, diese technisch verstärkte fiktionale Kindheit nur als eine paradoxe zu verstehen. Eine Kindheit, in die man nur als (erfolgreicher) Erwachsener gelangen kann. So kann man diese virtuelle Kindheit gewiss zunächst als ein strategisches Vorgehen ansehen, nämlich sich dem, was die „Erwachsenen" mit Amerika und der Welt angestellt haben, durch den Krieg und durch die großen Katastrophen, von der Ermordung der Kennedys bis schließlich Watergate, schlicht zu entziehen.

Dem freilich widersprechen die symbolischen Installationen der ersten „großen" Filme: Sie zeigen die Väter in einem gewaltsamen Kampf gegen eine anonyme unerkennbare Gefahr: gegen den gestaltlosen Truck in DUEL, gegen einen gewaltigen, maschinellen Polizei-Apparat in SUGARLAND EXPRESS; schließlich gegen eine mordgierige Bestie aus dem Meer (seit Sigmund Freud dem Reich unseres Unterbewussten) in JAWS oder urtümlichen Riesentieren aus fernster Vergangenheit in JURASSIC PARK und LOST WORLD. Immer geht es dabei auch darum, eine „Linie", eine Spur zu ziehen, zugleich durch das Land (oder gar die See) und durch die Mythologie, die Öffentlichkeit. Nach der Auseinandersetzung mit dieser unerkannten, maskierten Gefahr kann der Vater zurückkehren, er hat da etwas Dunkles bezwungen, was in bemerkenswerter offener Obszönität (wie insbesondere in JAWS) nach den „Kindern" und nach ihm selber greift.

Nehmen wir diese drei Filme als eine Art Einheit – wobei insbesondere zwischen DUEL und JAWS ein so starkes Verwandtschaftsverhältnis besteht, dass man den zweiten Film gar als eine Art verkapptes Remake angesehen hat, so ist wohl 1941 ein Versuch, sich von dieser Obsession, vielleicht auch vor der voreiligen Versöhnung zu befreien.

Boy's Own: THE GOONIES

Auch THE GOONIES ist ein Film, der zwar von einem anderen Regisseur inszeniert wurde, aber deutlicher als andere Werke der Protegés Spielbergs Handschrift trägt, der bei diesem Projekt am Drehbuch beteiligt war und als Produzent fungierte. Sehr diplomatisch erklärte Regisseur Richard Donner, Spielberg habe ihm während der Dreharbeiten „immer über die Schulter gesehen, und von jemandem wie ihm kann man immer etwas lernen".

Auch in THE GOONIES gibt es anekdotische Wiedergaben aus der magischen Kindheitsbiographie des Steven Spielberg: Als Dreizehnjähriger im Jahr 1960 hatte er in einem Kino in Phoenix, Arizona, in dem der Saurierfilm THE LOST WORLD gezeigt wurde, zusammen mit einigen Freunden bei einer aufregenden Szene eine Masse aus Brotteig und Erbsenpüree unter Absonderung heftiger Kotz-Geräusche vom Balkon aus über die Zuschauerreihen geschüttet, was, der Legende nach, zu einer sich rasch verbreitenden Kotzorgie im Saal führte. Diese Szene wird in THE GOONIES ebenso variiert wie Familienkonstellationen, die wir aus POLTERGEIST und E.T. kennen.

Die Kinder, die davon träumen, Indiana Jones zu werden, bewirken das Wunder, in dem in der 11. Straße Außerirdische notwendig waren. Eine böse Gesellschaft von Bauspekulanten trachtet nach den Häusern und mehr noch nach dem Land der braven Menschen in einer Gemeinde in Oregon namens Cauldron Point. Ein exklusiver Country Club soll da entstehen, wo jetzt gute amerikanische Nachbarschaft gepflegt wird. Aber da gibt es eine Gruppe von Kindern, die sich die „Goonies" nennen (nach den „Goondocks", dem Viertel, in dem sie leben), die den Abriss der elterlichen Häusern und die zwangsweise Umsiedlung (nach und nach kennen wir dieses Spielberg-Motiv ein wenig zu gut) verhindern wollen. Der etwas

larmoyante, aber entschlossene Anführer Mickey (Sean Astin), der ewig plappernde, selbstgefällige Mouth (Corey Feldman), der dicke Angeber Chunk (Jeff Cohen) und der findige Bastler „Data" (Ke Huy-Quan, den wir als „Shorty" aus INDIANA JONES AND THE TEMPLE OF DOOM kennen) übernehmen die Führung. Sie finden auf einem Dachboden eine Piratenkarte („X marks the spot") und gelangen auf abenteuerlichen Wegen durch alte Bergwerksstollen, werden von der Gangsterfamilie Fratelli unter ihrer tyrannischen „Ma" (Anne Ramsey) verfolgt, durch deren Haus ihr Weg führte, und die nun auch hinter dem Piratenschatz her ist, treffen auf Fallgruben und „Skelettorgeln" und finden schließlich ein perfektes Piratenschiff in einer gewaltigen Höhle unter dem Berg. Nachdem die Goonies die Gangster bezwungen haben, bringen sie vor dem obligaten Zusammenbruch der Höhle den Schatz und das Schiff in Sicherheit und können mit dem Erlös die Heimat ihrer Familien erhalten.

Wenn ein Computer Motive und Obsessionen von Steven Spielberg „logisch" montiert hätte, dann käme wohl so etwas wie das Drehbuch zu THE GOONIES heraus – und merkwürdig: nicht einmal hier hat es ganz seine Magie verloren. Es ist auch die Perspektive, die die Kamera hier einnimmt, die jedes Klischee schnell vergessen lässt: Sie ist nicht „objektiver" Erzähler (also kein Erwachsener), sie ist Mitglied der Goonies, sie macht alles, was die Vorstadtjungs auch machen, einschließlich der rasenden Bewegung eine steinerne Wasserrutsche hinab oder eines Sprungs über den Abgrund. Wieder geht es im Kern um einen Phantasie-Krieg zwischen den Kindern und den Erwachsenen, um eine Heimat, die erst erkannt wird, wenn man sie verteidigen muss, und um das Wunderbare als das Ferment für die Erfüllung des cinematographischen Subjekt-Traumes: Der (amerikanische) Alltag, die normale

Familie, die Aussichten der Karriere im Kleinbürgertum sind nicht genug, um „Ich" zu werden. Dieses „Ich", das nur im prekären Übergang zwischen den Zuständen Kindheit und Erwachsensein überhaupt zu erfahren ist. Der Weg führt diesmal am Skelett des „einäugigen Piraten" Willy vorbei, der all das, wie wir aus seiner, nun ja, Mimik entnehmen können, nur zu dem einen Zweck hinterlassen hat, dass die Kinder es finden und ihre Heimat gegen das Geld damit retten könnten. Und mehr noch retten die Goonies ihre Individualität, denn immerhin dies unterscheidet den Film von Donner, Spielberg und Columbus – neben den rasanten Tricks und der Ausstattung natürlich – von vergleichbaren Kinder-Abenteuerfilmen, dass die Protagonisten trotz ihrer „Rollen" oder in ihnen weniger Typen als Individuen sind. Junge Menschen, die sich schon ein paar seelische Narben in Suburbia zugezogen haben – und ein paar Macken.

Chris Columbus, der Autor dieses Films, schrieb dann gleich die nächste Variation des auf Kinder angewandten Spielbergianismus mit YOUNG SHERLOCK HOLMES, den Barry Levinson mit nicht ganz so viel *help from his friend* Steven Spielberg in England drehte. Der Film verfolgt die ersten Abenteuer von Sherlock Holmes (Nicholas Rowe) und John Watson (Alan Cox) im jugendlichen Alter, die als Schüler eine Mordserie im (winterlichen) London erleben müssen. Anders als der erwachsene Meisterdetektiv entdeckt der junge Holmes – wir sind ja schließlich in einem Spielberg-Film – dass die Ursache des Verbrechens jenseits rationaler Deduktion zu suchen ist. Es geht nämlich in Wahrheit um einen ägyptischen Totenkult, dessen Angehörige ihre Opfer mit einem halluzinogenen Pfeilgift gefügig machen. Als Anführer entpuppt sich ausgerechnet Sherlocks Fechtlehrer, der nach Opfern verlangt, damit er zum neuen Gott dieses Kultes werden kann. Und dazu ist auch Sher-

locks Freundin Elizabeth auserkoren. Auch wenn sie den Kult bezwingen können, gelingt es Sherlock und John nicht, das Mädchen zu retten. Elizabeth muss sterben, aber sie verspricht, in einer anderen, einer besseren Welt auf ihren jugendlichen Geliebten zu warten. Umgekehrt aber ist der böse Sektenführer nicht tot, er wird in der Zukunft unter dem Namen Dr. Moriarty sein Unwesen treiben.

Das *rewriting* eines Mythos erinnert ein wenig schon an INDIANA JONES AND THE LAST CRUSADE; von YOUNG SHERLOCK HOLMES aus könnten wir, wenn wir wollten, nicht nur die ewige Feindschaft des Meisterdetektivs mit jenem Lehrer verstehen, der schließlich auch ihm das Leben nehmen wird, sondern auch seine immer etwas problematische Distanz gegenüber allen Näherungen einer Frau. Aber mehr noch ist das „Projekt" dieses Menschen, eine wenn auch einigermaßen trivialisierte Form von aufklärerischer Deduktion, auf den Kopf gestellt. Auch dieser Sherlock Holmes ist in Spielbergs Kosmos nicht denkbar ohne die Begründung durch metaphysische und phantastische Elemente.

Dennoch erschienen diese beiden Pseudo-Spielbergfilme auch so etwas wie eine Profanierung einzuleiten. Ein „Zerfallsprodukt" wie auch der dritte signifikante *Amblin'*-Film dieser Zeit, Richard Benjamins Komödie THE MONEY PIT (Geschenkt ist noch zu teuer – 1986), die Geschichte eines jungen Paares (Tom Hanks, der hier seinen Einstand in den erweiterten Spielbergianismus gibt, und Shelley Long), das sich seinen Traum von einem Haus auf dem Land erfüllt. Keine Gremlins diesmal, keine Ufos und natürlich auch kein POLTERGEIST: Das Haus erweist sich einfach selber als dermaßen heruntergekommen, dass es die beiden an den Rand ihrer materiellen und vor allem psychischen Möglichkeiten bringt. Aber selbst noch dieser so reale Alptraum, der durch einige erfahrungsgemäß bizarre Handwerker verstärkt wird, führt nach einigen in der Tat umwerfenden Destruktionsbildern (die an ein privates 1941 denken lassen) und nach einem erotischen Umweg Annas zu ihrem Ex, dem gefeierten Dirigenten Max (Alexander Godunow) zu einem Happy End. Dieses Paar musste die „Poltergeister" ihres bürgerlichen Heims durchRückfall in kindliches Spiel vertreiben. Bei seinem Ersteinsatz zu Weihnachten 1985 erwies sich THE MONEY PIT als gewaltiger Flop, so dass Benjamin und Spielberg eine neue Schnittfassung vornahmen, die dann im März 1986 herauskam und diesmal beachtliche 28 Millionen Dollar einspielte.

Genauer gesagt: Das Kind der Angst

Die eine Erklärung für den Spielbergianismus des amerikanischen Kinos also ist diese Sehnsucht nach einer prolongierten und abrufbaren, dabei freilich auch vollständig kontrollierbaren Kindlichkeit, die weder einer erfolgreichen Karriere noch einer Erfüllung moralischer Standards der liberalen Mittelschicht im Wege steht. Freilich ist dabei auch nur zu deutlich, dass es sich dabei nicht allein um die Sehnsucht nach der Rückkehr in den Zustand einer wenn nicht personalen so wenigstens medialen Geborgenheit handelt, sondern auch um das Gefängnis nie vollständig überwundener Ängste.

Im Zentrum aller Spielberg-Filme lauern phobische Ängste, und eine Reihe von ihnen pflegt der Regisseur auch heute noch mehr oder weniger ungebrochen: Er kann, so erklärt er gerne, noch immer

nicht allein in einem Fahrstuhl fahren, er hat immer noch vor Wasser Angst, er muss sich immer noch übergeben, wenn der Stress zu groß wird.

Aber auch die Strategien der Überwindung von Angst gelangen aus dieser Kindheit in die Gegenwart und in die Filme: Da ist so etwas wie eine kontrollierte Herausforderung, die Überwindung der Angst im Namen von etwas drittem, aber auch die Identifikation mit dem (tatsächlichen oder vermeintlichen) Aggressor: Spielberg gehört zu jenen Autoren, die die Ängste und Versagungen der Kindheit mit einem System der *practical jokes*, gelegentlich sadistischen Streichen zudeckt, und wie es bei solchen „Lausbubengeschichten" der Fall zu sein pflegt, ist weder der Wahrheitsgehalt noch die Perspektive recht auszumachen. Aber es ist wohl mehr als offensichtlich: Kino, das ist für Steven Spielberg immer auch ein Mittel, sich von dem, der Angst hat, in jenen zu verwandeln, der Angst macht.

Von der Legende, die uns am Beginn den Spezialisten für das phantastische Abenteuer nahebringen sollte, wurde in der Regel nur die erste Hälfte verbreitet. Auf die Frage, welche Filme ihm selbst Angst machten, pflegte Spielberg damals zu antworten: „Die schlimmsten Filme habe ich als Kind gesehen. Es waren PINOCCHIO und SNOWWHITE AND THE SEVEN DWARFS, beide von Walt Disney". Und er fügte zumeist hinzu (was indes nur seltener gesendet oder gedruckt wurde): „Und später DIE BRÜCKE von Bernhard Wicki".

Träume und Erinnerungen

Trennungsangst und Patriotismus

Ich bin nun mal nicht sehr radikal
Steven Spielberg

Der Mensch im Spielberg-Kosmos kämpft mit der Ambivalenz seiner Kindheit zwischen Geborgenheit und Angst. Beides zieht ihn immer wieder zurück. Über beides aber will er auch hinaus. Sein Kino also zielt einen Punkt an, wo die Bewältigung der Angst über den familiengeschichtlichen, individuellen und psychologischen Aspekt hinausgeht. Aber vielleicht ist umgekehrt die kindliche Angst als mythisches Zentrum der Spielberg-Filme auch wieder eine Metapher der nationalen Geschichte.

Zunächst mag es scheinen, dass jemand mit einer durchaus problematischen Familiengeschichte, deren Wunden offenkundig nie vollständig verheilten, vor allem kompensatorisch arbeitet. Es ist das Schlüsselbild der Spielberg-Filme: Die physische Trennung der Kinder von den Eltern. Wenn in SOMETHING EVIL buchstäblich die Wände zwischen Eltern und Kindern unüberwindbar werden, in THE CO-LOR PURPLE ein Ozean zwischen der Mutter und ihren Kindern liegt (dessen Überwindung nur in einem Traum möglich scheint) oder in EMPIRE OF THE SUN sich die panischen Menschenmassen als lebende Mauer zwischen den Jungen und seine Mutter schieben, erinnert uns das, gewiss, an das Ur-Trauma, von dem die alten Märchen ebenso erzählen wie die Filme von Spielbergs „Vater" Disney. Und doch haben alle diese Bilder auch einen höchst ambivalenten Glanz. Denn diese radikale und physische Trennung des Kindes von den Eltern hat auch eine ebenso radikale Ich-Erfahrung zur Folge. Die Spielbergianische Fälschung des Familienromans benutzt die Märchen-Folie, um das Wesen der Ablösung neu zu definieren.

Im Märchen, bei Disney und nun bei Spielberg wird die Trennungsangst der Kinder auf das Subjekt konzentriert. Die Eltern – sogar die des kleinen E.T. – sind aus eigener Kraft unfähig, die Trennung zu überwinden, unter der sie ebenso zu leiden haben. Aber ist ihr Leiden auch echt, oder verbirgt es, wie wir es zu unserem Glück in Spielbergs Filmen bei den Vätern deutlicher als bei den Müttern sehen, nicht auch eine wahrhaft ungeheure Gleichgültigkeit?

Wie konnte die Mutter von E.T. ihr Kind nur allein lassen, wie konnte Kevins Familie in HOME ALONE (Kevin – Allein zu Haus – 1990 – Regie: Chris Columbus) ihr Kind einfach zuhause „vergessen", und in die Ferien nach Paris fahren?

In jedem Fall kann der Trennungsmythos in beide Richtungen gelesen werden, als „Bearbeitung" der traumatischen Erfahrung ebenso wie als Rekonstruktion des unerfüllten Wunsches. Spielbergs Protagonisten verfehlen auf den ersten Blick den „gesunden" Schritt aus dem Trauma der Trennung in die Autonomie des Helden; die Männer verwandeln sich weder in die autarke Kampfmaschine (die körperlich-proletarische Lösung) noch in den sich selbst moralisierenden Karrieristen (die sozial-bürgerliche Lösung), und die Frauen können sich weder vollständig als Person emanzipieren noch vollständig in eine neue „Mutter" verwandeln. Aber gerade dieses Steckengebliebene, ein Leben im Widerspruch und zwischen unlösbarem Problem der Herkunft und unlösbarem Problem der Zukunft, macht sie menschlicher und realer als die Kampfmaschinen, die Stadtneurotiker, die *looser* und Märtyrerinnen in den Filmen rings-um. Das ganze ist ziemlich real in seinen phantastischen Verkleidungen.

Familienromane, auch in der dramatischen Negation, dienen, wie wir aus der Tiefenpsychologie wissen, nicht selten ne-ben der Konstruktion auch der Maskie-rung der Identität. Und in diesem furcht-baren, tiefen Zweifel an der eigenen Her-kunft ergibt sich eine weitere „Verwandt-schaft" zwischen Spielberg und seinem medialen Vater Disney, dessen Film-Bilder er in seinen eigenen Arbeiten immer wie-der übermalte, um sie sich anzueignen. Was bei Spielberg die von der eigenen Fa-milie und dann immer stärker auch von ihm selbst maskierte „jüdische Identität", das ist bei Disney eine offenkundig lebens-lange Furcht, nicht das wirkliche Kind sei-ner WASP-Eltern, sondern das einer latino-amerikanischen Hausangestellten gewe-sen zu sein. Diese Brüche in den Familien-romanen (lassen wir es dahingestellt sein, wie sehr auch sie wiederum Maskierungen und biographische „Erfindungen" sind) bildeten in beiden Fällen Ur-Sachen einer ausgeprägten Privatmythologie, die offen-kundig am besten in der bürgerlichen Mit-te der Gesellschaften zu verstehen waren. Nur hier, mitten in der Mitte, ist die Angst verbreitet, vielleicht doch nicht zur Mitte zu gehören, durch irgendeinen Makel. Und die Sehnsucht, diese Angst könnte ei-nen in Bewegung setzen.

So kann man Steven Spielbergs Filme immer auch als um die cineastisch formu-lierte Bitte um Liebe und Schutz verste-hen; bei kaum einem anderen Regisseur versteht man so sehr auf Anhieb, dass es hier bei der Erfolgssucht und -tüchtigkeit nicht um Geld und Macht für sich geht, sondern um einen Maßstab für die Aner-kennung und die Liebe der Allgemeinheit, die sich so „amerikanisch" definiert, dass es der europäischen Kritik kaum möglich ist, diese Beziehung nachzuvollziehen.

Deshalb geht es für Spielberg immer darum, aus einer privaten Geschichte ein Angebot für Amerika, *sein* Amerika zu ma-chen, weder analytisch noch metapho-risch, wie man es auf dieser Seite des Oze-ans gerne hätte, sondern ganz direkt, als mediales Lebensmittel. Statt der Projekti-on wird die Erinnerung zum Schlüssel die-ses Vorgangs. Mehr noch: Im Mythos der radikalen Trennung zwischen Kind und Eltern (genauer vielleicht: die Erfahrung des verschwindenden Vaters und des Schnitts zwischen Mutter und Kind) steckt auch das Fehlen einer seelischen Instanz zur Entscheidung: das Gewissen. Neben Peter Pan auf der einen und Moses auf der anderen Seite (vgl. Seite 227) gibt es nun als drittes das Pinocchio-Syndrom. Bei Pi-nocchio (in der Disney-Variante, natür-lich) hat die Holzfigur, die ein „echtes" Kind werden will, das Gewissen als Instanz außerhalb seiner selbst, nämlich die Grille Jiminy, die ihn begleitet. In CLOSE EN-COUNTERS OF THE THIRD KIND wird der Held von dem Lied begleitet, das diesem Gril-len-Gewissen zugewiesen ist, „When You Wish Upon a Star". Genauer und unauf-lösbarer konnte Spielberg das Ineinander von Wunsch und Gewissen (und Erinne-rung) nicht ausdrücken, was den Mann aus der Familie zum Licht der Außerirdi-schen führt. Es ist der Spielberg-Film, der wohl am auffallendsten aus nichts ande-rem als aus Paradoxien zusammengebaut ist. Es ist, ausgerechnet, das Gewissen, das dem seiner selbst so unsicheren Menschen im Disney/Spielberg-Kosmos verspricht, dass „Träume wahr" werden, und die Er-füllung der unstillbaren Sehnsucht nach Symbiose, nach dem Verschmelzen mit dem verlorenen Licht, kann nicht anders als durch den Bruch mit jenen erreicht werden, die auf die eigene integrierende Kraft angewiesen wären. Das Gewissen ist nichts anderes als eine Beziehungsfalle, nicht vorwärts, nur rückwärts scheint ein Ausweg zu finden. Es ist bei Spielberg

nicht anders als bei Disney: Es sind nur wenige und dünne Häute, es sind Appendices
mehr als Kerne, die uns vor der Einsicht
bewahren, dass in den Filmen eine unend-
liche Traurigkeit, ein unstillbarer Schmerz
lauert.

Aber das heißt nun ganz und gar nicht,
dass sich Spielberg auf einen barbarischen
Patriotismus als Antidot einlassen würde,
wie wir das aus so vielen Hollywood-
Filmen kennen; seine Strategie bleibt die
eines liberalen Bürgers, der sich vor allem
gegen die Hysterisierung des nationalen
Diskurses zur Wehr setzt. Unter anderem
in einem Film, der vermutlich jeden anderen Regisseur die Karriere gekostet hätte.

Eine Sahnetorte in das Gesicht Amerikas: 1941

Eine (nackte) Schwimmerin im kalifornischen Ozean; wir kennen diese Szene aus
JAWS. Und den lüsternen Blick aus der Tiefe
des Unbewussten. (Und im Blick des Con-
naisseurs und der Connaisseuse erscheint
gewiss noch dieser und jener Monsterblick,
der sich im Kino aus den Wassern rettete,
nicht zuletzt der von Jack Arnolds CREATU-
RE FROM THE BLACK LAGOON [Der Schrecken
vom Amazonas – 1954]) Doch diesmal ist
es kein obszönes Haifischmaul, sondern
das Periskop eines japanischen U-Bootes,
das aus den Fluten auftaucht, und das sich
zwischen die Beine der unschuldigen
Schwimmerin schiebt. Man hat sich ver-
irrt, aber wenn man schon einmal so kurz
vor Hollywood liegt ...

Oh ja, es ist Krieg. Sechs Tage sind seit
dem Angriff auf Pearl Harbour vergangen.
Aber es ist auch Weihnachten, und entsprechend festlich erglänzt der Holly-
wood-Boulevard im dekorativen Licht.
Diese Spielberg-Straße muss natürlich zerstört werden, und zwar nachhaltig: Da ist
das Bombenflugzeug, in das der Pilot die
Schöne gelockt hat, die das Fliegen zur sexuellen Enthemmung benötigt. Da sind
die traditionellen Animositäten zwischen

Navy und Infanterie, von den Zivilisten
ganz zu schweigen. Familienväter, die Ka-
nonen von großer Reichweite in ihren
Vorgärten bedienen. Bürgerwehren, die
noch nicht entscheiden können, worin
sich ein Weltkrieg von einem Western unterscheidet. Beleuchtungen, die nur kaputtgehen können. Kampfpiloten, die
schon verrückt sind, bevor der Krieg richtig losgegangen ist.

Stört der Krieg Weihnachten, oder stört
Weihnachten den Krieg? Ein paar Ham-
merschläge noch, und dann hat der Familienvater den heimeligen Schmuck über
die Wohnungstür genagelt. Aber damit
hämmert er das schmucke Haus gleich den
Klippen-Abhang hinunter in den Ozean.

Es ist der verrückteste Aufstand von
„Spielzeug" in der Filmgeschichte: das Riesenrad, auf dem ein debiler Junge, der eine
Bauchrednerpuppe als Partner hat, und
ein Mitglied der Bürgerwehr (das sich hier
oben so unsicher fühlt wie der Brody aus
JAWS im Wasser, Wache halten) rollt
schließlich als wunderschönes, riesiges
Feuerrad ins Meer. Ein Panzer rollt durch
eine Farbenfabrik und lässt 200 000 Liter
Lackfarbe über die Stadt fließen. Der hy-
permotorische Kampfflieger (John Belushi) attackiert alles was sich bewegt. Und
während sich Navy und Army einmal
mehr eine wüste Straßenprügelei liefern,
ausgelöst durch die Hitze eines Saturday
Night-Tanzvergnügens, sitzt der Kommandant (Robert Stack) in einem Kino
und reibt sich bei „Dumbo – Der fliegende
Elefant" eine Träne aus dem Auge.

1941 war in jeder Hinsicht eine „Unverschämtheit" des zu dieser Zeit 32-jährigen
Wunderkinds Spielberg. Er verpulverte
nicht weniger als 40 Millionen Dollar (damals die größte Summe, die je für die Produktion eines einzigen Filmes ausgegeben
wurde) für ein aberwitziges und zynisches
Tortenschlacht-Kino und mobilisierte die
geballte Produktionskraft der Traumfabrik, alte (wie Modellbau) und neue (elek-

tronische) Techniken der Spezialeffekte miteinander kombinierend, mehr gegen das Kino und das Publikum als für es. Allerdings kam der Film zum denkbar ungünstigsten Zeitpunkt heraus. „Die Nation" litt einmal mehr unter Kränkungen und Bedrohungen: das Geiseldrama in Teheran und die Vietnamisierung Afghanistans beherrschten die Öffentlichkeit. Es waren vielleicht nur kleine Formen des rauschhaften Konsenses, ein Neo-Patriotismus, der sich noch in seiner Übungsphase befand, aber immerhin.

1941 wurde der größte kommerzielle Misserfolg des Regisseurs Steven Spielberg und eine „Lektion", die er so schnell nicht vergessen sollte. Immer wieder hat er davon erzählt, dass der so vollständige Misserfolg ein „persönlicher Schmerz" war. 1941, so Steven Spielberg, „ist eine riesige Sahnetorte ins Gesicht von Amerika. Die Leute hier hatten einfach keine Lust, sich Späße über den Verfolgungswahn in diesem Land während des Zweiten Weltkriegs anzusehen."

Dass der Film dann freilich, auch wenn man ihn in seinem konsequenten Größenwahn und seiner Unerbittlichkeit auch lieben kann, auch im Filmischen nicht recht funktionieren konnte (und deswegen auch kein *sleeper* wurde, den man im Nachhinein als einen Meilenstein in der Geschichte der Filmkomödie betrachten müsste), hängt vielleicht mit einer völligen Abwesenheit von etwas Schönem und Großen zusammen, der Poesie der Maschinen und des Weitblicks bei Buster Keaton, meinethalben, dem Mitgefühl und der Liebe bei Chaplin. Spielberg präsentiert eine Maschine, die in sich selbst komisch wird. Diese Maschine ist einerseits die des Krieges und andererseits die Hollywoods. Wenn man von JAWS behauptet hat, der Film sei in Wahrheit eine Abbildung der Unterhaltungsindustrie selber, um wieviel mehr (und um wie viel zuviel) musste das auch für 1941 gelten? Aber es gibt nicht das „andere" in Spielbergs Arbeit, die Liebesgeschichten sind im selben Maße absurd wie die Prügeleien, der „Verrückte" ist genauso verrückt wie die „Normalen", und vielleicht ist sogar der Krieg genau so verrückt wie der Frieden. Wie Stanley Kramer ist Steven Spielberg für die Komödie nicht geboren, in deren Kern, damit sie ertragbar bleibe, der Keim eines anderen, wenigstens der Traum der Erlösung stecken muss. So ist, obwohl eine Reihe der Gags auf durchaus populärem Level angesiedelt sind, 1941 letztlich näher an Samuel Beckett als an, sagen wir, SHOULDER ARMS (Gewehr über! – 1918) von Chaplin.

Es ist dieser Film gewiss auch die Umkehrung der Spielberg-Konstruktion der Welt, ein Akt furchtbar komischer Selbsterkenntnis: Wenn sich in Spielberg-Filmen ansonsten ein wohliges Gefühl der ewigen Kindheit, aber auch einer schon traurigen Erwachsenheit in den einsamen Kindern breit macht, dann handelt dieser Film davon, was die Kindischkeit des amerikanischen Menschen anrichten kann. Dieser Slapstick-Film war der Film der größten Trauer, aber auch der größten Ratlosigkeit. Und vielleicht war es nicht nur die Satire auf Nation und Patriotismus, sondern gerade diese Ratlosigkeit, die aus dem Gelächter kein Vergnügen entstehen ließ.

Ein gigantisches Chaos, ähnlich Stanley Kramers IT'S A MAD, MAD, MAD WORLD (Eine total, total verrückte Welt – 1963) mit ungeheurem Aufwand gedreht und gezielt auf die Mitte der amerikanischen Mythologie: Rebellierte Spielberg mit diesem Film gegen seinen eigenen Erfolg und gegen seine Rolle in der Rekonstruktion der amerikanischen Mythologie? Oder hatte das unbekümmert spielende cineastische Kind, dem mit JAWS womöglich ein „nationaler" Mythos gelungen war, den er selbst gar nicht so ernst genommen hatte wie seine Fans und, vielleicht mehr noch, seine Kritiker, einfach nur nicht gemerkt, wie es

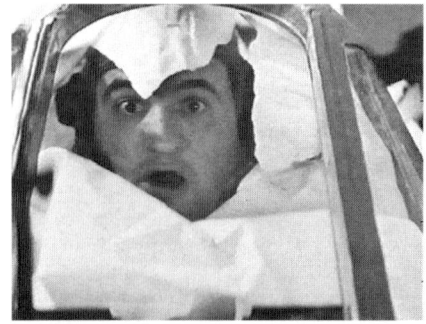

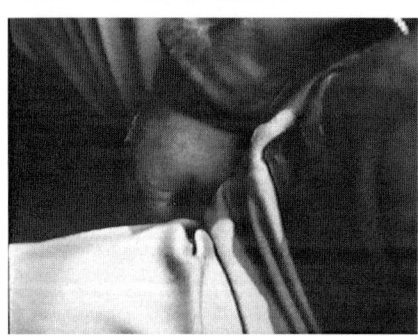

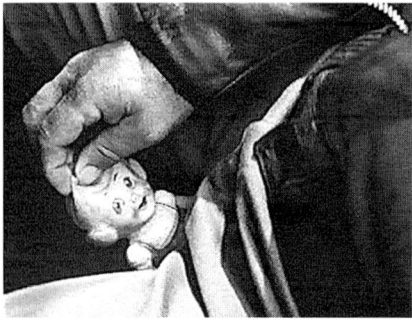

mit seiner wüsten Unordnung der ordentlichen Spielsachen einfach zu weit gegangen war?

In 1941 erkennen wir die Söhne, die,
nur das ist surreal, schon in der Heimat
vollends an das Chaos verloren sind. Es ist
die erste Revolte im Spielberg-Universum.
Der General (auch so ein „Stiefvater"), der
gar nicht bemerken will, dass die Solda-
ten-„Kids" außer Rand und Band geraten
sind, sieht sich im Kino DUMBO an – und
heult, so wie man später auch als „Wür-
denträger" öffentlich über E.T. heulen
wird. Wenn man die verborgene politische
Metapher von SUGARLAND EXPRESS noch
akzeptieren konnte, bei 1941 ging das
nicht. Aus Angst vor der Anwesenheit des
Feindes (der sich seinerseits durch die
Spaltung in einen japanischen und einen
deutschen Führer lahm legt) verwandelt
sich Amerika selbst in ein Trümmerfeld.
Kein Feind der Welt kann das neurotische
Potential der Verteidiger übertrumpfen.
Dass 1941 indes kein „kritischer" Film im
europäischen Sinne ist, sondern nur die
andere Seite der patriotischen Parade, die
andere Seite der Zärtlichkeit gegenüber
der Heimat, der gegenüber sich jemand
wie Steven Spielberg immer nur wie ein
halber Außenseiter fühlen konnte, während die andere Hälfte gerade das an Amerika liebte, das so komisch erscheint, war
der Kritik dieser Zeit nicht zu vermitteln.
Heute wirkt 1941 wie ein erfreulicher
Schub komischer Melancholie. Die problematische Generation der Väter erschien
hier durch liebenswerte Vertrottelung
kompatibel gemacht – und alles andere als
verdammt. Aber diese merkwürdig tücki-
sche und kreisende Abrechnung mit den
Vätern ging weder künstlerisch noch ökonomisch auf. Spielberg erlebte seine erste
große Niederlage.

Das Fernsehen und andere Verwirrungen
Die Jahre von Steven Spielbergs Kindheit
sind die Jahre, in denen in den USA das

Fernsehen die Familien neu strukturierte. Im Jahre seiner Geburt, 1947, betrug die Rate der Familien mit Fernsehen 0,5 Prozent, im Jahr 1965, als er die Familie verließ, um in Los Angeles zu studieren, war sie bei 95 Prozent angelangt. Wenn Spielberg mit den Restriktionen beim Kino-Besuch kokettiert, vergisst er wohl zu erwähnen, wie viel das Fernsehen damals Bewegungsbilder vermittelte. „Gegenüber dem Filmkonsum im Fernsehen wird der Kinobesuch sekundär während der frühen Jahre der kindlichen Sozialisation, der Umgang mit dem Medium wird nicht in mehr oder weniger seltenen Kino-Besuchen erlernt, sondern so selbstverständlich wie der Umgang mit elektrischem Licht oder einem unterhaltsamen Spielzeug" schreibt Gerd Albrecht. Oder, anders und mit Michael Althen gesagt: Spielbergs Zeitgenossen „sind Leute, die mit dem Fernsehen groß geworden sind, alles schon dreimal gesehen, aber nichts erlebt haben".

Das hat Konsequenzen. Wenn Spielberg in seiner Legende so gern davon spricht, wie sehr ihn bei den wenigen Kino-Besuchen Elemente der Disney-Filme geängstigt hätten, so könnte man wohl auch sagen, das Kino selbst habe den jungen Steven geängstigt, der Unterschied zwischen dem kontrollierten, kleinen häuslichen Bild, das vollständig in der familiären Situation bedingt war, und dem unbändigen, rituellen, überwältigenden Kino-Bild. Innen und Außen.

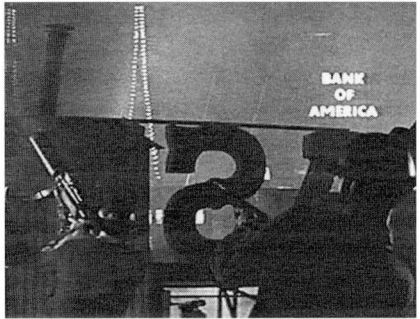

So kann man Spielbergs Filme also auch als Reaktion eines fernsehenden Menschen auf die Provokationen des Kinos (als einer Art der ästhetischen Metaphysik) verstehen. Für die Generation vor Spielberg war Kino-Machen, in der einen oder anderen Weise, nichts anderes als Teilhaben am großen Erzählstrom der industriell gefertigten Bilder. Für Spielberg und seine Zeitgenossen war es genau das Gegenteil, nämlich diesen maschinellen Bilder- und Erzählstrom zu überschreiten.

Vielleicht ist es in diesem Zusammenhang mehr als biographisch und ökonomisch bedeutsam, dass Spielberg seine professionelle Arbeit beim Fernsehen begann und immer wieder mit mehr oder weniger ehrgeizigen Plänen zum Fernsehen zurückzukehren versuchte. Nur scheinbar seltsam dabei ist, dass und wie er, so glücklich er sich mit der Produktion großer Spielfilme erwies, mit seinen Fernsehunternehmungen nur wenig Fortune zu haben scheint.

Das Fernsehen wird *crucial* in mehreren seiner Filme: In CLOSE ENCOUNTERS OF THE THIRD KIND erfährt Roy Neary erst durch das Fernsehen, dass es den Ort, den er so manisch als Modell herstellt, tatsächlich gibt. In POLTERGEIST wird Carol-Ann durch den Fernseher ins Jenseits gesogen. Die GREMLINS besetzen nicht nur den realen Ort, sondern auch das Fernsehprogramm. In A.I. springt Dr. Know aus dem Bildschirm, das allwissende Cartoon-Bild.

Die „Vietnamisierung" der Filme in den frühen siebziger Jahren, das bedeutete auch eine geradezu wahnwitzige Konfrontation der beiden filmischen Aggregatzustände, des Innen und Außen, gesteigert zu den beiden Empfindungen von Klaustrophobie und Leere. Die amerikanischen Filme dieser Zeit handelten davon, wie Menschen eingeschlossen in einer Gefängnis-Situation sind, und davon, wie sie unterwegs, *on the road,* sind, und das nur kurze Zeit als heroisches Aufbruchsgefühl empfinden können, viel mehr aber Einsamkeit und Verlassenheit empfinden. Das Geheimnis der *fauves*, die mitten in der vermeintlichen Aufbruchsstimmung Filme wie THE TEXAS CHAINSAW MASSACRE (Blutgericht in Texas – 1974 – Regie: Tobe Hooper), DAWN OF THE DEAD (Zombie – 1979 – Regie: George A. Romero), HILLS HAVE EYES (Hügel der blutigen Augen – 1977 – Regie: Wes Craven) oder THE LAST HOUSE ON THE LEFT (1972 – Regie: Wes Craven) platzierten, lag in kaum etwas anderem, als diese Zustände über alle bekannten Grenzen hinaus zu treiben.

Spielbergs frühe Filme sind eher Road Movies. Einer seiner 16mm-Filme handelt – nach eigenen Worten – „von einem Mann, der verfolgt wird von jemandem, der ihn zu töten versucht – doch Laufen wird solch ein seelischer Genuss für ihn, dass er vergisst, wer hinter ihm her ist". Robert Zemeckis führt dieses Spielberg-Szenario Jahre später in FORREST GUMP aus und stellt den Zusammenhang zu Vietnam her: Der Lauf des, wie man so sagt, Zurückgebliebenen, wird zum Lauf der Geschichte.

In AMBLIN', dem Film ohne Dialog, ist ein junges Paar als Anhalter auf der Straße von der Sierra Nevada zum Pazifik unterwegs – eine durchaus bekannte Route. Auch DUEL ist ein Road Movie mit einem besonderen Twist: Ein Mann (ein Vater) ist mit dem Wagen auf Geschäftsreise unterwegs, und wird plötzlich von einem monströsen Truck ohne erkennbaren Fahrer angegriffen. Der Mann muss ums blanke Überleben kämpfen und triumphiert schließlich über den maschinellen „Drachen".

DUEL ist zunächst so etwas wie eine abstrakte, fundamentale Etüde in Filmischkeit. Eine Ur-Situation des Erzählens, skelettiert, konzentriert, ohne Tiefenstruktur, ohne Überhöhungen. Es ist ein Weg, der zugleich ein Kampf ist, es geht, was wir erst in einer Steigerung des Suspense verstehen, um Leben und Tod.

Noch verweigert Spielberg die ideologische Repräsentanz der Duellanten. Gewiss, wir haben den Vertreter des Normalen und den des Unerklärlichen, aber weder können wir von einer schlichten Idee ausgehen, dass unser Held einfach das Gute repräsentiere, noch dass es sich bei dem mörderischen Truck um das Böse handele. Dazu offenbaren beide von sich zu wenig. Aber auf der anderen Seite macht Spielberg von vornherein eine Perspektive klar: wir sehen und leiden mit dem bürgerlichen Helden; das Ungeheuer bleibt uns fremd, selbst die Kamera verbietet sich, das Geschehen mit „seinen Augen" zu zeigen.

Damit ist vielleicht so etwas wie ein Urzustand der Spielberg-Filme auf einem vergleichsweise unverbindlichen Level vorgeprägt. Es gibt in ihnen keinen radikalen noch einen subversiven Blick-Wechsel. (Selbst der Bruch in der Handlungsperspektive in der Mitte von THE COLOR PURPLE wirkt eher rhetorisch-bekräftigend als vertiefend oder widersprechend.) Wir sehen aus dem codierten Inneren heraus das äußere Böse, das Fremde. Und wir haben vielleicht ein schwaches, ein vielleicht auch an sich selber und der eigenen Durchschnittlichkeit leidendes filmisches Subjekt, aber nie gibt es so etwas wie einen *unreliable narrator*, so etwas wie eine „unzuverlässige Kamera".

Der schlechte Traum eines Handlungsreisenden: DUEL

Der *plot* von DUEL ist denkbar einfach (auch wenn man ihn übervoll von Konnotationen empfinden mag): Der Handlungsreisende David Mann (Dennis Weaver) ist in seinem roten Plymouth Valiant unterwegs zu einem entfernten Kunden auf einer einsamen Landstraße – eine Abkürzung, die ihn schneller wieder nach Hause bringen soll. Ein langsam fahrender Tanklastwagen taucht auf, und Mann überholt ihn. Nach kurzer Zeit aber überholt ihn wieder der Truck, und es scheint zu so etwas wie einem der gewohnten Wettfahrten aus Langeweile und Übermut zu kommen, wie sie nicht einmal auf unseren Straßen ganz unbekannt sind. Aber diese Wettfahrt verliert sehr schnell ihren spielerischen Charakter. David Mann versucht schließlich, sich dieser Auseinandersetzung zu entziehen, aber er muss akzeptieren, dass er offensichtlich ganz persönlich gemeint ist und den Kampf nur annehmen kann.

Da er das um so vieles größere Gefährt gewiss nicht direkt bedrängen kann, stellt er eine Falle, und der Tankwagen stürzt einen Abhang hinunter.

Viel mehr ist direkt in diesem Film weder zu sehen noch zu erfahren. Ein paar Zwischenhalte gibt es: Einmal, da ist der Kampf noch nicht wirklich entbrannt, telefoniert David Mann nach Hause, ein andermal prügelt er sich mit einem Mann, den er fälschlicherweise für den Truck-Fahrer hält, mehrere Male versucht er vergeblich, Hilfe von außen zu erhalten, aber als er schon glaubt, einen rettenden Polizisten erreicht zu haben, ist der 40-Tonner wieder da.

Aber natürlich macht gerade diese Reduktion die benutzten Symbole auch übergroß. Jedes Detail wird mit metaphorischer Fülle aufgeladen: Ein Handlungsreisender (oh, wir wissen, wie tief der „Tod eines Handlungsreisenden" in die amerikanische Mythologie führt), der „Mann" heißt, der ein Automobil fährt, das die Bezeichnung „Valiant" trägt. (Neben der direkten Bedeutung assoziieren wir hier und dort noch den *Prince Valiant,* den man in Deutschland als „Prinz Eisenherz" aus den Comics von Hal Foster und zwei Kino-Filmen kennt. Prince Valiant macht in einem seiner ersten Abenteuer auf vergleichsweise drastische Weise einem Drachen den Garaus). Dieser David, der von seinem Eisenherz noch nicht weiß, wird von einem Tankwagen bedrängt, dem Lieferanten des Stoffes, mit dem das System des absurden Automobilismus nur „läuft" (und reimt sich *duel* nicht allzu offensichtlich auf *fuel?*). Die allerbedrohlichste Situation für David Mann ergibt sich, als ihm der Tankschlauch reißt und er, verfolgt von dem Truck, bergauf immer langsamer wird, doch bergab, wo er es „laufen lassen" kann, beginnt auch sein Triumph. Und vermutlich ist es wohl auch kein Zufall, dass der letzte Halt, bei dem David Mann noch einmal Hilfe von außen er-

hofft, die letzte Pause vor dem finalen Kampf, auf einer Schlangenfarm stattfindet. David Mann, der David, der gegen den maschinellen Goliath des Automobilzeitalters kämpfen muss, ist der Mann schlechthin.

Diese symbolische Überfülle, eine semantische Falle, gewiss, verleitet zu einer entsprechenden Reaktion, und so ist es kein Wunder, dass vor allem deutsche Kritiker Spielberg nur zu bereitwillig in die Falle gegangen sind: „Im Verfolgungswahn des aus dem Nichts bedrohten Automobilisten spiegeln sich die kollektiven Zwangsvorstellungen einer kaputten Zivilisation" notierte etwa Hans C. Blumenberg zur deutschen Erstaufführung des Films. So reagiert auf den „Mythos ohne Inhalt", der im Kurzschluss zwischen Realität und Symbol entstehen mag, ganz folgerichtig ein Satz von Bedeutungsschwere ohne Bedeutung. (Sie verstehen: Nur das Schwere selber bleibt.) 1973 jedenfalls erschien DUEL lesbar als eine Auseinandersetzung mit der (Un-)Kultur des Automobils (sozusagen ein Kultfilm für Fußgänger) und damit „brauchbar" als Problemfilm. In der politischen Filmkritik in Italien und Frankreich galt DUEL gar als klare Allegorie auf den Kampf zwischen dem alten und dem neuen Amerika, den Kampf des kleinen Mannes gegen die Industrieherrschaft. Die Begeisterung für diesen Film und seinen Autor (der sich allenfalls auf eine vage Technologie-Kritik einlassen

wollte und DUEL als Geschichte einer „Maschine, die nie zum Stillstand kommt" bezeichnete) musste freilich bei solcher Betrachtung anlässlich Spielbergs nächster Projekte in Empörung oder Verachtung umschlagen. Die andere Legende des Steven Spielberg ist die des zum sozialen Satiriker des Films begabten Regisseurs, der vom großen Geld dazu verleitet worden ist, affirmative Americana zu drehen.

Denn diese Filme setzten die Lektion von DUEL konsequent fort, ohne sich nun noch dergestalt diskursiv reduzieren zu lassen. Kurzum: die Symbole und Verweise drängen sich hier auf eine so absonderliche Weise auf, dass man ihnen schon wieder zu misstrauen beginnt. Oder zumindest – wollen wir fair bleiben – im weisen Nachhinein gerne gleich von Anfang an misstraut gehabt hätte. Alles will Zeichen werden, selbst die triviale Schrift des „flammable" auf dem Tank-Truck, die „Augen" der Scheinwerfer, die „Zähne" des LKW, das konzentrierte Bild von Dennis Weaver im Rückspiegel seines Wagens (der da plötzlich doch wieder an einen entschlossenen Westerner erinnert; ganz abgesehen davon, dass wir Weaver aus der Serie „Gunsmoke" (Rauchende Colts) kennen, wo er den Chester Goode spielt).

Die Reduktion also hätte uns ebenso auf eine Weise des Hyperrealismus führen können – das Geschehen ist grotesk und „unlesbar", aber jedes Detail ist von geradezu unbestreitbarer Erfahrungsrealität,

genauer, als wir im Allgemeinen zu beobachten gewohnt sind. Aber sie führt durch diese Häufung und durch die Verlässlichkeit der Perspektive zum geraden Gegenteil, nämlich zu einer Durchdringung des Wirklichen mit dem Symbolischen. In der Verabredung des Wirklichen mit dem Symbolischen – wie im Lacanschen Dreieck – verblasst in gewisser Weise das Fiktionale. Und eben damit werden wir, können wir schon jetzt vermuten, einen entscheidenden Aspekt der Spielberg-Filme, einen entscheidenden Aspekt des angewandten Spielbergianismus, einen Aspekt in der Veränderung der Erzählweise innerhalb der populären Mythologie in den späten siebziger Jahren sehen. Und ganz nebenbei: Wenn wir durch die pure Reduktion eines so realen Geschehens eine höchst intensive „Symbolisierung" erzeugen, dann könnten wir diesen Vorgang sicher auch umkehren, nämlich in der Form von Filmen, die ihren symbolischen Gehalt so verdichten, dass selbst noch die Akkumulation des Hanebüchenen (wie in den INDIANA JONES-Filmen) als Druck auf die äußere Wirklichkeit empfunden wird.

Das Verblassen des Fiktionalen bei gleichzeitiger Stärkung des Realen und des Symbolischen, das DUEL beinahe ein wenig experimentell, fast akademisch (und auf jeden Fall etwas „besserwisserisch") betreibt, ist in allen späteren Spielberg-Filmen vorherrschend. Es geht nicht um die Erzählung von der Landung außerirdischer Schiffe auf der Erde wie CLOSE ENCOUNTERS OF THE THIRD KIND, sondern um den realen Menschen (Richard Dreyfuss), und um seinen „Glauben", der nichts anderes ist als die Sehnsucht nach dem Symbolischen. (Daher ist es kein Wunder, dass auch die Wissenschaft in diesem Film nicht nach dem Woher und Warum, sondern nach der Sprache fragt.) Es geht nicht um die Erzählung von Peter Pan in HOOK, sondern um seine Welt, die ausschließlich aus symbolischen Installationen zusammengesetzt ist. Und, vielleicht am radikalsten: Es geht in SAVING PRIVATE RYAN nicht um eine Geschichte aus demZweiten Weltkrieg, sondern um eine schon fast parodistisch rhetorisch gegeneinander gesetzte Abfolge eines – in der Tat: schockhaften – Erlebens des Wirklichen, von Schmerz, Blut und Wahrnehmungschaos bei der Landungsunternehmung, mit einer darauffolgenden symbolischen Tat (die beinahe so ausschließlich symbolisch ist wie der Eingang des Films ausschließlich „real" war).

DUEL setzt diese Dualität von Realem und Symbol – während des Verblassens der „eigentlichen" Fiktion – in der Beziehung von Einstellung und Plot um. „Sehen" in diesem Film heißt nichts anderes, als im Realen das Symbol erkennen. Oder anders gesagt: Wir können in diesem Film auch semantisch nur die „Enge" oder die „Leere" genießen, oder eben den Umstand, wie sich beides miteinander verbin-

den lässt. Denn in einer Erzählung, Mühsal und Freude des klassischen Films, sind wir ja nicht mehr zu Hause.

Die Botschaft des Films ist also entweder seine Reduktion selber, oder aber, anders herum, der Druck, den solche Reduktion auf die Einzelteile der Bilder-Erzählung ausübt. Ein reichlich hinterhältiger Trick dieses Films wäre es also, dass man ihn sozusagen nur entweder unter- oder überinterpretieren könnte. Dass sich das „Lesen" am Zuwenig oder am Zuviel abarbeitet. Aber dieser möglichen Falle hat Spielberg mit seiner eindeutigen Perspektive vorgearbeitet. So ist es am Ende gleichgültig für unsere Perspektive, für unsere „Einstellung" in dem Film, ob wir glauben zuviel oder zuwenig zu wissen.

Übrigens fasst auch dieses Ende noch einmal Spielbergs Vorgehensweise zusammen: David Mann fährt seinen bereits schwer ramponierten Wagen an den Abgrund eines Hochplateaus, als sich der Truck nähert, und springt im letzten Moment aus dem Wagen. Der 40-Tonner schiebt erwartungsgemäß den Valiant über den Abgrund und stürzt hinterdrein. Der Blick auf das maschinelle „Ungetüm", das nun auf dem Rücken liegt, die Räder drehen sich leer in der Luft, lässt Assoziationen zu einem auf dem Rücken hilflosen Riesenkäfer oder zu einem auf den Rücken gedrehten Drachen zu. Gewiss aber lässt die Einstellung nicht zu, keine Assoziation zu haben. Und so ist denn auch die Reakti-

on des vordem so zivilen und durchschnittlichen Helden: ein barbarischer Triumph, ein wilder Tanz der wieder gewonnenen Männlichkeit, und sogleich: Ernüchterung, Melancholie.

Auch diese letzte Szene des Duells „überzeugt" uns eigentlich nur auf der Ebene der Symbole. Denn – ehrlich! – hätte ein so bösartig-intelligenter LKW-Fahrer, wie er sich im Verlaufe der Auseinandersetzung gezeigt hat, nicht die eigene Geschwindigkeit und das Gelände besser berechnet? Von den vielen Optionen des Geschehens, die von einem Mordauftrag bis zu einem Serientäter reichen mögen, bleiben in dieser Sequenz nur noch zwei übrig: die Begegnung mit dem Wahnsinn, oder die Metaphysik.

Das Geschehen in DUEL bleibt zwar in gewisser Weise ungeklärt und mysteriös. Aber trotzdem hat uns diese knappe Bild-Erzählung, so ganz anders als zum Beispiel einer der frühen Scorsese-Filme, ein großes Vertrauen eingeflößt. Wenn wir nicht ganz verstehen, was vor sich geht, dann immer nur deswegen, weil es unser Held auch nicht versteht. Schon mit der ersten Einstellung der Kamera ist unser Blick mit dem von David Mann verschmolzen: wir sehen aus dem sehr mittelmäßigen Wagen wie er aus der mittelmäßigen Garagenausfahrt eines Einfamilienhauses fährt. Und wir sehen, dass dieser David Mann nun nicht gern Haus und Familie verlässt. Es bleibt ihm nichts anderes

übrig: Sein Geschäftspartner, von dem er offensichtlich abhängig ist, wird am nächsten Tag in Urlaub fahren. Wir empfinden freilich auch die Enge dieser Welt, ganz buchstäblich auch die Enge dieses Automobils. Eine von den vier Kameras, die DUEL „erzählen", bleibt an diesen engen, bewegten Raum gebunden.

Aber Spielberg unterläuft hier noch einmal den Spielbergianismus mit einem Rückfall in die Psychologie, den man auch als „Selbstverrat" des Künstlers ansehen kann – man muss es aber nicht. Den Schlüssel dazu bietet das Telefongespräch, das David Mann mit seiner Frau führt, und in dem sich ein Streit darum entspinnt, dass David wohl energischer gegenüber einem anderen Mann hätte auftreten sollen, der seiner Frau erotische Avancen machte. („Immerhin hat er mich vor allem Publikum fast vergewaltigt", behauptet sie). Und er fragt – rhetorisch natürlich – ob er denn jenen Steven Henderson zu einem Zweikampf herausfordern hätte sollen, ob er etwa „einfach den starken Mann markieren" sollte. Wiederholt also das Duell mit dem Truck das nicht ausgeführte Duell mit dem Kontrahenten um seine „Männlichkeit", um seine Frau? David Mann jedenfalls begegnet auf seiner Reise in den Wahn des finalen Kampfes nur Frauen, die entweder vollkommen gleichgültig oder sogar abweisend reagieren (und zwar umso mehr, je panischer David Mann um Hilfe sucht), oder aber in einem eigenen Wahn-

system befangen sind (wie die Besitzerin der Schlangenfarm).

Wenn man so das Duell als psychische Übersprungshandlung, als realen oder geträumten Ersatz ansieht, geht er scheinbar ins Leere. Wenn sich die Frauen schon nicht für Davids Passion interessieren, wie sollte er es seiner Frau beweisen, dass er tatsächlich zum „starken Mann" geworden ist? Ganz einfach: *Wir* sind seine Zeugen! Die Konsequenz, mit der Spielberg die Perspektive des „Helden" durchführt, keinen Bruch in der Wahrnehmung des anderen (als des anderen) zulässt, lässt uns keine andere Wahl. Wir sind die Komplizen seiner Rehabilitation, ob die Frau nun daran glauben mag oder nicht. Der selbe Vorgang, beinahe der selbe Schluss wird uns wieder begegnen in JAWS.

Die Psychologie also führt scheinbar ins Leere, sie kann, wenn überhaupt, dann nur in der Form der Film-Wahrnehmung selbst aufgelöst werden. Und damit haben wir wohl etwas vor uns, was wir am ehesten Spielbergs Revision von Hitchcock nennen könnten. Während uns Hitchcock, der Jansenist, zu Komplizen der Schuld macht, macht uns Spielberg immer wieder zu Komplizen der „Heilung". Das *Wunder* in seinen Filmen, klein oder groß, gewalttätig oder visionär, hat mehr noch als die Protagonisten uns Zuschauer zum Adressaten (was sie übrigens sehr heftig von den Wundern in den Bibelverfilmungen unterscheidet, an die wir, gerade um-

 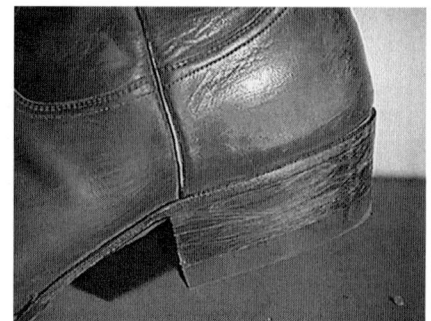

gekehrt, nur glauben, weil sie in die Augen der Gläubigen und Entsetzten, in die des Volkes Israel und seiner Peiniger gespiegelt sind. Es sind nicht „unsere" Wunder.)

Natürlich geschieht dies in einem übergeordneten Modell, im dreiaktigen Drama des Spielberg-Films: Am Beginn steht der Vorwurf der Mutter an den Vater, nicht genug „Mann" zu sein, sie nicht genügend mächtig gegen alle materiellen und moralischen Bedrohungen zu verteidigen. Wie wir mehr oder weniger deutlich erkennen, ist dieser Vorwurf zugleich berechtigt und absurd, denn die beklagte Schwäche des Vaters ist immer auch eine Funktion der Stärke der Mutter.

So also muss der Vater hinaus. Er bleibt, wenn auch nur als Legende (wie in E.T.), mit der Familie verbunden, aber er ist gleichzeitig doch immer auch ein Flüchtender und ein Vertriebener. Hier draußen, in einem Element, das so gar nicht seines ist (wie das Wasser für Roy Scheider in JAWS) muss er sich seinem Dämon, seinem finsteren Engel stellen. Er ringt sehr eindeutig mit diesem Engel. Und in diesem Kampf ist er ganz allein, nur unsere Blicke vermögen ihm zu helfen. Ob er zurückkehrt oder die Freiheit gefunden hat, bleibt letztlich egal (und viele Spielberg-Schlüsse lassen es auch offen). Nur eine Option hat er offensichtlich kaum, gerade die, über die die meisten Kino-Helden verfügen, nämlich sich eine andere Frau zu suchen. (Nicht einmal in E.T.

wissen wir genau, wie das war mit der anderen Frau.)

Gerade dieser Umstand macht, dass wir vermuten können, wir hätten es viel weniger mit einer magischen Bearbeitung psychischer Befindlichkeit, mit dem kathartischen Traum des Steven Spielberg von seinen schwachen Vätern und starken Müttern, von seiner Impotenz-Furcht oder dergleichen zu tun, als vielmehr mit einem vergleichsweise rigiden Modell. Einem mehr oder weniger biblischen Modell, um genau zu sein. (Denn so richtig es sein mag, dass sich die Götter die Welt erfunden haben, um mit sich selbst sprechen zu können, so richtig ist es auch, dass sich die Menschen die Götter, die Geschichte, das Schicksal oder die Aliens erfinden, um nicht fortwährend nur von sich selbst zu sprechen.)

In diesem ersten „richtigen" Spielberg-Film erprobt der Regisseur dieses Modell in einer offenen Erzählform zwischen den Genres und zwischen den Traditionen. Ist DUEL also ein Thriller, ein Western, ein Abenteuerfilm (erinnern wir uns an Szenen aus den INDIANA JONES-Filmen, die ganz ähnliche „Duell"-Situationen zeigen) oder ein karges Stück des phantastischen Kinos? Ein Thriller ist der Film insofern, als er den „Helden" erst durch eine unerklärliche Bedrohung erschafft, einen Menschen über seine bürgerliche Identifikation hinaushebt; ein Western ist er durch die horizontale Räumlichkeit seines Kon-

fliktes, ein Abenteuerfilm durch die Beziehung zwischen der Tat und den Objekten, und das Phantastische bleibt als einzige Erklärung: das Böse ist nicht direkt in der Lebensgeschichte des Helden verankert. Sogar als „Selbstjustiz"-Film, wie es sie in diesen Jahren so zahlreich gab, ist der Film, wie man so sagt, zu lesen; David Mann versucht vergeblich Hilfe bei der Polizei gegen diese mächtige und unerklärliche Bedrohung zu erhalten, niemand aber hilft ihm, und dann wird ihm klar, dass er dieses Böse nur allein bezwingen kann. Er ist der in die Enge getriebe Kleinbürger, der sich zur Wehr setzt.

Aber natürlich ist DUEL auch eine Komödie, wenngleich es nicht wirklich viel zu lachen gibt. Es ist sozusagen eine der längsten *slowburn*-Varianten der Filmgeschichte und auch darin den „Duellen" der Laurel & Hardy-Filme vergleichbar, dass die Waffengleichheit der Kontrahenten erst hergestellt werden muss. Es ist eine Komödie der Verengungen: Der Truck hat es ja in aller erster Linie auf die Wahrnehmung von David Mann abgesehen: Zuerst winkt der Arm des Fahrers (das einzige, was wir von ihm sehen) ihn zum Überholen, obwohl oder eben weil ein Fahrzeug entgegenkommt, dann versperrt das maschinelle Ungetüm David Mann den Blick durch seine gewaltige Nähe. Auch eine Steigerung in der Form der Roadrunner-Cartoons ist sichtbar, schließlich findet die Verneinung des Raums in der Szene

ihre absurdeste Form, in der der Truck den Kleinwagen an einem Schrankenübergang in einen vorbeifahrenden Eisenbahnzug drücken will. David Mann sieht vorne nichts und hinten nichts. Dabei freilich wird er auch zu einem „blinden Maschinisten" wie Buster Keaton. Und er freut sich, wie W.C. Fields, darüber, wie kaputtgeht, was doch schon so kaputt ist.

Aber zugleich mit der Verengung von Raum und Sichtfeld in diesem merkwürdigen Duell wächst auch die Leere um David Mann, ebenso bedrohlich wie den Angreifer muss er die vollständige Gleichgültigkeit der Natur und der Gesellschaft empfinden. Und „seine infantilen Freudensprünge am Ende dieses spannenden und soliden Actionfilms", behauptet Peter Buchka, „zeigen deutlich, dass dieses Psychogramm die Darstellung eines Zustandes, kein Lernprozess ist, insofern um vieles pessimistischer als Hollywoods Problemfilme, bei denen die Lösung schon eingebaut ist".

Gewiss gehört DUEL zu denjenigen „frühen Werken", die, näher betrachtet, das gesamte Werk eines Autoren in nukleider Form bereits enthalten. Anders gesagt könnte man Steven Spielbergs gesamtes filmisches Œuvre etwa auf den Aspekt hin untersuchen, wie er DUEL erklärt, vertieft, bereinigt.

Jedenfalls ist DUEL, so unklar seine melodramatische Wertigkeit, eine eindeutige Parteinahme gegen die Auflösung des

(Selbst-)Bildes. So bleibt die Parabel von der Reaktion des Helden auf eine äußere Bedrohung im Bild intakt. Nicht auszudenken, wenn wir durch einen Blickwechsel etwa auf die Idee hätten kommen können, dass sich der Held diese Bedrohung nicht nur einbildet, sondern dass er sie sich sogar zurecht-einbildet, um seinen aufgestauten Aggressionen ein Bild und ein Opfer zu geben.

Schon in dieser so abstrakten und scheinbar durchaus kritisch lesbaren Parabel hat Spielberg also seinen Bürger (und natürlich müssen wir hinzufügen: „seinen" Vater) nicht nur physisch sondern auch moralisch gerettet. Aber er hat ihn nicht ideologisch und nicht militant gerettet, wie es einige seiner Kollegen in den nächsten Jahren tun werden, sondern aus dem Geist der Skepsis, als Erfahrung der Relativierung. Der Gerettete ist zugleich einer, der eine Lektion erhält. Und auch damit befinden wir uns tief im Spielbergianismus: Die Angst ist ein Geburtshelfer des bürgerlichen Individuums.

Er muss dazu auf eine archaische Erzählung zurückgreifen. Dass er den Film DUEL nennt, scheint auf den ersten Blick irreführend. Denn in einem Duell, so will es das Gesetz, herrscht prinzipielle Waffengleichheit. Davon kann im Film eigentlich nicht die Rede sein, der Truck ist um ungefähr so vieles physisch überlegen wie, sagen wir, ein Drache einem Ritter überlegen ist. Siegen kann der, und da sind wir im

Märchen, nur durch die Anwendung einer besonderen List. Diese List besteht darin, die Kraft des Gegenübers zur Selbstvernichtung umzuleiten, seine Gewalt, seine Gier, seine Eitelkeit auszunutzen. Aber die Form des Duells wird doch insofern auch gewahrt, als es den Kampfplatz als Einheit gibt: der Truck zwingt David Mann immer wieder, den Kampf auf der Straße fortzusetzen. (Und der kommt umgekehrt nicht auf die Idee, sein Auto einfach stehenzulassen.) Die mystische Einheit zwischen Wagen, Fahrer und Straße ist Voraussetzung des Kampfes.

Die Coda der Schlusseinstellung hat zu allerlei weiteren Interpretationen geführt. Ist David Manns Triumph ein Zeichen dafür, dass ihn die Bedrohung selber auf ihr barbarisches Niveau heruntergezogen hat? Immer wieder hat man sein Verhalten auch „kindisch" genannt – ist er wirklich als Bezwinger eines furchtbaren Über-Ichs wieder zum Kind geworden?

In DUEL freilich wird auch eine gebräuchliche Metapher der Zeit aufgegriffen: Eine rasende, gewalttätige Fahrt durch Amerika wie sie in VANISHING POINT (Fluchtpunkt San Francisco – 1970 – Regie: Richard C. Sarafian) oder TWO LANE BLACKTOP (Asphaltrennen – 1971 – Regie: Monte Hellman) ähnlich karg und konzentriert geschildert sind als rauschhaft verzweifelte, „letzte" Erfahrungen des Landes: Heimat in Geschwindigkeit übersetzt. Im Road Movie als letzte Fortsetzung des Wes-

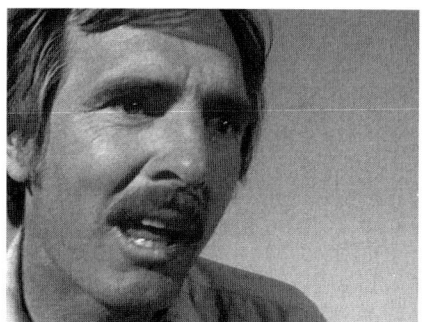

tern und Einspruch gegen seine ideologische Rigidität, werden die Söhne geopfert, weil sie sich die Freiheit, die das Land versprochen hatte, tatsächlich nehmen. Sie werden nicht immer so beiläufig abgeknallt wie die Helden von EASY RIDER, aber ihre Chance in ihrer Bewegung noch einmal einen Gleichklang von *story* und *history* zu erzielen, ist denkbar gering.

Man könnte also DUEL als fernseh- und familientaugliches Nebenbild zu EASY RIDER sehen und so erklären, warum hier an die Stelle der Hippie-Rebellen ein „braver" Familienvater treten muss (einer indes, dem wir in anderem Zusammenhang zutrauen müssten, sich an der Jagd auf die EASY RIDER zu beteiligen). Zugleich aber setzt DUEL an die Stelle des Opfers der Söhne (deren Gegner im Übrigen nicht minder drachenhaft gezeichnet erscheinen) die Überwindungskraft des Vaters.

Aber die anderen Road Movies übernehmen dabei auch die „wellenförmige" Erzählweise des Western, in der auf rasante Szenen der Aktion immer solche der Ruhe folgen. Spielberg dagegen gibt seiner Geschichte die Form einer linearen Beschleunigung; zwar benutzt auch er diese Erzählweise, doch werden die „Wellentäler" jeweils so grotesk verkürzt, dass sie weder Erholung noch Reflexion erlauben, sondern nicht mehr als ein kurzes Atemholen sind. Die „Pause" führt nicht mehr nach hinten, sondern ist nur die zwischen einem Waffengang und dem anderen – und lässt

dementsprechend auch keinen Raum für Utopie oder Idyll.

Und gerade darin unterscheidet sich Spielbergs Film wieder von den anderen kargen Road Movies dieser Zeit: In den genannten Filmen geht es um eine Art der Opferung der Söhne, junge Leute, die von Autoritäten herausgefordert und beengt werden und die an einem bestimmten Punkt diese Passion für sich annehmen, selbst um den Preis des Selbstopfers. Dagegen gelingt es in DUEL dem Vater, die Bedrohung abzuweisen. (Nun stünde wohl einer Heimkehr nichts im Wege.)

Unter vielem anderen mag das damit zusammenhängen, dass es sich ja bei DUEL zunächst um einen Fernsehfilm handelt. Ein Medium, das die Zeit unter Druck setzen muss, um seine doppelte Raumlosigkeit zu überbrücken. Tatsächlich wirkt DUEL wohl auch insofern, als gleichsam eine radikale Fernsehästhetik auf einer großen Leinwand erscheint.

Spielberg also hat in diesen drei Filmen die beiden Aggregatzustände des bürgerlichen Lebens einer Untersuchung unterzogen; das Haus und das Automobil. Es ist wohl keine Frage, dass ihm die Automobil-Filme besser gelangen. Er hat sehr beeindruckende Bilder für das Monströse und das Groteske der „Automobilität" gefunden.

Heldenreisen in Middle America

Der Spielberg-Held

Spielbergs Helden sind keine, die sich eine Aufgabe suchen, keine die einen historischen Auftrag erfüllen, keine, in denen die Gleichung zwischen *story* und *history* aufgehen könnte. Sie sind vom Westerner sehr, sehr weit entfernt. Aber doch haben sie eine innere Verwandtschaft darin, dass sie eine Tendenz zur Müdigkeit, zur Lakonie haben. Spielbergs Helden werden geboren durch eine Herausforderung, die sie nicht gesucht haben: DUEL zeigt einen biederen Handlungsreisenden, der plötzlich und ohne Grund angegriffen wird; der Held von SUGARLAND EXPRESS ist alles andere als ein geborener Rebell; Roy Scheider in JAWS muss nicht bloß seine Angst vor der Bestie, sondern sogar noch eine viel tiefere Furcht vor dem Wasser an sich bezwingen. Die Re-Aktionen der Leute in 1941 sind ebenso durch teils reale, teils eingebildete Provokationen ausgelöst wie die von INDIANA JONES. Auch die Helden von JURASSIC PARK haben nur Reaktionen zu bieten. Dasselbe aber gilt auch für Spielbergs „ernste" Filme: In THE COLOR PURPLE oder in SCHINDLER'S LIST können sich Menschen zwar über ihre Schicksale und Rollen hinaus bewegen, aber nur Zeichen geben.

Selbst bei diesen späteren „erwachsenen" Spielberg-Filmen könnten wir wohl kaum davon sprechen, dass er interessante, komplette oder abgründige Personen auf die Leinwand gebracht hätte. Seine Figuren reduzieren sich auf wenige wesentliche Impulse, man könnte sie wohl beschreiben als Reaktion einer pragmatischen Methode auf ein moralisches Dilemma. Jemand merkt, dass in ihm selbst etwas nicht stimmt, dass er sich falsch verhalten oder etwas übersehen hat, und nun geht er sehr geradlinig darauf zu, diesen Defekt zu lösen. Spielberg interessiert sich nicht für Menschen, die die Gleichung zwischen ihrer story und der history hinbekommen. Auch das Märchen kennt keine „bürgerliche" Person.

Das Interessante geschieht in Spielbergs Filmen nicht in diesen Menschen, sondern zwischen ihnen und dem „anderen", zwischen ihnen und dem Licht. Es ist der Bruch zwischen dem Menschen und seiner Welt, worum es geht, das Mensch-Sein trotz dieses Bruchs.

Indiana Jones: Die Trilogie des vaterlosen Helden

Ich male ein Bild, und Du sagst: ‚Dr. Malcolm', während ich sage: ‚Nein, es ist Traurigkeit'. Es nutzt nichts zu behaupten, es stehe für ein anderes Ding. Es ist ein Bild anderer Art. Besser gesagt: Das Bild wird in einer anderen Technik verwendet.
Ludwig Wittgenstein

Steven Spielberg trug sich längere Zeit ernsthaft mit dem Gedanken, die Regie bei einem James Bond-Film zu übernehmen: „Aber die wollten mich nicht haben – weil ich kein Engländer bin. INDIANA JONES ist meine Rache". Ob das wirklich am mangelnden Englisch-Sein lag? Wieder scheint in einer so scheinbar selbstironischen, episodischen Aussage Steven Spielbergs ganzer Schmerz verborgen: die Kränkung und ein Mangel in der nationalen und kulturellen Identifikation.

RAIDERS OF THE LOST ARK ist zunächst einmal eine extrem verschärfte Parforcetour in der Cliffhanger-Manier der Serials in den vierziger Jahren. Und scheinbar bewusst übernimmt Spielberg bei seinem Film auch eine unbekümmerte Machart, eine für ihn neue Art des Anti-Perfektionismus: „Bei 1941 habe ich jede Einstellung durchschnittlich zwanzigmal gedreht, bei RAIDERS OF THE LOST ARK nur viermal. Einfach sagen zu können: ‚Ich glaube, das war gut genug für das, was wir hier vorhaben' – das war die wichtigste Filmschul-Lektion, die ich in einer professionellen Produktion jemals gelernt habe."

Professor Jones (Harrison Ford) alias „Indiana Jones" – für seine Freunde „Indy" – geht im Jahr 1936 in den Dschungel von Peru auf die Suche nach einer goldenen Büste und plündert dort eine alte Grabstätte im Dschungel, nachdem er mit Mühen den eingebauten Schutzmechanismen und Fallen entgangen ist: Vergiftete Pfeile, einstürzende Mauern, Taranteln und eine gewaltige Felskugel in einem Gang, um nur die eindrucksvollsten Gefahren zu nennen, denen der abenteuerlustige Archäologe entkommen ist. Aber kaum ist er dem Urwald entkommen, da wird ihm die wissenschaftliche wie materielle Beute von seinem ewigen Rivalen, dem französischen Archäologen Belloq (Paul Freeman) geraubt. Das Ganze ist nicht viel mehr als eine der Vorspann-Sequenzen in einem James Bond-Film: ein Auftakt, in dem freilich die Erzählprinzipien schon in höchstem Grad verdichtet sind. Aber bevor wir in die – in sich in sieben Kapitel geteilte – Haupthandlung tauchen, bekommen wir ein böses Motto, die Bewegung der ganzen Serie, zu hören: „Sie können nichts besitzen, was ich Ihnen nicht wegnehmen kann", sagt Belloq zu Professor Jones.

Zurück in den USA und kaum wieder in seiner angestammten archäologischen Arbeit eingestimmt, bekommt Indy bereits den nächsten Auftrag. Im Dienst des amerikanischen Geheimdienstes soll er die verschollene Bundeslade der Israeliten finden, in der Moses die Tafeln mit den zehn Geboten untergebracht hat (übrigens ein Motiv, das samt Nazi-Häschern der Regisseur Philipp Kaufman dem Drehbuchentwurf seines Freundes George Lucas hinzugefügt haben soll, der ihn auch als Regisseur in Betracht gezogen hatte). Genau genommen gilt es erst einmal, das Kopfstück des Stabes Re zu finden, der als Wegweiser zu dem Heiligen Objekt dienen kann. Die Zeit eilt, denn auch Hitler hat seine Leute nach Ägypten hinter der goldenen Kiste hergeschickt, die, wie man sagt, jedem magische Kräfte verleiht, der sich in ihren Besitz bringen kann. Die Bundeslade würde ihren Besitzer zu einem „neuen Messias" machen.

Indiana Jones trifft im Himalaja eine alte Freundin, Marion Ravenwood (Karen Allen), Tochter seines verstorbenen Lehrers und einstige Geliebte, die hier eine Bar betreibt und von ihrem Vater jenes goldene Amulett besitzt, mit dessen Hilfe sich die Bundeslade finden lässt. Indy befreit Marion gerade rechtzeitig aus dem Schussfeld des schurkischen Toht (Ronald Lacey) und gelangt mit ihr zusammen nach Kairo, wo sie durch Indiana Jones' Freund, den Wissenschaftler Brody (Denholm Elliott) wertvolle Informationen und in Sallah (John Rhys-Davies) einen Verbündeten gegen die Nazis finden, die schon emsig an der Arbeit sind. Sallah ist zugleich Expeditionsleiter der Nazis und kennt daher ihre Pläne und weiß, dass sich Belloq ebenfalls mit ihnen zusammen getan hat, gefolgt von Toht, der sich von den Verbrennungen, die er sich bei ihrem letzten Zusammentreffen zugezogen hat, langsam erholt. Nach etlichen Verfolgungsjagden gelingt es Jones und Marion, die Gruft mit der Bundeslade zu finden. Die allerdings wird von einer Unzahl giftiger Schlangen bewacht – und Schlangen sind das einzige, was Indiana Jones wirklich fürchtet. So kann Belloq den beiden ein Schnippchen schlagen und die Bundeslade auf einem LKW der Nazis abtransportieren. Mithilfe seiner Peitsche gelingt es Indy allerdings, das Gefährt zu entern und gegen die Begleitfahrzeuge zu steuern. Schließlich kann er das magische Stück in ein von Sallah vorbereitetes Versteck in Kairo bringen, von dem aus es auf einen Frachtdampfer gebracht wird. Auf hoher See werden sie von einem deutschen U-Boot aufgebracht, das ihnen die Beute wieder abnimmt. Aber Indy folgt dem Gegner auch diesmal und muss mitansehen, wie die Nazis die Lade gewaltsam öffnen: Aus dem Schrein erscheinen furchtbare Dämonen, die die Umstehenden mit einem Wirbel in den Tod reißen. Indiana Jones ist der einzige Überlebende und kann schließlich zu Marion zurückkehren. Die Bundeslade indes nimmt ihren Weg ins Deutsche Reich – eine Kiste unter zahllosen anderen mit der Aufschrift „streng geheim".

Man kann diese Story als Supertrash in einer merkwürdigen Überbietungsstrategie ansehen (wenn etwas Unwahrscheinliches geschieht, dann wird es gleich darauf dadurch geadelt, dass etwas noch viel Unwahrscheinlicheres geschieht, und so weiter), aber auch als leicht meschuggene Ungeheuerlichkeit, die ihr blasphemisches Spiel mit religiösen und historischen Motiven spielt. Merkwürdig genug: Gerade die INDIANA JONES-Filme sind es, mit denen Spielberg so etwas wie ein Urvertrauen des Publikums in die Bilder auf der Leinwand herstellte. „Man glaubt diese ausschweifenden Geschichten", meinte David Ansen in Newsweek, „weil man dem Geschichtenerzähler vertraut".

Dabei steckt doch auch schon RAIDERS OF THE LOST ARK unter dem Mantel der Pulp Fiction voll von der Hysterie, die Spielberg in 1941 nicht zu kontrollieren wusste, und George Lucas wusste, was er tat, als er schlicht erklärte, der Film enthalte nichts anderes als „the end of the world" (wenn auch im Comic-Format). Der Schnelldurchlauf durch alle Mythen, alle Erzählungen, alle Helden-Erscheinungen, den Lucas in STAR WARS in eine Art des universalen SF-Märchens fasste, ist bei Spielberg inkohärenter, wenn man so will: rebelli-

scher. Belloq, der Verkünder der unangenehmen Wahrheiten in den INDIANA JONES-Filmen, bringt auch das aufs Wesentliche, wenn er die geheime Verbundenheit zwischen ihm und dem Helden so erklärt: „Archäologie ist unsere Religion".

Natürlich könnten genau dies auch die Macher des Films von sich behaupten, die sich nicht nur die Stories (oder deren Fragmente), sondern auch die Abbildungsweisen aus der Geschichte der amerikanischen Pop-Kultur hervorgrauben: Pulp Fiction, Comics, Serials, B-Movies. Schicht um Schicht berühren die Elemente freilich auch anderes: das was dahinter liegt, die historische Wirklichkeit (der Faschismus, der hier natürlich aussieht, als hätte man gleich ganze Klischee-Produktionen ineinander geschoben), das religiöse Empfinden, das in seine dunklen Prophezeiungen und in seine Fetisch-Objekte zersprungen ist, und ganz gewiss Spielberg selber, der Angstträumer. Doch Harrison Ford beschreibt auch die andere, die materialistisch-dunkle Seite seines Charakters: „Indiana Jones ist Archäologe. In seiner Freizeit betätigt er sich als Grabräuber".

Indiana Jones' mythische Reisen sind ziemlich eindeutig von den unbewussten Ängsten seiner Kindheit bestimmt, und die Jagd nach den magischen Objekten (die ihm dann doch mit tödlicher Sicherheit – übrigens eines der Elemente, in der das selbstreferentielle Spiel der Serie seine Phantasie entfalten darf – wieder weggenommen werden) strebt zugleich deren Überwindung und dem Werden einer Persona aus ihnen zu. Man könnte wohl sagen, es geht in diesen Filmen um die Verwandlung der Symbole – so wie aus den Schlangen, vor denen er so panische Angst empfindet, für Indiana Jones die Peitsche wird, mit der er sich und andere immer einmal wieder retten kann – nebenbei wieder eine Referenz auf ein paar andere Helden wie den etwas ambivalenten Westerner „Lash" LaRue, von „Zorro" ganz zu

INDIANA JONES AND THE TEMPLE OF DOOM

schweigen. Es geht aber auch um den Verzicht auf die Fetische (alles, was Indy immer so abenteuerlich begehrt, verspricht nicht nur Macht und Reichtum, Glück und Jugend, sondern steht auch für eine apokalyptische Drohung), und es geht darum, dass Indiana Jones selbst eine *Differenz* gewinnt zu seinen so höchstpersönlichen Problemen, die sich nur sehr unvollkommen hinter dem abenteuerlichen Oberflächenreiz des Geschehens verbergen.

Auf der ersten Stufe geht es um eine moralische Fabel: Indiana Jones muss unterscheiden, was gut und was böse bei der Jagd nach den Schätzen, ihren Legenden, ihren „Wirkungen" ist (und hat dazu glücklicherweise jedesmal einen melodramatischen Gegenspieler, der ihn immer wieder die Versuchungen vor Augen führt). Auf der zweiten Ebene ist die etwas hysterisierte Heldenreise der INDIANA JONES-Filme eine Bewegung der Ich-Bildung aus einem zugleich höchst fragmentierten und widersprüchlichen Familien- und Gesellschaftsroman heraus. (Später wird sich das Erzähluniversum der Serie um die Fernseh-Serie „The Adventures of Young Indiana Jones" erweitern, von einer Anzahl Romane und Comics ganz zu schweigen, die immer wieder mehr oder weniger geschickt auf die Lücken und Widersprüche der großen Filme Bezug nehmen – noch einmal spalten sich „kleine Erzählungen" von einer, nun ja, „großen Erzählung" ab.) Zum dritten aber scheint sich die Frage nach der eigenen Identität, die wir von unseren Helden gewohnt sind, hier besonders schwer beantworten zu lassen. Möglicherweise liegt das

INDIANA JONES AND THE TEMPLE OF DOOM

Problem, wie Franz Josef Röll, vielleicht ein wenig zu verschwörungs- und mythensüchtig, argwöhnt, auf der Ebene der geschlechtlichen Identität. Indiana Jones, einer der Helden im panischen Kampf mit seiner „weiblichen Seite"? Röll geht so weit zu behaupten, dieses Problem sei „intentional in den Subtext des Filmes eingebaut".

Vielleicht bindet sich da aber auch der angewandte Spielbergianismus an die „Urgründe" der populären Kultur. Rölls Interpretation der Ikonographie der Serie jedenfalls trifft sich zum einen mit unzähligen Vor-Bildern der Pop-Kultur, droht sich aber andererseits auch im Vagen zu verlieren: „Höhlen sind ein Symbol für den weiblichen Uterus. Die wesentlichen Szenen der Exposition beschäftigen sich mit dem Eindringen in den weiblichen Uterus und dem Ausspeien aus dem Uterus (Geburt). Mit Hilfe seiner Peitsche (Nabelschnur) befreit Indiana sich aus dem Uterus. Verfolgt wird er von einer Kugel. Das Runde steht dem Weiblichen näher als dem Männlichen. Schon in der Höhle wird das Licht als ein weiteres Symbol einge-

führt. Mit dem Licht wird die Polarität hergestellt. Licht ist Erkenntnis, erhebt sich über das Dunkle, das Chthonische, die Domäne des Weiblichen und ist somit dem männlichen Prinzip gleichzusetzen".

Oder auch nicht. Denn im Spielberg-Kosmos ist das Licht offensichtlich weder primär männlich noch überhaupt besonders prinzipiell. Vielleicht ist es sogar die Kraft, die gegen das Prinzip selbst gerichtet ist. Gewiss ist Indiana Jones der Spielberg-Held, der sich am offensten zu seinen psycho-mythologischen Problemen bekennt, in denen es durchaus um eine Auseinandersetzung zwischen dem Prinzip und dem Licht gehen mag. In CLOSE ENCOUNTERS OF THE THIRD KIND ist das genau die Lebensentscheidung des Helden. Indiana Jones ist, was das anbetrifft, „jünger" als der Richard Dreyfuss des SF-Films; er hat noch nicht begriffen, wie man das Licht von seiner Quelle trennt, um sich von ihm berühren zu lassen. Deswegen muss er immer wieder in die finstersten Räume der Welt.

Dass Doctor Jones Probleme mit der Identifikation seiner Männlichkeit hat, wird indes nicht einmal auf der Oberfläche der Story bestritten. Indy versucht immer wieder zu zeigen, wie gleichgültig ihm Frauen bleiben, aber da verbirgt er nur sehr unvollkommen, dass sie ihm vor allem Angst machen. Natürlich leidet auch Indiana Jones sehr heftig unter dem Peter Pan-Syndrom, er scheut so stark vor dem zurück, was der Anteil von Verantwortung in der Liebe ist, dass er immer wieder in signifikanten Sequenzen gezeigt wird (im zweiten Film wird das auf die gar nicht immer nur satirische Spitze getrieben), in denen er ganz einfach die Frau nicht mehr sieht. Schlimmer noch: In RAIDERS OF THE LOST ARK entscheidet sich dieser „Held" zwischen der Aufgabe, die Frau zu retten, und das magische Ding (die Bundeslade) zu erwischen, ohne überwältigende Gewissensbisse für das Letztere – und das, obwohl ihm in diesem Film eine offene und freie Frau gegenübersteht, weit entfernt von der Hysterikerin des Sequels.

Dieses Sequel INDIANA JONES AND THE TEMPLE OF DOOM ist wohl mit Abstand der Spielberg-Jugendfilm mit den härtesten Gewalt und *gore*-Effekten. Es war nicht das erste und schon gar nicht das letzte Mal, das Spielberg seine dunkelsten, zornigsten und, seien wir ehrlich, unappetitlichsten Ideen in einen Serienfilm packte, der von seinen Voraussetzungen her kein wirklicher Misserfolg werden konnte. Der Regisseur, der wohl auch als Mensch gerade eine etwas aggressive Phase zu bewältigen hatte, musste am Ende selbst noch eine Reihe von besonders sadistischen Szenen aus dem Film entfernen, um nicht seine Jugendfreigabe und damit seinen kommerziellen Erfolg erheblich zu gefährden. Aber weder die Kritik an den Gewaltszenen, noch die an den unerfreulichen Klischees im Diskurs der Geschlechter, der Kulturen und der Rassen wollten danach verstummen. Später hat Spielberg sich halbwegs von dem Film distanziert: „Ich war mit dem zweiten Indiana Jones-Film ganz und gar nicht glücklich. Er war mir zu düster, zu unterirdisch, zu furchterregend. Ich hatte das Gefühl, er würde POLTERGEIST noch überpoltern". Und damit spricht der Regisseur vielleicht ohne es zu wollen etwas an, das tief im Herzen der Indiana-Jones-Legende auch ihren Oberflächen-Wechsel bestimmt, nämlich seinen Wandel in Bezug auf das Übersinnliche. In RAIDERS OF THE LOST ARK verwahrt sich der Held entschieden gegen alle okkulte Implikationen: „Ich glaube nicht an Zauberei. Das ist doch nur ein Haufen abergläubischer Hokuspokus". Nicht gerade super intelligent, aber immerhin. In INDIANA JONES AND THE TEMPLE OF DOOM dagegen, der ja drei Jahre früher spielt, wendet Indy ohne viel Zögern selber okkulte Mittel an, als er die Sankara-Steine durch seinen magischen Gesang verändert. Hat der Held das

vergessen, oder hat er sich von seiner dunklen Seite in dieser Rückwärts-Erzählung befreit? Wir sehen ihn nun außerhalb eines einmal gesetzten Rahmens von „Aufklärung", der okkulte und immer ein wenig psychotische Grabräuber hat offenkundig hier über den Wissenschaftler triumphiert. Es entsteht eine neue „Lücke" in dieser Legende: „Das ist mehr als nur ein kleines Versehen, das ist eine fundamentale Veränderung der Figur, noch dazu eine, die nie erklärt wird, auf die es im Verlauf der Handlung auch keine Anspielung gibt" (Paul Honeyford).

Dieser mittlere Teil der Trilogie ist also ein Prequel zu RAIDERS OF THE LOST ARK und beginnt im Jahr 1935 in einem Nachtclub in Shanghai (dem die spielenden Jungs Spielberg und Lucas ausgerechnet den Namen „Club Obi-Wan" verpassten), dessen Attraktion die Sängerin Willie (Kate Capshaw) ist. Indiana Jones versucht ein nicht ganz astreines Geschäft mit höchst zwielichtigen Partnern zu tätigen. Wieder einmal hat er sich in einen weißen Smoking mit schwarzer Fliege geworfen und wirkt nun noch mehr als historisches

INDIANA JONES AND THE TEMPLE OF DOOM

Vor-Bild zum elegantesten Agenten James Bond. Trotz aller Aufmerksamkeit ist ihm entgangen, dass die Gangster ihm ein Gift in den Cocktail praktiziert haben. In der sich entspinnenden Massenschlägerei kullert das Gegengift über die Tanzfläche, und weil es nach vielen Zwischenstationen im Ausschnitt von Willie landet, bleibt Indy nichts anderes übrig, als mit ihr und seinem kleinen Freund, dem Chinesenjungen Short Round alias Shorty (Ke Huy Quan), per Flugzeug zu fliehen. Kurz bevor dieses an einem Himalaja-Berg explodiert, gelingt den dreien ein riskanter Ausstieg in einem Schlauchboot. Sie landen in einem indischen Bergdorf, dessen Bevölkerung von einem schlimmen Schicksal heimgesucht wurde. Ein glücksbringender Stein, der *Shankara*, wurde entwendet, und überdies hat der Sektenführer Mola Ram die Kinder in den „Tempel des Todes" entführen lassen. In einem Bergwerk müssen sie brutalen Frondienst leisten. Jones, die ständig lamentierende und kreischende Willie und Shorty treten den gefahrvollen Marsch durch den Dschungel an und geraten in die Fänge der furchtbaren Sekte, der auch der jugendliche Maharadscha angehört. Nach einer grausamen Opferzeremonie, bei dem der Priester einem Mann bei lebendigem Leib das Herz herausreißt, um ihn dann in einen Abgrund voll glühender Lava zu werfen, gerät auch Indy selbst unter den Bann des Zauberers und folgt hypnotisiert seinen Befehlen, um natürlich im letzten und richtigen Augenblick zu „erwachen" und an der End-Auseinandersetzung der befreiten Kinder gegen ihre Peiniger teilzuhaben.

Dass wir in den musicalhaften Eröffnungsszenen als erstes das Cole Porter-Lied „Anything Goes" zu hören bekommen, ist sicher Programm des Films. Wieder geraten die Helden von einer haarsträubenden Situation in die andere (und einige davon, wie das Ritual des Priesters, der seinem Opfer das Herz aus dem Leib

reißt und ihn dann einem Feueropfer überantwortet, tangierten auch hierzulande die Grenzen der Jugendfreigabe), aber nun eben führt das Vergnügen an dem Spiel mit den Erwartungen, die immer wieder übertroffen werden, tatsächlich ins Unterirdische, nicht zuletzt in eine Art der Dekonstruktion der Märchengeschichte von den sieben Zwergen.

Wenn INDIANA JONES AND THE TEMPLE OF DOOM der hysterischste, angespannteste und bösartigste Film der Trilogie (vielleicht sogar im gesamten Œuvre Spielbergs) ist, freilich zugleich auch der frivolste und verspielteste, dann bemühte sich der Regisseur im (vorläufig) abschließenden dritten Teil, INDIANA JONES AND THE LAST CRUSADE gerade um einen besonders entspannten und ironischen Ton und um eine unerwartete Klarheit in der Gestaltung. Er habe diesen Film, mit dem er sich von seinen „Kinderfilmen" zu verabschieden gedenke, hauptsächlich gemacht, um sich mit ihm für den zweiten Teil zu entschuldigen, hat Spielberg einmal behauptet.

Nach der jüdischen Bundeslade und dem magischen Edelstein aus dem Orient ist nun der Heilige Gral der Christenheit das Objekt allseitiger Begierde, hinter dem auch wieder die Nazis her sind. Diesmal verspricht das magische Objekt (Christi wahres Blut vom Kreuzestod!) tatsächlich ewiges Leben, was sich in den falschen Händen nicht eben segensreich für den weiteren Verlauf der Weltgeschichte erweisen würde. Endlich also kann Jones/Spielberg, so scheint es, in einer entspannten Abenteuer-Story die „Verantwortung" als Schlüssel zur Überwindung der Gefangenschaft in ewiger Kindheit erproben.

Die Kritik freilich sah es auch ganz anders: „Auch wenn er so tut", warf der Kritiker David Haberman Spielberg anlässlich des dritten INDIANA JONES-Films vor, „als wolle er bloß unschuldige Späße machen und gute Unterhaltung bieten – INDIANA

INDIANA JONES AND THE TEMPLE OF DOOM: Harrison Ford und Kate Capshaw

JONES ist ein freudloser Film: gemein, aufgemotzt und ohne jede Eleganz".

Freudlose Filme? Jedenfalls schauen wir einem Helden zu, dem der Vorwurf der Freudlosigkeit ganz gewiss gemacht werden kann. Harrison Ford spielt einen Charakter, der den Hawks-Professionalismus gleichsam so übertreibt, dass er selber davon nichts mehr hat, und der gleichzeitig den Weg vom inneren Problem zum äußeren Ritual mit einer Konsequen und ewigen Wiederkehr geht (auch hier gibt es eine Verwandtschaft zu James Bond, den wir, wenn wir ihm nur nahe genug treten, durchaus ebenfalls als freudlosen Helden identifizieren können), die ihn als einen Menschen an der Grenze zur psychotischen Maschine kennzeichnen. Er hat auf der einen Seite seine Manien und Phobien (wie die Angst vor Schlangen), und auf der anderen Seite eine so „kalte" Neugier auf die Welt, dass er etwa bei einem Essen (in INDIANA JONES AND THE TEMPLE OF DOOM) so interessiert den Ausführungen seiner Gastgeber lauscht, dass er weder Interesse zeigt, was er da gerade zu essen bekommt (das Gehirn von Affen, unter anderem, das man aus den Schädeln der armen Tiere löffelt, lange bevor Hannibal Lecter das auch mit menschlichen Ansammlungen von grauen Zellen machte) und schon gar nicht, wie seine Begleiterin unter diesen kulinarischen Zumutungen leidet. Wieder verschließt unser Held vor der Frau die Augen, ganz parallel zu einer anderen Szene, in der Indy und Shorty Karten spielen, während sich Kate mit den furchtbarsten Ängsten vor den Tieren des Waldes plagen muss und die „Männer" ihren Schreien nicht die geringste Aufmerksamkeit schenken.

Der dritte Teil der INDIANA JONES-Saga fand sich gewiss vor dem traditionellen Sequel-Problem: Man muss die Erwartungen erfüllen und zugleich überbieten, man darf sich nicht gegen die selbst geschaffenen „Regeln" versündigen, und man muss über Charaktere und Beziehungen das eine oder andere „Neue" sagen. Lucas und Spielberg haben sich dafür einige Tricks einfallen lassen, von denen einige vielleicht sogar ein wenig mehr sind als „Tricks".

In INDIANA JONES AND THE LAST CRUSADE findet Spielberg drei Fluchtpunkte: Er injiziert noch mehr Ironie als vordem, er exploriert seine Figur ein wenig (ohne sie wirklich zu „erklären"), und er entmischt die ästhetischen Zutaten: Statt immer alles in einem liefert er nun ein Nach-und-nach, so dass der Zuschauer und die Zuschauerin zu erkennen wissen, wann man sich in einem Western befindet, wann in einem Kriegsfilm, wann in einem Kolonial- und wann in einem Märchenfilm. Wie Spielberg selber, so ist nun auch der Zuschauer in der Lage, souveräner über das Material zu verfügen, das in vielen Elementen den Stoff des ersten Films der Trilogie wieder aufnimmt. Die Szene, in der Indy scheinbar aussichtslos zwischen dem Felsen und dem deutschen Panzer festhängt, erinnert direkt an jene im ersten Film, als er sich am Frontstern eines Nazi-Mercedes verhakt. Der Verräter Donovan ist eine Wiederkehr von Belloq. Und die Unterwelt von Venedig erinnert an die „Quelle der Qualen". Ob das ein Stilprinzip ist oder an der Einfallslosigkeit des Drehbuchautors Jeffrey Boam liegt, wie manche Kritiker argwöhnten, sei dahingestellt. Der „freudlose" Held Indiana Jones jedenfalls muss sein Leben als eine Verkettung von Elementen der ewigen Wiederkehr empfinden. Er hängt in einer Zeitfalle; sein „Neverland" besteht nicht aus Raum, sondern aus einer Chronotopie (die jede Chronologie ausschließt). Auch jetzt

ist immer was los (und immer sehr viel mehr als nur eine Sache), ja, die Ineinanderschachtelung von Gefahrenmomenten ist vielleicht noch überdrehter als in den beiden ersten Teilen, aber der Zuschauer ist nun sehr viel mehr Komplize als Opfer. Und er beginnt, sich mehr für die Person von Dr. Jones zu interessieren, als für die technische Seite seiner Schatzsuche. Diese neue Anteilnahme baut Spielberg langsam und sicher auf (sie ist nicht weniger synthetisch als alle anderen Elemente der Filme): Im ersten Teil sehen wir River Phoenix als kindlichen Indiana Jones, Boy Scout in Utah des Jahres 1912, der bereits mit seinen ewigen Widersachern um die archäologischen Schätze kämpft. Beiläufig erfahren wir dabei etwas über die Herkunft von Indiana Jones' Hut, seiner Peitsche, seiner Angst vor Schlangen, seiner Narbe und von seinem *nom de guerre*. Da mokiert sich der Film über unsere Erwartungen an einen psychischen Subtext: Bei dem Versuch, ein heiliges Kreuz aus den Händen von Räubern zu retten, springt der junge Pfadfinder Jones auf einen Zirkuswagen und landet unter Schlangen, schnappt sich in einem Löwenkäfig eine Peitsche zur Verteidigung und zieht sich einen Schnitt am Kinn zu. Der Witz an der Offenlegung dieser Initiationszeichen ist, dass sie eigentlich vergleichsweise witzlos ist, eine Art ironischer Selbsttrivialisierung. Ein anderes Geheimnis dagegen wird eröffnet: der Boss der Räuber sieht verdächtig nach dem erwachsenen Indiana Jones und noch verdächtiger nach Steven Spielberg selber aus, und der junge Jones übernimmt von ihm den Rest seiner Ausstattung, die Lederjacke und den Hut. Ein bisschen ist der Räuber da wie der Pirat in HOOK; er zeigt sich dem Jungen verführerisch als Alternative zu einem gleichgültigen Vater, und das Kind dankt es mit einer Kleidungs-Imitation (die der Junge in HOOK im Gegensatz zu Indiana Jones allerdings wieder loswer-

Sean Connery in INDIANA JONES AND THE LAST CRUSADE

den kann), aber auch EMPIRE OF THE SUN mit seinem zynischen Ersatzvater klingt darin an. Als der Junge nach Hause kommt, um von seinem Abenteuer zu berichten, zeigt sich der leibliche Vater, der Wissenschaftler Doktor Jones, unbeeindruckt und lässt ihn – auf griechisch – erst einmal bis zwanzig zählen. Aber er kommt nur bis *pente* (fünf), dann kommt der Sheriff mitsamt dem Grabräuber, der vielleicht gar kein so schlechter Kerl ist. Der nimmt Indy ganz legal die Beute wieder ab, schenkt dem Jungen aber als Zeichen seiner Anerkennung seinen Hut zum Abschied. Die zwei Seiten von Indiana Jones' Wesen, nämlich Wissenschaftler und Grabräuber, verdanken sich also, im Nachhinein gesehen, dem Einfluss zweier „Väter", einem Peter Pan-Vater und einem Moses-Vater.

So lernen wir diesen Vater kennen, einen introvertierten Wissenschaftler, der offensichtlich nicht allzu großes Interesse an den Abenteuern seines Sohnes hat (die seinen schließlich, sind nicht in der Welt, sondern im Kopf). Seine ganze Leidenschaft gilt dem Heiligen Gral, und die Suche nach diesem Schatz aller Schätze (der obendrein ewige Jugend verspricht, um damit „Vater" und „Sohn" als Rollenbilder obsolet zu machen) wird Jones sr. und Jones jr. wieder zusammenführen. Professor Henry Jones nämlich ist in Europa bei Forschungsarbeiten entführt worden, und zusammen mit Elsa (Alison Doody) fängt Indy in Venedig an zu suchen, wo die beiden prompt in „Katakomben", komplett mit sehr vielen Ratten, landen. Hier findet Indiana Jones die entscheidenden Hinweise auf den Heiligen Gral, und schließlich trifft er seinen Vater in Österreich, in einem von den Nazis bewachten Schloss wieder.

Dass man für die Rolle des Vaters Sean Connery ausgesucht hat, war ein genialer Schachzug: Einmal abgesehen davon, dass dieser Schauspieler ja schon immer Selbstironie ins Spiel zu bringen wusste, ohne seine Helden irgend preiszugeben („Ich suche nach dem humoristischen Aspekt in jeder Rolle, die ich spiele"), dass sein Spiel die Aura des Films merklich vom Comic Strip absetzte, begegnen sich hier auch zwei Helden-Konzeptionen: die souveräne Lakonie der siebziger Jahre und die hyperaktive Zielstrebigkeit der Achtziger. Professor Henry Jones, Mediävist, ist ein fast schon viktorianisch anmutender Gentleman, der sich seinem Sohn vielleicht nicht allzu sehr emotional aufgeschlossen hat, aber dennoch eine Autorität verlangt, die ihn dazu befähigt, „Junior" auch im Erwachsenenalter eine runterzuhauen, wenn er „Jesus Christus" als Fluch benutzt.

Freilich wäre dieser Film nicht von Steven Spielberg, wenn die Vater/Sohn-Geschichte nicht auch tief in die amerikanische Seele reichen würde. Harrison Ford scheint zunächst der typische amerikanische Junge, der seinem Vater vorwirft, nicht genug mit ihm gesprochen, ihn nicht genügend beachtet zu haben, nicht genug Kind mit seinem Kind gewesen zu sein. Wieder also geht es um den verschwundenen Vater; nicht nach Mexiko und nicht in den Weltraum ist seine Emigration diesmal erfolgt, sondern offenbar nach innen. Aber diesmal zersetzt sich der Blick des Sohnes auf den verschwundenen Vater, dieser Vater hält ihm stand und entlarvt ihn als Inszenierung des Selbstmitleides: die Konstruktion des abwesenden Vaters im Blick des Sohnes ist selber eine fatale Krücke.

Die Umkehrung des Klischees (das natürlich mehr ist als ein Klischee) beginnt, als in der Kabine des deutschen Zeppelins

Vater und Sohn endlich zu einem Gespräch kommen. Jetzt könne er ja reden, wenn er etwas auf dem Herzen habe, meint Jones sr., und dem „Junior", der regelmäßig aus der Haut fährt, wenn der Vater ihn so nennt, fällt einfach nichts ein. Wenn der Heilige Gral der McGuffin ist, der, unter anderem, die beiden wieder zusammenführt (einmal ganz abgesehen davon, dass er dem Vater auch das Leben retten muss), dann ist dieses „Unausgesprochene" zwischen Vater und Sohn der McGuffin einer amerikanischen Familien-Mythologie. Diese Vater/Sohn-Beziehung, von deren Mangel die amerikanische Populärkultur so angelegentlich phantasiert, erweist sich als Schimäre; der Vater hat Indy statt dessen die Freiheit als Geschenk gemacht (die hinter den kleinen, unbedeutenden Disziplinierungen lockt). So bringt er das Dilemma zwischen Erwachsenen und Kindern in einer ironischen Umkehrung auf den Punkt: „Wie hätte ich denn eine bessere Beziehung zu dir aufbauen sollen? Du hast dich im selben Moment verdrückt, als du langsam interessant wurdest!" Das ist gewiss lakonischer und treffender als die freilich nicht weniger absurde Logik der Vater-Kind-Beziehung in HOOK, wo der „glückliche Gedanke", der den Vater zum Kind macht und damit zum Fliegen befähigt, der an seine Kinder ist.

Aber natürlich glaubt Spielberg an diese einfache Tröstung selber nicht, und so muss, bevor im letzten Drittel der Kampf gegen die Nazis und die übernatürlichen Kräfte des Heiligen Grals aufgenommen wird, der Vater doch noch einen Akt moralischer Erziehung vollführen. Dass Jones sr. und Jones jr. mit derselben Frau geschlafen haben (und beide von ihr getäuscht werden), ist wiederum Anlass der Erkenntnis der jeweiligen Souveränität (und nebenbei eine Reminiszenz an die „Frauenfeindschaft" der Serie). Dr. Elsa Schneider, der Nazi-Vamp par excellence,

INDIANA JONES AND THE LAST CRUSADE

bekundet dem Rücken an Rücken mit seinem Vater gefesselten Indy, die Liebesnacht mit ihm sei „unvergesslich" gewesen – und der Vater antwortet versonnen: „Doch, es war ganz nett". In INDIANA JONES AND THE LAST CRUSADE hat unser Held, mehr oder minder endgültig, seine Variation der Ödipus- oder Hamlet-Krankheit überwunden. Er begreift endlich, dass er nicht in einem Ritual, sondern für sich „ein anderer" ist und akzeptiert die Differenz zwischen ihm und seinem Vater (der ihm genau dann auch wieder sehr nahe sein kann).

Indem er seine Familiengeschichte konstruiert, die in den ersten Filmen fast nur aus Lücken und unbeantworteten Fragen bestand und die Entwicklung seines Helden wenigstens andeutet, führt Spielberg ein Element ein, das in den beiden ersten Teilen fehlte: Epik. Spielberg gibt nun, von den üblichen *villains* einmal abgesehen, auch Nebenfiguren Gelegenheit zur Profilierung: Denholm Elliott als Kurator und Kollege von Indiana Jones gibt die dritte, komische Variante des Wissenschaftlers als Abenteurer, nur Alison Doody als Dr. Elsa Schneider, zuerst Heldin, dann Widersacherin Indys, bleibt ein eher an Comic Strips der vierziger Jahre orientierter Charakter.

Aber natürlich geht es auch hier wiederum vorrangig um Indiana Jones' Kampf gegen alles, was Angst macht: Ratten, Schlangen, Nazischergen, Abgründe, Geschwindigkeiten, Panzer, Messer, Fallen und Höhlen. Wenn es eine Behemoth-Genealogie in den Spielberg-Filmen gibt, dann entwickelte sich das Monster von der anonymen und unerklärlichen Bedrohung in DUEL über die obszöne Semantik der „vagina dentata" in JAWS über die Auflösung dieser semantischen Einheit in den INDIANA JONES-Filmen – alles, was so furchtbar am weißen Hai war, kehrt in der Abenteuer-Trilogie in isolierter und grotesk vergrößerter und vergröberter Form wieder auf – schließlich zum archaisch Natürlichen der Saurier in den JURASSIC PARK-Filmen. Auch dies, so scheint es, ist, unabhängig von der Qualität der einzelnen Filme, ein Prozess des Einschreibens und Akzeptierens; was als Fremdes in der Welt des Menschen begann, sich zur Konfrontation zwischen dem Zivilisierten und dem Natürlichen steigerte, endet schließlich in der Erkenntnis des Menschen, selber das Fremde in der Natur zu sein, die er so unvollkommen kontrolliert. Deshalb ist die Panik, die der weiße Hai auslöst, bei weitem nicht die gleiche, die die Saurier im JURASSIC PARK auslösen.

Und in INDIANA JONES AND THE LAST CRUSADE geht es um Schauplätze (wie in einem James Bond-Film, an den Sean Connery natürlich auch erinnert): Venedig, Wien, Monument Valley, die Wüste von New

INDIANA JONES AND THE LAST CRUSADE

Mexico. Touristenattraktionen und Kino-Landschaften (noch einmal ließe sich anhand dieser Schauplätze eine Geschichte von Steven Spielbergs filmischen Vorbildern schreiben). Und so perfekt hat Spielberg nie vordem Komik, Phantastik und Aktion miteinander und mit den Schauwerten seiner Produktion verknüpft; er beeindruckt uns, um uns im Augenblick darauf über diese Beeindruckung grinsen zu lassen, und so wie die Topographie der INDIANA JONES-Filme ganz und gar einer Jahrmarktswelt entspricht, welche die Angstlust in der Aufhebung „normaler" Beziehungen zwischen Geschwindigkeit, Entfernungen, Bewegungsrichtungen und Größenverhältnissen erleben lässt, so schickt er uns auch emotional auf eine Art Achterbahn mit gewaltigen, schnellen Berg- und Talfahrten. Aber er will uns keinen Augenblick weismachen, dass es irgendeinen Bezugspunkt außerhalb des Jahrmarkts/Kinos gibt. 1941 ist zugleich überwunden und rehabilitiert in INDIANA JONES AND THE LAST CRUSADE; die Mechanik des Absurden löst nicht mehr vollkommen die ganze Welt auf, sie bleibt im Vordergrund.

Unter tausend Gefahren hat Indy, während in Berlin die Flammen der Bücherverbrennung lodern, das Buch mit den Aufzeichnungen seines Vaters seinen Gegnern abgejagt. Dann drängt ihn, der zur Tarnung eine Nazi-Uniform angelegt hat, die fanatische Menge auf den Platz, und plötzlich steht unser Held vor Adolf Hitler selbst. Der entreißt ihm das Buch und sieht ihn „durchdringend" an. Wird er das Buch in die Flammen werfen? Wird er erkennen, dass sein Gegenüber des Deutschen nicht mächtig ist? Nach gerade so viel Sekunden wie nötig, um uns in die entsprechende Spannung zu versetzen, zückt „der Führer" seinen Bleistift, verewigt seinen Namen im Buch und reicht es selbstgefällig Indy zurück. Das ist eine sehr komische Szene, gewiss. Der dümmste

Harrison Ford und Alison Doody in INDIANA JONES AND THE LAST CRUSADE

Kurzschluss zwischen Weltgeschichte, Pathologie und Showbusiness. Es ist aber auch, in der grenzenlosen Selbstähnlichkeit des INDIANA JONES-Universums, Exemplifizierung einer Methode. Für das Drama wird eine ungeheure Fallhöhe zur Ironie hin konstruiert; scheinen die Gefahren noch ernst, die Befreiungen daraus sind es nicht mehr. Und noch die Rettung selbst produziert ihren komischen Nachhall, etwa wenn Indy mühsam einen Felsen heraufgeklettert ist und nun hinter seinem Vater und seinen Freunden auftaucht, die traurig in die Tiefe schauen, weil sie dort unten Indys Leiche vermuten, und er sich neugierig über sie beugt, weil er wissen will, was sie da wohl so angestrengt beobachten. Nicht gerade der neueste Gag, aber einer, der im Indiana Jones-Film, richtig getimet, perfekt funktioniert.

Dieses strategische Missverhältnis zwischen Konflikt und Lösung (das es auch in der Form eines Umschlages ins Magische gibt) hat für die Wahrnehmung einen merkwürdigen Nebeneffekt: Die Identifizierung im Augenblick der Gefahr wird stets düpiert. Wir können und sollen unserem Helden nicht mehr helfen, indem wir unsere Emotionen auf ihn übertragen. Wir lernen ihn zwar ein wenig besser kennen, merken vor allem im Zusammenspiel mit seinem Vater, wie gestresst, wie vielleicht sogar unglücklich unser Held ist. Aber die Magie zwischen ihm da oben auf der Leinwand und uns da unten im Kino hat sich geändert. Einst folgten wir unserem Helden bedingungslos. Indiana Jones dagegen ist nun nur ein Ferment in einer Welt, die als semiotischer Selbstbedienungsladen funktioniert. Spielberg zeigt überdeut-

lich, was wir in dieser Welt sind: Konsumenten. Und, sehr amerikanisch, nimmt
er uns als Konsumenten ernst. Er gibt uns
alles, was wir uns erhoffen können, lässt
uns durch prall gefüllte Regale schreiten,
hier die Wunder, dort die Geheimnisse,
hier das Drama, dort die Schauplätze: Wie
im Supermarkt sehen wir vor allem die
Verpackungen, die ja schließlich die
„Kunst" der Ware sind. Sie müssen stets
die Balance finden zwischen der schnellen
Verständlichkeit der Zeichen und dem
Versprechen einer „Tiefe", die unseren
Blick fesseln soll. Spielberg hat den alten
Konflikt – Filme als Ware oder als Kunst –
in eine neue Dimension gebracht: Ihre
Kunst besteht in der Kommentierung ihrer
Warenhaftigkeit, und diese Warenhaftig-
keit besteht in nichts anderem als dem
neuen Selbst-Bewusstsein der Kunst. Das
„Neue" dabei liegt nicht daran, dass der
Film eine Ware ist (als wäre er das je nicht
gewesen), sondern in der Art, wie er die
Welt so lange in Einzelteile zerlegt, bis sie
alle als Ware darzustellen sind. Jeder
Schauplatz wird zugleich so reduziert und
so überdramatisiert, dass er als Werbung
für sich selbst funktioniert. Wahrnehmung selber muss bis zur Warentauglich-
keit jeden Blickes verändert werden, und
Spielberg macht das auf die freundlichste
Art. Er zeigt, dass man sogar in einer Warenwelt der Medien-Partikel daheim und
souverän sein kann. Das ist in Ordnung so,
es muss so sein, so ist unsere Welt. Aber es
setzt eine in gewisser Weise auch zynische
Neu-Definition dessen, was Film ist, in
Gang, und die nimmt der praktische Spielbergianismus an anderer Stelle durchaus
wieder zurück.

Aber noch etwas anderes hat sich geändert; ein bedeutender Schritt in einem
Spielbergschen Diskurs ist getan: Wenn
wir in seinen Filmen geträumt haben,
dann haben wir es gleichsam mit dem unschuldigen und neugierigen Blick eines
Kindes auf eine endlos suggestive Welt ge-

tan. Die Unschuld dieses Blicks war die
Voraussetzung für das Funktionieren der
phantastischen Heilung, sie verband den
Blick des Wissenschaftlers Lacombe in
CLOSE ENCOUNTERS OF THE THIRD KIND mit
dem des Jungen Elliot in E.T., und wir hoff-
ten in INDIANA JONES einen zu haben, der
sich diese Unschuld des Blicks ins erwachsene Alter bewahrt hätte. Wenn schon in
EMPIRE OF THE SUN klar wird, dass schon der
vielleicht subjektiv noch unschuldige
Blick des Kindes spätestens im Krieg zum
objektiv schuldigen Blick werden muss,
dann kehrt sich INDIANA JONES AND THE
LAST CRUSADE auch im Subjekt die Schuld
des Blickes um. In INDIANA JONES AND THE
TEMPLE OF DOOM konnte sich der Held sozusagen noch einmal durch seine Mission
retten: Unterwegs, um die Kinder in ihre
Heimat zurückzuholen, konnte er in eine
Welt aller erdenklichen Schuld blicken,
ohne selber schuldig zu werden. Nun aber
ist auch Indiana Jones' Blick selber nicht
mehr unschuldig, und dies zeigt sich in einer der wundervollen Paradoxien, für die
Spielbergs Meta-Film vom langen Weg des
Menschen aus dem Paradies der Kindheit
über das Gefängnis der Alltäglichkeit zur
moralischen Freiheit mittlerweile steht.
Ausgerechnet in der Gier nach jenem
Wundermittel, das ihm die ewige Jugend
verspricht, muss er die Unschuld gründlich verlieren, und der letzte Schritt in die
moralische Autonomie ist ebenso „ausgerechnet" die Befolgung eines väterlichen
Rates: „Let go". Loslassen können – das ist
neben der Gerechtigkeit und der Frage
nach dem Opfer, das moralische Zentrum
von Spielbergs Filmen.

Und während der Blick des Helden seine Unschuld verliert, oder sich vielleicht
sogar des Umstandes bewusst wird, dass es
nie so etwas wie Unschuld im Blick gegeben hat, arbeitet sich auch der kompakte
Mythos von innen nach außen, scheint
nur noch Oberfläche, semantische mehr
denn logische Vernetzung, Zufall und

INDIANA JONES AND THE LAST CRUSADE

Spiel. Woanders mag der Glaube Berge versetzen, Indiana Jones trägt er, sehr pragmatisch, über einen Abgrund, der vielleicht der Abgrund seiner Seele ist, vielleicht aber auch ein Abgrund, wie man sie überall finden kann, im Kino sowieso. Aber mit dieser umgekehrten „Roadrunner"-Szene denunziert Spielberg auch die „Gläubigen" seiner Filme, die vor ihre Häuser treten, um das Licht wie eine Erlösung vom Himmel zu sehen, gleichgültig ob es sich von Geisterzügen, Ufos oder Bombenflugzeugen ableitet. Vielleicht wollen sie gar nicht fliegen, sondern nur nicht in ihren Abgrund stürzen.

Wie dem auch sei: Der Indiana Jones, den es uns die Filme in einer so ähnlichen Ikonographie und in so unterschiedlichen emotionalen Tönungen gezeigt haben, ist gewiss auch so etwas wie ein Doppel-Selbstbildnis von George Lucas und Steven Spielberg. Dass die Kritiker sich, wie etwa Hans-Christoph Blumenberg in der *Zeit*, sich viel zu schnell mit dem Hinweis auf die „kalten Effekte" der Serie zufrieden gaben (nicht zuletzt um wieder Nahrung für einen sattsam bekannten Diskurs von „seelenlosem und berechnenden Hollywood" gegen die bescheidene eigene nationale Produktion zu liefern), führte zu einem nicht nur cineastischen Missverständnis. Wir haben vergessen, über die neue, neo-mythologische Erzählweise der Filme und ihre Wirkung nachzudenken.

Indiana Jones bewegt sich zwischen den „nihilistischen" Filmen, die Lucas und Spielberg am Beginn ihrer Karriere gedreht haben (AMERICAN GRAFFITI, THX 1138 [1969], DUEL) und ihren großen regressiven Kindermärchen STAR WARS und E.T.

Mythologica III: Der Körper, die Reise und die Nahrung

Steven Spielberg dreht Filme, in denen gewiss fast immer mächtig was los ist. Trotzdem würde man sie wohl nicht so ohne weiteres als Actionfilme bezeichnen. Es ist kein Kino der Körperlichkeit, und selbst der körperlichste aller Spielberg-Helden, Indiana Jones, neigt dazu, seinen Körper eher zu verbergen, fühlt sich im Gespräch vielleicht wohler als in der Tat und bedient sich, nicht zuletzt, am liebsten Distanz schaffender Waffen (wie seiner Peitsche). Die Männlichkeit, die Spielbergs Filme zu konstruieren und hin und wieder zu dekonstruieren versuchen, kann sich nicht auf eine barbarische oder sportive Reduktion verlassen. Der Körper will akzeptiert sein, aber er kann sich nicht zum Träger der Autonomie wie bei Stallone, Schwarzenegger und Co machen lassen. Zum Mann wird man hier erst als Bürger.

Steven Spielbergs Kino hat (enormen) Teil an der „Infantilisierung" Hollywoods (eine Infantilisierung, die freilich auch ein höchst komplexes ästhetisches und mythologisches System erzeugt), aber es ist nicht Teil der gleichzeitig stattfindenden „Rebarbarisierung". Seine Helden sind nicht nur kindliche Menschen (oder Menschen, die, anders herum, kindlich werden müssen), es sind auch eher intellektuelle, reflektierte und, am wichtigsten: ängstliche Menschen. Das Kino des Steven Spielberg träumt sich gleichsam durch die Nerds, die „Unsportlichen" unter den weißen Vorstadt-Kids, die sich nicht in den Macho-Ritualen bewähren, keine Football-Cracks sind, nicht in Männercliquen glänzen. Es sind die Träumer der amerikanischen Gesellschaft.

Aber zu ihrem Traum gehört es, sich selber in der Reaktion auf das Unvorhergesehene und Bedrohliche, in einen Tatmenschen zu verwandeln. Diese Verwandlung hat der Held von DUEL am Ende in seiner triumphierenden und dann verzweifelten

Geste des Sieges bekräftigt. Es ist das, was Indiana Jones immer wieder in seiner Verwandlung von einem trockenen Universitätsdozenten in einen Abenteurer erlebt, vielleicht auch das, was Schindler bewegt, der seine Moral erst über das Spiel findet und nicht umgekehrt.

Der Mensch im Spielberg-Kosmos verliert seine Körperlichkeit aber auch deswegen, weil sich seine „Dinge", seine mechanische Umwelt so sehr verkörperlicht. Beinahe alle frühen Spielberg-Filme handeln vom „Domestizierten", das sich als Monstrum (als „Zeichen") des Bösen erweist, das Haus in SOMETHING EVIL, das Automobil in DUEL und THE SUGARLAND EXPRESS, wo es Lebens- (und Todes-) Raum und Verlängerung des Körpers so sehr geworden ist, dass wir uns davor fürchten müssen, dem Kaputtgehen von Menschen und dem Sterben von Autos zuzusehen.

Spielbergs Reisen führen nirgendwo hin, oder, anders gesagt, man ist, als Spielbergsches Subjekt, sowieso schon immer da, wo man hingehört. Die merkwürdige Ortsgebundenheit, die topografische Schwerfälligkeit, die Spielbergs Filme auf den ersten Blick so sehr von den Bewegungsbildern seiner Vorbilder Hawks und Ford trennt (und ihn einem Victor Fleming näher bringt), ist also nicht nur Ausdruck einer bestimmten Raum/Zeit-Empfindung (die wir, wenn wir bösartig sein wollten, als die Raum/Zeit-Empfindung einer *couch potato* oder, vornehmer gesagt, als Raum/Zeit-Empfindung eines medialisierten Menschen bezeichnen könnten, der zugleich an seinem hoch konventionalisierten Ort und in seinen Wunschmaschinen „ganz woanders" ist), sondern auch philosophisch-ästhetisches Programm. Der „magische Ort" für seine Märchen von Empfindung und Ablösung liegt, wenn nicht im eigenen Herzen, so doch „gleich um die Ecke". Selbst Indiana Jones, der ja nun wahrlich in der Welt herumkommt, vermittelt nie das Raum/

Zeit-Empfinden eines Reisenden, sondern immer das eines Erzählers. Von einem Ort zum anderen klettert, fällt, springt und fliegt er am ehesten wie von einer Spielebene zur anderen in einem *jump & run*-Spiel auf dem Computer. Die gewaltige Signifikanz des Ortes lässt die Bedeutung der Zeit verschwinden. Alles was man über die Zeit in seinen Filmen sagen kann, ist, dass vieles „sehr schnell" geht, aber erst dann, nachdem manches länger auf sich hat warten lassen als gewohnt. Und sogar während es sehr schnell geht, hat es auch enorme Dauer. Anders gesagt: die Beschleunigung allein ist längst keine Lösung mehr. Insofern sind die schrecklichen, langen zwanzig Minuten am Beginn von SAVING PRIVATE RYAN nur eine Konsequenz aus den Raum/Zeit-Erfahrungen früherer Spielberg-Filme. (Und insofern mag Robert Zemeckis nicht nur ein würdiger Nachfolger im Spielbergianismus sein, sondern auch ein möglicher Überwinder, der in seinen Arbeiten die Zeit so sehr als magische Realität zu beschreiben imstande ist wie Steven Spielberg es mit dem Ort tut.)

Spielbergs Filme erzählen gleichsam ohne zu sehen, ja ihr eigentlicher Inhalt scheint sich gelegentlich auf diesen Willen des Erzählers zu reduzieren, der seinen Zuhörern so zwingend wie möglich und hierbei jedes erdenkliche Mittel benutzend, seine Fabel nahe bringt, aber nicht das geringste Interesse daran hat, ihnen die Welt als eigenen Erfahrungsraum zu öffnen. Es

ist wahrscheinlich sogar so, dass die Welt in Spielbergs Filmen gar nicht vorkommt.

Auch das Essen ist in den Spielberg-Filmen etwas, das so sehr noch mit „Natur" behaftet ist, dass es anstößig wirkt. Zugleich ist ihm die Art, wie seine Helden essen, zumeist recht suspekt, ein eher lächerlicher Teil des amerikanischen Lebensweges. Das Essen insbesondere für seine jugendlichen Helden ist unglücklich und „unfamiliär", zugleich aber wird es als gewisser Trost eingesetzt. Diese Art des Essens gehört den „unerlösten" Menschen im Spielberg-Kosmos; sie essen ganz deutlich deswegen, weil sie einsam sind.

Kein Wunder also, dass die Gremlins dann böse werden, wenn sie nach Mitternacht gefüttert werden, und dass Elliott in E.T. seine Begegnung mit dem Außerirdischen hat, als er, der letzte in einer Hierarchie, zum Pizza-Holen geschickt wird. Der Dicke bei den GOONIES ist um eine Spur „obszöner" als das bei den zwanzigtausend anderen Dicken in den Kinderbanden der *popular culture* der Fall war. Die bösen (oder nicht so bösen) Träume haben eine definitive Beziehung zu dieser Art des Essens, mehr als bei den „Träumen des Käsetoast-Liebhabers" aus den Comics von Winsor MacCay. Spielberg-Filme gehören zu Menschen, die sehr gerne Cheeseburger essen und manchmal traurig darüber sind, dass sie auf nichts anderes mehr Appetit entwickeln können.

Das Essen beschreibt die Grenze der Erfahrungen. In INDIANA JONES AND THE TEM-

Essen auf Distanz (EMPIRE OF THE SUN/JURASSIC PARK)

PLE OF DOOM sehen wir, wie am Hofe des
kindlichen Maharadscha eine um die andere exotische Köstlichkeit aufgefahren
wird: Schlangen à la surprise, Käfer und,
zum krönenden Abschluss geeistes Affen-
hirn im Schädel. Während Willie von einem Würg-Anfall in den nächsten fällt
und natürlich nichts davon herunter-
bringt, weigert sich die Kamera, uns zu zeigen, ob der angeregt mit seinen Gastge-
bern plaudernde Held von diesen Speisen
kostet oder nicht. Jedenfalls ist er, was dies
anbelangt, „diplomatischer" als seine Begleiterin. Dass er die halb Verhungerte
dann ausgerechnet mit einem Apfel be-
tört, gehört zur Strategie der Selbstüberbie-
tung in der Serie. Die Szene als Ganzes indes, die Spielberg mit offensichtlich diebi-
schem Vergnügen auskostet, und die ihm
und George Lucas gewiss nicht ganz unbe-
rechtigte Kritik wegen ihrer kulturellen
Denunziation eingebracht hat, lässt die
Sehnsucht nach einem „verlässlichen"
McDonald's-Menü entstehen.

Dass in den JURASSIC PARK-Filmen der
Mensch dann selber zu einem begehrten
Nahrungsmittel wird, ist nur folgerichtig,
und weit entfernt vom finsteren Nihilis-
mus der Filme in der Art von DAWN OF THE
DEAD. Stattdessen ist man mit den „Dino-
Snacks" in den einschlägigen Lokalen für
Kinder an einem anderen Punkt des Kannibalismus, in der ewigen Selbstverdau-
ung der popular culture. Als David in A.I.
einmal so (unappetitlich) essen will „wie
ein richtiger Junge", da bringt sich diese
empfindsame Maschine beinahe selbst
um.

America neu schreiben

So mag es scheinen, dass Steven Spielberg
so etwas wie ein amerikanisches Nationalepos als work in progress unternimmt und dabei gleichsam die Funktion früherer Genres, vor allem des Western, übernimmt.
Spielbergs Filme „schreiben" Amerika nach
Vietnam.

Nach den eher sanften und melancholischen Entfremdungsparabeln seiner frühen Werke wie DUEL und THE SUGARLAND
EXPRESS, die schon „Lösungen" in sich ber-
gen, gelingt Steven Spielberg mit JAWS das
erste große Versöhnungsepos, das seine
Absicht mehr oder weniger bewusst hinter
ganz anderen Aspekten der Erzählung zu
verbergen weiß.

Dieses Werk der Versöhnung setzt sich
über das nationale Projekt hinaus fort. Für
die Arbeit der Shoah-Foundation wurde
Spielberg in Deutschland mit dem Bundesverdienstkreuz ausgezeichnet, und erklärte
in einem Interview: „Vor 54 Jahren hätte
ich in Buchenwald sein können. Und ich
hätte den Holocaust nicht überlebt, weil ich
nicht besonders kräftig bin und kein guter
Arbeiter gewesen wäre. Auch ich wäre durch
den Kamin gegangen. Und plötzlich, eigentlich nur einen Augenblick später, bekomme ich den höchsten deutschen Orden.
Das zeigt, wie viel wir geschafft haben:
Deutschland ist heute ein Ort geworden, an
dem ihr mich ehrt und nicht umbringt". Es
ist schwer, sich eine solche Aussage ganz
ohne bitteren Sarkasmus vorzustellen. Und
wieder beinhaltet er, wie offensichtlich so
viele Spielberg-Bemerkungen am Rande,
auch wieder jene Gleichung zwischen Biographie und Geschichte, die wir als die „Seele" des Spielbergianismus ansehen können:
Der Schwache, der sich nicht mit seiner
Schwäche zufrieden geben darf, das ist zugleich der Einzelne und eine Art von Volk
im Volk, für das das Judentum nur die au-
genscheinlichste Äußerung ist. Und es ist
für alle Spielberg-Helden ein schmerzhafter,
aber der einzige Weg: die Erkenntnis der
Differenz. Anders gesagt, und etwas, das
weit vom „normalen" Bild des Helden in
der populären Kultur ist: Für den Spielberg-
Helden ist die abenteuerliche Reise, die strategische und symbolische Tat ein Medium,
zwischen zwei sehr unterschiedlichen Pro-
zessen: Jemand wird „Ich" (unter anderem,
indem er auch seine Geschlechteridentität

klärt, seine Rolle im Familienroman), und zur gleichen Zeit erkennt er, dass der Preis für diese Erkenntnis des Ich die Akzeptanz der Differenz ist. (SAVING PRIVATE RYAN ist deswegen nicht nur in einen „realistischen" und einen „fabel-haften" Teil getrennt, sondern zeigt noch einmal in seiner Form die Differenz als Wesen des Ich, das überhaupt Entscheidungen treffen kann. Wozu es im ersten Teil, der blutigen Landeoperation, nicht die geringste Chance gab, das wird umgekehrt im Teil danach übermächtig: Die moralische Wahl einschließlich des Aspektes der Einsamkeit darin. Und was am Anfang so radikal getrennt wurde, das muss in der Erinnerung auch wieder eines werden: Das Opfer, das im ersten Teil besinnungslos gefordert wird, von der Strategie, vom Krieg selber, wird im zweiten Teil um die Dimension der Wahl bereichert, wird nur in seinem Aspekt der Vermeidbarkeit Teil des Bewusstseins. Am Ende sind beide Formen des Opfers zugleich verworfen, in ihrer Absurdität gezeigt – und insofern ist, einmal mehr, SAVING PRIVATE RYAN durchaus eine Fortsetzung und eine Antwort auf 1941 – und als Verpflichtung angenommen. Die Versöhnung, die Steven Spielberg immer wieder anbietet, hat drei Haken:

· sie verlangt die Erinnerung an das Opfer,
· sie spricht von der Verpflichtung darin, und
· sie setzt den Gedanken an die Vermeidbarkeit des Opfers voraus.

Für ihn gibt es sicher nicht so etwas wie ein „Schicksal", dem sich die Menschen unterordnen müssen. Es verhält sich eher umgekehrt: Erst wenn Menschen ihre Entscheidungen in den Mythos „einschreiben", können sie beginnen, die Geschichte (deren Absurdität seit DUEL und 1941 deswegen noch lange nicht vergessen ist), zu akzeptieren.

Meuterei auf der Middle Passage: AMISTAD oder Die Entführung der Kinder

AMISTAD geht auf die Bemühungen der engagierten Choreographin und Produzentin Debbie Allen zurück, die im Jahr 1978 auf Dokumente und Essays zum Fall des Sklavenschiffes *La Amistad* gestoßen war, und seitdem versuchte, einen Regisseur für dieses Projekt zu begeistern. Einen gewissen Einfluss auf die Realisierung hatte schließlich auch Jacqueline Onassis, die 1988 als Lektorin des Verlages Doubleday auf den historischen Roman „Echo of Lions" von Barbara Chase-Riboud gestoßen war, der den Fall fiktionalisiert hatte und ihn dem Regisseur und Produzenten Spielberg ans Herz legte. Doch als David Franzoni schließlich sechs Jahre später ein Drehbuch zu dem Projekt fertigte, behauptete er, den Roman nie gelesen zu haben. Barbara Chase-Riboud verklagte ihn, Spielberg und *DreamWorks* wegen Plagiats, ohne Erfolg indes, da die Produktion auf gemeinsame Quellen wie „Black Mutiny" von William A. Owens verweisen konnte. Die Kritiken zu AMISTAD blieben verhalten und respektvoll. Mit eher bescheidenen 40 Millionen Einspielergebnis entwickelte sich Spielbergs zweiter Versuch, die afroamerikanische Seite der US-Geschichte aufzugreifen, ökonomisch allerdings zum mittleren Flop. Für ihn mochte diesmal freilich die politische Kritik schwerer wiegen.

AMISTAD übernimmt ein SCHINDLER'S LIST sehr ähnliches, wiederum anekdotisches (wenn auch mehr zur Parabel tendierendes) Handlungsgerüst, das um die Suche in einer Situation allgemeiner Verzweiflung nach der Ausnahme, die Suche nach dem einen „Gerechten" beschreibt, der eine Welt retten kann:

Auf der „middle passage", dem Seeweg zwischen Ghana und Nordamerika, wurden 13 Millionen Afrikanerinnen und Afrikaner aus ihrer Heimat in die amerikanische Sklaverei verschleppt. Der „Fall" Amistad

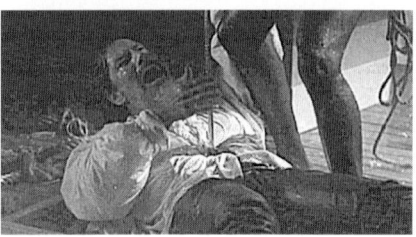
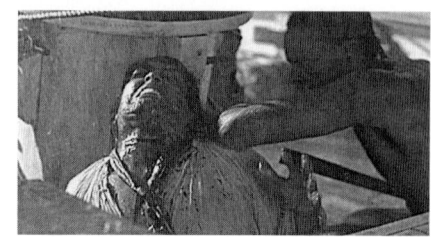

scheint in dieser langen Leidensgeschichte der Völker eine bizarre Fußnote, eine Systemwidrigkeit ohne erkennbare Folgen: Im Jahr 1839 werden 53 Männer aus Sierra Leone an Bord des gleichnamigen Sklavenschiffes gebracht, um nach Cuba verschleppt zu werden, wo sie auf den Plantagen als Sklaven arbeiten sollen. Doch auf der Überfahrt gelingt es Sengbeh Piek, genannt Cinque (Djimon Hounsou), sich von den Ketten zu lösen und die übrigen Gefangenen zu befreien. Ihre Meuterei gelingt: sie können die Spanier dazu zwingen, das Schiff zu wenden und nach Afrika zurückzusegeln. Aber im Schutz der Nacht ändern diese unbemerkt den Kurs, um an die Ostküste von Nordamerika zu gelangen. Schließlich greift ein Boot der US-Marine die *Amistad* auf, und die Meuterer werden verhaftet und erneut in Ketten gelegt. Zunächst scheint es bei ihrem Prozess um nicht viel mehr zu gehen als um Besitzrechte und drakonische Strafen. Aber die „Abolitionisten" Tappan (Stellan Skarsgard) und Joadson (Morgan Freeman) tun sich mit dem jungen Anwalt Baldwin (Matthew McConaughey) zu einem jener Spielbergschen Trios zusammen, denen der Erfolg nie ganz versagt wird: Es gelingt ihnen, aus dem Verfahren um „Sachen", wie es

auch von der spanischen Königin (Anna Paquin) angestrebt wird, ein Verfahren um Menschen und Ideen zu machen. Nach langen, zähen Verhandlungen geschieht das Unerwartete. Das Gericht spricht die Meuterer frei und gesteht ihnen das Recht zu, als freie Afrikaner zurück nach Sierra Leone zu fahren. Doch dagegen opponiert mit allen Mitteln der um seine Wiederwahl besorgte Präsident Van Buren (Nigel Hawthorne). Ihr Fall wird schließlich vom Obersten Gerichtshof verhandelt, vor Richtern also, die zum größten Teil selber ihren Reichtum und ihre Macht dem „Besitz" von Sklaven verdanken. Der ehemalige Präsident der Vereinigten Staaten, John Quincy Adams (Anthony Hopkins), übernimmt die Verteidigung der Angeklagten.

Wie in SCHINDLER'S LIST versagt uns auch AMISTAD zunächst den moralischen Überblick und zwingt uns sogleich hinein in ein Geschehen, in dem die Helden erst einmal furchtbar erscheinen: der Aufstand der Sklaven an Bord des Schiffes ist eine blutrünstige, barbarische Aktion. Erst langsam löst sich das Bild von Cinque aus dem dämonischen Dunkel. Von der Besatzung lassen sie nur zwei am Leben, Ruiz und Montes, die sie brauchen, damit sie

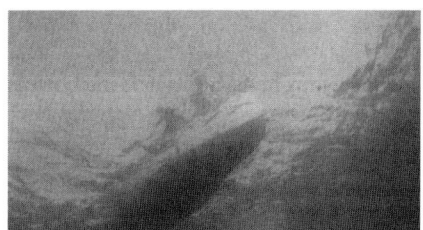

sie in die afrikanische Heimat zurückbrin-
gen. Noch zieht uns nichts in diesen Bildern auf die Seite der Rebellen, mehr noch:
der Beginn von AMISTAD ist so inszeniert,
dass man sich beim Zuschauen von den
schwarzen Sklaven selbst angegriffen fühlen mag. Aber ebenso eindringlich haben
wir die Gewalt der Sklavenjäger erlebt.
Diesen Schock zu bearbeiten gibt uns der
Film auf; er konstatiert ein historisches
Recht auf Gewalt und scheint zugleich
nach dem Weg zu ihrer Überwindung zu
suchen.

Der Prozess, der sich dann abspielt,
geht eben an dieser Handlung vorbei. Sein
Inhalt ist wesentlich die Frage, ob die Skla-
ven nach dem geltenden amerikanischen
Recht noch freie Menschen oder schon
Sklaven und damit Besitz und „Sache"
sind. Gehören sie dem Schiffskapitän, dem
Königreich Spanien oder sich selbst? Eine
Frage, die exakt am Schnittpunkt zwischen
Kapitalismus und Zivilisation zu entschei-
den ist. Die Unterscheidung ist so absurd
wie die Entscheidungen der Gerichte in Sa-
chen „Abschiebung" unserer Tage, und sie
wird noch absurder durch die Politik im
Hintergrund. Der Bürgerkrieg erscheint als
Möglichkeit, und darum ist der amtieren-

de Präsident Martin Van Buren bemüht,
nach dem ersten Freispruch dem Druck
der spanischen Regierung nachzugeben
und die Freilassung der Sklaven zu verhindern. So geht der Fall durch drei Instanzen
und findet seinen Fixpunkt am Obersten
Gerichtshof. Die fiktive Loyalität zwischen dem afrikanischen Kämpfer für die
Freiheit und dem alternden Ex-Präsiden-
ten, der in der Inszenierung vor Gericht so
etwas wie eine Revision seiner glücklosen
Amtszeit und eine virtuelle Zwiesprache
mit seinem Vater sehen mag – jenem John
Adams, der als Zweiter Präsident der Vereinigten Staaten für die Abfassung der Un-
abhängigkeitserklärung　　verantwortlich
war, entspricht dann wieder ganz dem
Spielbergschen Versöhnungsprojekt: Moses und Peter Pan rekonstruieren aneinander. Und mehr noch: Sie finden sich zusammen in der auch verbalen Bearbeitung
der barbarischen Gewalt, die die Geschichte notwendig gemacht hat. „Amistad" bedeutet Freundschaft. AMISTAD
dreht die Geschichte in seiner Konstruktion als Ausnahme und Parabel um: Es ist
eine Verhandlung, die die Gewalt beendet
und ein gemeinsames Projekt der Zivilisation und Freiheit definiert. In der amerika-

nischen Wirklichkeit sind es oft genug Verhandlungen vor Gericht, deren skandalöse Inszenierungen erst die Gewalt zum Ausbruch bringen.

Vielleicht war im Fall SCHINDLER'S LIST das Anekdotische die einzige mögliche Form der Erzählung; bei AMISTAD musste sie scheitern. Die holzschnitthafte Zeichnung des kühnen schwarzen Rebellen (Djimon Hounsou) und des rechtschaffenen Politikers und Juristen (Anthony Hopkins) übermalt diesmal – zumindest nach Ansicht der an historischer Genauigkeit orientierten Kritik, die bei AMISTAD die Meinungsführerschaft zu übernehmen wusste – zu sehr den Hauptstrom der Geschichte der Sklaverei, für die der Fall Amistad nie eine besondere Bedeutung erlangte. Die Anekdote wurde weder Metapher noch Modell, am allerwenigsten eine Vorahnung der Befreiung. Tatsächlich dramatisiert Spielberg die Geschehnisse auf eine Weise, die die historische Kritik unnötigerweise provoziert: Weder sind sich Cinque und Adams je wirklich begegnet, noch gibt es ein reales Vorbild für die große Rede des (Film-)Präsidenten vor dem Gerichtshof. Wenn es in SCHINDLER'S LIST also um einen Helden (genauer gesagt: um zwei

Helden) geht, bei denen das Heroische erst im Nachhinein zugefügt wird, krankt AMISTAD an seinen allzu eindeutigen Idealisierungen. Die wirklichen Beweggründe für die Freilassung der meuternden Sklaven lagen denn im historischen Fall auch viel weniger in einem humanistischen Ansatz als vielmehr in einer ebenso trivialen wie verzwickten Rechtslage. Der historische Adams hatte also wohl mit einem „Gerechten", wie Spielberg ihn sich vorstellt, nicht allzu viel gemeinsam.

Und dass Cinque genau so wenig ein „Held" ist, wie es Schindler oder Private Miller sind, ist für Spielberg sogar außerordentlich wichtig zu zeigen. Er weigert sich, die Rolle des Anführers zu übernehmen und bekennt, er habe nichts anderes als Glück gehabt, eine Situation lebend zu überstehen, die man später in den Rang einer Heldentat erhoben habe. In dieser Konstruktion des Helden, der seine Rolle in der Öffentlichkeit dann doch spielt, obwohl er sie als Individuum ablehnt, steht Spielberg irgendwo zwischen dem melancholischen Optimismus John Fords (THE MAN WHO SHOT LIBERTY VALANCE – Der Mann, der Liberty Valance erschoss – 1961) und dem hypermotorischen Pessi-

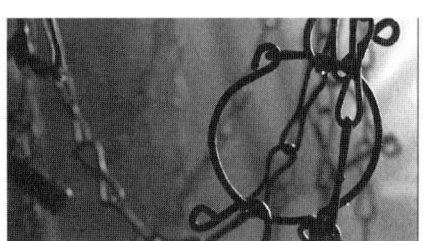

misten Martin Scorsese (TAXI DRIVER – 1976). Cinque wird doch zum Helden (wenn auch auf eine weniger „professionelle" Weise wie die weißen Mitstreiter in seinem Prozess), weil er es werden muss. Die innere Einheit, die sich möglicherweise bei Oskar Schindler ergibt (nicht ein Spieler, der zum Helden wird, sondern einer, der nur als Spieler zum Helden werden konnte), bleibt Cinque indes versagt. Und daher bricht auch der Film selber, brechen oft ganze Sequenzen vor unseren Augen wieder auseinander in zwei vollkommen widersprüchliche Arten, die Welt zu sehen, nämlich als chaotisches, wirres und zufälliges Begegnen der Individuen in einer gleichgültigen Welt, und in die Folgerichtigkeit des Mythos, der sich in der Welt nur ereignet, um ihr eine klare Ordnung abzuverlangen und aus jeder Bewegung eine (moralische) Aussage zu machen. In SCHINDLER'S LIST öffnet Spielberg diesen Widerspruch wie eine Schere. In seinen beiden Hauptfiguren nimmt er dazu eine komplementäre Spiegelung vor: Göth, der sich aus dem Mythos erklärt (und sei es ein furchtbarer einer nur „rassischen" Überlegenheit, die eine klare Ordnung von Herr und Sklave, von Leben und Tod in die Welt bringt), wird zum Agenten der Willkür, nicht nur im Terror, den er verbreitet, sondern auch zunehmend in der Selbstwahrnehmung, und Schindler, der uns als opportunistischer Improvisateur vorgestellt wurde, und zunehmend in die Rolle einer personifizierten Hoffnung, und am Ende, als „Gerechter", sogar in die eines Erklärers und (mit Einschränkungen) Versöhners wächst. Neben die Frage nach der Annehmbarkeit oder Unannehmbarkeit des Opfers stellt sich also immer wieder in Spielbergs Welt die Frage nach der Annehmbarkeit oder Unannehmbarkeit der Rollen von Held und Anführer. Sogar Indiana Jones, der nun so gar nichts dabei zu finden scheint, sich als Held nach einer Unzahl von Vor-Bildern zu inszenieren, bekommt in einer schönen Regelmäßigkeit Schwierigkeiten mit der Rolle eines Anführers, wenn sie ihm angetragen wird. Auch Captain Miller lehnt die vollständige Verantwortung für die paradoxe Opfermission zur Vermeidung des Opfers erst einmal ab, ebenso wie sich in den JURASSIC PARK-Filmen das Opfer und die Anführerschaft keineswegs logisch im Einzelnen treffen. Sogar in CHICKEN RUN (2000 – Regie: Nick Park), ei-

nem Peripherie-Stück des Spielbergianismus, wird der „Held" (ein „Flughahn" aus dem Zirkus) heftig demontiert, und hat trotzdem seinen unverlierbaren Anteil am Ausbruch der Plastilin-Hennen aus ihrem furchtbaren Lege-Gefängnis.

Diese Verwandlung des chaotischen und selbstbezogenen Menschen in den ordentlichen und opferbereiten Helden beschreibt Spielberg nun weder als Notwendigkeit (wie es John Ford in THE MAN WHO SHOT LIBERTY VALANCE tut), noch als Missverständnis (wie es Martin Scorsese in TAXI DRIVER tut). Erneut zerfällt die Beziehung vielmehr in Willkür und Wahl, oder, anders gesagt: die Wahl, die Spielbergs Helden früher oder später treffen müssen, mag die eine oder andere Verkettung der Umstände nach sich ziehen, der entscheidende Augenblick für sie freilich ist der, in dem sie erkennen, dass sie überhaupt eine Wahl haben, dass sie zunächst einmal das Wählen wählen (schon das unterscheidet sie von einem Helden, der in der Regel „nicht anders kann", aufgrund einer äußeren Struktur seiner Legende, und einem Schurken, der in der Regel auch „nicht anders kann", diesmal aufgrund seiner inneren Struktur – wie des Triebes, die Welt zu beherrschen, einen künstlichen

Menschen zu schaffen oder das Glück des Bruders zu zerstören). Sehr eigen und vielleicht auf eine besondere Art modern sind Steven Spielbergs Filme dort, wo sie einen direkten Zusammenhang zwischen der Wahl des Menschen und seinem Status als Helden (den Spielberg in seinen komödiantischen Filmen so lustvoll angreift) verleugnen. Cinque, zum Beispiel, ist für sich und jeden, der ihn direkt sieht, weder der „chief" noch der Kerl, um den sich die Legende nur ranken kann. Aber zugleich ist er auch nicht in der Lage, sich von der Geschichte so weit zu distanzieren, dass er durch seine persönliche Erscheinung die Rolle negieren könnte. Der Mensch für sich und der Mensch in der Geschichte verhalten sich, natürlich, nicht mehr wie eine „Privatperson" und eine öffentliche Figur; der Bruch geht durch die Wahrnehmung selbst, und bei Spielberg ist sie oft durch einen Schnitt und einen Gegenschuss voneinander getrennt. Wenn uns jemand wie Steven Spielberg im Kino so etwas wie eine neue Heimat offeriert, dann macht er uns zugleich unmissverständlich deutlich, dass es in ihr die Eindeutigkeit, die wir von der alten, längst verlorenen gewohnt sind, nicht mehr geben wird. Insofern trennt Spielberg, in seiner behutsamen aber dennoch durchaus nachhaltigen Art, Versöhnung von Restauration.

Spielberg also „erfindet" in AMISTAD die Wahrheit der Geschichte, und dieses Problem der positiven Fälschung senkt sich über seine Arbeit auch jenseits des Kinos. Statt um eine Archäologie der Gefühle geht es um eine sentimentale Form der Geschichtsschreibung. „Dabei gerät Spielberg in ein Dilemma, das schon die antike Rhetorik erkannt hat. Er ersetzt Wahrheit durch Überzeugungskraft. Diese Ersetzung hat schon Platon angegriffen, nicht von ungefähr der erste schreibende Philosoph. Spielberg verteidigt die sophistische Gefühlsrhetorik und mutet sich dabei als Regisseur eine heikle Aufgabe zu. Wenn die Wahrheit des Falls zu einer Frage des Gefühls wird, entscheidet die Regie der Emotionen, was wahr ist" (Stefan Heidenreich).

Nicht die Erzählung, sondern der Erzähler also kann „Vertrauen" schaffen (oder verlieren). Daher werden alle Filme Spielbergs ein wenig problematisch, in denen es kein „Selbstportrait" gibt, und die ohne direkten biographischen oder familiären Bezug zu ihm sind. In AMISTAD also wird der Regisseur zum Anwalt, der um der guten Sache willen die Dinge auf eine bestimmte Weise darstellt, auch wenn er weiß, dass es „draußen" noch eine andere Wahrheit gibt, die weniger argumentativ erscheint. Dabei geht Spielberg sogar so weit, die Technik-Geschichte (und also doch wieder so etwas wie die eigene) zu fälschen: Seine Kamera übernimmt das Bild einer frühen Aufnahme-Apparatur, um den Präsidenten im Januar 1841 aus dem Blick der Zeitgenossenschaft zu zeigen. Aber die erste Daguerreotypie die von van Buren existiert, datiert aus dem Jahr 1844. Irgendwo krümmt sich da die Zeit der Erinnerung.

Freilich unterstreicht indes, mehr noch als in THE COLOR PURPLE, Spielberg durch seine emotionale Geschichtsschreibung in

AMISTAD auch die Fähigkeit der populären Kultur, sich von den traditionellen Bildern auch der liberalen *Uncle Tom*-Linie zu befreien. Afroamerikaner erscheinen hier nicht mehr als wehrlose Opfer, die die Bösartigkeit ihrer Peiniger gar nicht wirklich verstehen, sondern als autonome Kämpfer, die das System ihrer Ausbeutung sehr wohl durchschauen und in der Logik ihrer Feinde zu denken vermögen, ohne sie zu akzeptieren.

Für Steven Spielberg selber, der zwei afroamerikanische Kinder adoptiert hat, war der Film einmal mehr eine persönliche Geste, mit der er sein Credo von der amerikanischen Fähigkeit der Überschreitung der Grenzen zwischen den Kulturen formulierte: „Ich denke, dass ich ein großes Einfühlungsvermögen habe für alles, was fürs Afrikanische von Bedeutung ist. Ja, ich fühle, dass ein Teil von mir schwarz ist". Das ist gewiss nicht im Sinne Rimbauds gemeint, der sich selbst als „Neger" bezeichnet, keine Geste der Transgression oder der Passion, sondern im Sinne einer (Wieder-) Vereinigung des Getrennten in der Geschichte.

In dieser Aussage spiegelt sich wieder der große Widerspruch in Spielbergs filmischer Welt, der zwischen Verschmelzung und Differenz, zwischen Licht und Globus. So werden bei dem „industriellen" Filmemacher Spielberg das Werk und seine Produktion näher an den Menschen gerückt, als das in der Regel bei „Autorenfilmern" der Fall ist. Wie bei SCHINDLER'S LIST waren auch hier die Dreharbeiten von der Bearbeitung durchaus traumatischer *reviv-*

re-Erlebnisse bestimmt. Die meisten Rollen waren von Afrikanern besetzt. Spielberg hatte dafür gesorgt, dass nur schwarze Assistenten den Sklaven-Darstellern Ketten anlegen durften. Aber diese Ketten waren echt und schwer, damit der Film diese Erfahrung so lebensnah wie möglich vermitteln konnte. So erinnert sich der Schauspieler Chike Okpala: „Wenn mich jemand fragen sollte, ob ich je im Gefängnis war, kann ich mit ‚ja‘ antworten. Denn wir alle vergaßen bei den Dreharbeiten, dass es nur ein Film war".

Der schmerzhafte Erinnerungsschub und die sich anschließende, zum Teil erbitterte Kontroverse, blieb in diesem Fall weitgehend auf die USA beschränkt und erreichte auch dort nur einen geringen Teil der Öffentlichkeit. Die „Verdrängungsarbeit" erwies sich nun als stärker, das Versöhnungsangebot dieses Filmes konnte weder von der weißen Administration angenommen werden, noch von der politischen Organisation der Afroamerikaner. Auch die Regierung Clinton konnte sich schließlich nicht zu einer offiziellen Geste der Entschuldigung gegenüber den amerikanischen Nachfahren der afrikanischen Sklaven durchringen, und der radikaleren Fraktion der Afroamerikaner ging die cineastische Forderung nach einer Form der Wiedergutmachung nicht weit genug. Wenn SCHINDLER'S LIST initiativ für die Errichtung der Shoah Foundation war (und in Deutschland immerhin indirekt auch die Diskussion um ein Holocaust-Mahnmal beeinflusste), so zeigte, was auf AMISTAD folgte – nämlich so gut wie nichts – dass die amerikanische Gesellschaft in Bezug auf ihre eigene Geschichte nicht bereit war, sich den nach wie vor blinden Stellen zu widmen. Im übrigen erreichte auch der zur gleichen Zeit gedrehte, wesentlich radikalere und auch filmisch ansprechendere Film einer „schwarzen" Produktion nicht viel mehr. Das einst geplante Denkmal für die Opfer der Sklaverei, das auf der *National Mall* von Washington errichtet werden sollte, wurde auch im Kontext beider Filme verworfen. Vielleicht ist dies für Steven Spielberg eine größere Niederlage als die in der Regel äußerst harschen Kritiken, die er für AMISTAD bezog – von dem kommerziellen Misserfolg ganz abgesehen. Dass AMISTAD, was immer an den Diskussionen sonst gewichtige Rollen spielen mag, ein ziemlich guter Film ist, das kann man zurzeit allenfalls an gelegentlichen Mitternachtsaufführungen im Fernsehen nachprüfen.

Zeichen und Wunder

Weitere Wunder im wunden Land

Mit E.T. hatte Steven Spielberg den *sense of wonder* für die achtziger Jahre gerettet. Einige weitere Filme aus der Spielberg-factory befassten sich mit wenn auch ein wenig kleineren Wundern: BATTERIES NOT INCLUDED von Matthew Robbins, der einst SUGARLAND EXPRESS schrieb, spielt wieder mit der sozialen Tragödie der Zeit. In einer heruntergekommenen New Yorker Wohngegend wollen Immobilienhaie die Einwohner eines Hauses in der 8. Straße vertreiben. Auf dem Dach des Hauses Nr. 817 landen kleine Ufos, die zu Helfer für die bedrängten Mieter werden, der alte Riley und seine Frau Faye, der Maler Mason, die werdende Mutter Marsa, der Ex-Boxer Noble, der schon lange seine gefürchtete Rechte nicht mehr anders einsetzt als bei seinen Hobby-Basteleien. Und so ist es auch er, der das Ufo zum Laufen bringt, das ihm darob zu größter Dankbarkeit verpflichtet und zum besten Verbündeten im Kampf gegen den „Entmieter" Carlos Chavez ist. Setzen der und seine Gang bei ihrem Job Baseballschläger und Äxte ein, so wissen sich die Mieter mit ihrem neuen Verbündeten zu wehren, allerdings nur bis Chavez gefeuert wird. Sein Nachfolger sprengt kurzerhand das ganze Haus in die Luft, was Chavez selber die Möglichkeit gibt, sich ein wenig zu rehabilitieren, als er die alte Faye Riley retten kann. Das kleine Ufo ruft daraufhin seine Brüder oder Schwestern zu Hilfe, die das Haus in einer Nacht wieder originalgetreu aufbauen. Und so bleibt das alte Haus als Insel des Glücks zwischen den monolithischen Neubauten bestehen. In der Modernisierung der Sozialkomödien Frank Capras und der *white fantasy* geht Robbins wohl noch einen Schritt weiter als Spielberg selbst in ALWAYS, aber er ist auch in gewisser Weise „hemmungsloser" in der Konstruktion des Märchens. Und für Spielberg selber ist es wichtig, nicht nur Wunder und Versöhnung zu zeigen, sondern auch die unerhörte, entzauberte und doch von Dämonen beherrschte Welt.

Behemoth Revisited: JURASSIC PARK

> Der Vorläufer des Films war eine Herde in Bewegung; im Zittern ihrer Tritte lag schon das Flimmern der Leinwand.
> *Ramón Gómez de la Serna: Greguerías*

Der exzentrische Milliardär John Hammond (Richard Attenborough), kein eigentlicher Bösewicht, eher ein als typisch „spleeniger Engländer" getarnter Tycoon, plant – die Idee ist ihm beim Flohzirkus gekommen, den er einst betrieben hat – auf einer Insel einen gigantischen Vergnügungspark (was wir von JAWS und einigen seiner Nachfolger kennen, und natürlich von Crichtons Phantasie von WESTWORLD [1972] und FUTUREWOLRD [FUTUREWORLD – Das Land von Übermorgen – 1976 – Regie: Richard T. Heffron]), und die Hauptattraktion sollen lebendige Saurier sein. Aber natürlich plant dieser Schöpfer, den Spielberg selbst als „Mischung von Disney und Ross Perrot" beschreibt, etwas anderes, etwas „Filmisches", die Kreation einer eigenen Welt, einer zweiten Wirklichkeit. Er möchte, so scheint es, darin solche Vorbilder weit übertreffen, als er sich in dieser seiner Kunst-Welt gar noch als „gütiger" Gott inszenieren will. Er will nichts anderes als ein „guter Vater" in seiner Welt sein (und man weiß nicht so recht, ob dabei die Saurier das Spielzeug der Menschenkinder, oder die Menschen das Spielzeug der Saurierkinder dieses Gottes abgeben). Dazu benötigt Hammond die Unterstützung des zunächst eher skeptischen Wissenschaftler Dr. Alan Grant (Sam Neill), seiner Partnerin Ellie Sattler (Laura Dern, eine ironisch sexy Spielberg-Heldin wie seit Indiana Jones nicht mehr) und des „Chaosforschers" Ian Malcolm (Jeff Goldblum). Grant ist es vorbehalten, die große dumme Frage zu stellen, wie sie auf die eine oder andere Weise in jedem Monster Movie vorkommt: „Dinosaurier und Menschen, zwei Spezies, zwischen denen 65 Millionen Jahre der Evolution liegen, in ein und dieselbe Zeit katapultiert – wie können wir auch nur die blasseste Vorstellung haben von dem, was uns erwartet?" Man könnte schon aus diesem Satz heraushören, was freilich auch sonst deutlich genug betont wird: Der Mann mag keine Kinder. Aber was, außer den Knochen längst ausgestorbener Tiere mag er sonst? Ellie jedenfalls scheint als Begleiterin und „gute Kameradin" so willkommen wie als Geliebte nicht recht vorstellbar. Wieder schauen da ein Spielberg-Mann und eine Spielberg-Frau ostentativ aneinander vorbei. Da wir aber eben nicht in KING KONG sind – Spielberg lässt sich die Gelegenheit indes nicht entgehen, das Vorbild im Bild des gewaltigen Holzzauns um den Lebensbereich der Urtiere zu zitieren –, werden auch die Monstren nicht zu Zeichen ihrer unterdrückten Sexualität. JURASSIC PARK dreht auch dem in JAWS noch so angelegentlich gehuldigten Freudianismus eine lange Nase. Und kommt ohne Umschweife zum angewandten Spielbergianismus: Da sich in der abenteuerlichen Gruppe auch die beiden Enkelkinder des Engländers befinden, werden sich nicht nur die Verhältnisse, sondern auch die Blicke harmonisieren.

Im großen Versöhnungsangebot der Spielberg-Filme verschmelzen in den JURASSIC PARK-Filmen die Blicke der neugierig offenen Kindern mit denen der panisch moralisierenden Erwachsenen, und, vielleicht, mehr noch: Es verschmelzen die Blicke der Geschöpfe mit denen des Schöpfers. Die Wissenschaftler werden

Kinder und umgekehrt, in einem Prozess, der das moralische Gerüst der Serie ausmachen wird, nämlich den Umstand, dass das, was man sich, nach einem Wort von Stanislaw Lem, vorstellen kann und was sich als technisch durchführbar erweist, früher oder später auch gemacht wird – ungeachtet aller Folgen.

Aber gibt es dann überhaupt noch etwas zu sehen, lässt sich nach dieser Verschmelzung noch „staunen"? (Einmal ganz davon abgesehen, wie dieser Film vermarktet wurde: Allein die Werbe-Aufwendungen für JURASSIC PARK betrugen mehr als das Doppelte der Produktionskosten von E.T. – und schon dieser Spielberg-Film war ein Meilenstein in der Vermarktungsstrategie der blockbuster gewesen. Vielleicht geben auf eine ganz andere als nur kommerzielle Weise die JURASSIC PARK-Filme die Basis für die anderen Spielberg-Filme wie SCHINDLER'S LIST und SAVING PRIVATE RYAN. Erst wenn der Blick des neugierigen Kindes (dessen Begehren noch nicht nach der phallischen Sexualität ausgerichtet ist, die bislang die Antwort der Erwachsenen auf alle seine Fragen war, in der Offenbarung des furchtbaren Geheimnisses und ebenso in der gewaltsamen Unterdrückung) mit dem Blick des Schöpfergottes verschmolzen ist, kann er genau auf jene (historischen) Momente gerichtet werden, in denen der Mensch immer nur wieder fragen konnte: Wo ist Gott jetzt?

Die „zärtliche Katastrophe" der JURASSIC PARK-Filme hat den Blick des kleinen Menschen und des entfernten Gottes so miteinander verschmolzen, dass wir uns ebenso mit dem Gedanken vertraut machen könnten, Gott sei das Mädchen im roten Mantel in SCHINDLER'S LIST, wie das genaue Gegenteil: Gott sei die vergebliche Hoffnung auf seine Rettung. Denn einmal mehr ist der Jurassic Park ja auch eine neue Version von Neverland, in dem es wieder und wieder zur Implosion kommt. Wir befinden uns indes mittlerweile schon so sehr in einer Karikatur, oder in einer

1
Jeff Goldblum, Richard
Attenborough, Laura
Dern, Sam Neill

2
Laura Dern, Sam Neill

 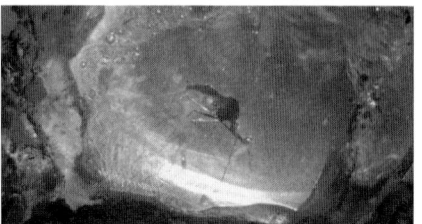

Farce der Wiederkehr von Peter Pan-Country, dass uns die absurde Befestigung, die Ähnlichkeiten des Kinderlandes mit einer Gefängnisinsel, gar nicht mehr sonderlich auffallen. So wie sich in SUGARLAND EXPRESS die Familie in dem grotesken Versuch, sich zu restaurieren, in die blutige Katastrophe bewegt, so bewegt sich in JURASSIC PARK das Paradies der ewigen Kindheit durch den Versuch, sich „mit allen Mitteln" zu erhalten, in die Monster-Katastrophe. Und in JURASSIC PARK verlieren wir auch das Vertrauen zu den Allianzen von Wissenschaftlern/Vätern und Wissenschaftlern/Kindern: da verführt und manipuliert der eine die anderen zu ungutem Ende. Und so wie die Welle der Katastrophen in SUGARLAND EXPRESS von innen nach außen gelangt, von der einzelnen Familie und ihrer Struktur bis zur Gesellschaft, hysterische Zuckungen, die immer größere Bereiche der Gesellschaft befallen, so bewegen sich hier die Katastrophen-Wellen von der Insel zum Kosmos. JURASSIC PARK jedenfalls beginnt mit einer Karikatur der Schöpfung: Aus dem fossilen Genmaterial ist neues urweltliches Getier erzeugt worden, das prompt der Kontrolle der Menschen entkommt, als gleich am Eröffnungstag alle möglichen Katastrophen zusammenkommen, technische (bei den Computern) wie natürliche (ein Unwetter) und dazwischen das, was nicht nur in solchen Fällen immer zu erwarten ist: menschliche Fehlleistungen. Nachdem bei diesen Pannen ein Arbeiter von den Sauriern getötet worden ist, erzwingt die Versicherung eine Untersuchung des Jurassic Parks (uns mag diese Investigation im Traumreich ein wenig aus Crichtons WESTWORLD bekannt vorkommen), und so führt Grant seine Crew auf eine Tour durch die Insel der Saurier. Und als sie vor dem „Gehege" des Tyrannosaurus Rex angelangt sind, legt ein Hurrikan alle Sicherheitsvorkehrungen lahm.

Neben der „sensationellen" Ausgangsidee (in einem Bernstein ist alles zusammengeschmolzen, was zur Re-Kreation der Urwelttiere nötig ist: das ist eine sehr spannende Sub-Geschichte als Matrix zur B-Movie-Geschichte des Films – das Insekt hat das Riesentier gestochen und sein Blut aufgesogen, in dessen Bestandteilen sein ganzer Bauplan enthalten ist, und kaum ist es von seinem mehr oder weniger freundlichen Wirt davongeflogen, da wird es von einem Harztropfen eines Baums getroffen, für immer eingeschmolzen und konserviert in diesem Bernsteintropfen, 150 Millionen Jahre lang) ist es vor allem die Computer-Animation der Saurier, die den Erfolg des Filmes ausmachen, der ansonsten mehr oder weniger direkt nach den Formeln des Genres abläuft. Spielberg freilich übernimmt auch hier die Dramaturgie von JAWS und geht sehr sparsam mit der direkten Präsentation seiner „Monster" um. Genauer gesagt: Es sind nicht mehr als sechs Minuten, in denen uns JURASSIC PARK die Bilder von Brachiosaurus, Dilophosaurus oder Tyrannosaurus Rex in wütender Aktion zeigt. Aber das Showdown in einem Western war auch nicht viel ausgedehnter, das Segel am Horizont eines Piratenfilmes nicht länger zu sehen.

Filme wuchern erst in der Dekadenzphase ihrer Genres und Motive mit den Bildern, auf die sie nur hinauswollen können, und die sie umschließen wie ein Heiligtum, oder wie der Bernsteintropfen die Fliege mit der Saurier-DNA in Spielbergs Film.

Aber wie, vielleicht, der Blutstropfen im Rüssel einer Mücke, den Bauplan gigantischer Tiere enthalten kann, so enthalten, wahrscheinlich, einige Szenen in Spielbergs JURASSIC PARK eine ganze Welterklärung, so wie die von den mehr oder weniger friedlich äsenden Dinos, die, vielleicht, in aller Unschuld ihre ganze eigene Welt auffressen. Behemoth ist nicht das Zeichen des Untergangs und der Strafe, es ist nichts als ein weiterer Teil der Natur und ihrer Bewegung. Weshalb dieser von Spielberg kreierte doppelte Blick des neugierigen Kindes und des entspannten Schöpfergottes auch nicht nur von Faszination vor den digitalen Urwelttieren, sondern auch von Zärtlichkeit bestimmt ist. Erneut stehen sich das Staunen und die Ordnung, das Licht und der Globus, gegenüber.

Diese Weltsicht deckt sich nicht unbedingt mit der von Michael Crichton, einmal ganz davon abgesehen, dass Spielberg die Elemente von Gewalt und Zerstörung gegenüber dem Roman stark zurückgenommen hat, und das diesmal wohl nicht allein, um für seinen Film ein PG-13 *rating* zu erhalten oder die technischen Schwierigkeiten der Darstellung vor allem im dritten Akt zu umgehen. Dass es Spielberg zumindest mit dem „Angst"-Faktor in JURASSIC PARK ernst wahr, zeigt sich wohl daran, dass er von Beginn an eine Freigabe des Films für Kinder gar nicht anzielte. Aber die Angst ist für ihn fundamental; der Schrecken erschöpft sich nicht darin, dass er von Menschen „gemacht" wurde. Crichton ist ein düsterer und gelegentlich reaktionärer Fortschrittspessimist und dabei nicht mehr als ein angepasster Apokalyptiker; Wissenschaft führt bei ihm gleichsam immer zur Katastrophe, ausgelöst durch die Allianz des

Erfindergeistes mit dem geldgierigen Kapitalisten. Aber wenn Hammond bei Spielberg immer wieder betont, er habe „keine Kosten gescheut", dann klingt das nach einer vollständigen Naivität in der Lust der Kreation. Bei Spielberg kommt es auf den einzelnen an, seit DUEL und JAWS darauf, dass der „einfache Mensch sich seinen Ängsten stellt", und die Störung des inneren Bauplanes von Geschichte und Natur wird gleichsam in diese eingeschrieben (ein vergleichsweise moderner Gedanke, der das Genre sanft, aber bestimmt über seine sinistren gothischen Wurzeln hinaustreibt).

Natürlich ist JURASSIC PARK nichts anderes als das gewohnte Naturkundemuseum *gone wild* (und so war es auch für den Designer der Urtiere, Stan Winston, entscheidend, dass es in diesem Film um „prähistorische Tiere und nicht um Monster à la Godzilla" geht). So als wäre genau das passiert, was sich alle Spielberg-Kinder bei jedem Blick in die scheinbar geordnete und rationalisierte Erwachsenenwelt erträumen. (Und schon wieder scheint es ziemlich egal, ob Spielberg genau dieses Bild, oder doch eher den Blick filmt, der es generiert, um es gleich wieder zu verlieren.) Auch hier jedenfalls zeigt sich der Film zuerst einmal an seinen menschlichen Charakteren und an ihrem Leben interessiert, wie zum Beispiel an der fast schon konventionell spielbergianischen Figur des Forschers, der keine Kinder mag. Die Saurier – sie erscheinen zum ersten Mal nach zwanzig Minuten im Film – erstehen denn auch zunächst im Blick der Menschen; wir sehen nicht zuerst die Tiere, sondern den erstarrenden Blick von Laura Dern (eine *screaming lady* von wahrhaft Spielbergianischen Ausmaßen: Bei der Synchronisation wurde sie zu solch hysterischen Lautäußerungen getrieben, dass die Schauspielerin für geraume Weile komplett ihre Stimme verlor). Wir erfahren durch die Musik von der Annäherung der unmöglichen Tiere. Wir hören ihre dramatischen Geräusche bei der Fortbewegung. Wir treffen auf

 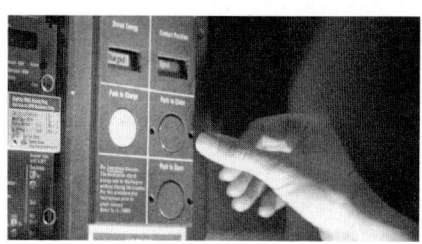

ihre Spuren und auf ihren Kot. Schritt für Schritt werden sie „real" – aber deswegen, wie der weiße Hai, nicht unbedingt „natürlich".

Diese Dramaturgie einer immer wieder aufgeschobenen visuellen Begegnung funktioniert noch einmal als Parodie auf die Erwartungsmaschinerie der Vermarktung, es ist ein beinahe lustvolles Spiel mit der Ersetzung jener Bilder der Bedrohung durch ihre indirekte Spiegelung, das auf unser Wissen spekuliert, dass die Saurier dann schließlich doch wirklich ins Bild kommen.

Wirklich spannend wird es, weil die Menschen, in dem Bestreben einander zu helfen und die richtigen Lösungen durch die Tat zu erzwingen, einander gefährden und mindestens so bedrohlich werden wie die Saurier selbst. Wenn alle Spielberg-Filme zugleich einen E.T.-Aspekt und einen 1941-Aspekt aufweisen, dann drohen in JURASSIC PARK immer einmal wieder die 1941-Aspekte die Oberhand zu gewinnen, etwa in der Szene, in der in einer Parallelmontage gezeigt wird, wie die Forscher und die zwei Kinder in das Kontrollzentrum flüchten wollen. Sie müssten nur noch über den Elektrozaun gelangen, der gerade stromlos ist, um sich in Sicherheit zu bringen. Doch zur gleichen Zeit arbeitet die Wissenschaftlerin, die davon nichts weiß, fieberhaft daran, die Sicherungen wieder in Gang tu bringen und die tödlichen Stromleitungen wieder funktionieren zu lassen, um das Zentrum gegen den Angriff der Tiere zu schützen. Das Problem liegt einmal mehr in einem Spielberg-Film in der Kommunikation. Und wie 1941 gezeigt hat, dass nur ein kleiner „Wirklichkeitsrest" in der Erwartung genügt, um ein

System der Selbstdestruktion auszulösen, so zeigt JURASSIC PARK, wie die Anwesenheit einer unkontrollierbaren Natur die Menschen zur Selbstdestruktion bringt. Dramaturgie und Ikonographie fallen dabei freilich ein wenig auseinander. Man könnte, was das Drama anbelangt, die Dinosaurier beliebig durch andere „böse Tiere" ersetzen, und man könnte, umgekehrt, um das computertechnische Meisterwerk der CAI-Saurier zu präsentieren, beliebig auch irgend eine andere Story erzählen. Und so wie in INDIANA JONES AND THE LAST CRUSADE einige der visuellen „Fehler" so erscheinen, als hätte sie der Regisseur mit Bedacht eingefügt, um den B-Film-Charme nicht vollends hinter der ikonographischen Effekt-Perfektion zu verlieren, so scheint die dramaturgische Unbekümmertheit bei den JURASSIC PARK-Filmen beabsichtigt, bei dem das Merchandising gleichsam schon vor dem Film selber einsetzte, und eine ausgefeilte Story oder gar über das Notwendigste hinausgehende Charakterisierungen der Protagonisten eher störend hätten erscheinen müssen. Das wahre Zentrum des Geschehens ist die Identität des Saurier-Emblems, mit dem für die Filme geworben wird, mit dem Emblem, mit dem *im* Film für den Jurassic Park geworben wird. Anders als bei den phantastischen Spielberg-Filmen vordem lohnen sich hier weder für die Fans noch für die Kritiker allzu eingehende Forschungen nach Botschaften im Subtext. Nur ein neues „ultimatives" Böses (das dennoch „unschuldig" bleibt, mehr als es der weiße Hai war) erwächst aus der Hierarchie der bedrohlichen Saurier: Neben dem lustig hüpfenden Gallimimus, dem Tryannosaurus Rex, der vielleicht böser aussieht als er ist, erweisen sich von allem die Velociraptoren als unbezwingbar (womit auch, im Gegensatz zu GODZILLA, klargestellt ist: Auf die Größe kommt es nicht an): „Sie schlitzen dich auf, damit die Innereien herausquellen, und fressen dich auf, während du

noch lebst". (Roger Corman hat später versucht, mit seinen bescheiden Mitteln diese Splatter-Bedrohung in einem Saurier-Film einzulösen.)

Ansonsten, natürlich, „gehören" die Filme den wissenschaftlich spielenden Kindern von Industrial Light & Magic und anderen Special Effects Units: Unter der Leitung von Phil Tippett arbeiteten die Spezialisten Dennis Muren („Full Motion"), Stan Wilson („Live Action"), Michael Lantieri (mechanische Effekte) mit ihren jeweiligen Teams, von 28 Puppenspielern und 13 Stuntmen gar nicht zu reden. Das „Digital Processing", das bei TERMINATOR II (Terminator II – Tag der Abrechnung – 1991 – Regie: James Cameron) entwickelt worden war, wurde von Mark Dippe und Steve Williams für die „Massenszenen" mit den Urtieren auf eine neue, ökonomische Weise eingesetzt. Die Rechnerzeiten für Computer-Animationen wurden dabei drastisch verringert. Früher musste man „für eine fünf Sekunden andauernde Bewegung ein ganzes Jahr Arbeit investieren – so unglaublich das auch für den Laien klingen mag. Das war natürlich für uns eine Herausforderung" (Mark Dippe). Die Spielbergsche Welle greift wieder über den Film hinaus: Spielende Kindervatergötter erspielen einen Film über spielende Göttervaterkinder. Dabei markiert jeder JURASSIC PARK-Film einen weiteren Meilenstein in der Geschichte der Computer-Animation, insbesondere auf dem Gebiet der bewegten Texturen von Oberflächen wie der Saurierhaut. Der „Schöpfungsakt" überschritt die Grenzen der freundlichen Modellspiele: „Die feinste Hautstruktur, die Beugung kleinster Muskeln, das Federn des Ganges, die Mimik, selbst das Spiel von Licht und Schatten auf und um die schauerlichen Echsen täuschen Leben mit allerhöchster Glaubwürdigkeit vor" (Hans Joachim Neumann). In der Tat beinhaltet auch jeder einzelne Film der Serie eine Dokumentation von der alten Trickwelt zur CAI (Computer Aided Imagery). In den letzten Szenen von

JURASSIC PARK bestehen die Dinosaurier ausschließlich aus digitalen Schöpfungen. Und
gleichzeitig sind, diese inversive Logik des
Monsterfilms ist nicht neu, die Computer-
spezialisten die größten Halunken in der
Handlung. Der schlimmsten einer ist jener
Überwacher (Wayne Knight) an seinen Bildschirmen, der auf andere Weise „Gott spielen" will als der gütige und kindische Schöpfer selbst. Er hat die Elektrozäune abgeschal-
tet, um sich in den Besitz von Saurier-
Embryonen zu bringen, um andere Vergnügungsparks damit zu beliefern (und dabei
die Schöpfung ihrer Originalität zu berau-
ben). Und so kommt das Unheil über die
Welt.

So zynisch wie der Beginn ist das happy
ending. Weder die Tat noch die Einsicht
können das Unheil abwenden, es ist das
Chaos der Natur selbst, was die Menschen
rettet: Statt den Zweibeiner zu vernichten
fallen die Saurier übereinander her und vernichten sich auf eine Weise gegenseitig, die

endgültig an eine Freigabe des Films für Kinder nicht mehr denken lässt. Beinahe erzählt der Film da noch einmal etwas ganz
anderes, und er tut es in einer eigenen
„Sprache".

Der Zusammenhalt muss also, da er
nicht gezeigt werden kann, „erzählt" werden. JURASSIC PARK hatte dabei von Michael Crichton eine gewisse Geschwätzigkeit,
einen Hang zur Über-Erklärung geerbt. Die
„wissenschaftliche" Erklärung der reani-
mierten Saurier (die Mücke im Bernstein
als Lieferant der zu rekonstruierenden
DNS, die „Chaostheorie", für die Jeff Goldblum zuständig ist) erscheint wie ein ver-
baler Schutzwall.

Wie zu erwarten war, übertraf vor allem
die Merchandising-Welle alles bisher Da-
gewesene. Mehr als tausend Produkte
drängten auf den Markt. *Kenner Produc-
tions* boten Plastikfiguren des Park-
Rangers (6 Dollar) bis zum Tyrannosaurus
Rex (32, 50 Dollar) an, der sich bewegte

und entsprechende Urwelt-Laute von sich gab und dröhnende Schritte, auf dem Weg zu dem Jeep (25 Dollar), den er zerlegen konnte (und den die glücklichen Besitzer nach jedem Saurier-Angriff wieder zusammensetzen konnten). Mit dem „Capture Copter" (20 Dollar) kann man schließlich das Urtier mit Betäubungsmittel-Raketen aus dem Verkehr ziehen. Andere Firmen wie *Woodland Hills* konzentrierten sich auf anatomisch korrekte Wiedergaben der prähistorischen Tiere (25 bis 50 Dollar). *Sega* brachte das Videospiel zum Film heraus, bei *Tiger Electronics* kam das *portable set* heraus. *Ferrara Pan Candy* in Illinois brachten einen Jurassic Park-Schokoriegel heraus, und gleich zehn Textilfirmen konnten Hemden, Hosen und Mäntel mit dem Logo schmücken. Allein fünfzig verschiedene Versionen von Jurassic Park-T-Shirts wurden bei *Winterland* produziert und insgesamt 45 Millionen mal vertrieben, davon mehr als ein Drittel bereits vor dem Film-Start, so dass sich Millionen kostenlose Werbeträger auf Amerikas Straßen herumtrieben.

Der Nachfolger THE LOST WORLD: JURASSIC PARK hatte dann alle Merkmale eines synthetischen Erfolges. Entstanden als Sequel nach dem in der anhaltenden „Dino-Mania" immer noch populären Buch von Michael Crichton bediente er in einer perfekten Special Effects-Ästhetik die mittlerweile zu neuen Höhepunkten angeschwollene Saurier-Verrücktheit: Die Voraussetzungen der Handlung müssen nicht mehr umständlich erklärt werden, an die Stelle des umzäunten Vergnügungsparks mit den geklonten Urzeitwesen ist jetzt, sehr frei nach Conan Doyle, tatsächlich eine „vergessene Welt" getreten, und Spielberg geht in ihr wesentlich großzügiger mit der Präsentierung seiner Monster um. Und an die Stelle einer Reinheit der Fabel im ersten Teil tritt hier ein Genre-Mix aus Horror, Familienfilm, Kriegsphantasie und Wissenschaftskritik: eine Spielbergianische Wun-

dertüte. Und es ist dabei fast schon gleichgültig, ob am Drehbuch zu viel oder zu wenig gearbeitet wurde, es löst sich so oder so vor unseren Augen auf; Spielberg, der immer nur erzählt hat vor dem Hintergrund der Katastrophe des Erzählens, scheint hier drauf und dran, sich von der story selbst zu verabschieden. Das Episodische seiner Narration bemüht sich gar nicht mehr, eine lineare Vernetzung zu erreichen. (Der Film erzählt in gewisser Weise aus der Perspektive eines unsichtbaren Wesens, das nicht weiß, ob es den Menschen oder den Sauriern zugehört.) Und die signifikante Veränderung, die Spielberg gegenüber Crichton vorgenommen hat, schon eher eine Negation, ist hier Ursache und Wirkung zugleich: Aus dem geldgierigen Monster bei Crichton, das dem Marxschen Kapitalisten entspricht, der ohne weiteres profitträchtig den Strick verkaufen würde, an dem man ihn und seinesgleichen (und hier wie bei den Atomkraftwerken in Springfield und anderswo: einen erklecklichen Teil der Menschheit mit) hängen wird, ist der Mann geworden, der „Kinderträume" verwirklicht. Das ist nicht nur eine Milderung etwaiger Kritik im Sujet (vom nur teilweise schmeichelhaften Selbstportrait des Regisseurs ganz abgesehen); es radikalisiert sowohl das erzählerische Problem (jemand will eine „Erzählung" schaffen, in der sich selbst verliert, während die Erzählung wiederum die Mitte verliert, die ihr paradoxer Autor freigeben muss) als auch das „philosophische". Die simple christliche Mythologie, die wir seit einhundert Jahren Kino (und lange zuvor) tradierten, funktioniert nicht mehr. In ihr ist der „zweite Schöpfer", der alte und neue Frankenstein, der Clone Master und Genmanipulateur ein negatives Subjekt als großer Blasphemiker und Sünder gegen Gottes Schöpfung und die Gesetze der Evolution (die ja auch nichts anderes ist als eine „große Erzählung"). Wir sind gewohnt, dass er die Welt an den Rand der Apokalypse bringt, das nur ein Opfer seinem Treiben ein Einhalten gebieten kann, dass er ebenso bestraft wird wie er ewig wiederkehren muss. Das alles kommt in Spielbergs JURASSIC PARK-Filmen nicht vor, oder vielleicht doch nur in episodischer, gebrochener und peripherer Form. Behemoth ist ein Für-Sich (wie der weiße Hai), der vor allem eine Leere füllt. Die Leere, das ist der eigentliche Feind des modernen Menschen in Spielbergs Welt (und die wirklich schrecklichen Bilder in seinen Filmen sind die, in denen die Kamera den Blick eines Menschen „ins Leere" beobachtet). Dass es gerade die „Kinderträume" sind, die die Katastrophen in die Welt bringen, kennen wir schon aus ganz anderen Zusammenhängen (aus dem Krieg wie in EMPIRE OF THE SUN, aus den Handhabungen der Phantasien bei den GREMLINS) in Spielbergs Kosmos, und noch einmal kommt es da zum Kurzschluss zwischen „Unschuld" und „Katastrophe". Denn auch die nicht-ödipale und nicht subjekt-bezogene Welt hat ihre absurden, selbstzerstörerischen Regeln. Das Kind träumt den Erwachsenen nur als Vernichter seiner Welt. Aber auch der Erwachsene kann seine Kindheit nur in Form der Katastrophe träumen. In den JURASSIC PARK-Filmen sieht man dem Regisseur dabei zu, wie er die Lust an diesem Kreislauf verliert. Sterben nicht, wie uns bekannt ist, mit den Subjekten auch die „Autoren"?

Am Anfang steht nicht die Angst. Am Anfang steht das Mitleid. Das ist eine Spielberg-Szene par excellence: ein Baby-Saurier, Spezies Tyrannosaurus Rex, auf einer tropischen Insel bei Costa Rica, gleich in der Nähe des Insel-Schauplatzes von Teil 1, ist das schreiende Opfer, das der Jäger Tembo (Pete Postlethwaite) da angebunden hat, um das Vatertier anzulocken. Und es ist, wie in den Monsterfilmen der KING KONG-Art: Der erwachsene Tyrannosaurus soll zur Attraktion eines Freizeitparks werden (in San Diego diesmal). Dahinter steckt der Zoobetreiber Ludlow (Arliss Howard). Aber da ist auf der anderen Seite der „Chaosfor-

scher" (möglicherweise eine Fortsetzung von François Truffauts Sprachforscher aus CLOSE ENCOUNTERS OF THE THIRD KIND), Ian Malcolm (Jeff Goldblum), der dieses Vorhaben durchkreuzt. Er ist im Auftrag des reichen Hammond (Richard Attenborough) und mit einem kleinen Team unterwegs, um die Saurier in ihrer jetzt „natürlichen Umgebung" auf der ansonsten unbewohnten Tropeninsel zu studieren. Zu diesem Team gehört die Paläontologin Sarah (Julianne Moore), die das arme T-Rex-Baby befreit. Nun ist aber das Vatertier schon angelockt; es zerstört das Lager der Tierfänger, die zur gleichen Zeit unter Führung Zembos und Ludlows (Arliss Howard) unterwegs sind. Die Rollen von Jägern und Gejagten verkehren sich radikal; die Saurier entdecken Menschen als schmackhafte Nahrung. Ian Malcolm hat das alles vorher gewusst: „Zuerst wird gestaunt, dann wird nur noch geschrieen und gerannt". So laufen die Menschen also wieder um ihr Leben, und die Katastrophenphantasie hat sich, so scheint es, zurück in die siebziger Jahre moralisiert: Der Tod im Magen einer Echse trifft die, die es verdient haben, die Profitgierigen, die Lügner und die Größenwahnsinnigen; die Guten überleben. Am Schluss kann Spielberg sich auch nicht verkneifen, die eigentlich schon für Teil 3 aufgesparte Super-Sequenz eines Sauriers auf destruktiven Wegen in der Stadt einzusetzen: „Ich wollte einfach sehen, wie ein Saurier durch die Stadt trampelt, und ich wollte es auch selbst drehen". (Offensichtlich hatte er schon damals beschlossen, beim nächsten Sequel nicht mehr selbst zu inszenieren.)

THE LOST WORLD ist eleganter, actionreicher und beiläufiger als sein Vorgänger und folgt insofern der Sequel-Logik, als einfach von allem – angefangen mit der Anzahl der monströsen Tiere – mehr geboten wird. Trotzdem gehören die beiden Filme zu den als „seelenlos" kritisierten Spielberg-Arbeiten, in deren Drehbüchern

furchtbare Logik-Löcher, abstruse Behauptungen, schlecht ausgeführte Charaktere und schlampige Durchführungen dominieren.

Aber vielleicht ist das alles auch damit zu erklären, dass Steven Spielbergs Sympathien so vollständig auf der Seite der Saurier liegen, dass seine Bilder spürbar mit Crichtons Katastrophenphantasie kollidieren.

In THE LOST WORLD ist überdies wieder eine „Bringt die Kinder heim"-Geschichte verborgen. Denn einen Frevel begehen nicht allein die skrupellosen Jäger an der verlorenen Welt. Die Zoologin Dr. Harding (Julianne Moore) und der Kameramann Nick van Owen (Vince Vaughn), die das T-Rex-Baby mit gebrochenem Bein finden, fertigen aus Holz und Kaugummi eine Trage und bringen das Echsenkind, aller zoologischen Erkenntnis zum Trotz, fort. Dieser verkappte Kindsraub erzürnt verständlicherweise die Sauriereltern, die ihr Kind so zielstrebig zurückholen wollen wie die Helden von THE SUGARLAND EXPRESS das ihrige. Wir könnten nun erwarten, dass sich von dieser mythischen Einstellung eine „Welle" à la Spielberg durch die Schichten von Gesellschaft und Welt zöge. Aber dann zerfällt der Film vor unseren Augen; man kann förmlich zusehen, wie während der Produktion noch am Script gearbeitet wurde und das letzte Drittel regelrecht „angeklebt" wurde, weil das Handlungsgerüst nicht über die volle Distanz tragen konnte. Kurzum, die JURASSIC PARK-Filme dokumentieren eine bis dahin für Spielberg undenkbare Unbekümmertheit gegenüber der Dramaturgie. Wie schon der dritte Indiana Jones-Film davor erscheinen sie wie eine Übung der filmischen Lockerung. So konzentriert Spielberg nun in seinen „ernsthaften" Filmen die Rhetorik von Gefühl und Erinnerung betreibt, so (fahr-)lässig geht er mit den cineastischen Techniken in den Popcorn-Filmen um.

Die werden immer mehr zum reinen Spiel, zu einer Verkettung der Szenen, die man „sehen möchte", die nur noch eine sehr rudimentäre Handlungslogik bedürfen. Das schönste daran: Auch das traditionelle und erstarrte Fünfakt-Schema des Drehbuchs zerfällt weitgehend in eine „Montage der Attraktionen" (wenn vielleicht auch nicht ganz in Eisensteins Sinn). Die JURASSIC PARK-Filme wollen nicht nur auf die zugleich klassische und (technisch) revolutionäre „Erscheinung der Monstren" hinaus, sondern zur gleichen Zeit auch auf Bilder eines erhabenen und transzeitlichen Friedens. Das Wesen, das vor unserer Zeit(rechnung) lebte, vereint diese beiden Seiten vortrefflich. Es ist alles, was in unserer Bild-Wahrnehmung getrennt ist, in einem: das Erhabene, das Groteske, das Idyllische, das Dämonische. Spielberg ist in diesem Strang seiner Arbeit längst zu einem Fälscher geworden, der sich gern in die Karten sehen lässt (allerdings zeigt er uns immer gerade die, die am jeweiligen Trick nicht beteiligt sind).

Das Scharnier zwischen den Charakteren und den technischen Effekten scheint denn auch weniger in einer durchkonstruierten *plot*-Idee zu liegen, als in der Präsenz von jemandem wie Jeff Goldblum, der eine Art sarkastische Selbstreflexion betreibt. So behauptet jemand im Sequel, man werde nicht die alten Fehler noch einmal begehen, und der „Chaosforscher" antwortet: „Nein, Sie werden völlig neue Fehler begehen!"

THE LOST WORLD setzte erwartungsgemäß neue Rekord-Marken: Innerhalb von nur sechs Tagen spielte er in den USA 100 Millionen Dollar ein. Man mag ihn einen beinahe leeren, mechanischen Spielberg-Film nennen, ein Werk, das als Metapher seiner Vermarktung bedeutender ist denn als wirklicher Kino-Mythos (von den JURASSIC PARK-Filmen hat niemand so bedeutende Befindlichkeitsbulletins abgeleitet wie von TERMINATOR, ALIEN [Alien – Das un-

heimliche Wesen aus einer fremden Welt – 1979 – Regie: Ridley Scott]oder TITANIC [1997 – Regie: James Cameron]), ein sportives eher denn ästhetisches Unternehmen. Und dem entsprechend ist THE LOST WORLD auch ganz richtig der erste Film, der mit seinen Merchandising-Produkten noch mehr Geld umsetzt als mit seinen Kassen-Einnahmen (der Gewinn betrug zur Zeit des ersten Einsatzes dieses Filmes eine runde Milliarde Dollar). Nennen wir es Selbstironie, dass im Restaurant des Jurassic Park im Film all die schönen Spielsachen, Kaffeetassen, T-Shirts und Poster schon zu kaufen gibt, die man nach JURASSIC PARK im Kino-Shop oder sonst wo erstehen kann.

Joe Johnston inszenierte dann im Jahr 2001 mit JURASSIC PARK III (Pteranodon) einen weiteren Teil, in dem als „technische" Neuerung vor allem der Auftritt fliegender Saurier zu erwähnen blieb (sieht man einmal von der Tatsache ab, dass sieben Autoren zum Teil gleichzeitig, zum Teil nacheinander damit beschäftigt waren, Konturen in eine Handlung zu bringen, die sich stets gerade noch um das Obskure und um die pure Wiederholung herumdrücken konnte, während die Dreharbeiten schon in vollem Gange waren). Als etwas reduzierte plot-Idee blieb dann die Geschichte von den Überlebenden einer Flugzeugkatastrophe, die sich auf der Saurierinsel ihrer Haut wehren müssen. Dr. Grant (Sam Neill, den wir aus dem ersten Teil kennen) hatte sich eigentlich geschworen, nie wieder etwas mit Sauriern zu tun zu bekommen. Das Ehepaar Amanda (Téa Leoni) und Paul Kirby (William H. Macy) – auch nach der Scheidung in heftigem Beziehungskampf – kann ihn schließlich doch zu einem Flug über die Saurierinsel Sorna überreden – auf eine aus der Campus-Realität nicht ganz unvertraute Weise: mit dem Versprechen von „Forschungsgeldern"; man will die Urtiere aus sicherer Entfernung aus der Luft betrachten – aber

JURASSIC PARK III

eigentlich den mit dem Paraglider abge-stürzten dreizehnjährigen Sohn Eric (Trevor Morgan) suchen. Nachdem sein Flugzeug mit einer Flugechse zusammengestoßen ist, wird er wieder auf die Insel verdammt, wo er auf ein paar alte Bekannte und ein paar neue Saurier-Arten wie den Spinosaurus trifft. Wieder wird nach und neben viel Menschen-Beute den Urzeittieren schließlich die Aggressivität untereinander zum Verhängnis: der Kampf zwischen Tyrannosaurus Rex und dem Spinosaurier gehört zu den beeindruckendsten Szenen (und macht, wie in den um so viel einfacheren japanischen GODZILLA-Filmen) die Menschen zu nur noch staunenden und verängstigenden Zuschauern. Der Grund für diesen Kampf der Giganten? Regisseur Joe Johnston erklärt ihn sehr direkt: „Man kann nicht zwei gigantische Dinos in einem Film haben und sie nicht miteinander kämpfen lassen". (War das nicht die Logik, mit der Elliott in E.T. seinem außerirdischen Freund seine Spielzeugwelt erklärte, und hatte nicht E.T. für diese Logik nur mehr oder weniger höflich verbrämte Abscheu?) Mit JURASSIC PARK III jedenfalls begab sich die Serie in den Bereich der reinen Visualisierung, der plot ist nur noch, was auf möglichst schnelle Weise eine Saurier-Erscheinung mit der anderen verkettet, und Stan Winston, für die Animatronics (die nicht-digitalen Effekte, also die beweglichen Modelle für Nahauf-nahmen, die mit den Computer Grafic Images verknüpft werden) verantwortlich, bekundete stolz: „JURASSIC PARK III bietet doppelt so viele Saurier-Aufnahmen wie die ersten beiden Teile zusammen". Spielbergs Glauben an die Sichtbarkeit der Welt verliert sich in pausenloser Action (was dem Film nicht wirklich schadet), und das Ganze verwandelt sich noch mehr in ein erhebend sinnloses und entspanntes Spiel (was ihm durchaus nutzt). Während der dritte Teil der Serie in den Kinos lief, wurde bereits die Nachricht lanciert, Steven Spielberg habe „eine phantastische Idee für Teil 4", der der Geschichte eine völlig neue Wendung geben würde, und im Mittelpunkt der Erwartung standen die bereits für den dritten Teil avisierten, aber dann nicht ausgeführten „Unterwasser-Saurier". Tatsächlich „erzählt" die JURASSIC PARK-Serie auf eine weniger tiefgründige Weise wie etwa die TERMINATOR-Serie vor allem von den Fortschritten der Computertechnik, vom Einschreiben des digitalen Bildes in die Welt. Und so scheint es dann doch auch wieder vollkommen logisch, dass sich Spielberg selber in dieser Phase mit seinem eigenen A.I.-Film zu diesem Sujet wieder seine Gedanken machte.

Einstellungswechsel

Der Kritik schien es leicht, die JURASSIC PARK-Filme als Rückfälle, sichere Geldquellen des Regisseurs anzusehen, der sich in seiner „eigentlichen" Arbeit längst mit ernsteren Themen befasste. Aber im Spielberg-Kosmos geschehen die Dinge nicht auf eine solch eindimensionale Weise; auch diese Filme bedeuten entscheidende Veränderungen. Wenn nämlich die Welt in den Spielberg-Filmen der siebziger und vor allem der achtziger Jahre aus den Augen der neugierigen und forschenden Kinder gesehen wurde, die auf eine Spielzeugwelt als endlosen Raum der Erfahrungen schauen, und wenn sich in HOOK die Krise dieser Welt-Anschauung abzeichnet (der erwachsene Peter Pan will und muss die Welt noch einmal mit diesem Blick ansehen – und sieht sie als verrückt gewordene Kitsch-Orgie), so ist in den JURASSIC PARK-Filmen eher der Blick des Schöpfers dieser (Spielzeug-)Welten vorherrschend, der zu seinen Geschöpfen ein wundersam entspanntes Verhältnis entwickelt hat. Er lässt sie laufen. Und wie schon bei den INDIANA JONES-Filmen zeigt auch hier der Regisseur Steven Spielberg, wie es ihm gelegentlich Vergnügen bereitet, die Zügel schleifen zu lassen. Wenn INDIANA JONES AND THE LAST CRUSADE gezeigt hat, dass der Mythos des dräuenden, des bedrohlichen und des strafenden Vaters nicht viel anderes ist als eine Illusion in einer an Illusionen reichen Welt, dann zeigt JURASSIC PARK sogar, dass der Mythos vom Vater-Gott und vom Schöpfer-Gott nichts als eine besondere Illusion unter Illusionen ist. Ob Gott existiert oder nicht, ist nicht von allzu großer Bedeutung, wenn er nicht mehr als ein Mit-Spieler in den Schöpfungsgeschichten ist, die immer auch wieder umgeschrieben werden können. In AMISTAD oder in SCHINDLER'S LIST hat Spielberg gezeigt, dass es nicht auf die Geschichte, sondern auf das Geschichte-Schreiben ankommt; SAVING PRIVATE RYAN bürdete das seinen Überlebenden auf, das greise Maschinenkind in A.I. trug es ins ewige Eis. Hier aber wird die Natur- und Schöpfungsgeschichte neu geschrieben, nicht als verbrecherischer Akt, der seine Strafe in sich trägt, wie bei FRANKENSTEIN und seinen Erben, sondern als bildnerische Endlosschleife, in der das wissenschaftlich Machbare in das ästhetisch Erkennbare verwandelt wird.

Die Familie, die er in all seinen Filmen als Problem und Ziel zugleich, als Hölle und Paradies zeigt, wird nun unter Einsatz ebenso gewaltiger wie scheinbar unangemessener Mittel kurzerhand erzeugt. Dieser Schöpfergott ist verspielt und verrückt genug, um die Saurier wieder erstehen zu lassen, und dann seinen eigenen Schöpfungsplan durcheinander zu bringen, nur um ein paar Menschlein dazu zu führen, sich wie eine Familie zu empfinden. Dieser Gott/Regisseur verlangt für sich selbst vielleicht ein wenig Liebe, er verlangt nicht, dass man ihn sonderlich ernst nimmt. Daher sind die JURASSIC PARK-Filme eigentlich auch keine Filme für Kinder mehr. Ihre Philosophie ist, wenn man sich die Mühe macht, sie zu „lesen", ausgesprochen „schräg".

Mythologica IV: Wissenschaft und Hysterie
Der Spielbergianische Wissenschaftler. In JURASSIC PARK sind sie also noch einmal zusammengekommen, die Blicke und Taten seiner Trinität: das Kind, der Wissenschaftler, der Vater. Nun zeigt sich, dass das höchste Wesen in diesem Universum eine offene Mischung aus allen dreien ist. Möglicherweise gelingt diese „Vereinigung", weil schon in allen Filmen zuvor die Menschen damit begannen, über solche Rollen hinauszuwachsen. In vielen Spielberg-Filmen kommt ein Wissenschaftler vor, der ein wenig anders wirkt als der gute oder der böse *scientist* in den SF-Filmen der fünf-

ziger Jahre und seine Nachfolger. Der Wissenschaftler bei Spielberg ist im Grunde von Anbeginn noch einmal und besonders ein Kind, das sich anders als die tumben Kleinstädter ringsum, die Neugier bewahrt hat (auch wenn er seinen Spiel-Charakter noch nicht so offenbaren darf wie bei INDIANA JONES und JURASSIC PARK). Spielbergs Wissenschaftler staunen, und diese Fähigkeit macht sie gelegentlich sogar bereit, die Begrenzungen ihres eigenen Apparates zu überschreiten wie in E.T.

François Truffaut, der den Wissenschaftler Lacombe in CLOSE ENCOUNTERS OF THE THIRD KIND spielt, wird von dem Regisseur so beschrieben: „In diesen Filmen (L'ENFANT SAUVAGE – Der Wolfsjunge – 1969 und LA NUIT AMERICAIN – Die amerikanische Nacht – 1972) war er ein Kind-Mann. Geistreich und weise, eine Vaterfigur mit dieser leidenschaftlichen, jungen Lebenshaltung". Dieser Wissenschaftler also ist bereits eine Vorahnung der großen Verschmelzung des Blicks des Kindes, des Vaters und des Schöpfers. Möglicherweise lässt sich der Wissenschaftler in Spielbergs Filmen als ein mythisches „Spaltprodukt" bei der immerwährenden Suche nach dem Vater ansehen; zugleich Kind und Vater gehört er zu den Projektionen, die eine „Versöhnung" ahnen lassen. Auch in den JURASSIC PARK-Filmen geht es ja vor allem um die Annäherung der Wahrnehmungsweisen von Kindern und Wissenschaftlern, und INDIANA JONES handelt von einem Menschen, der zur Hälfte forschender Wissenschaftler und zur Hälfte spielendes Kind ist. Selbst in JAWS sehen wir noch zu, wie sich der Meeresbiologe in einen neuen Huckleberry Finn verwandelt. Und in JURASSIC PARK umkreisen, verschmelzen und differenzieren sich die Blicke der Kinder und des Wissenschaftlers: Kinder sind Menschen, die eigentlich Wissenschaftler sind oder sein wollen; Wissenschaftler sind Menschen, die eigentlich Kinder sind oder sein wollen. Kinder werden zu Vätern und Väter zu Göttern und Götter zu

Kindern. Aber natürlich entstehen auch schon wieder neue Abspaltungen: In JURASSIC PARK und LOST WORLD ist der „Chaosforscher" von Jeff Goldblum die ideale, neue Verkörperung des Kindmannes in den zynischer gewordenen neunziger Jahren. Er ist nun eine Wesen der dritten Art, nach dem reinen Sein (das Kind) und der Tat (der Vater) ist er der „Sehende": Das Gesetz des Handelns ist ihm weitgehend entglitten, dafür aber sieht er mehr und genauer, wird zum einzig möglichen rationalistischen Kommentator eines Geschehens, das so tief in Mythen und Psyche reicht. Der Spielbergianische Wissenschaftler ist das „weiße" Gegenstück zum düsteren *mad scientist* der phantastischen Genres. So wenig es dem je gelingen wird, die Welt endgültig zu zerstören, so wenig wird es diesem je gelingen, sie endgültig zu retten. Das liegt nicht nur in der prekären Situation, die die Vernunft im Spielberg-Kosmos einnimmt, es ist Wesen des Zwiespalts im neugierigen Kind-Mann.

In CLOSE ENCOUNTERS OF THE THIRD KIND können drei Arten von Menschen Kontakt mit den „Fremden" aus dem All aufnehmen: die Wissenschaftler, die Künstler (die sich von den Bildern „erwählen" lassen) und schließlich jene, die eine mystische Erleuchtung erleben. „Die Mystik", so Spielberg, „ist die Abkürzung, die wissenschaftliche Methode ist die gewöhnliche, zeitgenössische. Beide Seiten sind gleichwertig". Gute Wissenschaft aber kommt bei Spielberg immer nur vor, wenn sie auch in der einen oder anderen Weise von den anderen Elementen, der Ästhetik und der, nun ja, „Mystik" unterstützt werden. So ist vielleicht das innere Ziel der Spielberg-Filme, die die christliche Dreieinigkeit ablehnen (in der der Vater den Sohn opfern muss, und der Heilige Geist so radikal vom geschundenen Körper getrennt sein wird) die Schaffung einer neuen Trinität aus drei Doppelgestalten: die Wissenschaft (in der sich der Widerspruch zwischen dem Vater und dem Kind aufhebt), die Mystik (in der sich der Widerspruch zwischen der Mutter und dem Kind aufhebt) und die Kreation der Fälschung als Kunst-Raum (in dem sich der Widerspruch zwischen Vater und Mutter einerseits, zwischen dem Göttlichen und dem Männlichen andererseits aufhebt). So wird im Nachhinein verständlich, dass Steven Spielberg letztlich nicht an der „lost world" für seinen Peter Pan interessiert ist, sondern immer nur an den Übergängen, nicht an der Weigerung Peter Bannings, entweder erwachsen zu werden, oder dann, wenn er es radikal geschafft hat, nicht mehr Kind sein (nicht einmal mehr Kinder sehen) zu können, sondern an der Gegenwart seiner „Erinnerungsbilder".

Dieses Erinnerungsbild, denkt man an die Vorstellungen von Henri Bergson und seinen „Zeitkegel", geht keineswegs in der individuellen und linearen Vergangenheit einer einzelnen Person auf, es ist aber auch etwas anderes als ein „kollektives" Bild oder gar ein Mythos. In seinem Neverland entsteht die Gegenwart der Vergangenheit. So wenig wir glauben müssen, dass Peter Banning „wirklich" einmal Peter Pan war, so wenig gehen die chronologischen Widersprüche von AMISTAD in einer der emotionalen Rhetorik geschuldeten Ungenauigkeit auf. Deshalb kann die Zeit der Saurier, wie in den JURASSIC PARK-Filmen auch nicht einfach vorbei sein. Auch hier muss eine Chronotopie über die Chronologie triumphieren, und sie tut das auch in SCHINDLER'S LIST und in SAVING PRIVATE RYAN, ja dies ist letztlich die Seele des visuellen Gedächtnisses der Shoah Foundation. Und auch von Indiana Jones, um wieder an das (scheinbar) andere Ende des Spielberg-Kosmos zu gelangen, hat Gianni Canova bemerkt (ohne näher darauf einzugehen), er sei ein Held, der sich „von Erinnerungen nähre". So plündert die Serie womöglich nicht nur die Welt von Campbells „Hero with a thousand faces", den

Ur-Fundus der Weltmärchen, wie Lucas das auch in STAR WARS tut, sondern kreist auf eine besondere Weise darin. Um Sphären der Erinnerung zu erzeugen.

Das merkwürdige Verhalten von Vater und Sohn in INDIANA JONES AND THE LAST CRUSADE, die sich gelegentlich wie Doppelgänger zueinander bewegen, beschreibt ja nicht nur eine Annäherung – wie in Spielbergs Produktion des sentimentalen DAD – sondern eine Form des Einswerdens: Vielleicht sind die beiden ja in der Tat nur verschiedene Bilder des gleichen, und Jones' Reisen nichts anderes als die Erinnerungsbilder des Vaters und der nur ein Erinnerungsbild im Voraus. Der Widerspruch zwischen dem Vater und dem Sohn und dem Heiligen Geist in dieser (künstlichen) Welt, in der das Kreuz, das Opfer und auch der Heilige Gral abgelehnt wird, ist durch die Wissenschaft, die Mystik und die Kunst (den Film) zu überwinden. Was sich in CLOSE ENCOUNTERS OF THE THIRD KIND so „rein" getroffen hat, als hätte man es im Sinne eines „Theorems" arrangiert, ist in INDIANA JONES AND THE LAST CRUSADE und den JURASSIC PARK-Filmen in eine mehr oder minder fröhliche, eine durchaus in einem Aspekt „chaotische" Durcheinander-Form gebracht.

Freilich kommt nicht nur in E.T. auch eine düstere Seite der Wissenschaft zum Vorschein, oder in den GREMLINS II in einer düster-komischen Variante (komplett mit „Dracula"-Darsteller Christopher Lee als *mad scientist*). Auch der Wissenschaftler – zu dem hier so recht kein weibliches Pendant gelingen mag – spaltet sich permanent, und in Zemeckis BACK TO THE FUTURE-Filmen vertauschen sich die Rollen: die Zeitreise-Abenteuer werden von einem kindischen Wissenschaftler und einem vernünftigen Kind durchgeführt. Und auch in JURASSIC PARK haben sich die Wissenschaftler, nun unter Einbeziehung eines weiblichen Elements, neuerlich gespalten in die Schöpfer, die Beobachter und die Kommentatoren. So entsteht in dieser „Welle" der Spaltungen am Ende ein Wissenschaftler, der sich nicht mehr bloß ironisch, sondern in gewisser Weise sogar zynisch zum eigenen Kosmos verhält. Im Übrigen weiß er genau, was das Schönste an jeder Schöpfung ist: die Fehler.

Hysteria: Die Frauen. Die kollektive Hysterie war es, die Steven Spielberg in seinen ersten Filmen so akkurat zu beschreiben wusste – und insofern war 1941 die konsequente Fortsetzung von THE SUGARLAND EXPRESS und JAWS die notwendige Vermittlung. Die Hysterie zieht da von Film zu Film einen größeren Kreis; sie erfasst den einzelnen (DUEL), die Familie (THE SUGARLAND EXPRESS), die Gemeinschaft (JAWS) und schließlich eine ganze Gesellschaft (1941). Von da an ist die Hysterie in der Welt, und Spielberg tut, nach dem Misserfolg von 1941, so, als beobachte er sie nur noch am Rande und als sei er bemüht, sie wieder an ihren Ursprungsort, in die Familie, zurückzubringen.

Hysterie, das ist nicht nur eine spezielle Form, sich zu verhalten (zugleich unerwünscht und ansteckend), sondern auch eine der Wahrnehmung. Man sieht einfach mehr im Zustand der Hysterie, natürlich zu viel, um noch „vernünftig" zu sein. Im Zustand der Hysterie haben wir zugleich zu viel und zu wenig Bewusstsein. In der ersten Hälfte von Spielbergs Arbeit ist die Hysterie bei Männern wie bei Frauen verbreitet, sie stecken sich in gewisser Weise sogar gegenseitig an. Wie könnte man sagen, wer hysterischer sei, Indiana Jones oder die aufgeregten Frauen, denen er begegnet? Die Mutter oder die Kinder in E.T.? Wir sehen, wie sich die Hysterie ein wenig verliert, das eigentliche Zentrum des Mythos nicht mehr berührt in E.T. und schließlich in JURASSIC PARK die Peripherie beschreibt. Diese Hysterie ist sicher den mächtigen Männern zu verdanken (den korrupten Politikern ebenso wie den ge-

stressten Familienvätern), aber ihr Subjekt ist schließlich dann doch immer die Frau. Sie ist es, die die Hysterie zur Gänze in Wahrnehmung umsetzt. Unter anderem liegt das daran, dass sie tatsächlich das primäre Angriffsziel ist, als erotische Einheit wie in JAWS oder INDIANA JONES AND THE TEMPLE OF DOOM, als Mutter/Kind-Einheit/ Zweiheit wie in CLOSE ENCOUNTERS OF THE THIRD KIND oder E.T.

Es gibt wenig *Geliebte* in den Filmen von Steven Spielberg. Selten auch sind Frauen, die erotische Signale senden, vielleicht ohne Ziel. Es ist beinahe auffallend, wie wenig Interesse die Helden an den Frauen haben; sogar noch der konventionelle Indiana Jones weist sich durch eine hanebüchene Ignoranz gegenüber seinen Begleiterinnen aus. Wenn, wie in INDIANA JONES AND THE LAST CRUSADE, die Geliebte des Helden für geraume Zeit spurlos aus der Handlung verschwunden ist, scheint ihm das kaum aufzufallen. In HOOK ist der Held auf der Suche nach seinen ins Traumreich entführten Kindern, und auf die Idee, seine Frau in diese Suche einzubinden, kommt er gar nicht. Auch sie verschwindet aus der Handlung. Schließlich verschwindet Schindlers Ehefrau nach einer hoffnungsvollen Liebesnacht, was vielleicht seinen Charakter beschreiben soll, aber zugleich ein ganzes Segment seines Lebens ausklammert. Jedenfalls würde sich kein Spielberg-Held so hingebungsvoll auf die Suche nach einer Frau begeben, wie er sich auf die Suche nach anderen Schätzen oder, edler, auf die Suche nach dem Licht begibt. Mann und Frau sind einander keine letzten Ziele, und für einen Regisseur, der die *family values* angeblich so hoch hält, ist es erstaunlich, wie selten der Kampf direkt um sie geführt wird. Die Spielbergianische Familie wird eher durch das Außen als durch das Innen bestimmt.

Das heißt freilich nicht, es gebe hier keine Sehnsucht nach Geborgenheit und kein

Begehren. Aber alle Geborgenheit löst sich von innen auf, weil die Männer das Ding suchen, und alles Begehren löst sich auf in die Form und das Wesen. Eine zänkische, fordernde Ehefrau in DUEL, die zappelige, wiederum schon beinahe das Unmögliche fordernde Goldie Hawn in THE SUGARLAND EXPRESS, zänkisch-fordernd auch die Ehefrau in JAWS: Hysterie und Verschwinden bildet eine Einheit. In seiner Abenteuerreise umkreist der Mann die hysterische Frau; seine Rückkehr hängt davon ab, wie weit er sich von diesem Zentrum entfernt, und wie viel Licht das magische Objekt enthält. Es ist dieses Objekt, und es ist dieses Licht, das den Mann anzieht (insofern hätte der Hai kein anderer als ein weißer sein können), nicht die andere Frau.

Schon im ersten „richtigen" Spielberg-Film ist das beinahe überdeutlich: Der Held, David Mann, verlässt, berufshalber, seine Familie, und muss unterwegs mit einer mörderischen Gefahr fertig werden. Nach allen Regeln eines Thrillers hätte er nun bei diesem Abenteuer auf Leben und Tod, das ihn entschieden auch verwandelt, der „anderen Frau" begegnen müssen – so wie eine Frau im Abenteuer „dem anderen Mann" begegnen muss. Diese „andere Frau" hätte ja, wir bewegen uns noch im Kontext eines Fernsehfilms, kurze Versuchung, Bild und Ahnung bleiben können. Aber in DUEL kommt sie überhaupt nicht vor. Begleitet wird der Held stattdessen von beinahe obsessiven Mutter-Bildern (die weder schmeichelhaft noch bewusst ironisch erscheinen): als er mit seiner Frau, die wir nur in der Mutterrolle wahrnehmen, zuhause telefoniert (die Gefahr ist bereits aufgetaucht, aber in ihrem Ausmaß noch nicht zu erkennen), sehen wir im Vordergrund eine reichlich korpulente „Mame" beim Hantieren mit einer Wäschemaschine. Andere Frauen, wie eine Kellnerin im Truck Stop, beachten David Mann in seiner wachsenden Panik überhaupt nicht. Und am Ort der letzten Hoff-

nung und der größten symbolischen Verdichtung, einer Schlangenfarm am Wege, begegnet er einer Frau, die so ausschließlich ihren Tieren zugetan ist, dass sie nicht einmal einen wirklichen Blick für ihn hat.

Auffallend viele Frauen in den Spielbergfilmen haben Namen, an denen das Geschlecht nicht gleich zu erkennen ist, wie Ronnie, Willie, Lou-Jean, Charlie etc. Umgekehrt muss aus „Jamie" in EMPIRE OF THE SUN „Jim" werden, wenn ihn die anderen als werdenden Mann akzeptieren.

Statt des *love interest* steht in Steven Spielbergs Filmen die Mutter im Vordergrund. Die Frau ist schon Mutter bevor sie Frau wird, sozusagen. Etwas fehlt da, anders als in den Vorbildern des klassischen Hollywoodkinos. Das *love interest*. Immer wieder taucht dagegen das kleine Mädchen als Bild der absoluten Unschuld auf, in SCHINDLER'S LIST wie in SAVING PRIVATE RYAN. In E.T. wie in HOOK. Aber auch die in ihrer Abwesenheit anwesende Frau, die Stimme von Edith Piaf über dem Trümmerfeld in SAVING PRIVATE RYAN.

Der Weg des Mädchens: THE COLOR PURPLE
THE COLOR PURPLE geht auf den berühmten Roman von Alice Walker zurück. Es geht um die junge Celie, die in eine Welt von Unterdrückung und Hass hineingeboren wurde, und diese Unterdrückung gleich dreimal erfahren muss: Als Unterdrückung der Schwarzen Community durch die Weißen in den Südstaaten, als Unterdrückung innerhalb der Community und schließlich die Unterdrückung als Frau. Celie ist, nach alledem, anscheinend ein geborenes Opfer, zugleich das Opfer der alten und der neuen Sklaverei, jener Sklaverei, die die Nachkommen der Sklaven untereinander praktizieren. Aber auch dieser Film handelt davon, dass das Opfer nicht angenommen wird. Celie also wird nicht „Gnade erfahren", sie wird sich befreien.

Es sind die ersten Jahre des neuen Jahrhunderts im zutiefst rassistischen Südstaat

Mister (Danny Glover)

Georgia. Über dreißig Jahre lang folgt der Film Celias Schicksal. Ein Sommer in Georgia, 1909. Wir sehen die 14-jährige Celia (Desreta Jackson) und ihre jüngere Schwester Nettie (Akousa Busia) durch ein Wiesenmeer von lila Blumen laufen. Erst als sich die Kamera und die beiden so scheinbar ausgelassen spielenden Kinder näher gekommen sind, erkennen wir, dass Celia schwanger ist. Im Winter dieses Jahres bringt sie ihr Kind zur Welt, und es ist alles andere als eine leichte Geburt. Und das Kind wird ihr vom Vater gleich weggenommen. Das Bild des Mitleids, mit dem beinahe jeder Spielberg-Film beginnt.

Die Mutter stirbt. Celie schreibt Briefe an den lieben Gott. An wen sollte sie sich sonst wenden? Und aus ihnen erfahren wir, dass es ihr „Pa" (Leonard Jackson) war, der sie vergewaltigte und schwängerte. Sie muss fürchten, dass er es nun auf Nettie abgesehen hat. Glücklicherweise aber heiratet er ein anderes Mädchen, während der

verwitwete „Mister" Johnson (Danny Glover) Nettie heiraten will, weil er jemanden braucht, der für seine drei Kinder sorgt. Der Vater aber gibt ihm stattdessen Celia, die zwar hässlich, aber dafür an harte Arbeit gewohnt sei. In dem heruntergekommenen „Heim" von Mister erlebt Celia alle nur erdenklichen Demütigungen; kaum hat ihr der Sohn Harpo (Willard Pugh) mit einem Stein eine blutende Kopfwunde verpasst, fällt Mister über sie her. In der Küche wischt sie an den schwarzen Wänden, bis sie erkennt, dass dahinter einmal eine bunte Tapete war, und als Celia die dreckstarrenden Haare der Tochter abschneiden will, wird sie von Mister geschlagen. Celie wird in jeder Hinsicht ausgebeutet, aber nicht einmal am untersten Ende der Hierarchie räumt man ihr einen wirklichen Platz in der Familie ein.

Im Frühjahr kommt auch Nettie in Misters Haus, weil sie sich vor den Nachstellungen des Vaters fürchtet, aber auch Mis-

ter ist nicht zu trauen. Nettie, die zur Schule geht, bringt Celie das Lesen bei, und sie lesen gemeinsam „Oliver Twist". Nachdem Mister Nettie zu vergewaltigen versucht und diese sich handgreiflich zur Wehr gesetzt hat, jagt er sie vom Hof.

Ohne ihre Schwester scheint es, als müsse Celie nun endgültig zugrunde ge-

hen. Jetzt, im Jahr 1916, kann sie (nun von Whoopi Goldberg verkörpert) nur vermuten, dass ihre Schwester tot ist, denn sie hat nie wieder Post von ihr erhalten. Während er selber ein Verhältnis mit der Bluessängerin Shug Avery (Margaret Avery) hat, will Mister die Verbindung von Harpo mit seiner schwangeren Braut Sofia (Oprah Winfrey) unterbinden. Vergeblich. Immerhin rät er ihm, die selbstbewusste Frau zu schlagen, und Celie, die es nicht anders weiß, pflichtet Mister bei. Das ist es, was Sofia wirklich trifft. Aber als Harpo das auch in die Tat umzusetzen versucht, ist er es, der eine Tracht Prügel bezieht, und bevor sie mit ihren mittlerweile vier Kindern ihren Mann verlässt, gibt Sofia Celie den guten Rat, Mister „eins über den Schädel zu geben".

Schließlich bringt Mister die kranke Shug mit auf die Farm, die selber auch resolut genug ist, sich den Mann gefügig zu machen. Celie versorgt die Kranke, und die beiden freunden sich an. Unterdessen kommt Misters Vater, „Old Mister" (Adolph Ceasar) zu Besuch und zieht über Shug her: sie habe die „Frauenseuche". Celie entschließt sich zu ihrem ersten Akt von aktivem Widerstand und spuckt Old Mister heimlich ins Limonadenglas.

Im Sommer 1922 beginnt Harpo mit den Arbeiten zu einem Schuppen, aus dem er eine Jazzkneipe machen will, in der auch Shug auftreten soll. Das „Babylon", gegen das der Pfarrer wettert, erweist sich dank ihr als voller Erfolg. Und neben den reichlich eindeutigen Songs gibt Shug auch den Blues „Sister", den sie auch „Miss Celie's Blues" nennt. So kommt Celie zu einer unverhofften lokalen Berühmtheit. Unterdessen ist auch Sofia wieder aufgetaucht, und als sie sich mit Harpo auf der Tanzfläche vergnügt, bringt das dessen neue Freundin Squeak (Rae Dawn Chong) so in Rage, dass sie eine Prügelei mit ihr beginnt, die sich rasch zu einer Massenschlägerei ausweitet.

Zuhause auf der Farm probiert Celie Shugs rotes Kleid, und die beiden Frauen entdecken, dass sie mehr als schwesterliche Gefühle füreinander empfinden. Als Shug zurück nach Memphis fährt, will Celie mit ihr gehen. Es ist ihre einzige Chance, dem Gefängnis ihres Lebens zu entkommen, aber in dem drohenden Blick von Mister kann Celie sich nicht durchsetzen.

Sofia indes ist entschlossen, sich nicht weiter demütigen zu lassen. Als die Frau des Bürgermeisters sie, nachdem sie ihre Kinder bewundert hat, fragt, ob sie bei ihr als Hausmädchen arbeiten wolle, antwortet sie entrüstet: „Zum Teufel, nein". Als der Bürgermeister sie daraufhin schlägt, schlägt Sofia sofort zurück und wird schließlich vom Sheriff mit dem Revolverknauf niedergestreckt.

Nach acht Jahren im Gefängnis holt die Bürgermeisterfrau die an Körper und Seele verkrüppelte Sofia ab, die sich nun nicht mehr weigert, als Hausmädchen zu arbeiten. Ausgerechnet sie, die so ganz und gar nicht für die Opferrolle zu taugen schien, trifft es am härtesten. Der Selbstversklavung in der black community konnte sie noch widerstehen, dem tückischen Zugriff der „alten Herrschaft" hat sie nichts entge-

Shug (Margaret Avery)

genzusetzen (die es im Übrigen nicht nur auf ihre Demütigung, sondern mehr noch auf die Verfügung über ihre Kinder abgesehen hat).

Im Jahr 1936 kommt Shug noch einmal zu Besuch auf Misters Farm – zusammen mit ihrem Ehemann Grady. Während die beiden Männer sich betrinken, findet sie einen Brief von Nettie im Postkasten, aus dem Celie erfährt, dass ihre beiden Kindern, Adam und Olivia, von einem Missionarsehepaar adoptiert worden sind. Die beiden Frauen machen sich auf die Suche und finden unter einer Holzplanke die vielen Briefe, die Nettie geschrieben und Mister unterschlagen hat. Celie träumt vom fernen Afrika, und als Mister sie wieder mit einem Faustschlag zur Besinnung und zum Ritual der Rasur („Wenn du mich schneidest, bringe ich dich um") bringt. Ganz ist Celie immer noch nicht aus ihren afrikanischen Träumen erwacht, erinnert die Erzählung von Nettie über den Stamm,

der seinen Kindern Narben zufügt. Shug kann im letzten Augenblick verhindern, dass Celie Mister die Kehle durchschneidet.

Bei einem Essen, zu dem sich die Familie und ihre Freunde treffen, wagt es Celie dennoch, Mister zu widerstehen. Nachdem er sie erneut gedemütigt hat, hält sie ihm ein Messer an die Kehle und verflucht ihn. Dann verlässt sie mit Shug und ihrem Mann das Haus.

Die Farm kommt weiter herunter, Mister betrinkt sich, und den Rat seines Vaters, sich eine neue Frau zu suchen, lehnt er ab. Nun – man schreibt das Jahr 1937 – arbeitet Sofia in Harpos Kneipe, in der die Gäste der Platte „Sister" lauschen, die Shug aufgenommen hat. Zur Beerdigung ihres Vaters kommt Celie vornehm gekleidet. Durch Nettie hat sie erfahren, dass „Pa" gar nicht ihr wirklicher Vater war, und der wirkliche Vater hat ihr ein Anwesen hinterlassen, das sie reich gemacht hat. Obendrein hat sie sich einen Namen als Modeschöpferin gemacht. Nun kommt es auch zu einer Versöhnung zwischen Shug und ihrem Vater, dem Priester, der sie so lange wegen ihres Lebenswandels zurückgewiesen hat. Shug singt in Harpos Kneipe, dann führt sie die Gäste in die Kirche nebenan, wo sie die Führung des Gospel-Chorgesangs übernimmt. Und auf der Farm von Mister erscheinen Celies mittlerweile erwachsene Kinder, die sie auf afrikanisch begrüßen. Das Bild einer großen Versöhnung, das selbst Mister miteinschließt, endet in der Rückkehr des Anfangs, Nettie und Celie im lila Blumenmeer der Wiese. Mister zieht mit seinem Pferd als Schattenbild vorüber, und um die Irrealität vollkommen zu machen, endet das ganze im Emblem der Spielbergschen Produktionsgesellschaft Amblin. Nein, wahrscheinlich war Celie auf Erden nicht zu helfen, aber selbst noch der Traum hat das Opfer negiert, so wie auch Sofia das Opfer nicht annimmt, weil ihre Unterwerfung äußerlich und leer bleibt.

Überhaupt ist dieser Film, der für Steven Spielberg mächtig viel Handlung enthält, von den Übergängen geprägt, von einer bildhaften und symbolischen Kommunikation. Die Menschen sind dazu verurteilt, sehr allein zu sein, die guten wie die bösen, aber sie sind es auch nie vollständig. Immer vor dem allerschlimmsten Ende taucht ein anderer auf, um ein Zeichen der Hoffnung zu geben, etwa wenn Sofia als gebrochener Mensch aus dem Gefängnis kommt, und Celie, die weiß der Himmel selber Hilfe nötig hätte, ihr mit trotziger Geste aus der Entfernung ein wenig Mut macht.

Alice Walker hat einen Briefroman geschrieben, und diese Struktur hat Spielberg, so gut das ein Film kann, beibehalten. Und auch dies wird hier zu einer Kunst des Übergangs, etwa wenn ein Brief in der Stimme Celies (die ihn liest) beginnt und mählich, beinahe unmerklich in die Stimme Netties (die ihn geschrieben hat) übergeht.

Natürlich geht es zugleich um einen Emanzipationsversuch von Steven Spielberg: „Ich wollte schon lange einen Film machen, in dem die Entwicklung der Charaktere im Vordergrund steht. Ich wollte mich der Herausforderung stellen, einmal etwas anderes hinzukriegen als einen typischen Spielberg-Film." Dieser erste der „ernsten" Spielberg-Filme hat wie alle anderen nach ihm auch erhebliche Kritik auf sich gezogen. „Einige hätten in dem Film gerne den heruntergekommenen, abgewrackten tiefen Süden gesehen. Aber Alice Walkers Großeltern waren wohlhabend, sie waren erfolgreich. Wir gestalteten Celies und Misters Haus nach Bildern, die sie uns zeigte. Die Ausstattung und die Kostüme wurden von Leuten kritisiert, die nicht wahrhaben wollten, dass die Großeltern nach damaligem Standard reich gewesen sind. Ich glaube, einige Leute hätten den Film lieber ähnlich wie ‚Onkel Tom's Hütte' gesehen, was verkehrt gewesen wäre. Ironischerweise zeigte sich darin ihre eigene Neigung zur rassischen Stereotypisierung, die uns von denselben Leuten zum Vorwurf gemacht wurde."

Spielberg verteidigt sich im Diskurs der Klasse und der Arbeit gegen den Diskurs der Rasse und des Geschlechts, den vor allem Spike Lee zum Anstoß für seine Arbeit an einem Gegenentwurf in Filmen wie SHE'S GOTTA HAVE IT (1986 – Regie: Spike Lee) verwendet. „Mister und die anderen Männer werden nur als eindimensionale Tiere gezeigt. Das ist nicht allein Steven Spielbergs Schuld, denn beim Lesen von Alice Walkers Werk wird deutlich, dass sie so über schwarze Männer denkt. Sie hat echte Probleme damit. In den letzten Jahren gelang es schwarzen Autorinnen am schnellsten veröffentlicht zu werden, wenn sie die schwarzen Männer in den Dreck zogen. (...) Und deshalb hat sich Hollywood darauf gestürzt. Denn es rechtfertigt ja die Auffassung, dass Schwarze insgesamt und die Männer insbesondere nichts taugen, einfach nur Tiere. Deshalb wurde der Film gemacht. Und es ist kein Zufall, dass von allen schwarzen Romanen ausgerechnet dieser ausgewählt wurde. Und dann lassen sie irgendeinen Niederländer (gemeint ist Menno Meyjes – d. Verf.) das Drehbuch schreiben und Spielberg Regie führen. Der weiß doch nun schon gar nichts über Schwarze."

Aber natürlich ist THE COLOR PURPLE auch nur sehr bedingt ein historischer Film über Schwarze, und sein „tiefer Süden", darauf haben viele Kritiken hingewiesen, ähnelt eher einem pittoresken Neverland, das man aus Disneys „Uncle Remus"-Geschichten kennt. Und Celie ist auch, so sehr Spielberg sie zum ersten Mal als eine „ganze" Person sieht, eine Spielbergianische Figur, ein Mensch, der seine ganze Energie und sein ganzes Streben nach den Erfahrungen der unendlichen Differenz gestaltet: Celie bleibt immer ausgeschlossen und fern (in gewisser Weise bleibt sie sogar dem „lieben Gott" fern, an den sie ihre Briefe richtet). Und wie Elliot in E.T. und die Soldaten in SAVING PRIVATE RYAN kommt sie zu „ihrer" Welt nur durch

die Akzeptanz der Differenz: „Ich wünsche mir", so Spielberg, „dass die Leute, die meinen Film sehen, jede einzelne Farbe in Celies Regenbogen fühlen lernen – die Farben des Regenbogens, den Celie sich selbst am Himmel errichtet und in den sie kopfüber hineintaucht". Auch sie also, ist eine „Fliegerin".

Sexualität

Sexualität scheint in der ersten Hälfte von Steven Spielbergs Werkgeschichte nicht anders denn als ferne, obszöne Bedrohung vorzukommen. Wir sehen ansonsten immer nur die Ruinen, die die Liebe hinterlassen hat. THE COLOR PURPLE scheint Spielbergs Furcht vor der Sexualität in eine neue Form zu bringen, in der er zugleich Nähe und Distanz zelebriert. Er muss, so scheint es, dazu einen Umweg über eine ihm „fremde" Kultur, zugleich in Raum und Zeit entfernt, wählen, so wie er seinen Helden immer erst dann Sexualität zubilligt, wenn sie, wie Indiana Jones, selber weit in der Ferne sind. Denn Sexualität scheint im Spielberg-Kosmos eher den destruktiven als den heilenden Impulsen zugeordnet. Deshalb ist ein Film wie THE COLOR PURPLE, in dem es schließlich explizit um Sexualität, und vor allem um sexuelle Ausbeutung geht, gleichsam um die Sexualität herum inszeniert; das erste und das letzte Bild zeigen die Schwestern, die ihr kindliches „Patty Cake"-Spiel im lila Blütenmeer spielen, so als wäre alles, was dazwischen geschah, nur ein furchtbarer Alptraum.

Zunächst könnte man wohl mit Fug behaupten, Steven Spielberg zeige auch die Sexualität aus der Perspektive des Kindes, nämlich als eigentümliche Monstrosität mit zumeist unglücklichem Ausgang. Und wieder gibt uns der Regisseur, der sich mehr als eine mittelmäßige Biographie, eine Biographie der Mittelmäßigkeit als Passion verpasste, genügend biographische Hinweise für ein auch in dieser Hinsicht höchst restriktives Verhalten seiner

Eltern. Filme von Vincente Minelli, nur zum Beispiel, waren wegen ihrer „Laszivität" tabu. Zur gleichen Zeit spuken die Geschichten von den „nächtlichen Auseinandersetzungen" im elterlichen Schlafzimmer durch die Kindheitserzählung des Steven Spielberg. Beziehungen sind in seinen frühen Filmen immer schon gescheitert, bevor die Handlung überhaupt beginnt. Das Grauen, so scheint es, ist an die Stelle des Begehrens getreten (wie in DUEL oder JAWS). Es gibt überdies eine Reihe von Spielberg-Filmen, in denen Sexualität, zumindest auf den ersten Blick, ganz einfach überhaupt nicht vorkommt. In anderen kommt die Handlung erst in Gang, wenn man von ihr abzusehen bereit ist. HOOK ist in dieser Hinsicht als die furchtbarste der sexuellen Denunziationen im Werk Spielbergs zu lesen. Peter Pan hat sich selbst und sein Glück vergessen, weil er geheiratet hat. Als müsste der Weg von Peter Pan zu Moses über Samson führen! Aber andererseits funktionieren die Monsterfilme von JAWS bis JURASSIC PARK nur durch ihren starken symbolischen Gehalt, und die Obszönität und die Nähe des „Weißen Hais" zum Bild der „vagina dentata", des verschlingenden und zerstörerischen weiblichen Geschlechts, ist den Rezensenten schon bei der Uraufführung des Films aufgefallen, so wie später dann das ungleich frivolere Spiel mit einigermaßen offen Freudscher Symbolik in den Indiana Jones-Filmen.

Schließlich „verrät" Spielberg aber auch die Sexualität seiner Figuren. Am heftigsten ist das natürlich bei THE COLOR PURPLE spürbar, wo Spielberg weitgehend unterschlägt, wie wichtig die lesbische Liebe für die Heldin der (autobiographischen) Vorlage ist. Man kann diesem Film durchaus vorwerfen, wie Spike Lee es getan hat, dass da eine Furcht vor der phallischen Sexualität etwas gedankenlos auf den „schwarzen Mann" projiziert wird. Um überhaupt von Sexualität sprechen zu können, muss sich der Film zeitlich, räumlich und kulturell vom Spielbergianischen Zentrum entfernen. Sexualität ist nicht als Vereinigung der Gegensätze gesehen, sondern als besondere Form der Differenz.

Aber auch vordem sehen wir sie vor allem in ihrem katastrophischen Wesen. Es ist die Sexualität, die den Vater in E.T. aus der Familie und nach Mexico gelockt hat. In 1941 ist es die Sexualität, das Begehren einer Frau, das sich an das Dröhnen von Flugzeugmotoren gekoppelt hat, was beinahe zur Katastrophe führt. In SCHINDLER'S LIST ist die Sexualität zwischen dem SS-Mann und der Jüdin Abbild der furchtbarsten Demütigung. Nein, es dürfte schwer sein, in Spielbergs Welt, also noch in seinem Produktionsradius, heftige und positive Bilder der Sexualität zu finden.

Die Volten, die zwischen Sexualität und Familienroman in den BACK TO THE FUTURE-Filmen geschlagen werden – gekoppelt an eine „Familienkrankheit" der Feigheit – scheinen ebenso Weiterentwicklungen und Kommentar zum erotischen Spielbergianismus wie es der Lauf von FORREST GUMP ist. Und so wie Zemeckis behutsam die Liebe in den Spielberg-Kosmos eingeführt hat, so übertreibt umgekehrt der Satiriker Joe Dante die Angst-Lust-Bilder und entdeckt gleichsam eine prinzipielle Obszönität der Welt im Allgemeinen und der amerikanischen Pop- und Warenwelt im Besonderen.

Träumen und Erinnern, II. Teil

Ein Stein für den Gerechten, oder die Geschichte eines Spielers: SCHINDLER'S LIST Lange Zeit hat Steven Spielberg das Projekt SCHINDLER'S LIST vor sich hergeschoben. Zur Zeit von E.T. noch meinte er dazu: „Nachdem ich das Buch gelesen hatte, habe ich mir sofort die Rechte gesichert. Jetzt wird an dem Skript gearbeitet. Bis zum Drehbeginn wird's noch ein paar Jahre dauern. Aber ich habe Angst davor. Denn es ist praktisch unmöglich, Humor in diesem Thema unterzubringen".

Es dauerte in der Tat noch einige Jahre. Und dabei hatte das Projekt eines Films über Oskar Schindler, der im Nachkriegsdeutschland nie eine entsprechende Anerkennung erfahren hatte (als er einmal einen Mann auf der Straße verprügelte, der ihn einen „Judenknecht" nannte, wurde Schindler verurteilt), eine längere, nicht sonderlich rühmliche Vorgeschichte:

Im Oktober 1965, noch unter dem Eindruck der Urteile im Auschwitz-Prozess, stand bei MGM ein Drehbuch zur Verfilmung fertig. In dem Film sollte Richard Burton die Hauptrolle übernehmen, neben ihm hatten Gregory Peck und Romy Schneider zugesagt. Doch dann hörte der deutsche Konsul in Los Angeles von dem Projekt und interveniert bei dem Staatssekretär im Auswärtigen Amt, Karl Carstens, einst Mitglied der NSDAP, nun der CDU, und etliche Jahre später Präsident der Bundesrepublik Deutschland. Man dekorierte unter dem Eindruck dieses amerikanischen Filmprojektes Oskar Schindler rasch mit dem Bundesverdienstkreuz und setzte ihm eine Ehrenrente von 500.- DM aus. Der Film freilich kam nicht zustande

Es ist die Geschichte eines Menschen, der, ganz wie wir es in Spielbergs Kosmos gewohnt sind, zum Helden wahrhaft nicht auserkoren scheint. Im Gegenteil: Wir erleben Oskar Schindler (Liam Neeson) zu Beginn als einen opportunistischen Kriegsgewinnler, der mit den Nazis kungelt, während er sich eine Fabrik in Krakau aneignet, mit der er Emaillegeschirr für die Frontsoldaten herstellen will. Der einstige Handelsvertreter besorgt sich Geld und Arbeitskraft bedenkenlos von den enteigneten und entrechteten Juden. Er hat nichts anderes im Sinn als den Profit, und der dient ihm dazu, ein anmaßendes und ausschweifendes Leben zu führen. Mit Hilfe des Hauptbuchhalters Itzhak Stern (Ben Kingsley) erstellt Schindler eine Liste von hundert Personen, die durch die Ausstellung von Arbeitspapieren vor dem Zugriff der deutschen Soldaten für den Augenblick sicher sind und in seiner florierenden Fabrik arbeiten können.

Aber als er Zeuge wird, wie die Gestapo das Ghetto von Warschau schleift, wandelt sich seine selbstsüchtige Einstellung, und er beginnt damit, seine Stellung als Fabrikbesitzer und NSDAP-Mitglied zu benutzen, um jüdische Häftlinge vor dem Tod zu bewahren. Er spielt seine Rolle weiter, während es ihm gelingt, die Häftlinge aus den Konzentrationslagern und den Todeszügen freizukaufen, immer mit der Begründung, er benötige die Arbeitskräfte für seine Fabrik, die kriegswichtige Güter herstelle. Und er spielt nicht nur seine Rolle, er spielt auch als „Zocker" weiter, als jemand, der nun um Menschenleben spielt wie er vorher um Geld und Macht gespielt hat. Sein Verbündeter bei diesem Unterfangen ist der Buchhalter Itzhak Stern, den er mehr als einmal selbst nur knapp vor Deportation und Tod retten kann. Aber zugleich ist Stern auch sein Mentor, beinahe ein väterlicher Freund.

1
Liam Neeson (Mitte), Ben
Kingsley, Caroline Goo-
dall, Michael Schnelder

Ben Kingsley (links); Ralph Fiennes, Liam Neeson (rechts)

1942 wird bei Plaszow ein Arbeitslager eingerichtet, das dem österreichischen Hauptsturmführer Amon Göth (Ralph Fiennes) untersteht. Göth ist die personifizierte Macht der Tötungsmaschinerien, voller Willkür in seinen grausamen Taten, verwaltet er eine Bürokratie des Todes, in der den Häftlingen jede Hoffnung ausgetrieben wird, sich etwa durch Wohlverhalten oder Anpassung retten zu können. Schindler spielt um jedes Leben mit Göth, versucht dessen Eitelkeit ebenso zu benutzen wie seine Geldgier. Als Schindler selbst ins Gefängnis kommt, weil er bei einer Feier zu seinen Ehren eine jüdische Arbeiterin geküsst hat, ist es Göth, der ihn befreit. Für eine Granathülsen-Fabrik im tschechischen Brünlitz kann Schindler mit all seinem Kapital noch einmal tausend jüdische Häftlinge freikaufen. Als durch einen Irrtum der Zug mit seinen Arbeitern nach Auschwitz umgeleitet wird, kann Schindler sie nur mit seinen letzten Reserven, mit einem Beutel voll Diamanten retten.

Als der Krieg zu Ende ist, hat Oskar Schindler auf diese Weise mehr als 1100 Menschen das Leben gerettet. Nun ist wiederum er der Gejagte, um nicht als NSDAP-Mitglied und Kollaborateur der Konzentrationslager gehenkt zu werden, muss Schindler fliehen; er verabschiedet sich, nachdem er die Wachmannschaften zur Desertion aufgefordert hat, von seinen Arbeitern. Die „Schindler-Juden" überreichen ihm schließlich einen Ring mit der Gravur eines Talmud-Spruchs: „Wer nur ein Menschenleben rettet, rettet die ganze Welt".

Wir haben ihn zwar schon vorher einige Male gesehen, wie er aus dem Spiel mit den Menschenleben heraustrat, wie Mitleid und nicht *thrill* sein Handeln bestimmte, aber ganz tritt Schindler erst jetzt aus dieser Rolle, ein emotionaler Zusammenbruch, mit dem Spielberg erst die Möglichkeit eröffnet, aus Schindler dann doch so etwas wie einen Helden zu machen. Doch „zum Retter wird nicht der zum Helden geläuterte, sondern der Spieler Schindler selbst. Nicht der Held wird zum Retter, sondern der unfreiwillig zum Retter gewordene muss am Ende auch noch Held werden" (Hanno Loewy). Und Steven Spielberg selber erklärt: „Man lernt die Pfefferbergs, die Dresners, Rosners und Helen Hirsch als angsterfüllte Menschen kennen, aber auch als Geschöpfe, die durch Gott, das Schicksal und eben jenen Oskar Schindler zum Überleben bestimmt waren." Welcher Gott und welches Schicksal mochten dies gewesen sein? Für Spielberg geht die Hoffnung davon aus, „dass Leben gerettet wurden und es Generationen gibt, die nur durch das Eingreifen Oskar Schindlers – und das anderer überzeugter Christen – am Leben sind". Ein weiteres Angebot der Versöhnung also, auch wenn wir im Film den „Katholizismus" Schindlers doch etwas anders sehen können. In der Kirche jedenfalls sehen wir ihn nur, wenn er dort seine Schwarzmarktgeschäfte organisiert.

Freilich wird durch diese Mischung die Rettung beinahe ebenso willkürlich wie die Vernichtung durch Göth. Der moralische Sinn liegt daher nicht in einem Jenseits sondern, in den Verhaltensweisen selbst. „Steven ist Oskar Schindler und Itzhak Stern, Amon Göth und jeder einzelne der jüdischen Überlebenden" behauptet Liam Neeson. So ist der Film tatsächlich auch eine biographische Erforschung.

Denn nicht so sehr um die Konstruktion des Guten und des Bösen geht es in SCHINDLER'S LIST, sondern um die Möglichkeiten der freien Entscheidung selbst unter den Bedingungen des vollständigsten Terrors, den die Geschichte erlebte. Sehr schnell fällt es auf, dass dieser Oskar Schindler ein die Mehrheit beschämendes Exempel dafür ist, dass man sich auch anders hätte verhalten können. Beinahe noch bedrückender aber fällt dies bei seinem Gegenspieler Amon Göth ins Gewicht. Wenn beide Figuren eher einem vitalistischen als einem ideologischen Diktum gehorchen, so ist Göth ein schwarzes, wahrhaft sadistisches Pendant. Ob er ein „überzeugter Nazi" ist, bleibt zweitrangig; nicht nur seine Bestechlichkeit mag daran zweifeln lassen. Er ist ein Mensch, der die Position, die ihm das System zugeschrieben hat, zur Inszenierung der persönlichen Macht über Leben und Tod, auch zur sexuellen Macht, benutzt. Das System bleibt weitgehend „außen" in Spielbergs Film, es ist eine finstere Gegebenheit. Auf eine weitergehende Beziehung zwischen den einzelnen und der faschistischen Herrschaft, die über das Nutznießen und Mitmachen hinausgeht, kann er sich nicht einlassen. So verschwindet, trotz der historischen Treue im Detail, in den Namen, in den Drehorten – neben Krakau wurde auch direkt in Auschwitz-Birkenau gedreht – in der Anekdote um den „unfreiwilligen Retter" Schindler das Historische hinter dem Allegorischen. Die Schuld ist immer persönlich, so lautet die Schlussfolgerung. Freilich geht Spielberg an signifikanten Stellen über die Projektion des Mottos der Katastrophenfilme („nicht das System ist schuld, sondern immer nur Einzelne") hinaus, dem er schon in JAWS nicht vollständig getraut hat. Amon Göth bezieht sich, vor dem Berg der brennenden Leichen etwa, auf die Befehlsgewalt des Außen, beinahe mürrisch, als habe man ihm nun die Befehlsgewalt über seine höchst eigene Hölle genommen. Doch es ist die Gleichgültigkeit und Reibungslosigkeit, mit der er sich von seiner persönlichen wieder in die Macht des Systems zurückzieht.

Der Film kam, wie Klaus Kreimeier sehr richtig bemerkt, „wie ein Paroxysmus über die Deutschen – im klinischen wie im geologischen Sinne des Wortes: ein ‚Anfall', der eine ‚aufs höchste gesteigerte Tätigkeit' auslöst –, für die einen ein Wunder der Erleuchtung, für die anderen ein Irrtum, ein Sakrileg, mit dem ein als unumstößlich erachtetes Tabu gebrochen worden ist. Fundamentalistische Stimmungen inspirierten viele, die Debatte in das Gewitterlicht eines letztem, allerletzten Gefechts der deutschen Antifaschisten – als müsse nun endlich entschieden werden, auf welcher Seite der wirkliche Antifaschismus beheimatet sei".

Und er löste in einer strukturierten Öffentlichkeit einen Meta-Film aus, eine Inszenierung um den Entschuldungsmythos vom „guten Deutschen", hinter dem nicht nur einmal mehr die Geschichte verschwand, sondern zuerst einmal Spielbergs Film.

Exkurs: Die Shoah Foundation
Die Stiftung *Survivors of the Shoah Visual History Foundation* wendet vor allem die Überzeugung des Regisseurs vom Film als dem „idealen Speichermedium des kollektiven Erinnerns" an. Gegen die oder als Ergänzung zur Arbeit an den Dokumenten,

den Daten und Akten, wie sie in anderen Forschungs- und Erinnerungsstätten betrieben wird, geht es hier um die „erinnerten Leben".

Die Stiftung wurde von Spielberg 1994 ins Leben gerufen und zunächst mit 60 Millionen Dollar ausgestattet, um die Geschichte des Holocaust zu dokumentieren und in verschiedenen Formen der Öffentlichkeit zugänglich zu machen. 1996 hatten bereits über 10 000 Überlebende des Holocaust ihre Geschichte vor der Videokamera erzählt, insgesamt verfügte man zu dieser Zeit über 20 000 Stunden Film- und Tonmaterial. Mittlerweile ist man dem Ziel des ersten großen Projektes, die Erinnerungen von über 50 000 Überlebenden der deutschen Konzentrationslager aus 55 Ländern aufzunehmen und zu speichern, nahegekommen (insgesamt 100 000 Stunden Material sind computergestützt archiviert und werden auf dem Spielberggelände auf den *Universal*-Studios katalogisiert).

Die Aufnahmen selbst sind zu einem gleichförmigen Ritual geworden, das Würde und Freiheit bewahren soll: Die Interviews finden in den Wohnungen der Menschen selber, in ihrer Muttersprache und in einer einzigen, unveränderten Kamera-Einstellung statt. Nur das Schlussbild ist „spielbergianisch" inszeniert: Nach dem Ende der eigentlichen Erzählung präsentieren die Überlebenden ihre Familie, um ihr aufgenommenes Weiterleben zu dokumentieren. Die so entstehenden Dokumentationen werden sowohl in kleiner VHS-Auflage als auch in digitaler Form weiter bearbeitet, so dass eine andere Version entsteht: in einem Bildschirmfenster sieht man den oder die Interviewten, zur gleich Zeit wird eine kürzere Fassung seiner Erinnerungen in einem Textfenster eingeblendet, während im unteren Teil (und in der Computertiefe) zusätzliche Informationen, Namen, Pläne, Architekturskizzen, Fotos usw. abrufbar sind. Alle Na-

1
Ben Kingsley, Liam Nee-
son, Caroline Goodall

3
Liam Neeson

men und Orte sind in einem zentralen Register abgelegt, das die Erzählungen zu einem Netz des kollektiven Erinnerns verbindet.

SCHINDLER'S LIST ist daher vielleicht nur die cineastische Geste die dieses Projekt zur „visuellen Geschichte" initiiert, eine besondere Form, mit dem angewandten Spielbergianismus in die Geschichte und ihr Gedächtnis einzugreifen. Als Spielberg während der Dreharbeiten die Erzählungen der Überlebenden aufnahm, entwickelte sich die Idee zur Shoah Foundation, die von Anfang an neben die Archivierung der *visual* und *oral history* auch eine Verbreitung in den Mainstream-Kanälen der *popular culture* vorsah.

Das Material wird immer wieder zur Verfügung gestellt. Steven Spielberg präsentierte die erste CD-ROM für den Schulgebrauch in einer Schule in der Bronx, und auch hier wird die Unterstützung durch das Entertainment akzeptiert: Winona Ryder und Leonardo di Caprio fungieren als Erzähler. 1996 entstand ein 50minütiger Fernsehfilm, der bei CNN in regelmäßiger Folge ausgestrahlt wurde. Hier wird zugleich die Methode der Interviews, die Absicht der Stiftung und exemplarisches Material vorgeführt. „Die Machart des Filmes ist geradezu schamlos illustrativ in Ton und (Dokumentar-)Bild. Jiddische Lieder, Tränen und Horrorbilder exakt getimet und auf die jeweiligen Aussagen abgestimmt. Die zahlreichen Zeitlupen tun ein übriges, die Emotionen des Betrachters zu lenken. Der Zweck heiligt die Mittel. Ganz bewusst wird hier nichts der Phantasie des Zuschauers überlassen, wird jeder Satz belegt. (...) Der Film will dreierlei: er unterrichtet über historische Tatsachen, erfüllt also einen didaktischen Zweck; er kann als populäres Medium weitere auskunftswillige Überlebende ermutigen; und er wird weitere Sponsoren für das millionenteure Projekt werben. Steven Spielberg als sein bestmöglicher PR-Stratege weiß eben, wie man das macht" (Eva-Elisabeth Fischer).

„Erst die Technologie bringt das Gedächtnis zum Sprechen", so Steven Spielberg. Das Video-Archiv ist online mit fünf der wichtigsten Dokumentationsstätten verbunden, darunter die Yale University und Yad Vashem in Jerusalem.

Die Kritik an der Spielbergianisierung des Holocaust verstummt auch gegenüber dieser Form der *visual history* nicht. Auch hier sei, so die Kritik, allein durch die Interviewtechniken die Akzente von wissenschaftlicher Genauigkeit auf das Gefühl gelegt, fehlerhafte Erinnerungen blieben unwidersprochen, und selbst hier sei es immer wieder auf ein „happy end" für die Protagonisten im Kreis der Familie angekommen.

Und wieder glaubt Steven Spielberg an das pars pro toto: „Ein einziges lichtes Zeugnis kann ein ganzes Leben verändern". Balsam auch für deutsche Seelen ist der radikale Relativismus: „Die Deutschen neigen dazu, sich in einem Vakuum von Scham, Bedauern und Schuld zu isolieren. Sie müssen sich umschauen: Auch andere Völker sind zu weit gegangen und haben das Böse über das Gute gestellt. Es gäbe weniger Scham in Deutschland, wenn man sich zum Beispiel ansähe, wie wir Amerikaner die Sklaverei behandelt haben."

Steven Spielberg und die Politik

Zunächst gehörte er zu den Regisseuren, die, wenn auch nicht politisch engagiert wie Robert Redford etwa, doch auf offene Distanz zum Establishment gingen. Von Ronald Reagan meinte Spielberg: „Wenn er im Fernsehen auftritt, ist er gleichzeitig dein Klassenlehrer, der Großvater deiner Kinder und der Weihnachtsmann. Ich selbst nehme ihm nicht eine einzige dieser Rollen ab. Aber das ist das Bild, das sich die meisten Leute von ihm machen." Der Patriotismus von Steven Spielberg ließ sich auch nach den Reagan-Jahren nicht propagandistisch umdeuten; der Macht zu misstrauen, gleich in welcher Form, empfahlen noch die „unpolitischen" seiner Filme.

So ist das Kino des Steven Spielberg, wer weiß wie viel es selbst davon weiß, das umfassendste Projekt der Versöhnung in der populären Kultur der Nachkriegsgeschichte: die Versöhnung der jüdischen und der christlichen Elemente (mit allerlei Nebeneffekten), der weißen und der schwarzen Kultur, der Gegner und der Befürworter und der Opfer des Vietnamkrieges, der Generationen und Geschlechter. Aber zugleich ist es ein Kino, das gegen das andere revisionistische und restaurative Modell der nationalen Versöhnung gerichtet ist, für das Reagan als „potemkinscher Präsident" und die *reaganomics* als neoliberale Verschärfung des nationalen Kapitalismus stehen.

Das war immer auch sehr konkret, in der Familie des Steven Spielberg und in seiner Arbeitsfamilie. William Kotzwinkle, der mit „Fan Man" wundervolle Prosa abgeliefert hat, und einer der letzten Vertreter der widerständigen „Beat"-Literatur, wurde durch die Novelization von „E.T." ziemlich reich. (Was, ach, mag mit seiner Seele geschehen sein?) In Spielbergs Film hoben sich die Widersprüche dieser Geschichte auf, und alle seine Filme, die etwas anderes als dieses Ziel im Auge hatten oder es verfehlten wie AMISTAD, wurden Misserfolge. Die Versöhnung von Vater und Sohn, Wissenschaft und Mythos, wurde viel eher ein spirituelles als ein nationales Projekt.

Bringt die Kinder heim!

Worum es also geht, ist ein zugleich einfaches und komplexes Modell. Da ist der demontierte, verschwundene, gefährdete, traumhaft sich reproduzierende, an den Traum, an die Karriere, an das Begehren und an die Metaphysik verlorene Vater, der mit guten oder weniger guten Gründen die Familie verlässt. Da ist die Mutter, der die Familie zum schönen Gefängnis geworden ist, immer am Rand des Nervenzusammenbruchs. Beide Figuren sind zueinander höchst komplementär ambivalent. Da sind die Kinder, die verloren zu gehen drohen, die in ein Parallel-Universum verschwun-

DUEL

den sind. Und da ist das (im Wortsinne) große Andere, der Teufel (SOMETHING EVIL), das Monster (JAWS, JURASSIC PARK), das Versprechen (CLOSE ENCOUNTERS OF THE THIRD KIND), der Krieg (EMPIRE OF THE SUN, SAVING PRIVATE RYAN). In INDIANA JONES AND THE TEMPLE OF DOOM entschließt sich unser peitschenschwingender Held zu einer wahrlich gefahrreichen Mission, die ihm obendrein keinen Gewinn einbringt, erst als er erfährt, dass die Mächte des Bösen die Kinder in die Sklaverei verschleppt haben. So wie die Menschen in AMISTAD in die Knechtschaft geführt werden. Der Monster-Truck aus DUEL, der dem Bürger und Vater David Mann so lebensgefährlich wird, hat in einer höchst bemerkenswerten Szene gleichsam seine maschinelle Zärtlichkeit für die Kinder entdeckt. Als er nämlich einen liegengebliebenen Schulbus „sieht", überrollt er ihn keineswegs, sondern schiebt ihn vorsichtig an. Diese Szene, die im Allgemeinen einfach übersehen oder bestenfalls als Erzeugung einer zwischenzeitlichen kleinen Suspense dienend erkannt wird, beschreibt auf der Tiefenstruktur sehr genau das Spielbergianische Drama: Das maschinelle Monster ist keineswegs generell „böse", und schon gar nicht ist es das „absolute Böse"; es hat es vielmehr ganz konkret auf den Vater abgesehen. Weshalb es im Übrigen nicht einmal so unschuldig sein kann, wie es der weiße Hai auf den ersten Blick sein mag.

In mehr als der Hälfte der Spielberg-Filme geht es darum, dass die verlorenen Kinder auf die eine oder andere Weise heimgebracht werden müssen. Das beginnt mit SUGARLAND EXPRESS, führt über E.T., POLTERGEIST, HOOK und wird in den späten „historischen" Filmen zu einem metaphysischen Motiv. Es ist Schindler, der „seine" Juden rettet und in die Freiheit bringt, es ist der Held von AMISTAD, der seinen Leuten zur Freiheit verhilft und schließlich geht es in SAVING PRIVATE RYAN um nichts anderes, als das letzte Kind einer amerikanischen Familie heimzubringen, weil der Mutter Ryan aus Iowa, die schon alle anderen Söhne verloren hat, dieses totale Opfer nicht zuzumuten ist.

Es ist die Mutter, die als stummes Zentrum dieser Aktion, das entscheidende fordert, so unvernünftig und konsequent wie Goldie Hawn in SUGARLAND EXPRESS. In einer Einstellung von SAVING PRIVATE RYAN, die nun in der Tat an eines von Spielbergs Vorbildern, John Ford, erinnert, sehen wir die Mutter, die Witwe Margaret Ryan (Amanda Boxer), wie sie aus dem Haus, aus der Küche und auf die Veranda tritt, diesen mythischen Ort zwischen Wildnis und Zivilisation, zwischen außen und innen, aus dem Dunkel ins Helle (beides beinahe gleich unerträglich), und sie beobachtet, nicht weniger angestrengt als die Mutter in THE SEARCHERS (Der schwarze Falke – 1956 – Regie: John Ford) die Umgebung, in der sich ein Todesbote nähert. Nun ist es ein schwarzes Automobil, das durch die gleißenden Weizenfelder kommt (bei Ford war da noch nichts als Wüste, und vielleicht wird es auch wieder so sein). Und als aus dem Auto ein Offizier und ein Priester steigen, da weiß sie sofort Bescheid, und sie bricht zusammen, ohne ein Wort. Das Opfer der Frauen, bei Spielberg und bei Ford, ist sprachlos.

In dieser Geschichte in der zweiten Hälfte von SAVING PRIVATE RYAN treffen sich die beiden Hauptmotive in Spielbergs Fil-

men: Die Heimführung der Kinder, und das Vermeiden des totalen Opfers. Aber wirklich heimkehren können die befreiten Kinder auch nicht, nicht einmal wenn die Befreiungsaktion so glücklich verläuft wie in INDIANA JONES AND THE TEMPLE OF DOOM oder so intimistisch wie in HOOK. Man wird halb fremd bleiben in den Erfahrungen, die man gemacht hat.

Die Aufgabe, die Kinder heim zu bringen, verwandelt den Peter Pan- in den Moses-Helden. Und es ist genau diese Verwandlung, von denen die Filme von Steven Spielberg handeln.

Opfer & Erinnerung: SAVING PRIVATE RYAN

SAVING PRIVATE RYAN kam, zumindest in den USA, ähnlich paroxystisch über das Publikum wie SCHINDLER'S LIST. Es ist ein Film, der in gewisser Weise zwei mal funktioniert, als eine wahrhaft grauenerregende „Dokumentation" des Geschehens beim Landungsunternehmen der Alliierten an der Küste der Normandie am 6. Juni 1944,

die der erste Teil gleichsam „mittendrin" wiedergibt und dabei keinen mit den Mitteln des Kino reproduzierbaren Schrecken auslässt, und zum anderen als eine auf dieses „Inferno" folgenden „normalen", parabelhaften Geschichte aus dem Krieg (die es indes auch in sich hat). In den 25 Minuten des „Mitten-drin" im Geschehen der Landungsunternehmen hat auch die Kamera zwischen Fallen und Stehen immer die Perspektive eines normalen Soldaten. In der Verweigerung des „Feldherrenblicks", der strategischen Übersicht, ist der Film parteilich, genau und unterläuft die klammheimliche Freude im Kriegsfilm, auf die Heere zu sehen wie auf Heere von Spielzeugsoldaten. Spielberg kennt sich damit aus.

Diese erste halbe Stunde erschien wie eine schockhafte Erinnerung an den Krieg, die man entweder verdrängt oder in einer handhabbaren Genre-Mythologie aufgehoben hatte. So bemerkte der Historiker Stephen Ambrose: „In anderen Kriegsfil-

Tom Hanks mit Steven Spielberg bei einer Szenenbesprechung

men erhalten die Angehörigen einen Brief, in dem steht, dass der Gefallene gar nichts mitbekommen habe, dass er nicht leiden musste. Aber so ist es fast nie. Vielmehr passiert folgendes: Du versuchst deine heraushängenden Gedärme in den Bauch zurückzuschieben. Du willst Morphium, du willst Wasser, du willst eine Zigarette, du willst deine Mutter. In Spielbergs Film wird das alles gezeigt." So erklärt sich zu einem Teil, warum die Armee eine Hotline mit psychiatrischer Hilfe für diejenigen Veteranen einrichten musste, die beim Ansehen des Films in ihre Erinnerung versanken und einen Nervenzusammenbruch erlitten. Spielberg selbst erwies sich überdies wieder einmal als fürsorglich, als er dem offiziellen R-rating von SAVING PRIVATE RYAN (das die Begleitung Jugendlicher Zuschauer durch Erwachsene vorsieht) eine Empfehlung an die amerikanischen Familien entgegenhielt, die Kinder unter

16 Jahren nicht mit den Schrecken seines Filmes zu konfrontieren.

Wir empfinden in dieser ersten halben Stunde des Films nicht nur Grauen und Mitleid mit den meist so jungen Soldaten, die schutzlos und in berechneter Todesgewissheit ins Sperrfeuer des Feindes geschickt wurden, sondern mehr noch eine Empörung gegenüber der Forderung nach diesem „Opfer". Kaum ein Film hat je so sehr Empfindungen einer Schlacht so direkt auf der Ebene von Bild und Ton wiedergegeben. Selbst die Taubheit nach den Einschlägen erleben wir mit. Der Widerstand, der sich in uns regt, ist zugleich ein Widerstand gegen den Krieg und ein Widerstand gegen das Kino. Denn näher kam diese universale Aktion der Befreiung ihrem faschistischen Gegner innerlich nie, als in diesem Akt eines radikalen und bewussten Menschenopfers. Und näher kann der Kriegsfilm dem Krieg augenblicklich nicht kommen. Hier rebarbarisierte sich der Krieg noch einmal, als man so zahlreiche Menschen nicht nur in den Kampf, sondern in den Tod schickte. Und vielleicht war es nicht allein das ganz direkte, körperliche Grauen, was so vielen Überlebenden unmöglich machte, über diese Erfahrungen zu sprechen, sondern auch der radikale Verlust an Vertrauen, der mit der Invasion am „Omaha Beach" verbunden war. Jenes Vertrauen in eine Führung, die in erster Linie das Leben der eigenen Leute und erst in zweiter Linie die Vernichtung des Feindes zum Ziel hätte haben sollen.

Am Anfang sehen wir nicht den Plan und nicht den Ort; wir sehen in die angsterfüllten, panischen und fast schon toten Gesichter der jungen Soldaten, die eng zusammengepresst in den Landungsbooten auf den Sturm warten. Nur ganz kurz jene Totale, die uns in die strategische Situation einführt, ein Panorama des Strands und der Linie der Landungsboote dafür. „Welch ein Anblick" kann ein Soldat noch staunen, bevor der Sturm losbricht und die Kamera ih-

ren so radikalen Perspektivwechsel vornimmt. Und während der Landung, bei der jeder Meter mit dem scheinbar endlosen, grausamen Sterben errungen wird, ist was wir hören beinahe noch schlimmer als das, was wir sehen. Wie hässlich ist das Geräusch, mit dem ein Geschoss in menschliches Fleisch fährt! Wie furchtbar sieht das

jugendlich glatte Gesicht aus, das von Granatsplittern zerfetzt wird.

Auch in SAVING PRIVATE RYAN arbeitet Steven Spielberg mit jenem „negativen Suspense", den wir bereits aus SCHINDLER'S LIST kennen und den der Schurke dieses Films, der Lagerkommandant Amon Göth, erläutert, als Schindler die von Hitze und Durst

gequälten, in einem Güterzug zusammenge-
pferchten KZ-Häftlinge mit einem Wasser-
schlauch bespritzen lässt. „Du bist wirklich
grausam", lacht er, „du machst das

Schlimmste mit ihnen. Du machst ihnen
Hoffnung". Der Film selbst verfährt nicht
anders, wenn er die vollkommene Willkür
der faschistischen Peiniger beschreibt: Da
werden die Frauen nackt in die mit „Bad
und Desinfektion" bezeichneten Räume getrieben, und die Kunde davon, dass so auch
die Gaskammern beschildert sind, hat sich
schon untern den weiblichen Häftlingen
verbreitet. Und welch ein Glücksempfin-
den, als aus den Duschen dann tatsächlich
Wasser und nicht das tödliche Gift strömt.
Eine Hoffnung, die keine Erfüllung erfährt.
In SAVING PRIVATE RYAN sehen wir bei der Invasion einen jungen Soldaten, der durch
seinen Helm von einer tödlichen Kugel ge-
schützt wird. Verwundert und dankbar
nimmt er ihn ab und betrachtet das defor-
mierte, lebensrettende Ding, und in dem
Moment trifft ein Geschoss seinen unge-
schützten Schädel und spaltet ihn regelrecht.

Und wieder schließt sich eine scheinbar so einfache Story an: Schon der dritte
von vier Brüdern ist bei der Landung verblutet; der einzige noch lebende Sohn der
Familie Ryan ist als Fallschirmjäger hinter
der Front abgesprungen, und auch sein Leben ist in allerhöchster Gefahr. Aber ein
solches Opfer, alle Söhne, ist dieser Familie nicht zuzumuten (genau in diesem Gedanken schon unterscheidet sich die alliierte von der faschistischen Vorstellung
des Krieges: durch die Begrenzung des Opfers, das zugleich der „Sinn" der Kriegsfüh-
rung ist). So wird eine Gruppe von sieben
Soldaten unter Captain John Miller ent-
sandt, um dieses „totale" Opfer zu verhindern und den Soldaten Ryan (Matt Damon) zu retten. Und es ist der Stabschef
der US-Army selbst, eine Vater-Figur,
wenn es je eine gab, der den scheinbar absurden Befehl gibt, das Leben von acht
Männern zu riskieren um das eines einzigen zu retten. Das ist eine symbolische, ja,
eine propagandistische Unternehmung,
und doch ist es mehr: eine Geste, die ins

Innere des Selbstverständnisses der kriegführenden Nation führt. Aber die Männer müssen zugleich argwöhnen, dass nun sie selbst an die Stelle dieses Opfers treten. Der Talmud-Spruch aus SCHINDLER'S LIST, der schon in diesem Zusammenhang zugleich tröstend und fragwürdig erscheinen musste, wird nun einer neuen Prüfung unterzogen: Wer ein einziges Menschenleben rettet, der rettet die ganze Welt.

So beantwortet der Film zugleich die Frage nach dem individuellen und die Frage nach dem kollektiven Opfer. Ohne dieses, so Spielberg, „hätte Hitlers Armee weiter kämpfen und morden können, wäre die Vernichtung der Juden weitergegangen". Aber einmal mehr macht es der Film den Zuschauern nicht so leicht wie die Aussagen des Regisseurs.

Wie SCHINDLER'S LIST beginnt auch SAVING PRIVATE RYAN mit einem Prolog in der Gegenwart: Unter dem Sternenbanner sieht die Kamera eine amerikanische Familie, die einen Besuch auf dem Soldatenfriedhof in Nordfrankreich macht. Leise Trommeln, die einsame Trompete, die wir kennen. Ein alter Mann (Harrison Young) tritt auf eines der vielen gleichförmigen weißen Kreuze zu. Es ist nicht militärische Markigkeit, die in seinem Gesicht geschrieben steht, sondern das Echo einer fundamentalen Erschütterung. Es ist mehr, als zu ertragen ist: der Mann bricht zusammen. Was nun kommt ist die Erinnerung dieses Mannes, dem wir am Ende des Filmes wieder begegnen. Oder vielleicht ist es auch etwas anderes: der Film selber übernimmt die schwere Arbeit der

Erinnerung, der der alte Mann sichtlich nicht mehr gewachsen ist, und zugleich erklärt Spielbergs Film auch, warum das so ist. Es ist jener (einzige) Überlebende, dessen Geschichte SAVING PRIVATE RYAN erzählt. So wird aus dem Film so etwas wie eine audiovisuelle Gedenkstätte, Erinnerungs- und vielleicht auch Trauerarbeit, die Suche nach der Antwort auf die Frage, *why we fought*. Aber auch vom Aufgehobensein dieser gewiss nicht leicht zu ertragenden Erinnerung in einer klassischen amerikanischen Familie mit ihren klassischen Ritualen des Patriotismus erzählt der Film. Ein Patriotismus, der für sich in Anspruch nehmen kann, nichts verschweigen, nicht lügen zu müssen. (Die Frage, ob SAVING PRIVATE RYAN ein „Antikriegsfilm" sei, wird daher obsolet.)

Am selben Ort, an dem nun der Friedhof situiert ist, bricht nun auf der Leinwand die Hölle des Landungsunternehmens aus, und man kann sich kaum einen größeren Kontrast vorstellen als den zwischen der an der Oberfläche so patriotisch sentimentalen Einstimmung und der fünfundzwanzigminütigen „Mittendrin"-Aufnahme des Angriffs, bei dem sich das Wasser mit Blut und Leichenteilen füllt. Unter den jungen Soldaten, die in das deutsche Sperrfeuer geschickt werden, sind Captain John Miller (Tom Hanks) und sein Sergeant Horvath (Tom Sizemore). Mit einigen Überlebenden ihrer Männer erreichen sie schließlich den lebensrettenden Wall der Dünen und können nun ihrerseits den Feind bedrängen und schließlich bezwingen.

Dann erzählt der Film seine eigentliche Geschichte von der Rettung des Gefreiten Ryan. Auf dem Weg durch ein zerschossenes und verbranntes Land, das Ende der Welt, einmal mehr, wächst diese Gruppe zusammen, und dabei vermeidet Spielberg nicht mehr, was uns Soldatenfilme oft so unerträglich macht; die Mischung aus rauem Humor und Sentimentalität, mit der sich die Männer einrichten, gelegentliche Erinnerungen an boy scout-Romantik, die „Heiligung" von Gefahr und Totschlag im Zeichen der Freundschaft. Die Gruppe der Retter kommt immer wieder in Situationen, wo man sich fragt, ob die Rettungsaktion Sinn macht, ob sie das andere, das zweite Opfer wert ist. Inmitten der Aktion gibt es den zweiten Nullpunkt der Handlung. Captain Miller macht in einer kleinen Rede sich und seinen Leuten klar, dass es nur ihre freie Entscheidung sein kann, die das Unternehmen zu Ende führen oder abbrechen wird. Vielleicht ist dieses Opfer zur Vermeidung des totalen Opfer, so meint Miller, „das einzige Anständige, was wir in diesem Krieg getan haben".

Und weil dies eine solche „fundamentale" Entscheidung ist, tritt Miller in dieser Situation jede Befehlsgewalt ab. Ab da hat die Mission, die Radikalität des Opfers zu vermeiden, einen völlig anderen Charakter. Nicht nur, dass sie jenseits des Befehls ausgeführt wird, sondern dass sie in ihrem eigenen Bewusstsein beschlossen ist. Hier, nicht am Omaha Beach, „siegen" die Alliierten. Wenn die Grausamkeit des Krieges im Eingangsteil mehr als sinnlos, als „sinnraubend" erscheinen muss, dann wird der Sinn hier rekonstruiert (Spielbergs Film ist also doch alles andere als ein „Antikriegsfilm"). Die Soldaten rekonstruieren in ihrem Herzen durch diese gemeinschaftliche Anstrengung zur Wiedergewinnung des freien Willens, ihre zivilisatorische „Heimat".

Schließlich findet die Mission der Retter Ryan in einer kämpfenden Einheit, der sich auch Miller und seine Leute anschließen, um eine strategisch bedeutsame Brücke gegen die Deutschen zu verteidigen. Für die Infanteristen ist diese Mission ohne Aussicht auf Erfolg, so dass die Ret-

tung einzig und allein durch das rechtzei-
tige Eingreifen der Luftwaffe kommen
kann (ein Umstand, der nicht wenige Kritikerinnen und Kritiker an die *last minute's
rescue* der Westerner durch das Eintreffen
der Kavallerie erinnerte).

Danach nun scheint fast wieder klas-
sisches Heldentum und klassische (amerikanische) Propaganda am Platz: Captain
Miller führt seine kleine Schar gegen eine
Übermacht der Gegner zum Sieg. Die
Trennung zwischen dem Einzelnen und
der Nation, zwischen dem Körper und der
Idee, wird nun wieder rückgängig gemacht, und man kann, gewiss, dem Film
vorwerfen, dass er dabei in eine alte,
unangemessene Rhetorik verfällt: „Zu De-
monstrationszwecken zerrt Spielberg aus
der Mottenkiste hervor: einen alten Brief
von Präsident Lincoln, den Typus des feigen, verlogenen, undankbaren deutschen
Killersoldaten, die Figur eines feigen, humanistischen, am Ende zum Mann und
Rächer gereiften US-intellektuellen, sowie
ein kleines, zu rettendes französisches
Mädchen (das archetypische ‚unschuldige Opfer', das schon in ‚Schindlers Liste'
zu farbiger Ehre kam)" (Alexander Horvath).

Und am Ende sehen wir wieder den
Greis vor dem Grabkreuz, und wir erkennen den Sinn dieses Lebens: sich, wie Captain Miller es formuliert hat, der Rettung
als würdig zu erweisen. So würde, haben
wiederum so viele Kritiken argwöhnt, aus
der Geste des „harten" Antikriegsfilm am
Anfang ein patriotisch gesinnte Fabel am
Ende. Aber ganz so einfach macht es der
Film nun auch wieder nicht. Denn die Forderung danach, sich der Rettung als würdig zu erweisen, ist ja, anders als in einer
propagandistischen Darstellung, nicht kategorisch beantwortet, und die paradoxe
Konstruktion eines sinnvollen Opfers für
die Vermeidung eines Opfers keineswegs
aufgelöst. SAVING PRIVATE RYAN ist weder
anti-ideologisch noch ideologisch.

Tom Hanks und Edward Burns

Er befragt, in gewisser Weise einem endlosen System der Selbstähnlichkeit verwandt, vor allem sich selbst. Die moralische
Kernfrage des Parabel-Teiles – ist es gerechtfertigt, acht Menschen zu opfern um ein
Menschenleben zu retten (und welcher Umstand macht die Gleichung bzw. Unglei-
chung der Menschenleben auf)? – führt in
der Tiefe zu der Spielbergschen Frage nach
der Vermeidung des Opfers, zur gleichen
Zeit aber auch zu einer anderen Frage, nämlich der nach der Produktion des kollektiven Bewusstseins. Denn die Mission, zu der
die acht Soldaten aufbrechen (müssen),
vollzieht sich exakt an der Trennlinie zwischen Wirklichkeit und Propaganda. Die
Frage ist, genauer gestellt, die, ob man das
wirkliche Leben opfert für ein Symbol. Insofern weiß Private Ryan vielleicht auch mehr
als er sagt, wenn er das Opfer der anderen
nicht annehmen will. Aber Ryan *muss* leben, damit überhaupt die Idee der Heim-

Matt Damon

kehr erhalten bleibt – eine Heimkehr in ein Land, das nicht allein vom Tod beherrscht ist. Indirekt stellt sich damit freilich auch die Frage danach, inwieweit der Krieg schon seine „Mahle" selbst produziert. Und sein Kino.

Kann man Private Ryan retten?

SAVING PRIVATE RYAN ist weder ein Anti-Kriegsfilm (wie, sagen wir, ALL QUIET ON THE WESTERN FRONT – Im Westen nichts Neues – 1930), noch ein strategisches Panorama wie THE LONGEST DAY (Der längste Tag – 1962), und ebenso wenig wie man ihn als propagandistisch einstufen kann, wie John Waynes THE GREEN BERETS (1978), so wenig reicht er an eine „phänomenologische" Arbeit wie Stanley Kubricks FULL METAL JACKET. Schließlich geht es auch nicht um den verzweifelten biographischen Gestus wie in Samuel Fullers THE BIG RED ONE (obwohl Spielberg, den eigenen

Worten nach, diesem Film und seinem Autor enorm viel verdankt), in dem so unbarmherzig konstatiert ist, dass jedes Überleben auch eine Form von Schuld ist. SAVING PRIVATE RYAN ist am ehesten ein „memorial-Kriegsfilm". Auch in SAVING PRIVATE RYAN also geht es zuerst um die Möglichkeit der Vermeidung des Opfers (oder wenigstens der Radikalität seines Vollzugs).

Das Große-Andere mag in diesem Fall „die Freiheit" selber sein. Präsident Abraham Lincoln hat den Satz dazu formuliert, dass „auf dem Altar der Freiheit Opfer gebracht werden müssten". Aber verträgt sich die Freiheit mit dem „Altar", verträgt sie sich mit dem Opfer? Der „amerikanische Patriotismus" muss daher zwischen Lakonie (wenn nicht gar: Zynismus) und Hysterie schwanken, und sein Wesen und seine äußere Form werden nie wirklich zu einer Einheit. Und in diesen Widersprüchen bewegt sich auch SAVING PRIVATE RYAN, der, neben vielem andern, ja auch eine späte Fortschreibung von John Fords THE MAN WHO SHOT LIBERTY VALANCE sein mag. Während der Film dafür zu plädieren scheint, die Legende über den historischen Wahrheitsgehalt zu stellen, wenn sie der Gemeinschaft nutzt (oder wenn sie als Wahrheit geglaubt wird, wie es in den Worten des Verlegers aufscheint: „When the legend becomes fact, print the legend"), hat er doch zugleich das genaue Gegenteil getan, nämlich die Legende demontiert. Wenn wir in Spielbergs Film Frauen sehen, die in geschäftiger Eile in Akkordarbeit die Kondolenzschreiben für die Hinterbliebenen der gefallenen Soldaten schreiben, sind wir der Demontage so nahe, wie wir in den Gesichtern der Menschen die Sehnsucht nach der Legende erkennen. Spielberg „entscheidet" sich so wenig wie Ford, und so wenig wie sein Vorbild gibt er vor, der Film könnte das Dilemma lösen.

In SAVING PRIVATE RYAN geht es aber neben der nationalen auch um eine religiöse

Begründung, die Spielberg auf sehr filmische Weise durch ein „bedeutendes Objekt" charakterisiert: Im eroberten Abwehrbunker fällt dem jüdischen Gefreiten Mellish (Adam Goldberg) das Wehrmachtsmesser eines Feindes in die Hand, und der Dolch mit dem Treuegelöbnis zu Hitler wird von ihm in einen neuen Zusammenhang gebracht; er dient ihm nun als Sabbat-Messer. Das Messer, das unschuldiges Blut vergoss, wird zum Symbol des im Ritual abgewehrten, friedlichen Opfers.

SAVING PRIVATE RYAN verhält sich insofern zum Krieg, und insbesondere zu jenen Segmenten dieses Krieges, in denen bewusst Opfer verlangt wurden, wie sich SCHINDLER'S LIST zum Holocaust verhält, als es ein Film für die Überlebenden ist. Das macht Stärke und Fatalität zugleich aus. Denn für die Überlebenden ist es notwendig, zuerst das Leben wiederzugewinnen, Erinnerung und Trauer zu akzeptieren aber zugleich auch zu begrenzen. Fatalerweise trifft die Begrenzung der Trauer in einem Fall auch die Täter und ihre Kultur, und vielleicht nicht viel minder fatalerweise trifft die Begrenzung der Trauer im Fall von SAVING PRIVATE RYAN nicht nur die Opfer des Zweiten Weltkrieges, sondern auch die aller anderen, einschließlich der kommenden Kriege. Aus der Sicht der Überlebenden zu erzählen heißt auch, nicht von einem Ende her zu erzählen.

Dieser Vorwurf wurde nicht nur Spielbergs historischen Filmen gemacht, auch die Arbeit der „Shoah Foundation" (siehe S. 142) hat neben den eher törichten Einsprüchen („der Holocaust als Videospiel") eine Kritik der Geschichtswissenschaft auf sich gezogen: dieses „weg vom Sterben, hin zum Überleben", wie es David G. Roskies formulierte, und die Aufhebung des Leides in den Familienbildern führe zu einem Triumph des Überlebens über die Trauer. Ganz gewiss ist diese Form der Bewahrung und der Erzählung, die man hier und dort durchaus als „frivol" auffassen mag, eine Konsequenz der Wendung gegen das Opfer im Spielbergianismus. Und ebenso dieser Wahrnehmung der Welt entspricht es, kein dramatisches Sample zusammenzustellen, sondern jeder individuellen Geschichte ihr Recht zu lassen. „Dieses Verbrechen ist an Millionen einzelner Menschen begangen worden, und wie in dem Film RASHOMON (1950 – Regie: Akira Kurosawa) hat jeder einzelne seine subjektive Sicht. Man kann nicht 5000 auswählen und alle übrigen davon ausschließen, ihren Teil der Geschichte zu Protokoll zu geben" (Spielberg). Die episodische Struktur der Welt (gegen die strukturelle, gegen die mythische, gegen die melodramatische) bestimmt also auch dieses Projekt. Der „Sündenfall" von der Campbellschen Erkenntnis und der filmischen Verwendung des „Hero with a thousand faces" löst sich in der Gegenrichtung auf, nicht die eine, die komprimierte, die codierte, sondern die unendlich vielen Geschichten, die sich miteinander vernetzen lassen, auch wenn sie, wie im nicht zu

fällig angeführten Beispiel RASHOMON, einander widersprechen, kommen der Wahrheit nahe.

Das Wesen von SCHINDLER'S LIST war der
Talmud-Spruch, durch den das Exzeptio-
nelle des Vorgehens und eben das Absurde, das durch Amon Göth so verspottet
wird (der als die größte Grausamkeit gegenüber den Juden empfindet, ihnen
Hoffnung zu machen) aufgehoben wird:
„Wer nur ein Menschenleben rettet, rettet
die ganze Welt". Auch in AMISTAD schien
ein „Gerechter", der Ex-Präsident und
Richter mit dem biblischen Namen
Adams, das Licht der Rettung für wenige
entzündet zu haben. Aber war die Heimkehr der fünfzig Meuterer nicht ebenso absurd gegenüber den 13 Millionen afrikani-
scher Menschen, die in die Sklaverei verschleppt wurden? SAVING PRIVATE RYAN
dreht die Schraube dieser Klärung der Konstruktion des Opfers weiter: Ist ein weiteres Opfer gerechtfertigt, um die Radikalität
eines Opfers (hier: das vollständige Auslö-
schen einer Familie) zu verhindern? Eines

macht Spielberg jedenfalls unmissverständlich deutlich: die Kette der Schuld
lässt sich im Krieg nicht vom Einzelnen
unterbrechen. Als Miller vor die Entscheidung gestellt wird, einen deutschen Gegner zu erschießen, kann er sich dieser Herausforderung nicht anders entziehen als
den Gefangenen laufen zu lassen. Und
ausgerechnet dieser Soldat, der sein Überleben nur als Gnade empfinden hätte können, tötet später den jüdischen Mann in
Millers Gruppe.

Auf die „allgemeine" Frage beinahe jeden Spielberg-Films, gleichgültig ob in
Form des ernsthaften historischen Dramas
oder im Rahmen von phantastischer Unterhaltung formuliert, nämlich der nach
den Möglichkeiten des Einzelnen, sich
moralisch zu verhalten in einer Welt, die
das Moralische mehr oder weniger absentiert hat, folgt als zweite, speziellere Frage
die nach dem Sinn des Opfers und nach
der Möglichkeit der Rettung. Und wenn
SAVING PRIVATE RYAN das Angebot einer
„Versöhnung" ist, so ist der Film doch zu-

gleich ein Bild dafür, dass diese Versöhnung nur durch schmerzhafte Akte von Erinnerung und Reflexion zu haben ist.

Das Problem aller Spielberg-Helden ist es ja, dass sie nicht alle und alles retten können, dass sie keine Welt-Lösung zu bieten haben. Dass sie, um es kategorisch zu sagen, eben keine *Helden* sind. Schlimmer noch, die Möglichkeit, etwas und jemanden zu retten sind so schrecklich begrenzt, dass die Rettungsaktion selber in Gefahr steht, vollkommen absurd zu werden: E.T. kommt auf die Erde und kann nur einem einzigen Menschen wirklich helfen. Viel besser geht es den Engeln in ALWAYS nicht, die nicht einmal eine frohe Botschaft zu verkünden haben. Was sind 1100 Leben, die Oskar Schindler rettet, angesichts der sechs Millionen Opfer in den Konzentrationslagern? Und warum soll man ausgerechnet den Gefreiten Ryan retten und dafür auch noch weitere Menschenleben aufs Spiel setzen?

Vielleicht ist die Rettung ja auch nur eine Gnade, die man sich erst im Nachhinein verdienen muss? Oft genug jedenfalls ist in Spielbergs Filmen die Rettung eine furchtbar willkürliche Angelegenheit (von der Willkürlichkeit von Leben und Sterben in den Konzentrationslagern erzählt SCHINDLER'S LIST ja in erster Linie). Es geht nicht ohne Zufall ab, dass die Soldaten in SAVING PRIVATE RYAN gerettet werden, in JURASSIC PARK glauben die Protagonisten gar, ihre eigenen Anstrengungen hätten zu ihrer Rettung geführt, doch in Wahrheit haben sie ihr Leben nur dem Umstand zu verdanken, dass die Saurier schließlich auch übereinander hergefallen sind.

Von den Häftlingen, die Schindler vor dem Tod gerettet hat, erhält er zum Trost den Talmud-Spruch von dem einen geretteten Leben, das gleichbedeutend mit der Rettung der ganzen Welt sei. Dieser Trost schwingt in so vielen absurden Rettungs- und Opfer-Geschichten der Spielberg-Filme mit, ohne dass er zum optimistischen „Dogma" werden könnte.

Nun könnten wir also wohl ein „Projekt" in den Spielberg-Filmen – unabhängig davon, ob sich der Autor oder das Werk dieses Projektes bewusst sind oder nicht – ausmachen: Das glückliche und sanfte „Einschreiben" einer jüdischen Heilsgeschichte in die finstere, vietnamisierte und fatalistische Hauptlinie der puritanisch-kapitalistischen populären Mythologie der Traumfabrik. Der Erfolg dieses Projektes lässt sich demnach in doppelter Weise erklären, nämlich einerseits von den Filmen selber aus, die – in der Regel – eine vollendete mythisch-cineastische Form ausbilden, und von der Situation der Erwartung und des Bedarfs her.

Freilich ist dieses Einschreiben jüdisch-humanistischer Phantasien (in einer scheinbar infantilen Art) in den verdammten Mainstream der Opfer-Mythologie, nur ein wenn auch besonderer Aspekt der Spielbergschen Erlösungsmythologie.

My Favorite War: SMALL SOLDIERS
Wie schon vorher andere Projekte so lässt Spielberg auch SAVING PRIVATE RYAN mit einem „Seitenstück" versehen, das einige finstere, abgründige Aspekte behandelt, die das „Hauptwerk" gerade vermieden hat. Joe Dante inszenierte SMALL SOLDIERS als finsteres Märchen von der Revolte der mehr oder weniger standhaften Plastiksoldaten. Sie sind das Produkt des Konzerns *Globotech*, dem man die Produktion „echter" Soldaten ebenso zutraut wie die von Vernichtungsmaschinen. Im Spielzeugladen von Stuart Abernathy (Kevin Dunn) wird die ultimative Neuigkeit ausgestellt: Spielzeugsoldaten, die durch einen Mikrochip agieren können, Sein Sohn Alan (Gregor Smith) ist begeistert, allerdings beginnen die kleinen Soldaten bald ein verhängnisvolles Eigenleben zu führen. Die Puppen der „Commando Elite" wurden mit Chips aus dem Rüstungsprogramm des Pentagon ausgerüstet und beginnen einen

brutalen Krieg gegen die friedlichen „Gorgonites". Sie führen nicht nur Krieg gegeneinander, sondern auch gegen Alan, seine Familie und die Nachbarstochter Christy (Kirsten Dunst). So verwandeln die kleinen Soldaten die Barbie-Puppen der Nachbarstochter in neue Soldatinnen, indem sie einen Chip in ihren Kopf einpflanzen. „Now it's our turn to play with you", ist der Schlachtruf, mit denen die nackten Puppen sich sodann auf ihre Besitzerin stürzen, um sie im Kinderzimmer zu knebeln und zu fesseln. Dieser Konzern globalisiert die Kriegsphantasie und beginnt mit seinem aggressiven Spielzeug ganz gezielt im Kinderzimmer – schließlich heißt der Konzernchef nicht umsonst Gil Mars. Die „Commando Elite" ist der in Plastik gegossene und mit Chip-„Intelligenz" versehene Traum von Ronald Reagans Rüstungsprojekten und wurde von der Atomwaffenabteilung des Konzerns entwickelt. Der Anführer der Spielzeugsoldaten trägt den Namen Chip Hazard – welch ein Nachfolger für G.I. Joe!

Diesmal erledigen sie ihren Job in einem der mittlerweile gewohnten Einfamilienhäuser in Winslow Comers, Ohio. Diese Spielzeugsoldaten sind darauf programmiert zu töten, und sonst nichts. Und ihre Feinde sind die „Gorgonites", die zwar ziemlich „freakish" aussehen, aber in Wahrheit friedliebend und lebensfreundlich sind. Weil die Familie sich mehr auf die Seite der Gorgoniten stellt, wird auch sie zum Angriffsziel der Small Soldiers, die das Haus fachgerechter in ein Schlachtfeld verwandeln, als es der Familienvater in 1941 vermochte. Aber natürlich trifft es diesmal nicht die Falschen. So sehen wir den Vater, Mr. Phil Fimple vor dem Fernseher, komplett mit Knabberchips, und neben sich die Ehefrau, eine heroische Fernsehdokumentation zum Krieg ansehen. Und so seufzt er: „World War Two is my favorite war". Dante und Spielberg legen den Spielzeugsoldaten die harten, mythischen und manchmal schlicht sinnfreien Sprüche der Helden von „schmutzigen" Kriegsfilmen in die Plastikmünder (in der Originalfassung erkennen wir auch die Stimmen dieser Verbrecher/Soldaten aus Robert Aldrichs THE DIRTY DOZEN [Das dreckige Dutzend – 1967] wieder).

Wenn sich die „Helden" von SAVING PRIVATE RYAN gewissermaßen selber retten, indem sie ihre Mission zu einer Sache der freien Entscheidung machen, dann zeigt SMALL SOLDIERS im Gewand einer Spielzeugfarce die entgegengesetzte Möglichkeit, die Destruktivität eines einmal in Gang gesetzten Kriegsapparates. Und wie man zwischen E.T. und POLTERGEIST erschrecken kann, wie nahe Erlösung und Verdammnis einander sind (wie in jedem INDIANA JONES-Film), so ist hier zu beobachten, wie gefährlich nahe die Weltbilder und Sprachformen der echten und der Spielzeugsoldaten einander sind.

In diesem Fall erwies sich das schwarze Nebenwerk als zu genau; während SMALL SOLDIERS bei aller Begeisterung für die Computer-generierten Effekte ein phänomenaler ökonomischer Misserfolg wurde, erwies sich das scheinbar ambitioniertere und kritischere Werk Spielbergs als durchaus mainstream-tauglich. Wenn SAVING PRIVATE RYAN den Menschen im Krieg rettet, dann zeigt SMALL SOLDIERS, wie wenig Chancen er wirklich gegen die kriegerische Rüstungslogik hat.

Bei Spielberg müssen alle Menschen, zugleich als Individuen und als Kollektiv, mit dem Wesen und den Folgen des Krieges fertigwerden. Bei Dante kommt der kapitalistische Kriegsgott, Gil Mars, einfach daher, und besticht die unschuldigen Opfer seiner Kriegsmaschinerie mit Geld: So sollen sie schweigen.

Exkurs: Dantes Inferno

Wenn Robert Zemeckis der epische Romantiker ist, der sich aus dem Spielbergianismus entwickelte, so ist Joe Dante eher der hellsichtige Zyniker. Näher als Zemeckis bleibt er dabei der Gedanken- und Zeichenwelt seines Freundes und Mentors verbunden. Beinahe alle Dante-Filme könnte man auch, neben vielen anderen, als direkten Kommentar und zumeist direkte Kritik an einem Spielberg-Vorschlag zur Weltsicht ansehen. Selbst seine mörderischen kleinen Fische im Debüt PIRANHA (1978) sind schon eine direkte Antwort auf JAWS. Es scheint, als müssten von diesen Fischen an alles, was in Spielbergs Filmen vorkommt, in einem Dante-Film in einer kleineren und bösartigeren Form vorkommen, von den zahnbewehrten winzigen Monsterfischen, die sich in den Gesichtern der Gremlins fortsetzen, bis zu den starrsinnig mörderischen Plastiksoldaten in SMALL SOLDIERS. Und wenn bei Spielbergs traurigen Kindern das Wünschen (manchmal) noch hilft, dann ist das Wünschen eines Kindes in Dantes Beitrag zu THE TWILIGHT ZONE nichts anderes als der pure Horror für seine Familie.

Wieder geht es in PIRANHA um ein Urlaubsparadies. Was den Frieden dort stört, ist freilich nicht mehr eine Naturgewalt des Meeres, sondern das Produkt der ausgesprochen heimtückischen Phantasien der amerikanischen Militärs, die für den Einsatz in Vietnam eine besonders blutrünstige Abart der südamerikanischen Mörderfische gezüchtet haben. Wieder wird das Schreckliche von den Verantwortlichen vertuscht, aber Dante führt auch die Figur einer sadistischen Wissenschaftlerin ein, die das blutige Treiben mit größtem Vergnügen beobachtet. Dante säkularisiert den Stoff gewissermaßen, niemand bleibt unschuldig und nichts könnte man als metaphysisches Zeichen sehen.

In Dantes Filmen zersetzen sich förmlich die Phantasmen des Spielbergianismus. Die Gremlins sind kaum etwas anderes als ein E.T.-ähnliches Trostwesen, das sich freilich im entscheidenden Moment in sein eigenes Gegenteil, ein anarchisches und destruktives Wesen verwandelt. Während GREMLINS noch als eine forcierte Kurzschlusshandlung zwischen E.T. und 1941 erscheint, entwickelt GREMLINS II über seine clowneken kleinen Bösewichte bereits eine eigene Phantasie, in deren Mittelpunkt der mehr oder minder autonome Hochhausturm des Medien-Moguls Clamp steht. Nachdem sie diesen fachgerecht ruiniert haben, mehr noch als im ersten Teil durch eine auch intellektuelle Aneignung, hat dieser indes die alles rettende Idee, die Virtualisierung der Welt noch um eine Umdrehung weiter zu drehen: Man plant an der Stelle des Clamp Centers den Nachbau einer „typischen" amerikanischen Kleinstadt mitten in New York.

Es ist der Erfinder Rand (Hoyt Axton), der in GREMLINS in einem chinesischen Ramschladen für seinen Sohn Billy (Zach

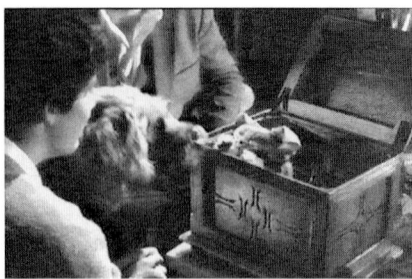 

Galligan) das teddyhafte Kuscheltier, ein Mogwai, erwirbt. Das Tier ist nett und friedlich, aber drei Dinge gilt es zu beachten; Es darf nicht mit Wasser in Berührung kommen (dann vermehrt es sich), es darf nach Mitternacht nicht gefüttert werden (dann verwandelt es sich in ein bösartiges Gremlin), und es darf dem grellen Licht nicht ausgesetzt sein (dann stirbt es). „Gizmo", wie das Tierchen genannt wird, muss natürlich alle diese Tabubrüche durchleben, und so kommen die Monster mit piranhascharfen Zähnen über die brave Kleinstadtwelt.

Das Medium ist bei Dante ganz direkt weniger Message als Massage. Keine Wunder und keine Parallelwelten sind bei ihm vom Fernsehen zu erwarten, nur die schiere Niedertracht, wie er in seinem Beitrag zu „Unheimliche Schattenlichter" zeigt, der Geschichte des Jungen mit dem bösen Blick, der seine Familie unbarmherzig unterdrückt. Der Reflexion dieser medialen Beeinträchtigung, die Dante vor allem als mechanische, als Wiederholungs- und Imitationszwang sieht, setzt er sehr deutliche Grenzen. In GREMLINS II wird Spielberg selber als komischer Filmkritiker durch den Kakao gezogen. Das ist beinahe so poetisch grotesk wie der Umstand, dass in SMALL SOLDIERS ausgerechnet die Satellitenschüssel eines Fernsehsüchtigen zur Rettung wird.

Wenn aus den netten „Gizmos", den liebeswerten und hilfsbereiten Plüschwesen die „Gremlins" werden, die Plagegeister aller mehr oder weniger funktionieren-

den Systeme, dann ist das auch ein Wandel des menschlichen Erfindergeists in sein Gegenteil. (Gremlins sind in der Alltagslegende – geschaffen übrigens von den amerikanischen Bomberpiloten des Zweiten Weltkrieges – Wesen, die für alle technischen Pannen verantwortlich sind, für die es noch keine logischen Erklärungen gibt, vom ausgefallenen Fahrstuhl bis zum wider Willen ausgelösten Raketenangriff.)

Aber auch die Spielbergschen Familien erhalten bei Dante ihre höllischen Abbilder, insbesondere in THE BURBS (Meine teuflischen Nachbarn – 1988) wird die Spielbergianische Vorstadtwelt gehörig auf den Kopf gestellt. Aufgeschreckt durch das seltsame Verhalten von Neuankömmlingen (die Familie „Klopek") verwandeln sich die Nachbarn einer ruhigen Straße in Suburbia in Agenten und hysterische Kämpfer, die ihre eigene Straße und ihre eigenen Häuser in Manfield Place vor Kampfeslust so zerlegen wie einst in 1941 der Hollywood Boulevard zerlegt wurde. Ray Peterson (Tom Hanks), der gerade seine Frau damit vergrätzt hat, dass er, statt mit ihr in Ferien zu fahren, es vorzieht, seinen Urlaub mit Biertrinken, Fernsehen, Rasenmähen und der Beobachtung der Nachbarn zu verbringen, lässt sich nur allzu schnell von diesem Kinderspiel der Nachbarn anstecken, das so gar nichts Heilsames an sich hat. Darin tun sich jung und alt, der immer noch kämpferische Veteran (Bruce Dern) und der jugendliche Herumhänger (Corey Feldman) zusam-

men, die Klopeks können nur Teufelsan-
beter und Mörder sein (so ungemäht wie
ihr Rasen ist!), und als der Nachbar Walter
spur- und erklärungslos verschwindet, gehen sie zum Angriff über. Die Miliz der
braven Bürger bricht schließlich ins Haus
der Klopeks ein. Dass sich am Ende Klopek
tatsächlich als Serienmörder erweist, ist
nur noch eine Pointen-Umdrehung. Beinahe jede Spielberg-Figur findet sich ins
Gegenteil verkehrt. Wenn die Spielberg-
Mütter verzweifelt-tapfer die Familien bewahren, so verwandeln sich Dantes Mut-
ter-Figuren, in GREMLINS ebenso wie in
SMALL SOLDIERS, wenn man es mit ihnen
erst einmal zu weit getrieben hat, in wahre
Furien, die es an Aggressionslust mit ihren
Widersachern leicht aufnehmen. Auch die
Kinder sind weder unschuldig, noch scheinen sie begabt, gegen die Welt ihrer Eltern
zu rebellieren. Wie wir in THE BURBS sehen,
sind sie vielmehr entschlossen, deren alltäglichen Wahnsinn in jeder erdenklichen
Weise zu übertreffen. Das kleine Mädchen,
Inbegriff von Opfer noch in den POLTER-
GEIST-Filmen, tritt in SMALL SOLDIERS mit
vergnügtem Lächeln aufs Gaspedal des Ra-
senmähers, um Dutzendschaften ihrer
Plastik-Widersacher von der *Commando
Elite* zu zerfetzen. Wenn in Spielbergs Filmen das Spielzeug und seine Beseelung
ebenso wie die Mythen der Kinderkultur
als doppelte Aufhebung der Kindheit di-
alektisch konstruiert erscheint, so wie E.T.
zugleich den Abschied von der Kindheit
ermöglicht, und ein Teil der Kindheit auf

ewig bewahrt, so ist das Spielzeug in Dantes Filmen beinahe immer dem Objekt in
den Händen eines Zauberlehrlings vergleichbar, der die Geister, die er rief, nicht
mehr los wird. Das reicht vom biologischen Spielzeug des Militärs zum Plas-
tik-Militär des Bürgerkindes. Während in
EXPLORERS (Explorers – Eine phantastische
Reise – 1985) Außerirdische sich der
menschlichen Kultur bemächtigen, indem sie Figuren und Sprüche des Fernsehens referieren (eine wunderbare Parodie
auf die „Weisheit" der Fremden bei Spielberg), genügt es in MATINEE (Matinee – Die
Horrorpremiere – 1993), dass ein Mann
namens Harvey (James Villemaire) für
Werbezwecke in ein Monster-Ameisen-
kostüm gezwängt wird, um ihn in ein
wirkliches Monster zu verwandeln. (Und
nicht genug: der paranoide Kino-
Schrecken wird hier übermalt durch den
realen Schrecken der „Kuba-Krise".) Die
Väter dagegen erscheinen, von THE BURBS
bis SMALL SOLDIERS weder verschwunden
noch irgendwie bedeutsam, sie ähneln
den Kerlen aus THE BURBS, die sich allenfalls durch gelegentliche Schübe von Hysterie aus der allgemeinen Apathie wecken
lassen. Wenn das gute Spielzeug bei Spielberg als Abspaltung des Kindes auf dem
Weg zur autonomen Person erscheint
(also in einer klassischen Märchen-
Morphologie), dann sind es bei Dante eher
Abspaltungen des Vaters, der seine Autonomie verloren hat. Ganz folgerichtig also
erscheint der plötzliche Zorn der Mütter,

die zum Küchenmixer (GREMLINS) oder zum Tennisschläger (SMALL SOLDIERS) greifen, um dem Spuk ein sehr physisches Ende zu bereiten. Wenn die Familie bei Spielberg ein Ort des Verlustes ist, dann ist sie bei Dante das pure Schlachtfeld. Nur dass man sich hier nicht direkt angeht, wie etwa in einem Film des psychologischen Realismus, sondern indem man Natur und Objektwelt in Stellvertreterkämpfe schickt, die gleichwohl immer in ihren symbolischen Taten den inneren Ursprung verraten müssen. Joe Dantes Menschen wollen keine Missverständnisse aufkommen lassen: In POLTERGEIST bekämpfen sich die Nachbarn in Suburbia, indem sie mit ihren Fernbedienungen den anderen das Lieblingsprogramm wegzappen; in THE BURBS dagegen werden nachbarschaftliche Kriege durch den gezielten Einsatz kackender Hunde im Vorgarten des anderen ausgetragen.

Was in allen Spielberg-Filmen steckt, nämlich eine unauflösbare Verzahnung von Medium und Materialität, von erster und zweiter Wirklichkeit, das wird bei Dante immer noch um eine Drehung vertieft. Selbst sein Werwolf-Film THE HOWLING (Das Tier – 1981) überführt den Horror-Mythos in einen Medien-Kreislauf. Die TV-Reporterin Karen White (Dee Wallace) kommt der mörderischen Werwolf-Sekte auf die Spur und infiziert sich an ihnen. Während sie sich vor den laufenden Kameras in einen Wolf zu verwandeln beginnt, übermittelt sie die traurige Botschaft und macht ihrem nun auch in dieser Hinsicht gespaltenen Leben ein Ende.

Steven Spielbergs böser kleiner Bruder konnte auch in Bezug auf die Vermarktung seiner Filme nur sehr bedingt mit ihm Schritt halten. Die großangelegte Kampagne zum Vertrieb von Gizmo- und Gremlins-Puppen führte nur zu einem mittleren Erfolg, Dantes Filme hatten entschieden zu viel Angst erzeugt, um diese Puppen ins Kinderbett oder auf die Fenstersims zu legen, und sie waren zu satirisch, um das ideale Weihnachtgeschenk abzugeben. Folgerichtig lehnt er schließlich das Angebot ab, bei WHO FRAMED ROGER RABBIT? (Falsches Spiel mit Roger Rabbit – 1988 – Regie: Robert Zemeckis) die Regie zu übernehmen, und zwar mit einem Argument, das seine Arbeit wohl am besten beschreibt: „Ich bin an realen Menschen interessiert, auch wenn mir das keiner glaubt".

Am sanftesten scheint Joe Dante das „Übermalen" eines filmischen Vorbildes (Richard Fleischers FANTASTIC VOYAGE) mit dem Selbsterfahrungstrip in INNERSPACE (Die Reise ins Ich – 1987) zu gelingen: Testpilot Tuck Pendleton (Dennis Quaid), der gerade wegen seines Lebenswandels erheblichen Zoff mit seiner Freundin hat, wird auf Mini-Größe geschrumpft und landet nach ein paar bizarren Verwechslungen statt in einem Versuchskaninchen in der Blutbahn des schusseligen und hochneurotischen Ladenschwengels Jack (Martin Short). Die beiden nehmen nach allerlei Problemen Kontakt miteinander auf, und Tuck führt Jack bei der Suche nach dem Mikrochip, der ihn auf menschliche Größe zurückverwandeln kann, fatalerweise auch zu seiner Freundin (Meg Ryan), in die sich Jack prompt unsterblich verliebt. Wenn es in den Zemeckis-Filmen der BACK TO THE FUTURE-Serie um die psychologischen Verwicklungen einer Begegnung zwischen Mutter (im Teenageralter) und Sohn geht, so spielt sich ähnlicher Nonsense des Familienromans bei Dante auf der Ebene des Körpers ab: Tuck begegnet seinem Sohn gleich in der Gebärmutter seiner Freundin!

Dass bei Dante, der anders als Spielberg durch die Roger Corman-Schule gegangen ist, alles immer um mehrere Stufen greller und „billiger" sein muss, versteht sich von selbst. Allerdings ist er zugleich auch der wohl genaueste Menschen-Beobachter unter den Spielbergianern. Während bei Spielberg ein vorsichtiges „Einschreiben" einer neuen Form in die Tradition vonstatten geht, gibt es bei Dante ein hemmungsloses Zitieren, Parodieren und Plündern. Seine Gremlins spielen Bogart ebenso perfekt wie die Helden und Heldinnen der Muppet Show. Alle Protagonisten von THE HOWLING tragen Namen aus der Geschichte des Horrorfilms. Seine Besessenheit vom Film (der ehemalige Kunststudent war vordem Journalist beim seriösen *Film Bulletin* und beim Fan-orientierten *Frankenstein's Castle*) ist nie ohne die Ironie zu haben, die sich gegen die mediale wie die familiäre Seite des Mittelstandslebens richtet. In beinahe allen Dante-Filmen gibt es blinde Stellen einer Unversöhnlichkeit; es gibt keine Verzeihung gegenüber den wahnsinnigen Militärs in PIRANHAS, und wenn Kate in GREMLINS ihren Zorn auf jenes Weihnachtsfest äußert, bei dem die Reichen ihre Geschenke und die Armen ihre Pulsadern öffnen, dann mag einem dieses Fest der Liebe nicht allein durch die Gremlins selber verleidet werden. Die Wunder der makro- (EXPLORERS) und mikrokosmischen *unseen world* erweisen sich als Schimären. In INNERSPACE zeigt sich Jack Putter fasziniert von dem Menschen in seinem Körper, der an Stellen gelangen könne, die er nie zu sehen bekomme. Und Tuck Pendleton antwortet nur lakonisch (und vermutlich vollkommen realistisch): „Da hast du nichts verpasst."

Spielbergs Filmen geht es darum, die Brüche der Entfremdung zu überwinden, bei Dante geht es um direkte und materielle Schuld. Während bei Spielberg das Fremde als prophetische und erlösende Kraft erwartet wird und, wenn auch unter Schwierigkeiten, erkannt und „integriert" wird, so sind Dantes Filme vor allem Versuche über den Hass von Middle America auf alles Fremde, ob es sich nun um eine Familie Klopek oder die Gremlins handelt. Die Kräfte des „Säuberns" sind nicht mehr zu kontrollieren, sie produzieren das Chaos, vor dem sie uns bewahren sollten, sie

verfolgen, wie die SMALL SOLDIERS unerbittlich das *andere*, und, in bester McCarthyistischer Tradition, auch alles, was Kontakt mit diesem anderen hatte, das nur am Äußeren zu erkennen ist.

Man könnte nun sagen, Joe Dante verhalte sich in etwa zu Steven Spielberg wie Howard Hawks zu John Ford. Der „Funktionalist", der vor allem in Menschen und Dingen das Mechanische sieht, oder genauer gesagt, die Anfälligkeit des Mechanischen für Störungen, findet auch seine Moral in einer radikalen Diesseitigkeit. Es gibt, anders als bei Spielberg, keine unverdiente oder vorgreifende Gnade (nicht einmal eine der Erkenntnis); es gibt in Dantes komischer Höllenwelt überhaupt nichts Gutes. Außer jemand tut es.

Mythologica V: Das Böse und das Licht

Wir kennen nun die biographische Legende: Steven Spielberg, das Kind von Fast Food und Phobien, verlegt sich vom Angst-Haben aufs Angst-Machen. Er holt das Böse aus allen Kisten, und oft genug können wir argwöhnen, dass er seine Schurken nicht ohne verborgene sadistische Lust konstruiert. Aber zugleich lässt er ja immer auch das Rettende entstehen. Er begrenzt, schon im Bild, in jeder Einstellung, die Totalität des Bösen.

Dabei kann man, gewiss, den weißen Hai so sehr als Abbild des deutschen Faschismus sehen wie umgekehrt den deutschen Faschismus als eine der unzähligen Formen der ewigen Wiederkehr des menschenfressenden Monstrums. Und Indiana Jones ist im Kampf gegen seine Monster nicht anders als Oskar Schindler getrieben von einer Balance aus Begierden und Ängsten, die beide in der freien Entscheidung zu überwinden sind.

Das Licht als Zeichen. Steven Spielberg hat insofern die Tugenden des klassischen Hollywood-Films wiederentdeckt, gegen die Effekt-Orgien einiger seiner Konkurrenten

CLOSE ENCOUNTERS OF THE THIRD KIND

und Freunde ebenso wie gegen den Authentizismus von *New Hollywood*, als er wieder auf die vollständige Illusion, den unsichtbaren Einsatz der Technik hinauswollte. „Meine Aufgabe ist, diese Technik zu nutzen und sie so gut zu verbergen, dass man niemals auch nur erinnert wird, wo man ist." Ist in der Tat die „Entortung" das Ziel dieser Technik (so wie die Erzählweise des Western vielleicht einmal umgekehrt die bildhafte und narrative Anstrengung einer „Verortung" wiedergab)? Es ist der Fluss der Geschehnisse, nicht ihr Raum, um den es ihm geht. So erfindet Spielberg neben der „unsichtbaren Kamera" und dem „unsichtbaren Schnitt" den „unsichtbaren Effekt". JAWS etwa verdankt viel von seiner Wirkung Spielbergs Entscheidung, lieber auf einen Auftritt des Ungeheuers zu verzichten, als mit dem technisch unvollkommenen Monster die Illusion zu zerstören. Und wenn es etwas gibt, was er bei JURASSIC PARK als Herausforderung sehen mochte, dann sicher die vollständige Integration der computergenerierten Dinosaurier mit den Realaufnahmen zu einer filmischen Einheit.

Sichtbar hingegen ist bei Steven Spielberg das Licht. Denn er setzt es gewissermaßen in zwei verschiedenen Sprachen ein. Zum einen erzeugt er eine zweite Realität, indem er streng darauf achtet, dass das Licht in Analogie zu natürlichen Licht-

quellen gesetzt wird. Seine suburbane Realität, zum Beispiel, hat kein inneres Leuchten, und seine Helden bleiben vom natürlichen Licht abhängig. Das ändert sich radikal beim Auftreten des „großen Anderen": Das Raumschiff in CLOSE ENCOUNTERS OF THE THIRD KIND ist vor allem eine Lichterscheinung, E.T. hat seine Lichter-Aura wie Glöckchen (Julia Roberts) in HOOK, und noch in THE COLOR PURPLE gibt das Licht einen Übertritt von einer rein realistischen Erzählebene vor.

Das Licht ist in Spielbergs Filmen ganz gewiss so etwas wie ein Zeichen der Erlösung, aber auch eines des Entsetzens (das böse Licht sehen wir in den Suchleuchten der Militärs und Wissenschaftlern in E.T., in den Explosionen des Krieges in SAVING PRIVATE RYAN). „Für mich ist das Licht ein Magnet. Es kann *verhüllen* – etwas Wunderbares oder, wie bei den Effektlichtern auf E.T., etwas Entsetzliches."

Das Licht, vielleicht ist gerade das das Entscheidende, ist bei Steven Spielberg ein Element der Differenz. Es ist weniger das, was den Raum durchdringt, als vielmehr ein Gegenüber des Raums. In CLOSE ENCOUNTERS OF THE THIRD KIND gibt es für den Helden zwei „Spuren", den Ort, den er sich als intuitives Modell des Landeplatzes der Aliens erschafft, und das Licht, das ihn führt. Beides steht für einen anderen Aspekt der Suche. In RAIDERS OF THE LOST ARK wird dieser Widerspruch noch deutlicher, wenn wir Indiana Jones sehen, wie er auf die Suche nach der mächtigen und geheimnisvollen Bundeslade geschickt wird, und er sich dabei nervös und erregt zwischen einem

E.T. (Links); EMPIRE OF THE SUN (rechts)

Globus und einer Lampe hin und her bewegt. Wenn der Held von CLOSE ENCOUNTERS OF THE THIRD KIND so magisch vom Licht angezogen wird, wie später die Kinder in E.T., und sie dabei ihr eigenes „Verschwinden" in Kauf nehmen, so ist Indiana Jones immer der Kerl, der vor diesem vielleicht letzten Abenteuer zurückschreckt. „Geht nicht durchs Licht", warnt er seine Gefährten. In E.T. sehen wir des öfteren die Mutter, die die Tür des Kühlschranks öffnet (als wäre darin Trost zu finden), und wir sehen sie in diesem kalten und falschen Licht erglänzen und verschwimmen.

Die Welt oder das Licht, das ist die Frage, die sich für Spielbergs Helden immer doppelt stellt. Denn wie das Licht doppelt erscheint (als das „männliche" oder trennende Licht der Suchenden und Prinzipiellen, wie die Suchtrupps in E.T. und noch die Scheinwerfer von SCHINDLER'S LIST, und als das auf Verschmelzung ausgerichtete, das „weibliche" Licht, das in Spielbergs Filmen immer wieder, ganz buchstäblich, den Raum zum verschwinden bringt), so erscheint auch der Raum doppelt: Er ist Areal und Gefängnis, so begrenzt in THE COLOR PURPLE wie in HOOK, und der begrenzte Raum ist selbst in den JURASSIC PARK-Filmen, trotz der scheinbaren Bekanntheit der Motive – wir kennen das spätestens seit KING KONG –, das eigentliche Problem.

Es ist der (sozial und materiell) beengte Raum, der das Licht als das ganz andere anzieht, ein Licht, das immer beides kann, herausführen oder eben noch in jene Winkel ziehen, in denen (wie in POLTERGEIST) die Dämonen nur warten können. Vielleicht am eindrucksvollsten ist diese Ambivalenz des Lichts in EMPIRE OF THE SUN. Dort beschreibt der junge Jim Graham sein Erlebnis: „Ich habe heute ein neues Wort gelernt: Atombombe. Es war wie ein weißes Licht am Himmel. Als wenn Gott ein Foto macht. Ich hab's gesehen." Doch „ob er das Licht mit seinen Augen oder nur in seinem Geist sieht, spielt keine Rolle", so Spielberg,: „Zwei Unschuldige sind am Ende ihres Weges angekommen, und eine traurigere Welt nimmt ihren Anfang." Wurde diese traurige Welt tatsächlich erschaffen durch eine „Fotografie Gottes"? Einen Augenblick, in dem die Katastrophe des Menschen und der transzendentale Blick in eins fallen? Dabei hatte sich für die älteren (und doch kindlicheren) Spielberg-Helden zuvor dieses Licht doch von seiner erlösenden Seite gezeigt, wie der Regenbogen Celies in THE COLOR PURPLE oder das Raumschiff und seine Lichtsprache in CLOSE ENCOUNTERS OF THE THIRD KIND.

Eine sehr allgemeine, in gewisser Weise auch „inhaltsleere" aber durchaus strukturierte Religiosität verbindet sich mit einer neuen nationalen Schrift.

Versöhnung & Erlösung (und warum beides doch nicht so einfach zu haben ist)

Der Sohn der Zeichen und Wunder: CLOSE ENCOUNTERS OF THE THIRD KIND
Wenn wir den Helden, Richard Dreyfuss, den wir aus JAWS kennen, in seiner Welt sehen, dann können wir deutlicher noch als in Filmen wie DUEL ermessen, welche Hölle es ist, der er entkommen muss (um sie doch als Paradies unangetastet zu lassen): Ein Einfamilienhaus, ein Garten mit sauber und exakt geschnittenem Rasen, die letzte, die rosa Periode von *„Better Homes & Gardens"*, Kinder, die schon schneller als die Eltern in diese Welt eingepasst sind. Roy Neary heißt dieser „Held" denn auch noch, als müsste er sich schon im Namen die Verzweiflung herauspressen, dass sein Lebenstraum und die Verurteilung zur Nähe nicht miteinander in Einklang zu bringen sind. In einer Nacht sieht er die Zeichen am Himmel, die ihm den *flash* geben: You are not alone.

Aber vorher war da etwas anderes: Der kleine Barry, Sohn der alleinstehenden Jillian, ist in der Nacht von merkwürdigen Geräuschen geweckt worden. Und dann sieht er, wie seine Spielzeugwelt in Bewe-

gung geraten ist: Der kleine Affe schlägt die Becken, seine Modellautos fahren von allein herum, und auch der Fernseher hat sich selbst eingestellt. Barry betrachtet sich das schöne Durcheinander mit sichtlichem Vergnügen. Tatsächlich scheint dieser Aufstand der Dinge nicht mehr von der Bedrohung wie in SOMETHING EVIL. Es ist im Gegenteil der Beginn einer Entführung, die soviel von einer Verführung hat wie Peter Pans Flug mit den Kindern in sein Neverland. Und Barrys kleines Staunen ist der filmische Schatten, den das eigentliche Geschehen um den „Erwachsenen" Roy vorauswirft. Der will, seinem Beruf gemäß, zunächst nichts anderes als etwas vollkommen Vernünftiges tun, nämlich nach dem Stromausfall in der Stadt die Störungsstelle finden. Stattdessen hat er seine erste Begegnung mit den Außerirdischen und ihrem Licht, und Roy Neary kommt nicht nur mit einer versengten Gesichtshälfte, sondern auch mit einer seelischen Verwirrung nach Hause zurück. Und er beginnt, sich wie ein böse-krankes, bockiges Kind zu verhalten.

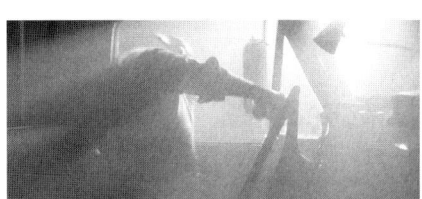

CLOSE ENCOUNTERS ist nicht nur eine „Vorstudie" zu E.T., es verhält sich auch als Spiegel, wie Protest zur Trauer. Während Elliot in E.T. seinen kleinen Erlöser findet, hat der Held von CLOSE ENCOUNTERS den Drang zur Befreiung gleichsam in sich. Er ist auch der altgewordene Peter Pan von HOOK, der seine Träume vergessen hat. Aber sie lassen sich, anders als dann später im Spielberg-Kosmos, nicht verdrängen und anders als später, realistischer wohl, ist es nicht der nächste Mitmensch in der Familie, der die Wiedergewinnung des Traums fordert oder unterstützt, sondern es bricht im Gegenteil gegen deren Konformität aus.

Da sitzt der Held vor seinem Kartoffelbrei, und wir kennen alle diesen kleinen Spaß, daraus ein kleines Gebirge oder sonstige Figuren zu formen. Aber nun will dieses Spiel mit dem Essen mehr, er formt manisch das Gebilde eine Tafelberges, und dieses innere Bild lässt ihn nicht mehr los. Seine Frau Ronnie (Teri Garr) ist nun wahrlich nicht angetan von diesem zwanghaf-

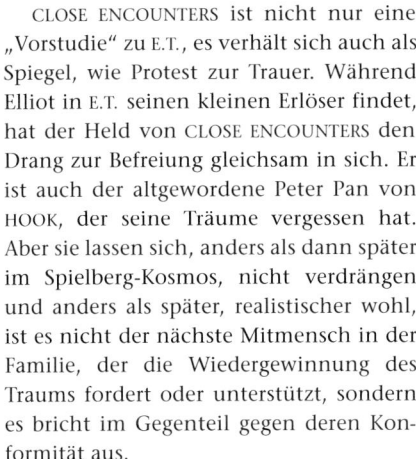

ten Gestalten eines Bildes, das ihr reichlich obszön erscheinen muss (so obszön wie das Haufischmaul in JAWS, nebenbei, doch diesmal eine eindeutig phallische Bedrohung). Der Hobby-Raum im *basement* wird zum Ort der Obsessionen, wo er dieses Bild nachbaut, aber auch dieses obsessive Verhalten kennen wir nur zu gut aus trivialen Zusammenhängen. Die Flucht in die kindisch verkleideten Parallelwelten der Bastler und Modelleisenbahner (die im übrigen nichts anderes sind als kleine private Abbildungen jenes Kino-Menschen, der mit der Kamera nicht auf Entdeckungsreise in der wirklichen Welt geht, sondern im Gegenteil sie als ein Instrument versteht, eine eigene, überschau- und kontrollierbare Parallelwelt zu erschaffen).

Aber wir sehen auch die andere Seite, Roy Nearys Familie zeigt ihre Krankheit, in ihrer Reaktion auf das, was sie an ihm als krank empfindet: Die Tochter zerstört kalt und mechanisch die Puppe an ihrem Laufgitter, der Sohn reagiert aggressiv auf die plötzlichen, „weibischen" Gefühlswallungen des Vaters, und die Mutter verzweifelt an ihrem „verrückten" Mann, der von einer einsamen Epiphanie gepackt erscheint.

Auffällig an diesem Helden ist nur, dass er nun Abfall, Erde und Gerümpel für sei-

nen Traumbau verwendet, eine Grenze damit überschreitend, dass es einen Augenblick der Überschreitung der wohlgeordneten Welt gibt. Wir sehen im Grunde jemandem zu, der an einer Welt verrückt wird, die wir nur allzu gut als Verrücktmachende kennen.

Aber wir sehen auch einer geradezu perfekt maskierten Flucht zu: Roy Neary verliert den Kontakt zu seiner Familie, und es ist nach einigen Windungen nicht mehr vollständig auszumachen, ob da jemand flüchten will oder vertrieben wird. (Von dieser Ambivalenz mag sich auch etwas zu E.T. hin verschieben, wo der Vater mit „Sally" nach Mexiko gegangen ist.) Jedenfalls verlässt Roy Neary am Ende die Erde und die Familie mit den Aliens, so wie eine ganze Reihe anderer, die ebenso besessen waren wie er, und er findet in Jillian Guiler (Melinda Dillon), deren dreijähriger Sohn Barry ein anderer Auserwählter der Aliens ist, wohl mehr als eine Verbündete. Nach seiner Entführung fügen sich für Neary die Zeichen zu einem Indiz; ähnliche Schlüsse zieht auch der französische Wissenschaftler Lacombe (François Truffaut), der eine Landebahn für die Besucher bauen lässt und alles für eine Verständigung vorbereitet.

Auch seine Geschichte ist voller Schatten und Spiegelungen: Zusammen mit seinem Team hat er in der mexikanischen Wüste Flugzeuge der Air Force aus dem zweiten Weltkrieg gefunden, die ohne jeden technischen Defekt erscheinen. Die Besatzung allerdings ist spurlos verschwunden. Auf der Suche nach dem Geheimnis unternehmen die Wissenschaftler eine Reise um die Welt und gelangen dabei schließlich

auch nach Indien, wo sie das Zentrum des Geheimnisses in einer kleinen Melodie aus fünf Tönen finden, die aus der Zeichensprache von Zoltan Kodalys für das musikalische Erreichen tauber Kinder stammen. Aus dieser Tonfolge erfahren die Wissenschaftler schließlich, dass die Außerirdischen nahe sind, und wo der auserwählte Landeplatz liegt. Sie können den Devil's Tower zum Sperrgebiet erklären, um ohne Störungen von außen den Kontakt mit den Fremden vorzubereiten. Aber Roy und Jilian gelingt es schließlich doch, in den „inneren Kreis" zu gelangen.

So wiederholt sich das Triumvirat aus JAWS: Wenn dort das Unerklärliche gebannt wurde durch ein Team aus Wissenschaft, Veteranentum und Ordnungsmacht, so ist es hier eines aus Wissenschaft, Alltagsmensch und Künstlerin. Oder, anders gesagt, es ist eine ideale Verbindung von Elektrik, Sprache und Bild für die, vielleicht, die Erscheinung der Aliens nur Anlass, gar Vorwand ist, um eine neue „Sprache" zu entwickeln. Eine Sprache, die, wie die Geschichte des Films zeigt, ganz direkt aus dem Unterbewussten gewonnen wird. (Es ist immer alles „da", es gibt nur die Schwierigkeit, es bewusst und nutzbar zu machen.) Dabei taucht auch eine kleine Zahlenmystik auf: Die drei wiederholt sich mehrfach, in der Familie von Roy Neary ebenso wie bei Jillian und ihrem Sohn, die Ufos selber erscheinen in einer heilig-harmonischen Siebenerformation. Diese heilige Zahl bricht sich indes ständig an den falschen Vorstellungen; so wie die Familie Roy Neary nicht versteht, so muss die Welt den heiligen (Lande-) Platz ausgerechnet als „Devil's Tower" bezeichnen.

CLOSE ENCOUNTERS OF THE THIRD KIND ist natürlich auch ein Film über Kommunikation, und dabei vor allem einer darüber, wie wenig sich „Sprache" dazu eignet. Sie versagt schon im Alltag der Familie und hilft kaum dabei, den Menschen eine einheitliche Verhaltensweise gegenüber der Himmelserscheinung zu ermöglichen. Wenn der französische Wissenschaftler Lacombe, selber im Übrigen kaum des Englischen mächtig und daher immer auf einen Dolmetscher angewiesen, seine Orgel des Lichts und der Töne installiert, um mit den Außerirdischen zu „sprechen", dann ist das auch eine Metapher auf jenes andere Denken, das es nur im Kino oder nur als Kino gibt.

Roy Neary ist an seiner Vorstadtwelt so verrückt geworden wie die Helden von GHOST TRAIN, POLTERGEIST oder E.T. Nur ist sein Weg nicht allein durch den Wahn, sondern durch die Metaphysik des Mainstream bestimmt. Und scheinbar paradoxerweise führt dieser Weg von einer Revolte zu einer noch demütigeren Haltung. So schreitet er in den Lichterdom des „Mutter"-Raumschiffs, erwartend und ergeben, während andere ihre Familien metzeln oder in den Straßen Amok laufen. Und die *Aliens* des Kinos werben mit Blick auf E.T. mit dem Satz (wie im Fall der in der Tat offen „kranken" Phantasien der X-TRO-Serie): „Nicht alle Außerirdischen sind friedlich!"

In der „neuen Version", die Steven Spielberg 1980 auf den Markt brachte, erfahren wir ein wenig mehr von diesem Roy Neary und werfen einen Blick ins Innere des Raumschiffs. Aber gerade die kritischen und ironischen Aspekte in der Schilderung der Familie Neary sind verschwunden, die vage Möglichkeit, dass es sich tatsächlich um nichts anderes als um eine Obsession handelt, verschwindet zugunsten einer wahrhaften „Alien-Bigotterie" (Manfred Riepe in der *taz*). Immerhin kostete die Neufassung schließlich mit zehn Millionen Dollar beinahe halb so viel wie das Budget der ursprünglichen Fassung betragen hatte. „Wir sind nicht allein" – die tröstliche Untertitelung von CLOSE ENCOUNTERS OF THE THIRD KIND – war in der Revision zum einzigen Inhalt geworden.

Es geht also in Spielbergs Film darum, einen höchst aggressiven, ja desaströsen

Impuls anders umzulenken als in den Mainstream-Filmen. Der mögliche Amoklauf des Spielberg-Helden wird metaphysisch aufgefangen. Die Außerirdischen sind wirklich gelandet. Der Traum war tatsächlich besser als die Wirklichkeit. Es ist eine dritte Möglichkeit, neben Mord und Selbstmord, das hysterische Potential abzuarbeiten.

Der erste Begriff, der sich für so etwas anbietet ist „Eskapismus". Doch bei genauerem Hinsehen funktioniert der nur unter bestimmten Voraussetzungen und zu bestimmten Zielen. Und die „Dokumentation" des Glaubens an die gütigen Außerirdischen ist von ironischen Anspielungen durchsetzt: Kann man schon den tanzenden Affen aus der ersten Einstellung in Barrys Kinderzimmer als freundlichen Gruß an die so bedeutungsschwere Eingangsszene von Stanley Kubricks 2001 (2001: ODYSSEE IM WELTRAUM – 1968) ansehen (Spielberg gibt damit sozusagen von Anbeginn an Entwarnung: sein Film wird auf der Ebene des Spiels bleiben), so wäre die Clownerei mit den sieben Raumschifflein, die sich bewegen wie die sieben Zwerge in Disneys SNOWWHITE AND THE SEVEN DWARFS, einschließlich des verstolperten Gangs des (stummen!) siebten Zwerges, beinahe autodestruktiv, wenn es der Regisseur nicht bei einer zarten Andeutung hätte bewenden lassen.

Es gibt die „Propheten" in Spielbergs Filmen, der Meeresbiologie in JAWS, François Truffaut als Sprachforscher Lacombe in CLOSE ENCOUNTERS, Elliot in E.T., Dr. Know in A.I.

Man könnte wohl annehmen, dass es sich dabei um so etwas wie eine „postmoderne" (und also: post-theologische) Versöhnung der vor-messianischen Religion des Judentums und der nach-messianischen Religion des Christentums handelt. Spielbergs Phantasmen der Erlösung sind weder Schatten des christlichen Erlösers, wie so viele Helden des puritanisch-

1941; EMPIRE OF THE SUN, ALWAYS, RAIDERS OF THE LOST ARK, SAVING PRIVATE RYAN, EMPIRE OF THE SUN

kapitalistischen Hollywood, einschließlich des „Savior in the Saddle", Shane, und einigen seiner Zeitgenossen im Western der Traumfabrik. Er ist aber auch nicht allein ein Foreshadowing des kommenden Messias, dazu hat er noch zu wenig Form und zu wenig Bewusstsein von sich selbst. Er ist, was sich im Gedanken des Propheten langsam zur Gestalt bilden mag.

Out of the Blue & Flug zur Sonne
Das Fliegen in Spielbergs Filmen ist das zentrale der „kleinen Wunder". Es ist der Traum und die Bewunderung des Jungen in EMPIRE OF THE SUN; es ist das Wunder, das E.T. bewirkt, es ist das Lebenselixier des

Helden in ALWAYS, und in 1941 kann eine Frau nur während eines Fluges und beim Geräusch der Motoren den sexuellen Höhepunkt erreichen. Schließlich trug sich Spielberg mit dem Gedanken, eine weitere Film-Version vom Leben des Charles Lindbergh zu drehen, dem zuvor Billy Wilder mit James Stewart in der Hauptrolle ein filmisches Denkmal gesetzt hatte.

Die Sehnsucht des Spielbergischen Helden nach dem Fliegen ist freilich zugleich schon sein impliziertes Scheitern. Peter Pan verwandelt sich in Ikarus. Der Flug endet in (komischen) Katastrophen, er muss sein zerstörerisches Potential offenbaren in EMPIRE OF THE SUN, und in ALWAYS ist der

Flug in Feuer und Sonne zugleich der Flug in den Tod.

Vom Licht manisch angezogen, das ihn verbrennen wird, verkennt der Spielbergsche Held das Angebot der wahren Erlösung. Es ist die Farbe, die Empfindung des „Blau". „Out of the Blue" hat schon das Pinocchio-Lied die Einlösung der Verheißung versprochen, das Spielberg in CLOSE ENCOUNTERS OF THE THIRD KIND so ausgiebig zitiert. Aber dieses Blau als Erlösung ist nicht zuletzt deswegen so schwer zu akzeptieren, weil es zugleich Einsamkeit und Leere signalisiert.

Während es sie zum Licht zieht und sie das Blau durchqueren, droht den Spielbergschen Menschen der eigene Schatten abhanden zu kommen. Das ist nicht nur eine Frage, die Peter Pan betrifft (in HOOK gehorchen sich, der Vorlage getreu, nicht nur die Person und ihr Schatten nicht mehr, sie entstammen vielmehr verschiedenen Abbildungsebenen: die Person ist real, und der Schatten ist ein Zeichentrick-Symbol).

Wie bei Disney ist der Schatten zugleich das, was vor dem Menschen da ist, als auch das, was ihm folgt. Und es ist der Schatten, der, wie in Disneys FANTASIA (1940 – Regie: Ben Sharpsteen), die kleinen Dinge bedrohlich und groß oder verletzlich und klein machen kann. Damit wird er so sehr zur Metapher auf das Bild wie das Spielzeug: das kleine Flugzeug, das der Junge in EMPIRE OF THE SUN in den Händen durch die Luft bewegt, ist zugleich Abbildung und Schatten der großen Flugzeuge, die mit ihrer todbringenden Fracht in den Wolken fliegen. Und in Jims Schlafzimmer werfen die kleinen Modelle seiner kindlichen Träume vom Fliegen bedrohliche Schatten an die Wände. Der große Truck in DUEL ist, unter vielem anderen, auch ein „Schatten", der den bürgerlichen Helden verfolgt.

Mythologica VI: Believe it or not

Der Glaube. Spielbergs Filme sind so etwas wie ein Realismus zweiten Grades in der Darstellung der weißen Mittelstandskultur Amerikas, einer Kultur und Lebensart, die zwar einerseits etwas so Exotisches behält wie jede andere geschlossene, fremde Kultur auch, die aber andererseits, weil ihre Zeichen, Formen und Waren universalgültig geworden, ja in gewisser Weise „vorgeschrieben" sind, weltweit verbindlich und (zumindest scheinbar) „verständlich" sind. Es geht nicht, wie bei Stephen King, darum, dass diese Kultur notwendig vom Phantastischen begrenzt, vom Phantastischen bedroht, durch das Phantastische produziert ist, sondern es geht darum, dass diese Kultur des weißen amerikanischen Mittelstandes zu einem großen Teil eine Kultur des Traumes ist, eine Kultur von bizarrer Gläubigkeit.

Wenn wir uns das Lacansche Dreieck ansehen,

Fiktion   Symbol

Realität

so hat in dieser Kultur die Produktion des Symbolischen über die Fiktion (das Reich der *nerds*, während die „Sportler" ihre Symbole durch das Ritual erzeugen) etwas durchaus manisches. Die Symbole produzierende Fiktion, unter anderem als „ewig laufender Fernsehfilm", unter anderem als multimediale Vernetzung der Heldensagen, unter anderem als Kino-Wunder, ist nicht mehr eine Überhöhung und Ergänzung des Alltäglichen, sie tritt immer mehr an die Stelle des Alltäglichen. (Der Alltag selber wird, im schlimmsten und dennoch keineswegs ungewöhnlichen Fall, zu einer durch und durch symbolischen Inszenierung.) Deshalb ist das Phantastische bei Steven Spielberg auch keine bedrohliche Kraft, die in das Alltägliche einbricht, um dessen Verlässlichkeit zu testen oder es in der kollektiven Abwehr zu bestätigen, es drängt vielmehr in die Mitte dieses Alltäglichen selber. Die „Modernität" und der soziologische Mehrwert der Filme von Steven Spielberg, das, was sie dann doch so weit über den gewöhnlichen Fluss der Mythen und der Bilder hinausführt, ist der Umstand, dass sie nicht nur den Traum-Inhalt bilden (in allen Belangen der Traumanalyse, nebenbei, als „Wunscherfüllung" ebenso wie als „rezenten Wirklichkeitsrest" und als „sekundäre Traumarbeit"), sondern auch den Menschen sehr genau beim Träumen zusehen können.

Und von hier, nicht aus der „magischen Biographie" wie bei anderen Filmemachern, gewinnt die Betonung der biographischen Authentizität in Spielbergs Filmen ihre Bedeutung. Wenn er betont, dass das Haus in E.T. sehr ähnlich demjenigen ist, in dem er selber aufgewachsen ist, dann meint das nicht so sehr eine „Behandlung" eines persönlich durchlittenen Kindheitserlebnisses, als vielmehr die genaue Kenntnis jener Kultur, für die und über die Spielberg seine Filme macht.

Signifikant ist daher auch seine Aussage über CLOSE ENCOUNTERS OF THE THIRD KIND: „Das ist kein Science Fiction-Film. Das ist kein Zukunftsfilm. Das ist kein Film über Zeitreisen. Er behandelt, was die Menschen glauben, dass geschieht. Sechzehn Millionen Amerikaner glauben, dass Ufos uns besuchen". (Unter denen befand sich im übrigen Präsident Jimmy Carter, der sich zu einer, wenn auch nicht ganz so nahen, encounter bekannte, als er Gouverneur von Georgia war.) Spielberg also verfilmt gewissermaßen den Glauben, oder ein ganzes System der Gläubigkeiten, seines Milieus. Schon in SOMETHING EVIL hat der Nachbar mit dem merkwürdigen Namen Gehrman die Familie mit einem Pentagramm gegen die Mächte des Teufels ausgestattet und zugleich gewarnt: „Es ist nicht das Gleiche, ob man es aufmalt oder ob man daran glaubt". Darin besteht für Spielberg der entscheidende Schritt über die Konstruktion des gothischen Horrors wie über die 50er-Jahre-Science Fiction hinaus: Nicht das Zeichen oder das Ritual ist die (phantastische) Realität, sondern das Verhältnis der Menschen dazu. Nachdem also sozusagen die Fiktion aus Spielbergs Filmen zu verschwinden scheint, droht sogar das Zeichen zu verschwinden. Und der Nachbar namens Lincoln bemerkt in SOMETHING EVIL noch etwas direkter: „Man kann gewissen Kräften keinen Widerstand leisten, wenn man nicht an sie glaubt". Umgekehrt behauptet die kleine Geisterjägerin in POLTERGEIST vom Bösen: „Es weiß, was euch Angst macht". Was „es" ist, darauf gibt keiner von Spielbergs Filmen eine Antwort, aber gewiss gilt, was für die Bedrohung zutrifft, auch für die Hoffnung. Was immer „es" ist, es hilft, wie in CLOSE ENCOUNTERS OF THE THIRD KIND nicht ohne den Glauben. Selbst das Körperlichste kommt aus diesem Glauben (an die Phantasie) oder dieser Phantasie (des Glaubens): Als in HOOK der erwachsene Peter wieder bei den lost boys gelandet ist, setzen sie ihm eine Mahlzeit vor. Aber zu seinem Schreck sind die Schüsseln und Teller leer. Während die Jungen mit gutem Appetit zu essen beginnen, sitzt der hungrige Peter, noch lange nicht wieder Pan geworden, vor dem kulinarischen Nichts. Als er sich bei den Jungen beschwert, weisen sie ihn zurecht: Er solle doch endlich wieder seine Phantasie ein wenig anstrengen. Und in diesem Augenblick sieht Peter die schönsten Köstlichkeiten vor sich und beginnt mit gutem Appetit zu essen.

Daher ist das Märchenhafte seiner Filme nicht zu verstehen ohne das Soziologische darin. Nie gelingt es Spielberg sozusagen „einfach" zu träumen, und je mehr er sich bemüht „wirklich" und naiv zu träumen, desto sicherer geht ihm ein Projekt daneben. Das „Staunen" in seinen Filmen ist ein mühseliger Prozess der Rekonstruktion.

Ergänzen wir also das Dreieck der Wahrnehmung durch ein Dreieck der Bewertung in Steven Spielbergs Film (und übrigens nicht nur hier):

und spiegeln diese beiden Dreiecke ineinander:

moralische Entscheidung

Fiktion   Symbol

Begierde   Angst

Realität

Wir können im Verlauf der Filme verfolgen, wie die Dinge konkreter werden, ohne dass sich die Verhältnisse in diesem doppelten Dreieck grundlegend ändern würden. Aus dem für das Genre höchst konventionellen Zeichen des Pentagramms als Pforte zwischen dem Realen und dem Übersinnlichen in SOMETHING EVIL ist in dem Quasi-Remake POLTERGEIST der Fernsehapparat geworden.

Und mehr noch geht es um eine Art der Rechtfertigung eines gewissermaßen ewigen Kreisens von Rollen der Eltern und der Kinder. Der Vater will Sohn werden in den Filmen von Steven Spielberg, ohne dass er sich dazu im „ödipalen" oder im christlichen Dreieck von Vater/Sohn/Heiliger Geist orientieren könnte. Davon handelt HOOK so sehr wie die INDIANA JONES-Filme,

und es ist das imaginäre Erzählziel von CLOSE ENCOUNTERS OF THE THIRD KIND: Der Vater, der aus der Familie verschwinden musste, findet sich am Ende als (verlorener?) Sohn aufgenommen von den Mächten aus dem Jenseits der Sterne, und der Regisseur und wir Zuschauer, so hat es in *Time* der Kritiker Frank Rich nur teilweise sarkastisch formuliert, befinden uns gleichsam „auf dem tröstlichen Schoß des Universums".

Die Surrealität des Krieges:
EMPIRE OF THE SUN

In 1941 hat Steven Spielberg den Krieg als epidemische Hysterie geschildert, in den Indiana Jones-Filmen als Matrix eines großen, nicht un-düsteren Abenteuers in endlosen Kreisen, in SAVING PRIVATE RYAN als Reportage und Fabel. EMPIRE OF THE SUN, aus dem Blickwinkel eines Kindes (und nach dem populären autobiographischen Buch von James G. Ballard und einem Drehbuch von Tom Stoppard) gedreht, zeigt den Krieg als großes verblüffendes Wunder. Oft genug wissen wir in diesem Film nicht mehr genau zu unterscheiden zwischen dem „realen" und dem halluzinierten Krieg. „Die äußeren und inneren Landschaften des Krieges greifen allmählich ineinander über", meint Ballard. Wir sehen dabei zu, wie die Träume eines Jungen, und das, was er als Bilder und Objekte daraus gewonnen hat, auf die hässliche und brutale Wirklichkeit trifft. Aber was da geschehen kann, ist nicht einfach ein „Aufwachen", und auch der Verlust der Unschuld (des Lebens und des Blicks) ist

zumindest in diesem Film nicht als heil-
samer Bruch zu haben. Die beiden Welten durchdringen einander, und noch am
Ende, als er den Atombombenabwurf
über Nagasaki erlebt hat (oder doch: geträumt), hat sich der junge Spielberg-
Held nicht für eine „eindeutige" Bild-
Welt entscheiden können. Wie auch?

Das Jahr 1941, an einem anderen Ort:
In China, weitab von der unruhigen Stadt,
im „internationalen Viertel" von Shang-
hai, wächst der elfjährige Jim Graham
(Christian Bale) in der herrschaftlichen
Villa seiner Eltern heran, die als britische
Industrielle über alle Privilegien verfügen.
In seinem Zimmer hortet Jim alle mögli-

chen Flugzeugmodelle, seine Spiele im
Garten fassen alle Luftschlachten zusammen. Der Traum vom Fliegen, der sich
nicht trennen lässt von der Lust des Kampfes. „Träum' vom Fliegen", bekräftigt ihn
auch die Mutter, wenn sie ihn ins Bett
bringt, und die Schatten seiner Modelle an
der Wand sind beinah so groß wie richtige
Flugzeuge. Sehnsüchtig gehen Jims Blicke
zu den Kampffliegern hinauf, die über der
Stadt kreisen und feurige Funken verschie-
ßen. Noch weiß er nicht, dass der Zweite
Weltkrieg auch hier begonnen hat.

Und auch hier ist Weihnachten, bald.
Jim begleitet seine Eltern zu einem kleinen
vorweihnachtlichen Kostümfest. Auf dem

John Malkovich und Christian Bale

Rückweg kommen sie an einem abgeschossenen japanischen Flugzeug vorbei und geraten an einen Trupp japanischer Soldaten. Jims Eltern wissen nun, dass es Zeit zur Flucht ist. Alle europäischen Bewohner des Viertels wollen Shanghai verlassen. Doch für eine geordnete Evakuierung ist es zu spät. Nach dem japanischen Angriff auf Pearl Harbour wird auch Shanghai zum Kriegsschauplatz. Japanische Kriegsschiffe laufen in den Hafen der Stadt ein, deren Kern von Explosionen erschüttert wird. Jim hat auf die Signale der Schiffe mit seiner Taschenlampe am Fenster geantwortet, als wolle er das andere in sein Spiel, oder sein Spiel in die Wirklichkeit hineinziehen. Nun glaubt er, selber Schuld an der Katastrophe zu tragen: „Mama, das habe ich nicht gewollt". Die Stadt versinkt im Chaos, und mittendrin in der hektischen Flucht verliert Jim seine Eltern auf den Straßen. Er hat sein letztes Modellflugzeug verloren, und als er sich bückt, um es aufzuheben, lässt er die Hand der Mutter los. Nun muss er sich allein durchschlagen. Nachdem er lange umhergeirrt ist, kehrt er zum Haus seiner Eltern zurück, das zerstört und ausgeplündert ist. Nachdem seine letzten Vorräte aufgebraucht sind, will Jim sich den Japanern „ergeben", aber man lacht nur über ihn. Mit einem amerikanischen Lastwagenfahrer gelangt er ins Hafenviertel, wo Jim Bekanntschaft einer ganz anderen Art von Menschen macht als die, die er von zu Hause gewohnt ist. Er wird „Schüler" des Schwarzhändlers Basie (John Malkovich) und Frank (Joe Pantoliano), beide einstmals Matrosen der amerikanischen Zivilschifffahrt. Zusammen mit ihnen gerät er schließlich in Gefangenschaft.

Über drei Jahre verbringt Jim Graham im Internierungslager. Er ist nun eine „Ratte des Krieges", und taffer Überlebenskünstler, der weiß, dass man nur abgekochtes Wasser trinken darf und dass Rüsselkäfer eine reichhaltige Mahlzeit sind, der es sogar versteht, rasch genug japa-

nisch zu lernen, um sich mit dem Handel von Diebesgut zu ernähren, und der sich den Respekt der Besatzer verdient. Immer noch ist es für ihn nicht ausgemacht, wie und wo eine Grenze zwischen Spiel und Wirklichkeit zu ziehen wäre. Das Spiel der Erwachsenen hat nur andere Dimensionen, ist skrupelloser als seines, aber die „Spielregeln" gelten auch hier, weshalb ein spielendes Kind die besten Überlebenschancen in der verrückten Welt des Krieges hat, das von den Formen fasziniert ist, und die Tragweiten des Inhalts nicht versteht. Jim sieht viel, die Leichen im Fluss, die Schmerzen der Sterbenden, den Hunger, die Demütigungen; was „gut" und was „böse" ist , lernt er nicht. Oder ist das überhaupt zu lernen? Jim salutiert ehrfurchtsvoll und ergriffen als die Kamikaze-Bomber über seinem Kopf in den Tod fliegen.

Auch mit einem jungen Japaner freundet Jim sich an. Aber mit „Verständnis" hat das nicht viel zu tun. Er bleibt in dem Zwiespalt, zugleich ein Kind zu sein, das auf die Zeichen des Krieges wie auf Wunder reagiert, und ein kleiner Erwachsener, der sich

Illusionen nicht erlauben kann. Und Steven Spielberg selbst scheint in diesem Film so vollständig wie nie zuvor mit der Kamera verschmolzen: er und sie, das *ist* dieser Zwiespalt, dieser Bruch zwischen Unschuld und Verzweiflung. Diese Kamera will sich lösen und fällt doch immer wieder auf die Faszination der Bilder herein. Der Traum vom Fliegen macht ständig Metamorphosen durch, Angriff und Flucht, Kampf und Erlösung. Die letzte Hoffnung wird zerstört, als Basie seinen Freund tötet, weil er glaubt, er würde ihn angreifen. Schon ein zweites Mal glaubt Jim, einen Menschen wieder beleben zu können. Aber dieser Sieg der Wirklichkeit über das Spiel ist endgültig. Nachdem die amerikanische Armee die Stadt befreit hat, findet Jim auch seine Eltern wieder, aber er ist nicht mehr das Kind, das sie einst verloren.

Jeder von den Männern, die seinen Weg kreuzen, hat eine Lektion für ihn, und was Jim vor allem lernt ist es, dass nicht jeder Mensch in solch eine sichere und wohlhabende Welt hineingeboren wurde wie er, und dass möglicherweise diese Ungleichheit etwas mit dem großen Töten zu tun hat, als das sich der vordem so faszinierende Krieg erweist. Insofern mag EMPIRE OF THE SUN Spielbergs finsterster Film über diesen schweren Übergang sein: für einen diskursiven Übergang vom Zauberreich der Kindheit in die materielle Welt gibt es hier, im Krieg, keine Chance. Und als Jim am Ende seine Eltern wieder gefunden hat, gibt es für ihn keinen Weg zurück mehr in eine „reine" Kindheit, auch wenn er in der kurzen, surrealen Szene eine Wiederbelebung nicht nur seines Freundes, sondern auch seiner selbst zu versuchen scheint: Nachdem er Zeuge der ersten Atombombenexplosion geworden ist (er vergleicht das nicht umsonst mit einem Foto, das Gott von der Erde macht), glaubt er magische Kräfte zu besitzen. So versucht er (vergebens) einen toten Piloten durch Herzmassage wieder ins Leben

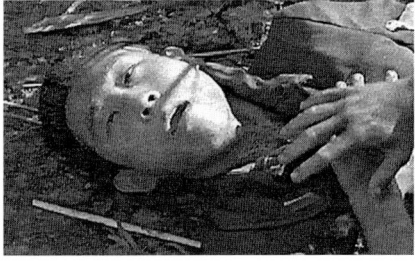

zurückzurufen, und in seinem Blick verwandelt sich dieser Tote in den Jim, so wie er vor dem Krieg war: offen, sanft, neugierig. Aber dieser Jim ist und bleibt so tot wie der Pilot. „Ich wollte eine Parallele zwischen dem Tod der Unschuld dieses Jun-

gen und dem Tod der Unschuld unserer gesamten Welt ziehen: jener Moment, als das weiße Licht über Nagasaki aufblitzt und der Junge Augenzeuge dieses Lichtes wird."

Diesem so raschen Prozess des Erwachsenwerdens inmitten des unverstandenen, faszinierenden Krieges, setzt der Film eine Retardierung entgegen, die wie die Negation von HOOK erscheint: Jim steht hoch auf dem Dach eines Hauses und verfolgt begeistert wie sich die Flugzeuge gegenseitig bekämpfen und ihre Bomben über der Stadt abwerfen. Von welcher Seite her die Angriffe kommen, ist ihm mehr oder weniger gleichgültig. Aber da kommt ihm ein furchtbarer Gedanke: „Ich kann mich nicht mehr erinnern, wie meine Eltern ausgesehen haben." Nur Fragmente sind geblieben, so wie ein Bild der Mutter, die am weißen Flügel Chopin und im Schlafzimmer Bridge spielte.

Schließlich weist Jim auf die nächste der großen Katastrophen: „Heute hab ich ein neues Wort kennengelernt, es heißt Atombombe". Wieder erweist sich hier die Wellen-Struktur von Spielbergs Filmen, das Ausgehen einer kreisförmig sich fortsetzenden Bewegung von einem individuellen Zentrum in ein zuerst gesellschaftliches, dann gar kosmisches „Ganzes".

Gewiss kann man auch EMPIRE OF THE SUN zuerst einmal als heftige Ideologie sehen. Erwachsenwerden für den Jungen Jim ist, wie einige europäische Kritikerinnen und Kritiker bemerkt haben, zugleich auch seine „Amerikanisierung".

Das Märchen der Wahrheit, die Wahrheit des Märchens

Spielberg-Filme und Märchen

Natürlich ist die Struktur, die „Morphologie" seiner *plots* zunächst einmal sehr deutlich dem Märchen verwandt: Es geht zugleich um eine Ablösung der Kinder von den Eltern und ein versöhnendes Ereignis (die Heimkehr der Kinder, die, gewiss, nicht von Dauer sein kann, aber eine mythische Antwort auf alle ungeklärten Fragen zwischen den Familienmitgliedern sein mag), die durch ein phantastisches Ereignis oder Wesen gefördert wird. Aber das Erzählziel scheint nicht mit dem des Märchens identisch. Während nämlich dieses mit der Vollendung der Ablösung endet, führen Spielbergs Filme umgekehrt in eine endlose Fortsetzung des Märchenhaften im Alltag.

Eben diese verbindet Spielbergs kindliche, phantastische Filme mit den „ernsten" historischen Filmen, zwischen denen man in der Regel in der kritischen Würdigung seiner Arbeit einen Bruch gesehen hat, eine Geste des „Erwachsenwerdens". Tatsächlich aber könnte man ebenso gut darin ein zweites „Projekt" der Spielberg-Filme sehen, nämlich die Projektion der Märchenstrukturen auf die Geschichte.

Tatsächlich macht es wenig Mühe, den plot von THE COLOR PURPLE, AMISTAD, SCHINDLER'S LIST, SAVING PRIVATE RYAN auf ihren Märchen-Kern zurückzuführen.

So wie es den Augenblick der größten Hoffnungslosigkeit in Spielbergs Filmen gibt (siehe Seite 245), so gibt es auch den Augenblick der größten Täuschung. Die schönste und absurdeste solcher Szenen findet sich einmal mehr im Slapstick-Geschehen von 1941 verborgen: John Belushi, als durchgeknallter Kampfpilot, hat sich gerade mit einer neuen Flasche Coca Cola wieder in die Lüfte erhoben (um den Hollywood Boulevard zu bombardieren), und weil er keinen Öffner an Bord hat, schlägt er die Flasche an der metallischen Außenhaut seines Flugzeuges auf, wobei schon mal die Hälfte des köstlichen patriotischen Getränks in der Luft zerstiebt. Dann versucht er sich das Zeug in den Mund zu schütten, was bei dem Flugwind nicht gelingen kann, und nachdem er auch noch den letzten Schluck, den er erwischen konnte, wieder ausgespuckt hat, wischt er sich mit der Geste größter Befriedigung und dankbar ob der versprochenen „Erfrischung" den Mund. (Parallel dazu bleibt auch die sexuelle Befriedigung des anderen Fliegerhelden höchst imaginär.) Zwischen diesen Szenen und der Konstruktion der Blendung in EMPIRE OF THE SUN entsteht der grundsätzliche Verdacht in Spielbergs Filmen, dass das Phantastische nichts als ein blinder Fleck im Spiegel der Protagonisten sein könnte: ein paranoider Schub, die Landung der Außerirdischen in CLOSE ENCOUNTERS OF THE THIRD KIND, ein Kindertraum der Besuch von E.T., eine schlechte Anekdote die aggressiven Saurier in JURASSIC PARK, Trost und Alptraum sorgender Eltern in A.I. Selbst von der Fabel in der zweiten Hälfte von SAVING PRIVATE RYAN könnten wir nicht sicher sein, ob sie nicht ein Traum ist, eine Blendung, erzeugt vom Flash des Todes in Captain Miller und von der sanften Macht der Fälschung in der Erinnerung des Überlebenden Private Ryan. (Den Private Ryan hätte dann nur der Film selber gerettet. Und damit wären wir wieder bei eben jener Zeugenschaft durch das Zuschauen angelangt, die wir seit DUEL in

Julia Roberts mit Steven Spielberg bei den Dreharbeiiten zu HOOK

Spielbergs Filmen verfolgt haben.) Dass Peter Bannings Abenteuer in Neverland nur Blendwerk (vielleicht von Tinkerbelle vermittelt) sei, dieser Verdacht drängt sich schon fast zu sehr auf. Spielbergs Märchen-Kino „träumt" beinahe immer ein wenig zu sehr „neben sich", um ganz in der heimeligen Regression aufzugehen.

Es gibt drei Ebenen, auf denen Spielbergs Filme immer zugleich funktionieren (um eine höhere Ebene manchmal zu erreichen und manchmal strukturell zu verfehlen): die private und familiäre Geschichte der Protagonisten, manchmal auch sehr direkt als Krankheitsgeschichte kenntlich, das heilende und finstere Märchen, und die ebenso fesselnde wie synthetische Bildmagie, die beides verbindet und trennt zugleich.

Mythologica VII: Von Peter Pan zu Moses

Eine Kette der Abbildungen: Das Aufwachsen in Phoenix, Arizona, hatte eine eher durchschnittliche mediale Sozialisation zur Folge, und zur Legende gehört es, dass der junge Steven nur wenig und unter strengen pädagogischen Auflagen ins Kino durfte. Das Passepartout indes hieß Disney, und dies zieht sich durch das Werk wie durch die Selbstauskünfte: „Ich war mehr erschreckt durch Walt Disney-Filme als durch irgendeinen der Horrorfilme, von denen meine Eltern sagten, ich dürfe sie nicht sehen." Ein seltsam irrealer Satz. Entweder hat der junge Steven Spielberg diese Filme dann doch gesehen (also seine Eltern und zugleich uns in seiner Legende betrogen), oder er hat sie nicht gesehen und kann dann diese Behauptung eigentlich nicht aufstellen. Aber vielleicht ist die Irrealität dieser Aussage bereits die Irrealität in der Konstruktion seiner Filme und ihrer Beziehungen zwischen den Fiktionen.

Ein „Schlüsselerlebnis": der Vater nimmt ihn mit, um in der Nacht einen Meteoritenschauer zu erleben. Das mag zu CLOSE ENCOUNTERS ebenso wie zu E.T. führen. „Das Haus in E.T. gleicht ganz dem Haus, in dem ich groß wurde. Das ist mein Schlafzimmer."

Die biographischen Bezüge bei Spielbergs Filmen führen in der Regel erst einmal entweder in die Irre oder in bodenlose Trivialität. Vermutlich können wir also davon ausgehen, dass diese Legende vorderhand als Schutzschirm fungiert. „Ich wurde groß in einer Welt der Frauen."

Die biographische Legende (Spielberg verkleidet sich gewissermaßen nicht nur als durchschnittlicher amerikanischer Suburbia-Junge, sondern auch als durchschnittlich neurotischer Suburbia-Junge) führt zu einem offenen System, in dem gewiss so viele Menschen Spuren hinterlassen haben wie Spielberg selbst Spuren in der Arbeit anderer hinterlassen hat.

Eine Reihe von Szenen aus Spielberg-Filmen können als direkte Abbildungen von Begebenheiten aus der Kindheit des Regisseurs gesehen werden, oder zumindest als direkte Wiedergaben dessen, was Steven Spielberg als Anekdote darüber mitzuteilen bereit ist. Eine der bekanntesten dieser Geschichten betrifft den Frosch, den der junge Steven in der Schule nicht sezieren konnte oder wollte. Nachdem seine Versuche, das Tier in die Freiheit zu entlassen fehlgeschlagen waren, blieb ihm nichts anderes, als nach draußen zu laufen, um sich kräftig zu übergeben. („Ich war damit", so Spielberg, „nicht allein. Aber alle anderen waren Mädchen.") Diese Geschichte findet sich, nur ein wenig komödiantisch verschärft (durch den Umstand einer „ferngelenkten" Trunkenheit) an zentraler Stelle in E.T.

Auf der einen Seite könnte man wohl Spielbergs Filme als eine sehr amerikanische Variation einer „Suche nach der verlorenen Zeit" ansehen, in der das Verschwimmen der Grenzen zwischen Erinnerung und Erfindung immer auch wieder zum Thema wird. Daher ist es wohl auch problematisch, in Spielbergs Arbeit einen diskursiven Unterschied zwischen den Aspekten von Kritik und Affirmation zu suchen. Das

Kritische, das Persönliche, das Alberne und das Nostalgische gehen als Differenzierung insbesondere für den europäischen Geschmack nie recht auf. Die Suche nach dem gesellschaftskritischen Subtext in Filmen wie CLOSE ENCOUNTERS OF THE THIRD KIND, E.T. oder POLTERGEIST geht ins Leere. „Ich kritisiere die amerikanische Lebensweise überhaupt nicht, denn ich lebe sie bis zum Extrem selbst, und ich lebe sie gern", erklärte Spielberg in einem Spiegel-Interview: „Ich bin doch kein Heuchler." Und wenig später relativiert er: „Es ist eine andere Art von Kritik, als sie beispielsweise die europäischen Filmemacher veranstalten."

Es ist eine Kritik, die grundsätzlich am Leben orientiert ist. Vier Jahre nach dem „Triumph" mit SCHINDLER'S LIST scheiterte Spielberg mit AMISTAD an einem weiteren historischen Thema. Das beschrieb nicht nur die Grenzen, die dem Spielbergianismus in der von ihm selbst mit erschaffenen *blockbuster*-Welt gesetzt sind, sondern auch die Grenzen des Verständnisses für sein *rewriting of history*. Es ist das „Kind in uns", das die Geschichte neu schreiben möchte, Peter Pan so sehr wie das Mädchen im roten Mantel, das in SCHINDLER'S LIST nicht zu retten war. Das Kind, das sich mit dem Regisseur und seiner Strategie des Sichtbaren gegen den „Text" aber auch gegen den „Körper" zur Wehr setzt. Steven Spielberg schreibt eine Geschichte, die nach der grausamen Vernichtung des Körpers (in SCHINDLER'S LIST, AMISTAD und SAVING PRIVATE RYAN ebenso wie in manchen Szenen der INDIANA JONES-Filme und schließlich in A.I.) erst beginnt, und die zugleich immer den „Text" vermeidet, ein Gesetz, das außerhalb seiner eigenen Schreibbarkeit und Neu-Schreibbarkeit liegt. Diesem Diskurs, Fleisch gegen Text, den das moderne europäische Kino bis zur Selbstvernichtung bearbeiten muss (tief verwurzelt in einer Geschichte der Religionen und der Ideen), und dem es nur um den Preis der Selbstverleugnung entkommt, entzieht sich der Spielbergianismus. Der Aufstand der *popular culture*, der *visuals* gegen die „alte" Kultur, die in Spielbergs Filmen steckt und vielleicht nicht wenig Anteil an ihrem Erfolg hat, ist also möglicherweise radikaler als wir argwöhnen: Der in ihr unentwegt bearbeitete Widerspruch zwischen Fleisch und Text, der noch das ganze europäische moderne und sogar Teile des postmodernen Kinos, von Almodovar über Greenaway zu Lars von Trier und seinen Dogma-Gefährten und Gefährtinnen beherrscht, ist zugunsten des *wahren Bildes* aufgelöst, das seine Wahrheit aus zwei Impulsen schöpft, nämlich daraus, dass es in der Tat geglaubt wird (nicht die Existenz der Aliens ist bedeutsam, sondern ihr Bild; nicht das genotypisch Wirkliche in A.I., sondern die phänotypische Wirklichkeit des Jungen sind ausschlaggebend), und daraus, dass es „gerecht" ist. Die Gerechten schreiben die Geschichte neu – so einfach könnte man Spielbergs Filme zusammenfassen. Denn sie ist weder ein Körper (eine von einem Vater vorgenommene Schöpfung) noch ein Text (also ein unumstößliches Gesetz); sie ist eine Fiktion, die immer wieder die Frage danach, wo wir herkommen in die Frage umwandelt, wo wir hin wollen.

Daher verwandelt sich nicht nur Peter Pan immer wieder in Moses, das spielende Kind in den Mann, der die Kinder und das „Volk" heimführen muss, sondern auch Moses verwandelt sich immer wieder in Peter Pan. So wie sich das Krokodil in den Unterdrücker, den Faschisten verwandelt, dieser wieder sich in den weißen Hai, der in den Sklavenhalter, und der in den Saurier. Bei Peter Pan hat das Krokodil die Uhr von Captain Hook gefressen, und ihr Ticken im Bauch verrät, dass es dabei noch etwas anderes gefressen hat, die Zeit selber; in JURASSIC PARK III hat der Saurier ein Handy gefressen, und seine Laute verraten, dass er noch etwas anderes gefressen

hat, die durch Kommunikation entfremdete Stimme des Menschen. Hitler signiert das falsche Buch in INDIANA JONES AND THE LAST CRUSADE, und es ist keineswegs „das Gesetz", das für die geraubten Menschen in AMISTAD spricht, sondern der Umstand, dass sich seine Anwender an ihm verschlucken. Schreiben ohne Text zu werden, leben ohne Körper zu werden – das geht nur als Bild.

HOOK: Der Haken am Mythos vom ewigen Jungen

Peter Banning (Robin Williams) ist ein erfolgreicher Geschäftsmann, Anwalt eines Industriekonzerns, der so sehr in seinem Beruf und in der Bewegung großer Mengen Geldes aufgeht, dass er für Frau und Kinder kaum noch Zeit hat. Sogar das größte Baseballspiel seines Sohnes Jack (Charlie Kosmo) verpasst er. Mehr noch: er hat vollkommen vergessen, dass er einst Peter Pan war. *Der* Peter Pan!

Denn nach seinen Abenteuern mit Captain Hook, mit Tiger Lily und mit den *lost boys* ist er zusammen mit Wendy nach London und in die Wirklichkeit der Erwachsenen zurückgekehrt. Er wurde zu Peter Banning, der sein Lebensziel darin sieht, möglichst viel Geld „zu machen" (als hätte sich der Wunsch, nicht erwachsen zu werden, in diesem „analen" Verhalten fortgesetzt, so wie sich ja umgekehrt in dem „alles entscheidenden" Baseballspiel Jacks schon der Abschied von der Kindheit anbahnt). Nach dreißig Jahren freilich holt ihn die Vergangenheit doch noch ein: Während er die gealterte Urgroßmutter Wendy (Maggie Smith) wie jedes Jahr zu Weihnachten mit der Familie besucht („Du bist selbst ein Pirat geworden", erkennt sie), werden seine Kinder von Captain Hook (Dustin Hoffman) ins Neverland entführt. Dies ergibt sozusagen eine zweite Vorgeschichte, die von der mittlerweile 92-jährigen Wendy erzählt wird, ein Perspektivwechsel, der für diesmal nicht

Robin Williams (Peter Pan) und Dustin Hoffman (Hook)

die geringste Einsicht vermittelt, sondern die Sentimentalität des Stoffes nur zu bestätigen scheint. Wendy hat das Paradies der Kindheit wenigstens ein klein wenig erhalten. „Erwachsenwerden verboten" ist das Motto in ihrer Enklave, in der der alte Onkel Tootles (Artur Malet) so selig Murmeln spielen kann wie die Alten in KICK THE CAN mit den Dosen. Am Abend des Wohltätigkeitsballes, der ebenfalls ein jährliches Ritual ist, das dem sozialen Gewissen der Bannings dieser Welt dienen mag, werden Jack und seine kleine Schwester Maggie (Amber Scott) ins Neverland entführt. Natürlich mag Banning nicht an die Erzählungen Wendys glauben, und so obliegt es der kleinen Fee Tinkerbell (Julia Roberts) den verängstigten Mann in einem eingerollten Teppich ins Reich seiner Kindheit zu transportieren.

Im Neverland wartet nicht nur der alte Widersacher auf Peter Pans Wiederkehr, auch die *lost boys*, obwohl nun von einem der Ihrigen angeführt, warten in ihrem ge-

waltigen Baum-Zuhause auf den Peter von einst. Denn ohne ihn fehlt etwas in dieser Welt, eine Bewegung, die der Gegenwelt erst Dauer verleihen würde. Doch ausgerechnet die Angst vorm Fliegen ist ihm von seiner Verwandlung vor allzu langer Zeit geblieben: da ist Peter Banning ein Verwandter von Sheriff Brody aus JAWS, insofern er gerade in dem Element, das er am meisten fürchtet, die von ihm erwartete Rettungstat durchführen muss. Und diese Angst vor dem Fliegen, die wir in Spielbergs Kosmos längst als die Angst vor dem Träumen kennen, ist es denn auch, die Peter am meisten zu schaffen macht, als er im Neverland seine Kinder befreien will.

So fordert ihn sein alter Widersacher, der Piratenkapitän Hook also wieder heraus, um ihm in Wirklichkeit so etwas wie einer *last temptation* auszusetzen. Er intendiert dabei freilich, dass sich Peter nun wieder an die glorreiche Vergangenheit erinnert, aber Peter folgt eher widerwillig der Fee Tinkerbell – alias „Glöckchen" – ins Neverland und kommt sich dort zunächst deplaziert vor. Kein Wunder, dass er erst einmal versucht, Hook Geld anzubieten, der damit nun freilich überhaupt nichts anfangen kann. Hook ist schwer enttäuscht davon, dass sein alter Gegner eine so unwürdige Figur abgibt. Also beschließt er, ihn und die Kinder hinrichten zu lassen. Aber Tinkerbell erwirkt einen Aufschub: Drei Tage soll Peter versuchen dürfen, „wieder der alte" zu werden. Peter Pan muss also erst wieder er selber werden, und das ist keine leichte Angelegenheit. Vor allem muss er erst einmal wieder das Fliegen lernen, das ist eine harte Arbeit der Erinnerung. Und schließlich muss er seine Rolle als Führer der „lost boys" wieder annehmen, die in jedem Erwachsenen erst einmal einen prinzipiellen Feind sehen. (Aber was ist an ihnen, abgesehen davon, dass sie keine Eltern haben, so „lost", wenn doch ihr kleines Reich so aussieht wie der Abenteuerspielplatz am Rande jeder amerikanischen Vorstadt?)

Schließlich muss Peter Banning alias Peter Pan dann doch sein Duell mit Hook ausführen, konsequenterweise gewinnen und dann von Neverland wieder Abschied nehmen. Zuhause aber erwartet ihn das nun bestätigte Glück mit seiner Frau Moira (Caroline Goodall) und seinen Kindern, die merkwürdigerweise in diesem Kinderfilm nur Statisten geblieben sind: der McGuffin für eine höchst persönliche Suche nach dem Gral, der für Peter (den perfekt maskierten Egoisten) wie für INDIANA JONES die ewige Jugend verspricht. Am Ende ist Peter Banning so sehr zum *family man* geworden, dass ihn auch das Klingeln seines Telefons, seiner modernen Piratenwaffe, nicht mehr interessiert.

Natürlich hätte das eine Spätversion des Abenteuerstoffes werden können, so melancholisch wie Richard Lesters ROBIN AND MARIAN (1975 – Regie: Richard Lester) der das Robin Hood-Mythos aufnimmt. HOOK ist dagegen vielleicht so etwas wie der Versuch einer „Selbstlektüre" von Steven Spielberg, und wohl vor allem als sol-

che gescheitert – sieht man einmal davon ab, dass das Drehbuch von Jim V. Hart und Malia Scotch Marmo eine wohlsortierte Reihe jener Fehler aufweist, die man zu Beginn jedes Script-Workshops zu vermeiden lernt: es beginnt mit einer überkonstruierten und langatmigen Einführung und endet mit einer desaströs überraschungsarmen und platten Coda. Dustin Hoffman brachte für seine Rolle überdies seine eigenen Drehbuch-Konstruktionen ein, was zu einem merkwürdig inkohärenten Film-im-Film führt. Was in so vielen anderen Spielberg-Filmen als „Lesart" möglich schien, das wird hier zum Text selber, nämlich dass wir nicht wirklich an Peter Pan und seine Fähigkeit glauben, durch die Erinnerung des Kindes in sich zum besseren Vater zu werden. Denn in jedem allzu sympathetischen Vater steckt ja auch die peinliche Variante des Kerls, der sich unentwegt zum Clown macht, um zu demonstrieren, wie nahe er seinen Kindern und dem Kindsein ist. Diese Möglichkeit wird von dem Film radikal abgelehnt

(Robin Williams ist die Gestalt gewordene Ablehnung dieser Möglichkeit). Das einzig Glaubhafte in diesem Mythos ist daher Hook, diese tragikomische Gestalt, die nun in der Tat zwischen Kindheit und Erwachsensein auf ewig gefangen ist. Dass er Peters Kinder gewinnen möchte, nicht nur wie die Hexen und Zauberer des Märchens immer wieder die Kinder gewinnen wollen (wenn sie sie nicht auffressen mögen), zeigt ihn als mehr denn eine böse Abspaltung: Peter Pans letzter Ausflug in das Reich der ewigen Kindheit repräsentiert auch den Zwang seiner Kinder, sie zu verlassen. Dieselbe paradoxe Konstruktion, die E.T. so erfolgreich machte, scheitert hier schon an der Wahl des Designs. So richtig es gewesen sein mag, das Neverland so statisch und künstlich erscheinen zu lassen, so falsch mag diese „Mischung aus Disneyland und Jahrmarktbudenzauber" sein, von der Mariuccia Ciotta spricht, und der sich Spielbergs Kamera in viel zu triumphalistischen Kran-Bewegungen nähert. Das Objekt, das wie eine inhärente Kritik des Spielbergianismus erscheint – etwas, das ursprünglich ein billiges Vergnügen war, wird technisch aufgeblasen, ohne ganz seine eigene Billigkeit zu transzendieren (das B-Movie, das zum *blockbuster* wird) – entlarvt die Spielbergsche Kamera-Kranfahrt hier als falsche heroische Pose des Blicks. Eine (technisch) neue Art des Sehens führt zu nichts als zu der Erkenntnis, dass es nichts Neues zu sehen gibt. Genauer als in HOOK sind die negativen Aspekte des Spielbergianismus nie kritisiert worden!

Und so sehr diese unfreiwillige Kritik die Gestaltung der Spielberg-Filme trifft, so sehr trifft sie auch deren Gehalt. HOOK ist das mythische Bild von der Verknüpfung von Peter Pan und Moses in seiner allertraurigsten Gestalt. Kein anderer Spielberg-Film hat so den Sieg des Kleinbürgers über seine eigenen Träume gefeiert! Der Wunsch, der rosaroten Hölle von Suburbia zu entrinnen, der den Helden von CLOSE ENCOUNTERS OF THE THIRD KIND noch so manisch zum großen Licht führte, bedeutet hier nichts anderes als eine Verdoppelung: die zwei Seiten des *american dream,* von denen man nicht mehr sagen kann, welche von beiden den größeren Alptraum birgt.

Ist es vielleicht so, wie ein polemischer Artikel (mit HS unterzeichnet) in der *Frankfurter Rundschau* meinte, dass Spielberg das Buch von Sir James M. Barrie „entweder nie begriffen oder verraten" habe – und: „letzteres sowieso"? Oder hat er diese Vorlage, die wir gerne ein wenig verklären, nach all den Jahren, doch nur auf den pädagogisch-ideologischen Punkt gebracht? Alle Spielberg-Helden, kleine oder große, ernste oder komische, träumen vom Fliegen; nur seinem Peter Pan, ausgerechnet, drängt er diesen Traum als Notwendigkeit und Ideologie auf.

Gewiss ist es möglich, Spielbergs Filme als eine Feier der *family values,* der Kindheit, der glücklichen Beschränkung Amerikas zu genießen, die hier und da mit einem Sta-

chel, mit einer unerwartet bitteren Pointe, mit einer leichten Morbidität aufgeladen ist. Ebenso aber ist es wohl möglich, sie als eine Dokumentation eines sehr langen Prozesses von Ablösung und Distanz zu sehen. Vielleicht sind diese Filme ja viel weniger auf der Seite der Familie als vielmehr auf der Seite derer, die ihren Schutz verloren haben, auf Seiten derer, die nur noch davon träumen können. Die Familie in DUEL funktioniert nicht, und in THE SUGARLAND EXPRESS schreit der Vater seine Tochter über Polizeifunk an: „Du hast nie etwas getaugt. Wenn mir jemand ein Gewehr geben würde, würde ich dich erschießen." Zerbrochen sind die Familien in E.T. und SCHINDLER'S LIST, gewaltsam restauriert werden sie in HOOK und SAVING PRIVATE RYAN. Nicht nur gibt es Filme, die dem Prozess gleichsam auf die Sprünge helfen und solche, die wieder wie ein Rückfall sind, wie das *security blanket,* das Linus in den Peanuts-Comics dann doch immer wieder (und wider besseres Wissen) an sich drücken muss. Steven Spielbergs Kino aber träumt nicht von der Familie, es träumt von Menschen, die von der Familie träumen. Und in HOOK ist sich beides so nahe gekommen, dass die Seifenblase platzt.

Himmlisches Leuchten: ALWAYS

Auch ALWAYS (1989) ist, wenn man so will, ein Ablöse-Film. Das Remake von A GUY NAMED JOE (USA 1943) von Victor Fleming erzählt von dem tödlich verunglückten Piloten (Richard Dreyfuss), der seinen Lieben aus dem Jenseits zwar Ratschläge geben kann, aber vor allem lernen muss, dass er am Leben nicht mehr wirklich teilhaben kann. Solchen Abschied vom „wirklichen Leben" gibt es in Spielbergs Filmen immer wieder, und auch ALWAYS stellt sich und uns wieder die Frage, was an den Rändern zwischen der wirklichen und der subjektiven Traumwelt geschieht.

Dalton Trumbo schrieb seinerzeit ein Drehbuch, das als Tröstung in einer Zeit diente, in der Nachrichten vom Tod der Angehörigen an der Front zum amerikanischen Alltag geworden waren. Und Victor Fleming gab 1943 A GUY NAMED JOE eine Sanftmut, immer kurz vor dem Umkippen in Rührseligkeit, die wie ein optisches Streicheln verängstigter Seelen wirkte. Das Leben geht weiter, für die Lebenden wie für die Toten, und auf beiden Seiten ist es die Kunst des Loslassens, die vom Schmerz zur Erlösung führt. Nach der tödlichen Verwundung im Kampfgeschehen steht der amerikanische Kampfflieger in einem Zwischenreich zwischen Leben und Tod einem Engel gegenüber. Hier bleibt er zwischen seinen Mitmenschen, die ihn aber nicht sehen oder hören können, und um den Eintritt in den Himmel zu verdienen, muss Joe nicht nur einem Kameraden als Schutzengel beistehen, er muss, was ihn wesentlich härter ankommt, akzeptieren, dass sich auch seine über alles geliebte Frau dem Nachfolger zuwendet.

Steven Spielberg verlegt die Handlung von den Kriegszeiten in die Welt der gefährlichen Alltäglichkeit. Aus dem Kampfflieger ist ein Brandbekämpfer namens Pete Sandich (Richard Dreyfuss) geworden, der bei Waldbränden in Montana mit seinem Flugzeug riskante Einsätze fliegt. Dass es ihn eines Tages auch erwischen muss, ist nicht zuletzt einem merkwürdig kamikazehaften Einsatzwillen zu verdanken. Die Spielbergsche Sehnsucht nach dem Fliegen hat den Helden diesmal über sich selbst hinausgetragen. Was musste Pete beweisen, und wen oder was hat er herausgefordert? Das Feuer holt ihn, gerade, als er seiner Freundin zugesagt hat, einen ruhigeren Job anzunehmen und sie zu heiraten. Mit einer Beinahe-Katastrophe beginnt der Film: Pete mit seinem Flugzeug in der Luft hat so sehr den eigenen Tod vor Augen (er hat sich mit dem Treibstoff verschätzt – er hat seine Flugreichweite überschätzt – und weiß, dass er den rettenden Flugplatz nicht mehr erreichen

wird), wie seine Freundin, die auf dem Tower wartet. Ein glücklicher Wind ist es, der Pete noch einmal rettet, ein göttlicher Atem. In der Flughafen-Bar macht Pete Dorinda (Holly Hunter) ein Geburtstagsgeschenk, aber sie ist zornig, und wirft das Geschenk auf den Boden. Es fallen heraus ein rosa Kleid und ein paar Schuhe; wie sollten wir da nicht an Cinderella denken? Damit ist sie dann auch schnell versöhnt, mit einem auf den ersten Blick eher eigenartigen Argument; „Es ist nicht das Kleid, worüber ich mich freue. Dass du mich so siehst, das ist es." Es geht nicht um das Bild, einmal mehr, es geht um den Blick. In der Liebe wie bei den Ufos, wenn beides nicht sowieso das Gleiche ist. Aber wie sieht Pete Dorinda (die Goldene)? Als wäre sie der Vorstadt-Traum, eher bei *Woolworth* als bei *Macy's* eingekleidet, die Prinzessin, wie sie sich ein auch geschmacklich ungelenker Kind-Mann vorstellt, der eben noch seine *close encounters* mit dem Tod zelebrierte? Wie sollte sie wissen, dass es schon das Gewand einer Witwe ist.

„A GUY NAMED JOE war der Film, der mir gezeigt hat, was die Liebe zu einer Frau bedeutet", wie bei beinahe jedem seiner Filme einen scheinbar unverbindlichen Bogen zwischen der Fiktion und der Biographie schlagend. Eine Liebe, die durch den Tod geht. Nach Petes Tod ist Dorinda außer sich vor Schmerz. Von einem sehr sanften, todesgewissen Engel (Audrey Hepburn in ihrer letzten Rolle) wird er abgeholt und nach den notwendigen Instruktionen für einen Schutzengel (und einem Haarschnitt, nebenbei: die zärtlichste Art, die man sich für einen Akt der Kastration denken kann) auf die Erde zurückgeschickt: Nun muss Pete als in besagtem Zwischenreich wandernder Schutzengel seinem Nachfolger Ted (Brad Johnson) Lektionen in der Fliegerei bei der Brandbekämpfung geben, ihm mehrmals das Leben retten und ganz nebenbei ihm ein paar seiner charakteristischen „Macken"

Holly Hunter (Dorinda) und Richard Dreyfuss (Pete Sandich)

und Angewohnheiten übertragen. Sogar wie man bei Frauen besser ankommt, verrät er ihm. Genau deshalb verliebt sich auch Dorinda in Ted, und so lebt er nun tatsächlich weiter. Und auch Dorinda selbst setzt sein altruistisches Lebenswerk fort.

Das gute Leben der Menschen auf der Erde ist eine permanente Bekämpfung des höllischen Feuers, und die Engel haben den Auftrag, so sehr für die Kontinuität des Menschenwerkes zu sorgen, wie es Spielbergs Film tut, wenn er die Maschinen seiner Helden als die des Zweiten Weltkrieges und ihre Arbeit immerhin ikonographisch als eine direkte Fortsetzung der Kampfeinsätze von A GUY NAMED JOE charakterisiert. „So gesehen", schreibt Heike Kühn, „ist ALWAYS eine sehr amerikanische Nachhilfestunde in Sachen Gewinnmaximierung; nicht mal die Toten entgehen der effektiven Nutzung aller irdischen und überirdischen Ressourcen. Alles, was er jetzt noch für sich tue, wird Pete von der Göttlichen Sendbotin Hap in seiner Grundausbildung zum Engel belehrt, sei

eine Zweckentfremdung seiner ihm nur geliehenen Seele, Verstoß gegen die Himmelsordnung, Widerstand gegen höhere Gewalt. Die Liebe, die eine Himmelsmacht sein soll, gewinnt aus dieser Perspektive den Charme eines Leasingvertrages!"

Alberto Moravia hat schon 1975 darauf hingewiesen, wie unterschiedlich die Filme Spielbergs – damals ging es nur um DUEL und JAWS – in den USA und in Europa „gelesen" werden. Worum es in ALWAYS geht, das sind nur einerseits die Ideale, die Spielberg sehr sanft übertreibend kariert. Ist das Kleinkarierte noch kleinkariert, wenn es im Auge eines Engels erscheint? Oder anders gefragt: Kann eine Kritik (dieses Filmes wie des Spielbergianismus insgesamt) von den Bildern ausgehen, wenn uns doch so klar nahegelegt ist, uns auf den Blick zu konzentrieren? Das heißt nun nicht, dass eine Kritik wie die von Heike Kühn etwa „falsch" wäre – im Gegenteil: man könnte sie ohne weiteres verschärfen – aber sie geht wohl ins Leere, weil das, was der Film als Bilder offeriert,

Richard Dreyfuss, Audrey Hepburn

sich seiner kleinbürgerlichen, kleinseelischen und meinethalben -krämerischen Begrenzungen durchaus bewusst ist. All das enthält, nur zum Beispiel, die Szene mit dem ziemlich billigen und nicht sehr geschmackvollen Kleid und den weißen Pumps, die als ideale Liebeserklärungen aufgefasst werden. Die Zärtlichkeit auf diese offene Fehlkonstruktion der Liebe liegt nur im Engelsblick.

ALWAYS handelt vom Übergang, von der schweren Kunst des Loslassens (damit ist er auch eine direkte Fortsetzung von E.T.), denn Pete kann das Nichts-für-sich-tun nicht so leicht erfüllen: Seine Liebe, wieder so ein Spielberg-Paradox, ist noch vollkommen irdisch. Wenn man Spielbergs Filme als eine fortlaufende Chronik der zerfallenden (und sich, wenn auch teilweise artifiziell, teilweise gar virtuell rekonstruierenden) Familie ansieht, dann erscheint ALWAYS beinahe so, als wäre er aus der Perspektive des Problemfalls schlechthin, aus der des verschwindenden Vaters gedreht. Auch der kann sein Verschwinden nicht ohne übersinnliche Hilfe bewerkstelligen, und auch er

leidet – auch wenn er vorher so angelegentlich und verantwortungslos mit dem Feuer gespielt hat.

Golden Age

Spielbergs Interesse gilt den Zeiten, in denen die populäre amerikanische Mythologie ihren Ursprung nahm, in den Jahren kurz vor dem Eintritt der Vereinigten Staaten in den Zweiten Weltkrieg. Die Fans und Historiker dieses Mythologie nennen diese Zeit auch das Golden Age. Es ist zugleich die Zeit, in der die Väter ihre Träume aus den Medien bezogen, unentwirrbar verbunden mit der Vorbereitung auf den Krieg. In 1941 heulen die Militärs in DUMBO (so wie später die Gremlins ihr Ende in einer Vorstellung von SNOWWHITE AND THE SEVEN DWARFS finden werden), und Indiana Jones' Nazis sind genau die Nazis, deren Bilder die Comics und Serials dieser Jahre um 1936 verbreiteten. Aber Spielberg zitiert diesen (mehr oder minder propagandistischen) Entwurf nicht nur. Immer wieder bricht er auch gewisse Spielregeln (so freilich, wie es sich nur ein Virtuose erlauben kann). Als Indiana Jones in RAIDERS OF THE LOST ARK seine erste Begegnung mit der Gefahr hinter sich hat, gibt er auf, was dieser Zeit für das Abenteuer noch oberstes Gebot war: das Fair Play. Ob er sich nun viele Gedanken darüber gemacht hat oder nicht, jedenfalls bezeichnet Spielberg hier sehr trefflich den Punkt, an dem das Abenteuer (und auch das des Filmemachens) seine Unschuld verloren hat. Auch das U-Boot ist ja vor allem Zitat; es ist dasselbe wie in Wolfgang Petersens DAS BOOT (1981), und es ist nicht zu verwundern, wenn sein „Schöpfer", Rudolf Zehetbauer, sagt: „Bei unseren Aufnahmen ist die U 96 richtig realistisch. Bei Spielberg ist das alles so stumpf." Da ist sicher etwas dran: Steven Spielbergs Helden können den Raum, auch in seiner knappsten Form, immer nur als symbolischen erfahren. Und was bei Petersen, immerhin, eine Erfahrung darstellt, ist bei Spielberg nichts anderes als ein Bild der Transition (ein visueller Schnitt, wenn man so will).

So ist das Zitieren des Golden Age, als die Nation und die popular culture und die Familie – vielleicht – noch vollkommen synchron erscheinen durften, in INDIANA JONES, in den AMAZING STORIES, in ALWAYS und so weiter, immer auch mit einem Bruch verbunden, der zugleich durch die Biographie geht. Die Produkte der popular culture erscheinen nun zugleich als Heilung und als Krankheit.

Inferno und Utopie

Für Spielberg, den Wiedererfinder Amerikas, geht es darum, den Traum Amerika, jenseits des rechtsanarchistischen Trotzes der Dirty Harrys und Muskelmänner, und jenseits des unreflektierten Patriotismus als Ritual, nach der Katastrophe der sechziger und siebziger Jahre nicht nur zu erneuern, sondern auch zu erweitern. In die Geschichte hinein, in die Mythen und Traumsysteme hinaus, und nicht zuletzt auch über den Nukleus des weißen urbanen Mittelstands hinaus. Er ist dabei klug genug, nicht einfach eine gruppendynamische Parität, eine alltägliche Verknüpfung, *hero and sidekick* im Großen wie im Kleinen, zu behaupten. Spielberg weiß zu gut, wie weit voneinander die weiße und die schwarze Kultur noch sind, und er weiß, wo die Grenzen seiner Fähigkeiten liegen, ein sympathisches Bild zu entwerfen. Also setzt er an verschiedenen Stellen an, behauptet noch keine Bildung der Utopie aus dem Inferno.

Der Ursprung ist zweifellos der Punkt an dem Amerika stets zugleich wurde, indem es einen Teil seiner Unschuld (oder seiner Selbstlüge) verlor. Es ist der Holocaust und der Weltkrieg. Es ist die Geschichte der Sklaverei und des Rassismus, die Atombombe und den McCarthyismus. Es ist die Entfremdung des weißen Mittelstands von Natur und Kultur.

Zwei scheinbar so konträre Motive, der Protest gegen den Verlust der Kindheit (in einem Erwachsen-Werden, das heißt: kapitalistisch, karrieristisch, rationalistisch, militärisch, ideologisch, körperfeindlich werden) und die Wiedererfindung des amerikanischen Traums, können wohl nur in einem meta-mythischen System aufgehoben werden. Der Schnittpunkt der beiden Träume (und Alpträume) in den Spielberg-Filmen kann nur die Familie sein.

Worum es daneben aber vor allem geht ist die Konstruktion und Dekonstruktion des „Fremden". Es geht in den Filmen, gleichgültig ob es sich um historische Anekdoten wie SCHINDLER'S LIST oder AMISTAD handelt, oder um genrehafte Allegorien wie JAWS und JURASSIC PARK, darum, die Fremdheit zu inszenieren und zugleich zu überwinden. Spielberg riskiert dabei durchaus Missverständnisse, wenn er, wie in AMISTAD, den Anderen zuallererst und sehr heftig in einem Blick zeigt, wie jemand das Fremde und Bedrohliche sieht. Auch die Welt von THE COLOR PURPLE zeigt sich keineswegs von vornherein als eine „normale", so wenig sich Spielberg in SAVING PRIVATE RYAN auf ein ausschließlich rhetorisches Konstrukt von der „Schule der Nation" einlässt, in der im Kriegseinsatz aus Angehörigen verschiedener Kulturen und „Rassen" der Amerikaner geformt wird.

Spielberg zwischen Disney und Hitchcock

Spielberg beschreibt, wie Disney, zuerst einmal eine Welt, die sozusagen prinzipiell in Ordnung ist (jedenfalls als die Katastrophe nicht offensichtlich ist). Doch die Verletzung der Idylle ist nicht, wie bei seinem „väterlichen Gewissen" von einer äußeren Gefahr bedingt, von einer feindlichen Macht, von einem „anderen". Es gibt auch das kleine, aber nicht unbedeutende Maß an innerer Entfremdung. Eine innere Entfremdung, die das Kommen des anderen vorahnen lässt.

Die Lösung der Disney-Protagonisten, in deren Idyll das eine oder andere Element der Finsternis geraten ist, besteht in ihrer Beschleunigung (nur Donald Duck, natürlich, beschleunigt sich immer über sich selbst hinaus ins Chaos). Diese Kunst der Selbstbeschleunigung beherrschen auch die Spielberg-Protagonisten. Aber sie sind, das unterscheidet sie von ihren „Vor-Bildern", und WHO FRAMED ROGER RABBIT? zeigt es ganz direkt im Bild, an etwas gefesselt, was das Gegenteil von Geschwindigkeit bedeutet, an den Alltag, an einen „langsamen" Menschen, an das Haus und so weiter.

Immer wieder benutzt der Regisseur und Drehbuch-Beeinflusser Spielberg ein umgekehrtes *foreshadowing*: Eine Szene löst sich im „Guten" auf, und weist doch auf einen kommenden Schrecken. In CLOSE ENCOUNTERS OF THE THIRD KIND sehen wir zuerst eine Lichterscheinung am Himmel, die sich als gewöhnlicher Hubschrauber entpuppt. Aber bald darauf kommt das Ufo wirklich. Und in SCHINDLER'S LIST wirkt auch die Szene, in der statt des erwarteten Gases tatsächlich nur Wasser aus den Duschen kommt (in der der Regisseur viel-

leicht auch die Grenzen der Abbildbarkeit des Schreckens beschreibt) keineswegs als Entlastung, denn wir *wissen*, dass es beim nächsten Mal ganz anders kommen wird. Was das eine Mal ein kleiner Scherz und ein Hitchcock-Verweis sein mag, ist im zweiten Fall zu einem notwendigen Aspekt der Erzählhaltung gegenüber dem unmöglichen Bild geworden.

Umgekehrt bricht Spielberg immer wieder mit den „Regeln" der Helden und der Genres, wie in der berüchtigten Szene von RAIDERS OF THE LOST ARK, wo Indiana Jones einen mit dem Schwert angreifenden Feind einfach mit der Pistole aus sicherer Distanz erschießt. Das Klischee wird verdoppelt oder skelettiert, und gleichzeitig scheut sich der Regisseur nicht, die Bedingungen dieses Bruchs episodisch aufzulösen: Tunesien, so befand er, sei „der entsetzlichste Drehort, den ich je erlebt habe", und Indys *foul play* also nichts anderes als ein Trick, die Dreharbeiten um einen schwierigen Stunt abzukürzen: „So sparten wir vier Drehtage und kamen schneller aus dem Dreckloch weg" (Harrison Ford). Aber natürlich ist das eine Ausrede. Indiana Jones hat sich schon vorher nicht an die Regeln gehalten. Oder schnappt sich etwa ein wirklicher Held eine Frau und droht sie mit einer Gabel zu erstechen?

Wenn sich bei Walt Disney alles in seiner reinen Symbolhaftigkeit auflöst, in einem Arkadien der Selbstregulierung, dann bei Hitchcock in seiner Affekthaftigkeit. Die nachvollziehbare Handlung und logische Verkettung der Bilder ist bei Spielberg so zweitrangig wie bei seinem englischen Vorbild. Der Wert des Bildes liegt im Gefühl, das es auslöst. Das Kino wird „entstofflicht". Die kinetische Energie verbraucht sich in jeder Kadrage, in jeder Einstellung, in jeder Sequenz – Indiana Jones spielt in seinen gefährlichen Situationen immer ein wenig den Cary Grant, der in NORTH BY NORTHWEST (Der unsichtbare Dritte – 1958) im endlosen Feld von dem Flugzeug angegriffen wird. Die Situationen sind selbst so überwältigend, so in sich geschlossen, dass uns die „Lösung" allenfalls als das Drittwichtigste erscheint. Bewegungen führen nicht in das lineare und epische Drama, sondern in die Kreise und Spiralen, die Hitchcock, gewiss, sehr viel genauer und ästhetisch anspruchsvoller als „Strukturzeichen" in seine Filme übersetzt. Das Kreisen, das bei Hitchcock zur Kunst wird, wenngleich zu einer reichlich morbiden, ist bei Spielberg schon Charaktermerkmal. Die Filme funktionieren nicht obwohl, sondern gerade weil ihre Konstruktion voller „Löcher" ist, voller Ungereimtheiten und Widersprüche. Aber in dieser Bilder-Trinität Disney, Hitchcock, Spielberg geht es eben vor allem um den Triumph des Bildes über den Text der Welt.

Und noch etwas eint diese so widersprüchlichen Bildwelten: Disneyland ist der Trost der Waisen, die Welt wird zur Inszenierung des Familienersatzes und der Ersatzfamilie. Eine „offene Rekonstruktion" jenes Ortes, an dem laut Cesare Pavese der Mythos die Bedeutung durch die Isolation von der übrigen Welt erhält. *Home*, das nur *castle* werden kann. Für Hitchcock „erscheint die Familie stets als Wurzel allen Übels" (Lars Penning). Die Episoden der Spielberg-Erzählungen spielen sich alle auf einer Linie zwischen den beiden Vorbildern und Antipoden ab, zwischen Zerfall und Rekonstruktion, der unbewohnbaren Disney-World und dem unbewohnbaren Hitchcock-Universum. Spielberg-Helden sind Hitchcock-Helden, die sich umgedreht haben. Und die Abstürze, von denen die Filme Alfred Hitchcocks so durchzogen sind wie die Filme von Walt Disney vom Überfliegen, zeigen sich bei Spielberg als das Normale (man ist schon abgestürzt, bevor man sich seiner Sehnsucht gewahr wird).

Bei Disney will alles zum Ort der Einheit hin, auch wenn dies kein natürlicher Ort mehr sein kann (sondern eben „Disneyland"); bei Hitchcock dagegen gibt es den radikalen Bruch zwischen dem Innen und dem Außen, man fällt gleichsam vom Eingeschlossen- ins Ausgeschlossen-Sein. Und wieder versucht da Spielberg seinen dritten Weg aus beidem zu formen: gerade die Suche nach dem magischen Ort (Schatz und Pforte in einem), die Suche nach dem höchst persönlichen Disneyland führt seine Menschen tiefer in den Hitchcock'schen Bruch. Zwei „Väter", die einander nicht ausstehen können, und die sich doch bedingen.

Die Techniken des Spielbergianismus

Storyboard vs. Continuity

Steven Spielbergs Filme sind, das verwundert natürlich nicht, sehr genau geplant (Freiräume entstehen vor allem, weil er das spontane Spiel von kindlichen Darstellern nicht unterbrechen will). Vor allem gebührt dem Storyboard zwischen Drehbuch und Inszenierung ein bedeutender Platz. Nicht nur die einzelnen Einstellungen, sondern auch bereits die Übergänge sind zeichnerisch festgelegt. Die Kamera übernimmt es gleichsam, die gezeichneten Vorlagen mit realen Menschen und Gegenständen nachzuformulieren, so dass in Spielbergs Filmen immer etwas von dem „Gezeichneten" spürbar bleibt. Eine „rhetorische" Montage ist bei einem solchen Vorgehen natürlich nicht zu erwarten, auch wenn der Schnitt etwa in 1941 oder den INDIANA JONES-Filmen gelegentlich abrupte Comic-Effekte imitieren kann.

Wo das Storyboard das Drehbuch überlagert, bezwingt die Einstellung die Montage, und die Montage die Dramaturgie: der Film will viel mehr auf seine Einzelheiten als auf sein Ganzes hinaus. Und hier begegnen einander wiederum das Erzählte und die Erzählung; da es weder um die Konstruktion des Helden noch um die des Opfers geht, scheinen sich die Zusammenhänge zwischen den einzelnen Sequenzen nur durch subjektive Entscheidungen herzustellen. Die *continuity* ist keine transzendentale Größe, der Film springt (wie auf vergnügliche Weise in den INDIANA-JONES-Filmen) von einer optisch-akustischen Einheit zur anderen. Der Triumph des Storyboards über das Drehbuch beschreibt im Übrigen auch eine andere Art von Kontrolle des Regisseurs über die Figuren in ihrer logischen Abwechslung von Situation und Aktion. Ein Held findet eine Situation S vor und verwandelt sie durch seine Aktion A in eine veränderte Situation S ' (so wie es der Westerner tut, der eine Stadt „zähmt" oder mit seiner Herde über einen Fluss wechselt, der von Indianern besetzt ist). Oder aber eine Aktion A trifft auf eine Situation S, die seine Aktion zu A' verändert (ein Reisender kommt in eine Stadt, in der er vom Outlaw zum Sheriff wird). Wenn der Drehbuch-Film die Aktion eines Protagonisten sehr genau bestimmen kann, während er in der Situation mehr oder weniger in Gefahr steht, den Überblick zu verlieren, verhält es sich beim Storyboard-Film genau umgekehrt. Der Regisseur hat die Situation vollkommen im Griff, aber den Aktionen der Protagonisten wächst ein Grad an Chaos zu, der, wie in den Spielberg-Filmen, gerade den „logischen" Teil der Aktion ins Off verbannt. Das Drehbuch erklärt die Aktion und die Situation jeweils durch einander, das Storyboard bringt sie durcheinander. Wenn also Spielbergs Filme, wie man

CLOSE ENCOUNTERS OF THE THIRD KIND

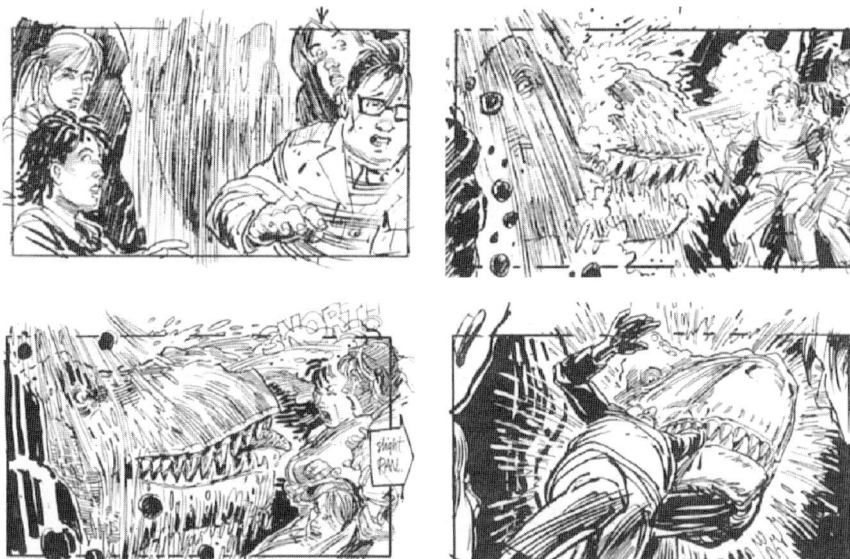

Tod am Wasserfall – Storyboardzeichnungen für LOST WORLD

ihnen in der späteren Phase seiner Entwicklung immer wieder vorgeworfen hat,
eher einer Geisterbahnfahrt, einer Num-
mernrevue, einem Motiv-Ritornell als einem Drama und einer Geschichte gleichen, dann scheint es auf verschrobene
Weise, als hätte ausgerechnet der populärste amerikanische Filmemacher aller
Zeiten begriffen, was Eisenstein mit seiner
Kritik an Griffith im Sinne hatte: Jene „Tei-
lung", etwa durch die Parallelmontage, die
immer wieder zur „Heilung" der Gesamt-
heit führe, so als wäre das „Ganze" ein Körper, der sich durch Fieberanfälle von Montage und Handlung gegen eine Krankheit
oder einen Eindringling erfolgreich zur
Wehr setze. Spielbergs Filme haben diesen
Pakt zwischen Einstellung und Montage in
Bezug auf eine „organische" Ganzheit auf-
gegeben. Was man in den INDIANA JONES-
und den JURASSIC PARK-Filmen als ange-
nehme Lässigkeit empfinden mag, das
scheint in Filmen wie AMISTAD und SAVING
PRIVATE RYAN zu einer neuen Dramaturgie
zu führen, in der das affektive Wahrneh-

men (die unerträgliche Gewalttat) und das
reflektierende „Erzählen" einander hart ge-
genübergestellt werden. Nachdem Spielberg also im ersten Teil seiner Arbeit, in
den Filmen von DUEL bis JAWS, die Story
gleichsam zu reduzieren trachtete, löste er
sie im zweiten Teil durch eine absurde
Überfülle auf (was in den INDIANA JONES-
Filmen kulminierte), um schließlich im
dritten Teil „epische" Stoffe zu zerglie-
dern, bis ihr „Ganzes" nur noch in Umwegen zu rekonstruieren ist, die über den
Film selber hinausgehen. SCHINDLER'S LIST
mag dabei zwar noch am ehesten als „ganze" Parabel erscheinen, beschreibt aber
nicht weniger Brüche in der Wahrnehmung und Kontinuität (das Mädchen im
roten Mantel ist in dem Schwarzweißfilm
daher nicht nur Parabel in der Parabel,
nicht nur „Spur", sondern auch Ausdruck
dieses Bruchs). Erst durch den Bruch wird
die Geschichte von Schindler und „seinen" Juden erträglich, erst dadurch, dass
uns die Bilder des Filmes mitteilen, dass
der Gerechte weder einem höheren Gesetz

noch einem Gebot der „Einheit" einer Person unterworfen sein muss. So wie der Film als Erzählung in seine optisch/akustischen Einheiten zerbricht, zerbrechen die Spielberg-Helden in „Möglichkeiten" und „Zwänge". Sie entwickeln sich zu offenen Systemen (und wieder erscheinen da bizarre Verwandtschaften zwischen den trivialen und den historischen Helden); zur Würde des Menschen im Spielberg-Kosmos gehört die Bewegung im Selbstwiderspruch. Und so hört schließlich auch die dramaturgische Grundkonstruktion zwischen Aktion und Situation nach dem bekannten Schema der Erzählung S – A – S' (die „große Form", das epische Kino) und A – S – A' (die „kleine Form", Psychogramm und Komödie) damit auf, die Einstellung (die der Kamera und die moralische des Regisseurs und des Zuschauers) zu unterwerfen. Obwohl so vieles Zwang und Ritornell ist in Spielbergs Filmen, ist doch auch umgekehrt jede Einstellung ein neuer Blick, von dem aus die Geschichte neu geschrieben werden könnte. Deswegen gibt es „gewagte" Kranfahrten der Kamera, Einstellungen, die blitzschnelle Verbindungen ohne Montage schaffen, aber nur sehr selten das *travelling*, durch das der Raum in Zeit und die Zeit in Raum verwandelt werden kann. Diese Möglichkeit, sich Freiheit zu verschaffen, haben weder die Helden noch das Erzählen in seinen Filmen. Die Zeit einer „reisenden" Kamera, die wir bei dem einen oder anderen der Klassiker bewunderten, ist im entstofflichten Kino der Emotionen vorbei. Man „erfährt" ja nichts in diesen Filmen. Man kann nur sehen.

Die Louma und die Handkamera
Die spezifischste Spielberg-Kamera-Bewegung ist die auf der Louma, dem beweglichsten Kran, der elektronisch ferngesteuert werden kann, der eine ganz eigene Form des Sehens ermöglicht: Wenn die Kamera-Fahrt eine besondere Form der Teilhabe beschreibt, die Tiefenschärfe eine besondere Form des analytischen Durchdringens, dann ist die Kran-Aufnahme – einst so unnachahmlich von Orson Welles in der Eingangssequenz von TOUCH OF EVIL (Im Zeichen des Bösen – 1959 – Regie: Orson Welles) eingesetzt, – ein Entdecken, das immer an den Rand des Zerstörens reicht (wie es dann Oliver Stone eher exzessiv betreiben wird). Die Louma geht freilich über diese Bewegung noch einen Schritt hinaus, insofern sie sich auch noch von dem Blick eines – wenn auch „bizarr" – mechanisch bewegten Menschen emanzipiert. Es hat zumindest den Anschein, dass der Kamera nun nichts mehr verborgen bleiben kann und sie sich (wie zum Beispiel in ironischen Einstellungen der Gebrüder Coen später) über Hindernisse nur noch lustig machen kann. Spielberg hat dieses sein kommendes Lieblingsspielzeug bei den Aufnahmen zu 1941 für sich entdeckt. Und tatsächlich ist dieser Film die erste (exzessive) Darstellung der Spielbergianischen Bewegung in begrenztem Raum – es ist eine Auseinandersetzung der Louma mit der straffen Ordnung des Hollywood Boulevard und dem Chaos, das die hysterischen Marines auf ihm anrichten. Die Louma-Kamera bewegt sich so frei auf der Bühne wie es die Menschen auf ihr tun, sie benötigt die Bewegung des Raums nicht mehr. Daher wird diese Kran-Aufnahme zum adäquaten Mittel, die Welt vor unseren Augen als Organisation und Chaos zugleich erfahren zu lassen. Konnte eine traditionelle Kamerafahrt das eine ins andere verwandeln (wie zum Beispiel in einer Fahrt auf ein Schlachtfeld, das umso chaotischer wird, je näher wir heran und schließlich hinein gelangen), so ist in den Kran-Bewegungen der Kamera immer beides gleichzeitig zu sehen, die durch die Kamera chaotisierte Ordnung oder das durch die Kamera geordnete Chaos.

Die Kran-Aufnahme definiert das Bild weder durch die horizontale noch durch die vertikale Bewegung, sondern durch eine

Bilder wie aus einem Privatvideo: THE SUGARLAND EXPRESS

„unverschämte" und objekt-bezogene Bewegung, die in ihrer Bewegung gleichsam
behauptet, man könne überall hingelangen,
überall hinsehen, sofern man sich nicht darum schert, ein erzählerisches Subjekt für
diesen Kamera-Blick zu definieren. Die
Kran-Aufnahme ist weder episch (wie die
Fahrt) noch diskursiv (wie die Tiefenschärfe), sondern sozusagen automatisch „metaphysisch" und zugleich nihilistisch. Es ist
der Blick eines kindisch spielenden Gottes.

Wenn Martin Scorsese in seinen „transzendentalen Einstellungen" diesen „unmöglichen Blick" der Kamera kommen-
tiert, ein Sehen, das von keinem menschlichen Auge erreicht werden kann, dann
versucht Spielberg auch diesen „unmöglichen Blick" unsichtbar zu machen, in den
Fluss des Geschehens einzubetten, was gewiss nicht immer gelingen kann. In der triumphalistischen Kranfahrt über den Hügel auf Neverland in HOOK entlarvt sich
der Louma-Gebrauch als fauler Zauber
(während Orson Welles in seinem Kran-
Gebrauch zeigt, wie man eine Grenze
überwindet, behauptet die Louma-Ein-
stellung von HOOK nur eine Grenze, die so
künstlich wie willkürlich ist).

Die zweite typische Spielberg-Einstellung entsteht in der Handhabung einer
„dokumentarischen" Handkamera, die an
die Seite des „Über-allen-Wolken" ein
„Mitten-drin" setzt. In SUGARLAND EXPRESS

setzt Spielberg zuerst die neue Pana-
flex-Schulterkamera ein, die so geräusch-
los arbeitet, dass man Dialog und Origi-
nalton aufnehmen kann. Sie wird uns später in die geschlossene Welt des Konzen-
trationslagers in SCHINDLER'S LIST und in
die blutigen Strandwogen von SAVING PRI-
VATE RYAN führen.

Beide Techniken, das Dokumentarische
und das Makroskopische, ergeben eine
Spannung, die niemals den entspannten
Erzählton des klassischen Hollywoodkino
erreichen, aber auch alle allzu konventionellen Auflösungen vermeiden. Seit SU-
GARLAND EXPRESS ist es ein besonderes Vergnügen in Spielberg-Filmen, zu sehen,
welche anderen Möglichkeiten sich an-
stelle der konventionellen Schuss/Gegen-
schuss-Darstellung eines Dialogs ergeben.
So unterschiedlich diese auch ausfallen
mögen, beinahe immer gilt, dass es der
Blick, nicht das Wort ist, was die Kamera
und die Montage „führt". Eine Schuss/Ge-
genschuss-Montage in Spielbergs Filmen
trennt in der Tat (etwa in der Eingangsszene von JAWS, wo das Mädchen in den
nächtlichen Ozean zum Schwimmen
geht, und der Junge sie nicht mehr begleiten kann, weil er vor lauter Betrunkenheit
nicht einmal seine Kleider vom Leib bekommt). In SCHINDLER'S LIST sehen wir in
diesen Einstellungen immer die Distanz
(die sich abbaut in der Beziehung des Hel-

Schuss und Gegenschuss in JAWS

den zu Itzhak Stern, und die sich aufbaut zu den Nazis). Niemals könnte sich bei Steven Spielberg Zuneigung, Verständnis oder gar Liebe in einer Schuss/Gegenschuss-Auflösung zeigen.

Signifikant für die beiden Spielbergschen Einstellungen ist etwa der Beginn von THE COLOR PURPLE, der die beiden Schwestern in einem endlosen Feld zeigt. Spielberg nimmt gleichsam zweimal Anlauf, um ihr zuerst so kindlich erscheinendes Spiel in der Geborgenheit der hohen Pflanzen zu zeigen, einmal, indem er die Kamera aus dem Boden heraufsteigen lässt, das zweite Mal, indem er sie von oben aus dem Blau des Himmels herabsenkt. Beide Bewegungen der Kamera sind betont „sanft", was nicht ganz darüber hinwegtäuscht, dass sie einander ja eigentlich ausschließen, und dass der doppelte Ansatz auf einen Bruch hinweist, den erst eine weitere Annäherung als Motiv erklärt: das eine der beiden jungen Mädchen, die so versunken in ihr Kinderspiel sind, ist hochschwanger.

Wenn Spielberg mit dieser Verdopplung der Eingangseinstellung zugleich den Bruch und die Möglichkeit verschiedener Erzählweisen vorgeführt hat (Wechsel der Erzählperspektiven werden sich im Verlauf der Geschichte zwangsläufig ergeben), so hat er doch zugleich auch auf einen sozusagen „objektiven" Blick verzichtet. Man stelle sich nur vor, was ein Ikonomane wie Terence Malik aus dieser Sequenz gemacht hätte, oder auch nur ein Spezialist für dramatische Americana wie Lawrence Kasdan! Im Verhältnis zu deren

THE COLOR PURPLE

Einstellungen auf „weite Felder" wirkt Spielbergs Eröffnung beinahe „klein". Es ist nicht die grausame Größe der Natur, was ihn interessiert; mit den beiden Einstellungen hat er den Raum als seelische und als soziale Konstante definiert, die nie über die Erfahrung des Einzelnen hinausgeht. Nie werden wir bei Spielberg eine jener John Ford-Einstellung finden, die von der Verlorenheit des Menschen in der erhabenen und fremden Landschaft Zeugnis ablegt. Sein filmischer Raum existiert nicht ohne die Person, die ihn wahrnimmt.

Das größte Problem der Spielbergschen Subjekte ist die Isolation, und was dies anbelangt kann seine Kamera, die oft so antirhetorisch zärtlich ist, ausgesprochen grausam sein. Der Beginn von JAWS ist eine Studie in Verlassenheit von Gott und den Menschen, fast zynisch verstärkt noch durch die Anwesenheit einer Boje mit Glocke, Instrumente und Symbole der Rettung, in einer Situation, in der es nichts zu retten gibt. Dass Steven Spielberg uns dabei auch noch die Perspektive des Hais einnehmen lässt (allerdings bevor wir ihn als verschlingendes Monster identifizieren), eine böse Parodie auf unser verfehltes Begehren (ein Mittel, das Jack Arnold in CREATURE FROM THE BLACK LAGOON [Der Schrecken vom Amazonas – 1954] ungleich sanfter erotisch einsetzte), erhöht im Zusammenhang seiner Montage noch den Eindruck ausweisloser Isolation. Und beinahe noch furchtbarer als der Todeskampf des Mädchens ist Spielbergs Einstellung auf die gleichgültige ruhige See danach.

Und noch durch eine dritte stilistische Eigenheit ist der Raum in Spielbergs Filmen entwirklicht, nämlich durch die lange Brennweite des Teleobjektivs, die die Entfernungen in der Tiefe grotesk zusammenschrumpfen lässt. Dem klassischen Kino-Helden nämlich ist es möglich, den Widerspruch zwischen seiner subjektiven Empfindung und den Anforderungen der Welt (zusammengesetzt aus Natur und Geschichte) durch eine angemessene Bewegung im Raum zu lösen. Dieser Raum, in dem sich das Individuum zum Historischen hin entfalten könnte, steht ihm bei Spielberg einfach nicht mehr zur Verfügung – auch seine „Reise", und dabei, ganz direkt, das *travelling* der Kamera, erfüllt diesen Zweck nicht mehr. Die Beziehungen zwischen Ich und Welt sind nicht räumlich, sondern semiologisch zu erfassen. (Das ist es, was Liebhaber des „alten Kinos" an den Filmen eines scheinbaren Traditionalisten wie Steven Spielberg so verabscheuen.)

Im verschwindenden oder grotesk verzerrten Raum in den Spielberg-Filmen, die auf der anderen Seite die Zeit vor allem als Sprung definieren – Spielberg vermeidet weitgehend „rhetorische" Schnitte, um an deren Stelle Schwenks oder Schärfeverlagerungen zu benutzen – bleibt zunächst und trügerischerweise allein das Subjekt stabil und unerschütterlich. Dieses filmische Subjekt, insofern es sich zum Protagonisten der Handlung eignet, entgeht jeder Verfremdung, jeder Distanzierung, jedem Akt der „Dekonstruktion", weil es bereits Maske geworden ist. Selbst wenn sie in den Spiegel sehen – wie Amon Göth in SCHINDLER'S LIST – stehen sie nicht in Gefahr, ihre wahre Individualität, ihre Unteilbarkeit zu verlieren. Indiana Jones sieht aus wie Indiana Jones, oder wie Professor Jones und der Mann mit Hut und Peitsche, aber seine Differenz beginnt erst hinter dieser Maske. Er weiß selber am allerwenigsten, wer er eigentlich ist.

Während Louma und Handkamera gleichsam zwei einander ausschließende Wahrnehmungsformen ein und derselben Welt anbieten, zerbricht dieselbe in Zustände absurder Weite und ebenso absurder Enge (der endlose Ozean in JAWS, und die beengte Welt der Insel Amity, von der klaustrophobischen Situation an Bord des

Schiffes gar nicht zu reden; aber auch die Enge der Welten von Lager und Fabrik in SCHINDLER'S LIST, gegenüber einer endlosen Welt von Grauen und Tod). Dieser Bruch ist einzig und allein durch das Fliegen zu überwinden. Oder vom Traum des Fliegens.

So entsteht Spielbergs *Denken in Bildern* auch aus dem Gebrauch sehr einfacher filmischer Handwerksmittel: Während die Welt zerbricht in das Bild übergroßer Nähe oder das der Ferne, und während sich die Bilder untereinander verknüpfen, nicht durch die Logik des Wortes, sondern durch Stafetten der Blicke – insofern hat Spielberg seinen Kurosawa gewiss hinreichend studiert – bleibt allein dem Subjekt die Bürde der Autonomie. Die Einheit der Person, die bei den „postmodernen" Filmemachern so lustvoll demontiert wird, und ihre Verlässlichkeit als Zentrum und Autor der Erzählung, wie sie meinethalben die Filme von Martin Scorsese anzweifeln, steht bei Spielberg außer Frage. Das filmische Ich hat die Zertrümmerung der Wahrnehmung überlebt, wenn auch weder in der Gestalt des Helden noch in der des Opfers. Aber nun steht es vor der schier unlösbaren Aufgabe, nicht nur die Welt, sondern auch ihre Wahrnehmbarkeit zu retten. Denn auch die mächtigste Kamera bei Spielberg, die technisch immer beweisen kann, dass sie sich um nichts mehr scheren müsste, schon gar nicht um die Grammatik des alten Filmes, der ja auch im Spielberg-Kosmos nicht mehr funktioniert, weigert sich in seinen Filmen, das Subjekt als letzte Instanz der Wahrnehmung den Bildraum zu verlassen. Spielbergs Kamera sieht dann eben doch wie ein Mensch, nicht wie ein Gott, auch nicht wie das Auge eines Kindes, das Gott spielt (und sei's mit der elektrischen Eisenbahn), und selbst bei den INDIANA JONES-Filmen allenfalls wie das Auge eines Kindes, das seinen Spielzeugfiguren möglichst nahe kommen will (und dabei – uups! – schon

mal unbeabsichtigt eine Figur oder ein Stück Dekoration ruiniert). Der ständige Wechsel der Kamera-Einstellungen in JAWS, von der Eingangssequenz abgesehen, ähnelt den verzweifelten Versuchen, etwas Unsichtbares sichtbar zu machen (in JURASSIC PARK wird Spielberg diese Vorgehensweise gleichsam „abgeklärt" zitieren), indem man von einem „Symptom" (wie die Teile einer zersplitterten Holzbrücke) zum anderen (die Dreiecksflosse eines Hais über der Wasseroberfläche) springt. Es ist keine Reihung, sondern ein Tanz der Indizes um den jeweils neuesten Behemoth.

Aber Spielberg geht dabei noch einen bedeutenden Schritt weiter. So wenig er nämlich die Person durch Einstellung und Montage zu „zerbrechen" sucht, so wenig setzt er auch die Menschen untereinander durch den Schnitt in Beziehung, er bringt sie in seinen Bildern gleichsam zu einem harmonischen Zerfließen; sie bilden, so scheint es, immer neue Einheiten. Man könnte diese Einstellungen wohl als seine „Ich und ..."-Einstellungen deuten, als Einstellungen auf ein nicht vollständiges filmisches Subjekt, das sich durch einen anderen oder durch ein Objekt oder, natürlich, durch einen Effekt „füllt". So wird der staunende Mensch, und der Mensch als Staunender vollständig.

Die Spielberg-Einstellung zur Welt
Es wäre wohl ein Missverständnis, die Spielbergsche Kadrage als eine direkte Fortsetzung der klassischen Hollywood-Einstellungen allein zu sehen. In den Filmen seiner Vorbilder, John Ford, Howard Hawks, Frank Capra, ist der Bildausschnitt nur eine harmonische Form, für den Augenblick der Kamera ein Kontinuum von Zeit und Raum zugleich zu unterbrechen und zu bestätigen. Die Einstellung schafft soviel Vertrauen in die Welt vor unseren Augen, dass wir ohne weiteres annehmen dürfen, dass diese Welt außerhalb der Ka-

drage auf eine induktive Weise genau so weitergeht, wie wir es uns von unserer Wahrnehmung aus vorstellen. Diese Klassiker inszenieren Brüche in der Wahrnehmung in der Einstellung selber. Ein solches Vertrauen in die Kontinuität der Welt können wir in einer Spielberg-Einstellung nicht haben. Die Kadrage schneidet hier ein Stück der Welt als ein relativ eigenständiges System, das keineswegs eine bruchlose Kontinuität zwischen Im-Bild und Außerhalb nahe legt. In einer Spielberg-Einstellung drängt sich gleichsam die Welt zusammen, als das, was sich von ihr retten könnte (wie eine semiotische Arche Noah), außerhalb des Bildes könnte ebenso ewige Finsternis herrschen, wie die Studio-Mauer das Bild begrenzte. Ein anderer Klassiker, nämlich Fritz Lang, hat sehr ähnlich gearbeitet, aber seine Montage (und seine Charaktere) ganz andere Schlüsse daraus ziehen lassen.

Die Welt, das ist der Schluss der Spielberg-Einstellung, ist das, was das Bild daraus macht. Die Einstellung der Kamera (und daher auch: die Einstellung von Subjekt im Film und Subjekt im Zuschauerraum) bezwingt die andere Konstruktion der Welt, nämlich als alles das, was möglicherweise zu sehen wäre. Was man sieht in einem Spielberg-Film, schließt sich ab gegen das, was man nicht sieht. Es gibt in diesem Fall keine fließenden Übergänge, das Unsichtbare ist im Sichtbaren (sieht man einmal von den Spielbergschen Licht-Erscheinungen ab) nicht vorhanden. Vielleicht deshalb auch gibt es – wie ausgerechnet John Williams einmal halbwegs scherzhaft beklagt hat – in Spielbergs Filmen so gut wie keine Pause in der Musik. Der *score* muss da für einen Zusammenhalt und eine Kontinuität sorgen, die die Bilder selber nicht mehr hergeben.

Das Unsichtbare (als das Noch-nicht-Sichtbare ebenso wie als das „absolut" Unsichtbare) muss sich also, und damit hätten wir vielleicht eine neuerliche Begründung der Spielbergschen Phantastik, in eine *Gestalt* bringen, es muss Zeichen werden. Wir mögen zwar vergleichsweise lange und spannungsfördernd auf das Erscheinen des Monsters warten, auf den weißen Hai oder auf die Saurier, aber wir warten nie lange auf das konkrete materielle Zeichen seiner Existenz. Und in CLOSE ENCOUNTER OF THE THIRD KIND ist der Held sogar damit beschäftigt, dieses Zeichen selber herzustellen, wie, noch einmal verschärft, der kleine Held von A.I. gleichsam selbst dieses Zeichen *ist*. So wie es zwischen dem Wissen und dem Nicht-Wissen der Spielbergschen Helden keine allzu ausgeprägte Zone von Ahnung und Idee gibt, so gibt es in seinen Bildern nie etwas Noch-nicht-Lesbares. Das Zeichen tritt uns zwar noch nicht in seiner Deutung entgegen, aber eindeutig und unumkehrbar in seiner Zeichenhaftigkeit. Radikaler als die meisten seiner Vorgänger also hat Spielberg mit dem doppelten Erbe des filmischen Expressionismus, mit den dräuenden deutschen Vorbildern und mit dem film noir, aufgeräumt.

Die Spielbergsche Einstellung ist, um noch einmal einen Deleuze-Begriff zu verwenden, ein „gesättigtes System". Man könnte das wohl salopp formulieren: In einer Einstellung in einem Spielberg-Film ist so viel los, und alles was da los ist, ist so aufeinander bezogen, dass es uns gar nicht mehr besonders interessiert, was und ob überhaupt etwas jenseits dieser Einstellung los ist. Er macht damit aus unserer Wahrnehmung der Leinwand ein relativ geschlossenes System. Und dies macht zugleich die Einstellung zu einer Sache der Kontrolle. In der Kran-Einstellung kontrolliert der Blick das Bild, in der Handkamera-Einstellung ist es umgekehrt. Genau diese Dualität besteht auch beim Einsatz der Gewalt in Spielbergs Filmen. Sie erzwingt, noch in SAVING PRIVATE RYAN, eine Verengung der Wahrnehmung des Raums (weshalb man die konsequente Beibehal-

SAVING PRIVATE RYAN

tung des Handkamera-Blickes in der furchtbaren, subjektiven Erfahrung der Invasion eben sowohl als Vermeidung des „Feldherren-Blicks" deuten kann, wie auch als eine Vermeidung eines Blickes, der wie in 1941 Absurdität erzeugen könnte. Gott jedenfalls hat nichts mit dem allem zu tun.).

Der Film trennt sich ungern von einer Einstellung als relativ geschlossenes System. Spielbergs Schnitt trennt also nicht verschiedene Aspekte einer Person noch Personen voneinander, sondern vor allem unterschiedliche Wahrnehmungsformen. Die Einheit der Handlung und die Einheit der Person korrespondieren nicht nur mit einem Zerbrechen der Welt, sondern auch mit einem Bruch zwischen Blick und Bild. Wir glauben an die Person in Spielbergs Filmen und wir glauben an die Welt, die in ihnen konstruiert ist (meistens jedenfalls), aber wir glauben nicht unbedingt an die richtige Beziehung zwischen beidem.

Dieser Bruch, den Einstellungen und Montage ebenso erzeugt haben wie der *plot*, wird von der inneren Handlung von Spielbergs Filmen aufgenommen. Die Frage, wie man sich moralisch verhalten soll, in einer zerbrochenen Welt, die zwar voller Zeichen und Wunder, voller Engel und Dämonen, aber ohne innere Ordnung, ohne Gewissheit ist, wird begleitet von der Frage, wieweit man sich überhaupt auf sie einlassen kann. Der metaphysische Bruch in Spielbergs Filmen liegt zwischen der

Traumwelt des Subjekts und der Welt einer objektiven Wirklichkeit, und welcher Seite man sich zuwenden soll, ist weder dem Subjekt noch dem Blick des Zuschauers vorgegeben. Es ist immer wieder der Schock, der Flash, die Explosion, der Tod, der beides miteinander verbindet. Ganz direkt ist es eine Öffnung im Körper, für die sich die Kamera so manisch interessiert, in der sich die Wahrheit über die Verbindung beider Wahrnehmungssphären zeigt. Im Blick auf die tödliche Wunde von Clovis in SUGARLAND EXPRESS und in dem auf die Verwundung des Arztes in SAVING PRIVATE RYAN; in der Maulöffnung des weißen Hais in JAWS und in den Spukpforten im Kinderzimmer in SOMETHING EVIL und POLTERGEIST. Die Veränderung, die in Oskar Schindler vor sich geht, sehen wir, im Allgemeinen, in seinem entsetzten Blick auf die grausamen Taten der deutschen Soldaten im Ghetto, aber fokussiert noch einmal in dem Mädchen mit dem roten Mantel. Aber zunächst rekon-

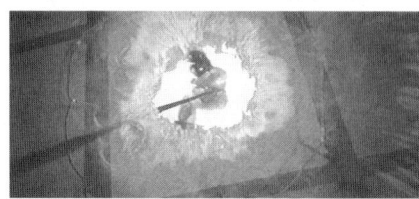

THE SUGARLAND EXPRESS, JAWS, POLTERGEIST

struiert Schindler seine subjektive Welt; seine Fabrik ist ein geschlossenes System, eine Traumwelt. In die „Wirklichkeit" gelangt er erst, und bezeichnenderweise wieder durch einen Zusammenbruch, am Ende, als mit der Befreiung des Lagers für ihn „alles vorbei" ist. Und da kann ihm die Kamera nicht mehr anders helfen, als beinahe starr seinen Zusammenbruch zu registrieren. Denn nun ist kein Bruch mehr möglich, kein zurück in das geschlossene System. Für Schindler ist der Moment der Rettung „seiner" Juden zugleich der grausamste Augenblick eigener Verlorenheit.

Statt der durchlässigen Grenzen zwischen den relativ geschlossenen Systemen (den Systemen der Einstellung, den Systemen, die die Menschen in Spielbergs Filmen errichten) gibt es dezidierte Pforten, Löcher oder „Flecken". Wir geraten von einem Subsystem zum anderen nicht durch die Innen/Außen-Beziehung, sondern durch eben jene Stelle, die sich gar auf den Punkt reduzieren will. „X does not mark the spot", erklärt Dr. Jones und ist doch immer wieder von dieser reduziertesten Schnittstelle, die zugleich das Zeichen für das Unbekannte ist, magisch angezogen. Die ästhetischen und sozialen Systeme in Spielbergs Filmen, die Einstellungen, das Haus, in das die Geister nur eindringen können, die Geschäftswelt und die Welt von Neverland, sind nicht offen, aber sie sind durchlöchert.

Etwas geschieht an der Grenze zwischen der subjektiven Welt der Protagonisten und der äußeren Wirklichkeit, ein Riss, eine blinde Stelle, ein Übertritt (wie der Ball, der zwischen Elliot und dem noch unsichtbaren, unerkannten Alien in E.T. hin und her wechselt, oder wie die Pampereien mit Essen und Müll in CLOSE ENCOUNTERS OF THE THIRD KIND). Und vielleicht ist es ja weder die alte Monster-Dramaturgie noch der freudianische Symbolgehalt von JAWS, was uns immer wieder ängstigt, sondern der Riss, das Loch

des schwarzen Haifischmauls auf der Leinwand. Grässlich zugerichtete Leichen sind da fast schon wieder ein Trost gegenüber der Frage, wohin man in diesem Loch verschwinden würde. (Filme wie POLTERGEIST geben nur vage Antworten, aber immerhin, sie versuchen sich daran.)

Es ist in Spielbergs Filmen keineswegs so, dass es den einen Weg, gleichsam den des „Aufwachsens" gibt. Das Verlieren des einen ist so schrecklich wie das des anderen Wahrnehmungskreises. Wenn das subjektive Traumreich verloren ist, muss das Subjekt, um sich nicht auch selbst zu verlieren, in es zurückkehren, wie in HOOK, oder es muss es sich sogar neu errichten wie die Urwelt in JURASSIC PARK und LOST WORLD. Und es wird vor allem als semantisches Schattenreich errichtet, als ein Reich der Zeichen und Wunder, in dem die Manifestation des Traums (das Auftreten der Saurier, das Duell mit Captain Hook) auch schon wieder die rückwärtige Vertreibung einleitet.

So begleitet der Wechsel von Louma- zu Handkamera-Aufnahmen den Wechsel von Traum und Wirklichkeit, nein: den Wechsel vom Subjekt zur Welt. Der paradoxen Konstruktion des Spielberg-Kosmos mag es dabei entsprechen, dass dem Subjekt der freiere Blick zugeordnet ist, während die Welt in einer furchtbaren und direkten Intimität repräsentiert ist. Das Subjekt versucht sich auszudehnen, die Welt versucht es einzuengen.

Vielleicht ist es daher verständlich, warum es eine Einstellung in Spielbergs Filmen so selten gibt, nämlich die der Kamera in Augenhöhe. Diese Gleichheit von Blick und Bild (Subjekt und Welt), die, sagen wir bei Hawks, auch eine Anerkennung der professionellen Würde (auf beiden Seiten der Aufnahme!) darstellt, ist in der Welt Spielbergs, in der nach der Entscheidung gesucht werden muss, die ihr Unheil aber nicht verbirgt, nicht zu haben. Das Problem ist nicht das Wesen des Anderen das sich in dieser Achse am leich-

Nicht auf Augenhöhe: EMPIRE OF THE SUN, E.T., DUEL, THE COLOR PURPLE, SAVING PRIVATE RYAN, A.I.

testen abschätzen ließe, wenn man von Angesicht zu Angesicht sieht, es liegt vielmehr in der Wahrnehmung des anderen.

Deshalb sind für die Spielbergschen „Helden" höchst selten „Feinde" das größte Problem. In einer Reihe seiner Filme gibt es überhaupt keine Schurken, in anderen, wie bei INDIANA JONES, sind sie allenfalls als Karikaturen präsent, die die Konflikte beschleunigen oder sichtbar machen, die nach wie vor woanders zu finden sind, nämlich in den Gefahren der Übergänge, des Aufwachens. Denn für den Spielbergianischen Menschen geht die Gefahr nicht von den Feinden in der Welt aus, sondern von der feindlichen Welt.

Ford, Hawks, Capra: Spielberg, der Traditionalist

Steven Spielberg hat sich immer als treuer Sohn, als Traditionalist in der Geschichte des amerikanischen Kinos gesehen; eine ernsthafte Revolte wäre ihm nie in den Sinn gekommen. Aber gerade dass er sich auf den Schultern der Riesen wähnt, macht die Differenz dann doch wieder deutlich.

Von John Ford liebt er den Raum-im-Raum, die Americana, den lakonischen Stil des Heroismus. Bei Hawks mag Spielberg die Idee des Professionalismus, die Unauffälligkeit der Eleganz, der rauhe Humor beeindruckt haben. Wie bei Hawks erklären sich auch bei Spielberg die Charaktere weniger durch ihr Leben als durch ihre Aufgaben. Und bei Capra, dem Schöpfer des amerikanischen Sozialmärchens, mag er sich jene Schilderung des Alltäglichen abgesehen haben, die unser Interesse jenseits des „Spülsteinrealismus" erweckt. Auch hier: keine Psychologie (oder doch so wenig davon wie möglich). Vielmehr geht es um den sozialen Ort, die Nützlichkeit des Einzelnen für die Familie, die Nützlichkeit der Familie für die Gesellschaft, und das Ganze rückwärts bis zur positiven Beantwortung der Frage nach der Nützlichkeit der Gesellschaft für den Einzelnen. Etwas, das keineswegs selbstverständlich für den traditionellen amerikanischen Film ist. In beinahe jedem Spielberg-Film kann man die Capra-, die Ford-, die Hawks-Elemente ausmachen und zugleich die notwendigen Brüche mit der Tradition, lange bevor man zu den Fluchtpunkten Disney und Hitchcock gelangt. Seine Vorstellung von Indiana Jones beschreibt Spielberg seinem Schauspieler Harrison Ford als „eine Hawks-Version von Cary Grant" (ein Mann, der „spielend" seinen Körper wieder entdeckt, und in der Gefahr nicht anders kann als wieder jünger zu werden wie in MONKEY BUSINESS [Liebling, ich werde jünger – 1952] oder BRINGING UP BABY [Leoparden küsst man nicht – 1938]).

Denn worin sich Ford, Capra und Hawks, bei allen Unterschieden, einig sind, ist der „populistische" Glauben an Amerika, das in sich immer wieder jung wird und deshalb auch nach den furchtbarsten Katastrophen und Verfehlungen wieder „neu anfangen" kann – und dies nicht zuletzt Kraft der Bilder, die seine Kultur produziert. Das gilt für die Nation und die Gesellschaft und für jeden einzelnen Menschen. Die einfachen Leute, seien sie mit einem Colt oder mit einem Bankauftrag unterwegs, werden alle Probleme und Brüche Amerikas überwinden. Auch wenn der späte Ford darin nicht mehr das reine Glück sehen kann.

Spielberg hat, so scheint es, als Regisseur die meisten Genres seiner Vorbilder ausprobiert, und dabei deutlich auch Stil-Prinzipien und ästhetische Methoden zur Anwendung gebracht. Er ist in der amerikanischen Kinogeschichte zuhause wie in einer Familie (so ähnlich drückt er selbst es aus), die eine Einheit aus Widersprüchen bildet, und die, mehr noch als am Glück und der Entfaltung des Einzelnen am Bild des Ganzen interessiert ist. Und von Ford übernimmt Spielberg auch das zwiespältige Geschichts- und Heldenbild von THE MAN WHO SHOT LIBERTY VALANCE, an deren Ende die berühmten Worte von einem Verleger gesprochen werden: „If the legend becomes fact, print the legend". Doch während Ford seinen Film als „Wahrheit" hinter einer richtigen und gerechtfertigten Lüge inszenierte, bezieht Spielberg das „print the legend" in seine Konzeption des filmischen Bildes selber ein. Auch er zeigt, wie Ford, nicht nur die Legende, sondern auch die Entstehung der Legende, einen Akt der Fälschung, allemal, aber was bei Ford „nur" gedruckt wurde (print over flesh), das wird bei Spielberg Bild (print on flesh). Und was Bild geworden ist, das ist „die Wahrheit", die es zu drucken gilt. Denn wir müssen nicht an Aliens glauben, um an Aliens zu glauben. Es genügt, an den Glauben an Aliens zu glauben. Und so ist das Bild als reine Fälschung, Fälschung aus dem Off in E.T., Fälschung im Bildraum in A.I., zugleich die reine Wahrheit, weil es die Geschichte von Gefühl, Erwartung und Sehnsucht gespeichert hat. Der Protagonist von DUEL *glaubt* sich von einem Mörder verfolgt, während er vielleicht nur den Nervenanspannungen des Straßenverkehrs (und seiner Familie) nicht mehr gewachsen ist; der Held von CLOSE ENCOUNTERS OF THE THIRD KIND *glaubt* sich von den Aliens gerufen, obwohl er vielleicht nur dem Angestellten- und Suburbia-Leben (und seiner Familie) nicht mehr gewachsen ist. Wenn wir, bei den Indiana Jones-Filmen, erkannt haben, wie das Vertrauen vom Bild auf dessen Produzenten übertragen wurde, so erkennen wir in einer Linie von AMISTAD (Spielbergs reinstem John Ford-Film vielleicht) zu A.I. (dem Kubrick-Erbe) jenen Triumph der Wahrheit über die Wirklichkeit, der uns vor dem Medium als romantische Verklärung zurückschrecken lässt, auch dann, wenn es „für eine gute Sache" ist. In Steven Spielbergs Filmen indes sehen wir Menschen zu, die ihre Geschichte, die ihrer Körper wie Indiana Jones, die ihrer Seelen wie in E.T., die ihres „Volkes" wie in AMISTAD, die ihrer Nation wie in SAVING PRIVATE RYAN, die ihrer Gefühle wie in A.I., neu schreiben. Nicht das Geschriebene, sondern der „Schreibakt" zählt. Und damit „erfüllt" Steven Spielberg die „alten Meister", denen er auf der anderen Seite zu widersprechen scheint. Nicht die Aussage des Bildes, zählt, sondern der Gebrauch.

Anmerkungen zur Spielberg-Factory
Spielberg & Disney. Die „Identifikation" Spielbergs in dem seltsamen Satz vom „väterlichen Gewissen", dass Disney für ihn gewesen sei, ist nicht nur stilistisch und inhaltlich zu verstehen. Spielberg hatte es schon früh darauf abgesehen, eine vergleichbare „Institution" in der amerikanischen popular culture zu werden. Und immer wieder gibt es in seinen Filmen auch so etwas wie „Erklärungen" für diese Beziehung zum „väterlichen Gewissen" des Filmemachens, kleine Revolten (oder wenigstens ironische Brechungen), mehr noch aber große Gesten der Vereinigung.

Steven Spielberg und seine Stars. Spielberg setzt in seinen Filmen höchst selten die großen Stars ein, einige Darsteller konnten sich dagegen durch Spielberg-Filme ihren Marktwert sichern. „Bei mir", sagt der Regisseur, „ist der einzige Star der Film". So mag es wohl sein, dass HOOK, unter vielem anderen, auch an den Stars gescheitert ist,

an einem Dustin Hoffman, der seinem Kapitän Hook unbedingt einen „Charakter" geben will, und an dem immer zur Sentimentalität neigenden Robin Williams.

Bei einigen Projekten kam es ihm rechtzeitig zu Bewusstsein, auf die großen Namen zu verzichten (was wäre aus SCHINDLER'S LIST geworden, wenn Spielberg seinen ursprünglichen Plan nicht hätte fallen gelassen, Kevin Costner und Sean Connery in den Hauptrollen zu besetzen?).

The Steven Spielberg Stock Company
Als Steven Spielberg zum ersten Mal in Europa war, um seinen Film DUEL zu promoten, der sich als so überraschend erfolgreich auch auf dem Kontinent erwiesen hatte (30 Millionen Dollar bis zum Jahr 1995 sind ja kein schlechtes Ergebnis für einen kleinen Film, der eigentlich nur fürs Fernsehen gedacht war), sah er sich nicht nur mehr oder minder schlüssigen Interpretationen seines Films ausgesetzt, die er höflich, aber ohne tiefere Beteiligung akzeptierte, ihm wurde, gewiss vorschnell, wie sich erweisen sollte, auch das Etikett eines „Autorenfilmers" angeheftet. Gegen diese Einordnung aber wehrte er sich entschieden: „Regisseure, die an die *auteur*-Theorie glauben, werden noch in jungen Jahren einen Herzinfarkt bekommen. Du kannst nicht alles allein machen." Vielleicht einmal davon abgesehen, dass Spielberg hier eher von einem *total filmmaker* im Sinne eines Jerry Lewis als von einem Kino-Autor sprach, belegt dieser Einspruch doch Steven Spielbergs Verständnis als „Traditionalist" und Teamworker.

Von Anfang an hat er es nicht darauf abgesehen, sich „nur" als Regisseur und „Autor" durchzusetzen, sondern zum Nukleus einer eigenen Bildermaschine zu werden, die eben dies zu rekonstruieren hatte, was Steven Spielberg, das Kind, zu verlieren schien: eine „bewohnbare" Kinowelt. Und immer hat er dabei von sei-

nen Mitarbeitern auch als Mit-Autoren gesprochen. „Wenn man einen Kameramann wie Vilmos Zsigmond engagiert",
erklärte er, „dann gewinnt man damit
nicht nur seine Augen, sondern auch seinen Verstand." Und an seinem Darsteller
Harrison Ford schätzt er sein „gutes Ge-
spür für die Story und seinen Verstand". So
wie sich Steven Spielberg in die Arbeit seiner Mitarbeiter manchmal einmischt (hier
und dort mehr als es einer Partnerschaft
guttut), so akzeptiert er umgekehrt immer
auch die Einmischungen anderer.

Da ist der (1959 in Ziembice in Polen
geborene) Kameramann Janusz Kaminski,
der seit 1992 in Spielbergs Team arbeitet
und ohne dessen „dokumentarischen" Stil
SCHINDLER'S LIST und SAVING PRIVATE RYAN
nicht vorstellbar wären. (Für beide Arbeiten wurde Kaminski mit dem Oscar ausgezeichnet.) Kaminski wird so „spielbergianisch", wie er umgekehrt den Spielbergianismus weiter entwickeln hilft. 2000 gibt
er sein Debüt als Regisseur mit dem düsteren, gleichwohl durchaus spielbergianischen Horrorfilm LOST SOULS. Da ist der
Cutter Michael Kahn, der ein offensichtlich traumhaftes Verständnis für die Spielbergianische Vision vom „symbolischen
Raum" besitzt. Kahn arbeitete bei der
Mehrzahl von Spielbergs Filmen, darunter
RAIDERS OF THE LOST ARK, für den er mit einem Oscar ausgezeichnet wurde, aber
auch für Frank Marshalls eigene Inszenierung ARACHNOPHOBIA.

Für die Musik vieler Spielberg-Filme,
darunter JAWS, 1941 oder RAIDERS OF THE LOST
ARK ist John Williams zuständig (zugleich
Leiter und Dirigent des Boston Pops Orche-
stra, *das* Crossover- Unternehmen schlechthin). Einen Namen hat sich Williams durch
die dramatischen scores zu einigen der populärsten Katastrophenfilmen der siebziger
Jahre gemacht, darunter THE POSEIDON AD-
VENTURE (Die Höllenfahrt des Poseidon –
1972 – Regie: Ronald Neame), EARTHQUAKE
(Erdbeben – 1974 – Regie: Mark Robson)

und TOWERING INFERNO (Flammendes Inferno – 1974 – Regie: John Guillermin), später
arbeitete er für George Lucas bei STARS WARS
und Chris Columbus bei HOME ALONE – seine *scores* verknüpfen also wieder unterschiedliche Linien der *blockbuster*. Williams
unterstützt insofern Spielbergs Projekt, als
er es liebt, dem zentralen Charakter eines
Films ein Leitmotiv zuzuordnen, das gleichsam wie ein Schwamm oder wie ein seltsa-
mer Attraktor gegenüber den übrigen Melo-
dien wirkt. Mit seiner Musik zu JAWS hatte er
sich von seiner sehr traditionellen Arbeitsweise ein wenig gelöst (das ostinate
Hai-Thema, das von den tiefsten Streichin-
strumenten durchgeführt wird, gehört mittlerweile zu den Klassikern der filmischen
Leitmelodien), aber anders als bei anderen
Mitarbeitern hat Spielberg Williams nie ge-
zügelt. Spielberg liebt Musik zu seinen Filmen, ohne ihr besonders analytisch oder
gar kritisch gegenüberzustehen. Wenn Regisseure wie Martin Ritt mit zehn Minuten
Musik im Film auskommen (oder denken
wir an Howard Hawks!), dann sind bei Spiel-
berg/Williams die Augenblicke ohne Musik
eher die Ausnahme. Das Überladene, „Bom-
bastische" (und mithin „Amerikanische")
von Spielbergs Filmen ist für die europäische Wahrnehmung oft durch diese hoch-
mächtige Musik-Füllung verstärkt.

Auch sonst spielt die akustische Arbeit
im Spielberg-Team eine große Rolle.
Sound-Designer Gary Rydstrom verstand
es sowohl das bedrohliche Gebrüll der
Saurier in den JURASSIC PARK-Filmen als
auch die Geschosse und ihre Einschläge
in SAVING PRIVATE RYAN (die durch extreme
Verstärkung von Schüssen in Tierkadaver
produziert wurden) auf die Tonspur zu mi-
schen. Auch der Sound-Mixer Ron Jud-
kins, der bei *Amblin*-Produktionen wie
DAD und ARACHNOPHOBIA arbeitete, gehört
immer wieder zur Crew von Spielbergs Filmen, und war wie Rydstrom zugleich an
der Arbeit zu JURASSIC PARK und SCHIND-
LER'S LIST beteiligt.

Die Make-Up-Spezialistin Christina Smith arbeitete mit Spielberg bei HOOK und bei SCHINDLER'S LIST. Ansonsten greift Spielberg bei den optischen Tricks immer wieder auf die Unterstützung von „Industrial Light & Magic" seines Freundes George Lucas zurück.

Exkurs: Spielberg TV

Mit seinen Fernsehprojekten hat Steven Spielberg nie so viel Glück gehabt wie mit seinen Kinofilmen. „Working amidst chaos and confusion", sei seine liebste Arbeitsweise, erklärte er 1985, und damit seinen Einstieg in die Produktion einer Fernsehserie, die trotz reichlich Chaos und Konfusion nie die Erwartungen erfüllen konnte, die man in sie setzte. „Amazing Stories" war als lose Folge halbstündiger Fernsehfilme für NBC konzipiert, die untereinander allenfalls durch den „Ton" der Erzählungen verbunden waren. Suspense, Humor und Phantastik sollten einander abwechseln, aber ansonsten sollten die Autoren und Regisseure der einzelnen Episoden weitgehend freie Hand haben. Neben Spielberg selbst lieferten unter anderem Martin Scorsese, Paul Bartel, Clint Eastwood oder Peter Hyams Filme in der Tat höchst unterschiedlicher Art ab. Und Spielberg selbst schien das Format zu nutzen, um einige seiner Drehbuch-Ideen zu verwerten, in denen sich am ehesten die sentimentalen und naiven Seiten des Spielbergianismus zeigten. Von Anbeginn an war geplant, dieses Format auch anders abzusetzen, in der Form einer Video-Edition (in der sie in Europa am populärsten wurde) und in der Zusammenfassung der besten Episoden zu einem Kinofilm.

„Amazing Stories" begann mit der Episode „Ghost Train", die Spielberg selbst inszenierte. Spielbergianismen sind hier konzentriert zu genießen: Ein Ehepaar holt den Großvater aus einem Altenheim zu sich ins neu errichtete Einfamilienhaus. Der Großvater freilich erkennt durchaus

das „Verwunschene" in einer typisch klaustrophoben Situation, in der sein Enkel leben muss. Aus der werden sie durch ein ebenso typisches phantastisches Ereignis befreit, nämlich einen Geisterzug, der aus der Vergangenheit kommt. Vor 75 Jahren musste ein Zugführer eine gefährliche Notbremsung vornehmen, weil ein kleiner Junge auf den Gleisen eingeschlafen war. Nun kommt dieser Zug, um den Großvater zu holen. In ihm erfüllen sich noch einmal beider Sehnsüchte nach Abenteuern und Erhebung. Wie bei Elliot, wie bei Roy Neary, wie beim kleinen Helden von A.I. will der Film auf *ein Bild* hinaus, in dem Erwartung und Erleuchtung zusammengefasst sind: In der Nacht verlässt der Junge das Einfamilienhaus, um dem Donnern des nahenden Zuges zu lauschen und dann seine Lichter zu bestaunen. Und dann kippt diese Erwartung in eine lustvolle Zerstörung: der Geisterzug verwandelt das Gefängnis/Haus in Trümmer, während rat- und verständnislos die Eltern sowohl vor den Ruinen ihres falschen amerikanischen Traumes als auch vor der Freude von Kind und Großvater stehen, für den Heimkommen und Sterben das Gleiche war.

Spielberg und seine Ko-Regisseure versuchten in den „Amazing Stories" wohl an die Möglichkeiten für qualitative Fernsehfilme anzuknüpfen, wie sie vielleicht mit DUEL versprochen waren, Filme, die wie Short Stories in der Literatur funktionieren konnten: jede einzelne Episode (die Länge wurde mit 24 Minuten vorgegeben, die Dauer von Spielbergs Film AMBLIN') würde ihre eigene Sprache und ihre eigene Grammatik entwickeln. Die Erwartungen an den Namen und an das Format waren so groß, dass die erste Episode von „Amazing Stories" immerhin die zweithöchste Einschaltquote – übertroffen nur von der wöchentlichen „Dallas"-Folge – erzielte. Aber beinahe ebenso groß war die Enttäuschung, die sich rasch ausbreitete, nicht zuletzt durch vernichtende Kritiken in der Presse beschleunigt, und es ist nicht ausgemacht, ob die Produktion an dem Format scheiterte, oder ob umgekehrt das Fernsehen in seiner Entwicklung den Punkt schon überschritten hatte, an dem eine solche Re-Invention intelligenter und ungewöhnlich aufwendiger Unterhaltung noch zu vermitteln war, zumal Spielberg und die Seinen ein so kindliches Publikum anzielten, dass sich die anderen von diesen einfachen Märchenstunden im Medium ausgeschlossen wähnen mussten (ironische „Meta-Ebenen" gibt es beinahe nie in dieser Serie).

Zum gewaltigen Start der Serie jedenfalls waren bereits 44 Folgen geplant und genehmigt (niemand anderem als Spielberg hätte man wohl einen solchen Deal angeboten), von denen jede einzelne mehr als eine Million Dollar kosten sollte. Für den Regisseur und Produzenten war das ganze Unternehmen vielleicht auch so etwas wie ein virtueller Ersatz für eine Filmschule, die er nie besucht hatte, oder ein Gruppenerlebnis, wie man es aus den Mythen der Nouvelle Vague kannte. Ein schönes Durch- und Miteinander von Anfängern und Routiniers, die sich auf einem neuen Feld vervollkommnen konnten: „Man muss in einem solchen Kurzfilm Story und Charaktere in ungefähr neun Minuten vorgestellt haben, dann ist der Rest die Entwicklung der Geschichte, die am meisten Spaß macht. Das ist ein unglaublich gutes Training für Regisseure, die sonst nur lange Filme machen, und es ist darüber hinaus ein Anfängertraining." Doch das Konzept, nicht eine „Serie" (ein Wort, das Spielberg ostentativ vermied), sondern eine „Anthologie" anzubieten, entwickelte nicht genug Programm-Appeal um halbwegs erfolgreich zu sein – einmal davon abgesehen, dass Spielberg selbst seinen Namen bewusst sparsam einsetzte. Nichts fürchtete er so sehr wie das Image des Klassenbesten, der seine Mitschüler organisiert.

Eine der neben „Ghost Train" vielleicht typischsten eigenen Arbeiten in der Anthologie war wohl „The Mission", eine phantastische Geschichte aus dem Krieg. Jonathan (Casey Siemaszko) ist ein blutjunger Soldat, Bordschütze in der Glaskugel am Bauch eines Bomberflugzeuges, der mit ungewöhnlichem Glück bereits 23 Einsätze unbeschadet überstanden hat. Nun aber ist er nach schwerem Beschuss in der Kanzel eingeschlossen, und seine Kameraden sehen keine Möglichkeit, ihn zu retten, wenn sie selbst mit dem Leben davonkommen wollen, denn das Fahrwerk ist zerstört, und eine Landung ist nur möglich, wenn man die Kapsel mitsamt dem Schützen sprengt. Jonathan schreit nach seinem Captain (Kevin Costner), dem einzigen Vater in der Not. Erst scheint auch dieser gegenüber den Leiden des Jungen unempfindlich zu sein, aber dann erweist er sich als Retter. Überdeutlich ist auch dieser Kampf mit dem Tod als „Geburt" inszeniert, ein Mensch sitzt da in einer „Fruchtblase" und braucht, wie alle Spielberg-Helden, einen männlichen Geburtshelfer.

Auch den Beitrag von Clint Eastwood als Regisseur, „Vanessa in the Garden", hat Spielberg selbst geschrieben. Das Ambiente ist das 19. Jahrhundert. Ein Maler namens Byron Sullivan (Harvey Keitel) verliert seine Frau, Muse und Modell Vanessa (Sondra Locke) bei einem Reitunfall. Danach verbrennt Byron all seine Bilder und ergibt sich dem Trunk. Aber immer wenn er betrunken ist, erscheint ihm Vanessa im Rausch, und mehr noch: Er wird zu einem Herrn über die Zeit, holt die Vergangenheit durch seine neuen Bilder zurück, er malt sich besessen seine Frau, wird durch diese so lebendigen Portraits berühmt. Und dennoch kann er an dieser zweiten Schöpfung nur irre werden.

Da sind die beiden spielbergianischen Erz-Charaktere auf eine vielleicht wirklich allzu einfache und dabei allzu ironiefreie Weise dargestellt: der verzweifelte Sohn,

Kevin Costner in der Folge „The Mission" aus der Serie „Amazing Stories"

der durch die Erfahrung des abwesenden Vaters und das wahre Inferno der Welt endlich zum Licht und zur Freiheit gelangen möchte (auch wenn er dabei die Unschuld verliert), und der verzweifelte Schöpfer, der seine Bilderwelt nicht gegen den Ansturm der Wirklichkeit verteidigen kann.

Spielberg liebte es seit jeher, mehrere und möglichst unterschiedliche Projekte gleichzeitig zu bearbeiten. Die schnelle und chaotische Produktionsweise seiner frühen Fernsehzeit hat er nie vergessen.

Auch die von Spielberg geschriebene Folge „Dorothy and Ben" führt tief ins Herz des angewandten Spielbergianismus. Radikal wird hier das Motiv vom vermeidbaren und natürlichen Opfer (das in „The Mission" noch so gewaltsam gelöst werden musste) von der christlich-ödipalen Struktur befreit: Ein Mann erwacht nach 40 Jahren aus dem Koma. Danach gelingt es ihm, geistigen Kontakt mit einem Kind

(„Dorothy" hinter dem Regenbogen) aufzunehmen, das ebenfalls im Koma liegt. Um dieses Kind aus dem Todesschlaf zu befreien, opfert der Mann sein eigenes Leben. Die zweite Geburt aus der Todeslähmung, das Motiv vom „Bringt die Kinder heim", für das sich der Peter Pan in den Moses verwandeln muss (und sei's nur in der Welt der ewigen Träume), und jenes Opfer des „Gerechten", der abwägt, was ein Leben wert ist, der spirituelle Kontakt, der sich im Bild einer zarten Berührung ausdrückt – eine „Digest-Fassung" der aufgeklärten Pop-Mythologie des Steven Spielberg, die einmal mehr nur daran krankt, dass sich ihr Autor jenen Hauch von Selbstironie, den er sich (vorsichtig genug) in seinen Interviews gelegentlich gönnt, im Werk selber strikt untersagt.

„Mirror, Mirror" dagegen, eine „Lektüre" eines Steven Spielberg-*plots* durch Martin Scorsese, versagt jede Lösung innerhalb und außerhalb des Spielberg-Kosmos:

Ein Horror-Autor, dem vor nichts und niemandem mehr graust, entdeckt eines Tages eine seltsame, furchteinflößende Gestalt in den Spiegeln seines Zuhauses, die ihn immer weiter verfolgt, obwohl niemand außer ihm sie wahrnehmen kann. Jetzt ergreift ihn dann doch die Panik. Und schließlich ist es seine Freundin, die hinter das Geheimnis seines Spuks kommt: diese Gestalt ist niemand anderes als er selbst. Und um sich von seinem schrecklichen Doppelgänger zu befreien, bleibt ihm kein anderer Ausweg als sich selbst zu töten. Es gibt kein Zeichen, kein Wunder, das ihn retten kann, und so stürzt er sich, zum bösesten Ende eines „Amazing Stories"-Film, zum bösesten Ende eines Spielberg-Films überhaupt, aus dem Fenster.

Auch die SF-Serie „seaQuest DSV", deren Pilotfilm Spielberg 1993 selbst inszeniert hatte, begann, trotz überwiegend negativer Kritiken, mit hohen Einschaltquoten, bevor sie recht rapid in der Gunst der Zuschauer sank. In der Serie geht es um ein nicht ganz der Nautilus unähnliches U-Boot, mit dem im Jahr 2018 eine Crew unterwegs ist, um für den politischen und ökologischen Frieden unter Wasser zu sorgen. Zur von Captain Nathan Bridger (Roy Scheider) geführten Besatzung gehört auch ein sprechender Delphin. Immer wieder geht es gegen verbrecherische Kriegstreiber, globale Umweltverschmutzer oder Wissenschaftler mit soziopathischen Zügen wie den Experten für biochemische Kampfstoffe in der Folge „Games", der sich als wahnsinniger Massenmörder outet. Die „guten Absichten" der Serie verkehrten sich indes gelegentlich in unfreiwillige Komik und Langeweile. Nicht viel weniger als in „Amazing Stories" zeigte sich auch hier Spielbergs felsenfeste Überzeugung als kontraproduktiv, das Fernsehen sei ein Medium für Kinder.

Auch bei der Polizeiserie „High Incident" inszenierte Spielberg einige Folgen selbst. Sie erzählt von dem harten, alltäglichen Job von Polizisten in einer ungenannten amerikanischen Stadt, ohne Glamour, ohne kriminalistische Überkonstruktion, ohne allwissende Helden. Es geht vielmehr um das Verbrechen, wie es sich gewöhnlich zeigt, von den Schrecknissen im häuslichen Krieg der Familien bis zur Kleinkriminalität auf der Straße. Auch diese Serie nimmt das Anekdotische ernst und genau. Die Serie begleitet durchschnittliche Menschen in Situationen, die Entscheidungen verlangen, die sie deswegen noch lange nicht aus der Alltäglichkeit herausheben.

Einen phänomenalen Erfolg im Fernsehen hat also ausgerechnet der populärste Filmemacher, der das Fernsehen selbst als seinen Erzieher bezeichnet, nicht erzielen können. Spielberg, so scheint es, macht in diesem Medium immer wieder die selben Fehler. Er weigert sich der Vereinfachung von *plot* und Bildgestaltung einen neuen Grad an *sophistication* gegenüber zu stellen und bringt im Fernsehen allzu häufig genau das zum Ausdruck, was man bei vielen seiner Filme gerade noch als Nebentext goutiert, jenen Hang zum Didaktischen, zum Erziehen durch das Gefühl, das jede eigene Orientierung beim Zuschauen unterbindet. Wenn es in seinen Filmen möglich ist, dieser lastenden „Botschaft" des Guten zu entgehen, auf dem kleinen Schirm ist das beinahe unmöglich (wo sich im Übrigen auch Spielbergs ausgeprägter Mangel an Selbstironie bemerkbar macht). Und die große Frage nach der Vermeidung des Opfers stellt sich im Serienformat des Fernsehens sowieso nicht.

Mit BAND OF BROTHERS, dem teuersten TV-Mehrteiler aller Zeiten, den Spielberg im Jahr 2001 zusammen mit Tom Hanks produzierte, gibt es einmal mehr eine solche Strategie der Vereinfachung: Die Serie (die zuerst im Pay-TV ausgestrahlt wurde) schildert, nicht gerade neu, die Geschichte einer amerikanischen Elitetruppe, von den harten Tagen der Ausbildung über diverse, verlustreiche Einsätze bis hin zum „entscheidenden" (und sehr symbolischen) Sturm auf den Führerbunker in Berlin.

Spielbergiana: The Next Generation

Der wohl erfolgreichste unter den Spielberg-Protegés ist Robert Zemeckis, dessen BACK TO THE FUTURE-Filme beachtliche Plätze in den Alltime Charts des Box Office erzielten, und der mit FORREST GUMP (1994) schaffte, eine zugleich höchst spielbergianische Versöhnungsparabel zum Post-Vietnam-Amerika abzuliefern und eine eigene Sprache des Kinos zu entwickeln, die sich vom Vorbild rasch entfernte, ohne seinen Einfluss ganz zu verdrängen.

Was Spielbergs Factory ausmacht, das ist, eines der Schlüsselworte, denen wir hier immer wieder begegnen: Vertrauen. Wenn er jemanden als talentiert und loyal erkannt hat, verzeiht er jeden Misserfolg – Zemeckis musste durch die von Spielberg produzierten heftigen Flops I WANNA HOLD YOUR HAND, USED CARS und – als Drehbuchautor – 1941, um schließlich mit BACK TO THE FUTURE zu reüssieren.

Insofern mag das in der Tat ein wenig bizarr erscheinen, dass Spielberg nun auch in dieser Hinsicht zum „Vater" geworden ist, der ähnlich groteske Beziehungen an sich zieht. Spielberg, auch darin liberal, besetzt die Mitte und die Tradition, durchaus nachdenklich, und überlässt den Söhnen (bis zu einem gewissen Grad) Blasphemien und Kritik.

Am erfolgreichsten – neben den eigenen Regie-Unternehmungen natürlich – ist Spielbergs anregende und gelegentlich schützende Hand indes auf dem Gebiet des Animationsfilms geworden. Tim Burton hatte mit „Family Dog" 1987 einen ungewöhnlichen Zeichentrick-Beitrag zu der Serie „Amazing Stories" abgeliefert. In einer vergleichsweise einfachen Bildsprache erzählt er eine wahrhaft unglaubliche Geschichte, nämlich die vom Hund der typischen amerikanischen Familie, der mit großen, runden Augen den „underdog"

mimt und in Wirklichkeit eigentlich der „Herr" der Menschengruppe ist und sie nach seinen Interessen manipuliert. Spielberg hielt diese Geschichte und Burtons Gestaltung für die eigentliche Sensation seiner Anthologie und bot schließlich *Warner Bros.* eine von *Amblin Television* produzierte reguläre Serie um den spitznasigen Tücke-Hund an, die 1992 realisiert wurde.

Eine nicht überwältigend erfolgreiche Animations-Serie folgte im Jahr 1989 den Kino-Erfolgen der BACK TO THE FUTURE-Filme, wähhred auf WHO FRAMED ROGER RABBIT? die „Tiny Toons Adventures"-Serie (1990 – 1992) als Fernseh-Nachklang auf erheblich größeren Zuspruch des internationalen Publikums traf. Die Video-Kompilation aus Material der 65 Folgen und einigen neu produzierten Szenen, TINY TOONS ADVENTURES – HOW I SPENT MY VACATION (1991) wurde in einigen Ländern sogar ins Kino gebracht.

Mythologica VIII: Hollywood Renaissance, oder das Einschreiben der Humanität in das Bewegungsbild

Wenn es im Kino des Steven Spielberg um das „Einschreiben" einer jüdisch-humanistischen Welt-Sicht in die Erzählformen des Hollywood-Kinos geht, auch wenn dies natürlich nicht als bewusstes „Projekt" geschieht, und damit zu einer Wiedergeburt nach der „Vietnamisierung" erheblich beitrug, dann muss dieses „Projekt" in gewisser Weise wohl auch gegen den puritanisch-kapitalistischen Kern der Hollywood-Mythologie und ihrer düsteren Endformen gerichtet sein. Es lässt sich vielleicht, zusammenfassend, auf einige Grund-Komponenten zurückführen:

· Die Vermeidung oder Ersetzung des Opfers.
· Es gibt im Spielberg-Universum nicht die Gestalt des dräuenden, finsteren Vaters, und nicht die Notwendigkeit der Revolte des Sohnes.

· Lösungen bestehen, wenn es sie gibt, oder wenn sie notwendig sind, nicht aus der zyklischen Wiederkehr des Barbarischen. Der Optimismus der Spielberg-Protagonisten ist nicht so sehr einer, der sich aus der glorreichen und tröstenden Vergangenheit bestimmt, auch nicht in der provokativen Gegenwart, als vielmehr im Versprechen auf eine Zukunft, die tatsächlich noch so etwas wie einen humanen Fortschritt verspricht. Es gibt große Gefahren in Spielbergs Filmen, aber sie haben weder einen apokalyptischen, noch einen melodramatisch urteilenden Charakter. Es gibt, vor allem, die Hoffnung auf das Gelingen des Abschieds, und die Hoffnung auf den Trost vor dem Tod.

Deshalb kommen die Außerirdischen bei ihm auch nicht aus den Urtiefen der Seele als Wiederkehr des Verdrängten, sondern tatsächlich aus einer besseren Zukunft. Es sind keine Rache-Akte „alter" Götter, die die Welt im Spielbergianismus bedrohen, aber ebenso wenig sind es messianische Figuren, die nichts anderes im Sinne haben, als für unsere Sünden zu sterben. Der Kontakt mit uns ist der hervorstechenden positiven Eigenschaft des Spielbergianischen Protagonisten geschuldet, einer Neugier ohne Arg.

Daher sieht sich der Mensch im Spielberg-Kosmos weder in der Situation eines Wesen in einer „Dekadenz"-Phase, noch in der der radikalen Krise – nicht einmal JAWS funktioniert in dieser Weise als wirklicher „Katastrophenfilm" – sondern tatsächlich in einer Menschheits-Kindheit, die die Zukunft noch vor sich hat – nicht im Sinne der Reaktionäre, als Vollendung des (amerikanischen) Imperiums, sondern im Gegenteil als Projekt der Selbstverbesserung durch Erfahrung.

1. Der Spielbergsche Held ist der Mensch, der nicht eine „Bestimmung", sondern am ehesten „Botschaften" erhält. Er sieht die

Welt als einen Raum der Erfahrung an, und er wird zu seinem eigenen Erlöser. Anders gesagt: die Spielberg-Filme bilden eine Welt ab, die insofern keine Helden braucht, weil jeder zum Helden taugen mag.

So geschieht es immer wieder, dass ein vollkommen gewöhnlicher Mensch in seinen Filmen von einem Glanz erfüllt ist, von einem Lichtschein getroffen wird (wie die amerikanischen Soldaten in SAVING PRIVATE RYAN, über denen sich ein Regenbogen zeigt), der ihn wahrhaft erhebt.

2. Nicht die Überwindung, sondern die („ewige") Rekonstruktion des Vaters, wie sie in der jüdisch-amerikanischen Literatur so vertraut ist. Der Unterschied zum kapitalistisch-puritanischen Projekt, in dem sich rivalisierend Väter und Söhne in Besitz und Ideologie treffen, geschieht diese Wiederbegegnung außerhalb, ja gegen Ideologie. Vielleicht ist der dritte Teil der INDIANA JONES-Filme daher unter anderem ein wunderschönes Beispiel für die „Ent-Hysterisierung" der Vater/Sohn-Beziehung in der populären Mythologie des Abenteuers.

3. Der Spielbergsche Held steht nicht im Schatten des Großen-Anderen.

Steven Spielberg also hat aus dem Kino, soweit er es beeinflussen konnte (und offenkundig kann er es sehr weit beeinflussen) wieder eine Heimat gemacht. Auf der ersten Ebene hat er dazu die Zerstörungen und Brechungen, die „Dekonstruktionen" der Moderne, der Postmoderne, der Nouvelle Vague und des New Hollywood-Kinos, rückgängig gemacht. Er erzählt seine anekdotischen Märchen in einer klassischen, gleichwohl höchst zeitgemäßen Form; die Dimension seiner Protagonisten ist viel weniger der Raum als die Zeit.

Seine Filme beinhalten ein umfassendes Versöhnungsangebot, das zugleich und gelegentlich sehr präzis bis ins Detail die Geschichte der USA betrifft, einen Meta-Film der Integration, und ein universales Harmonie-Bild. Und sie schreiben dabei eine humanistische Botschaft in das Abenteuer ein, gruppiert um eine vorsichtige Negation des Opfers und die Rekonstruktion der Geschichte(n) aus dem Blickwinkel der Überlebenden. In seinen Filmen sind wir uns der Fälschung der Geschichte(n) durchaus bewusst. Im Interesse der Überlebenden sind sie indes gerechtfertigt, um so vieles mehr als die Fälschungen im Namen der Toten und im Namen der Gespenster.

Die Welt, die Steven Spielbergs Filme zeigt, ist durchzogen von Katastrophen, wie sehen Kriege, historische Verbrechen, den Holocaust, die nicht wieder gut zu machenden Folgen der Modernisierungen, den Zerfall der Familien und der Kulturen. Aber sie ist doch auch auf eine unergründliche Weise „gut". Denn in ihr gibt es die Zeichen, die Boten und die Gerechten.

Neues von Moses und Peter Pan
Nehmen wir für den Augenblick den Gedanken wieder auf, dass die Mehrzahl der (nicht nur!) männlichen Leinwand-Helden nach den dichotomischen Modellen „Moses" (der Held, der sein Volk aus der Gefangenschaft, zu den neuen Ufern, ins verheißene Land führt, und ihnen dabei – gleichsam *on the road* – die Lektionen der „Gesetze" erteilt), und „Peter Pan" (der Held, der ein ewiges Kinder- und Abenteuerreich des Traums gegen alle Einbrüche der „Realität", der „Zivilisation", der „Korruption" verteidigt, oder beim Versuch, es zu verteidigen, den schönsten Tod findet).

Ganz entschieden ist dem Spielberg-Helden die „Peter Pan"-Rolle lieber als die des „Moses". Aber so einfach ist das nicht. Steven Spielbergs Held beschreibt man am ehesten als einen Peter Pan, der den Moses in sich erkennen muss (ganz direkt sehen wir in CLOSE ENCOUNTERS einem Mann zu, der sich zuerst wie ein spielendes Kind be-

nimmt, um dann als einer der wenigen in der Lage ist, die „Botschaft" zu verstehen), oder umgekehrt, ein verknöcherter Moses (der die Seinen, vor allem, in die bescheidene Prosperität einer gefängnishaften Mittelstandskultur geführt hat), der den Peter Pan in sich freisetzen muss (um, zum Beispiel, seine Kinder zu befreien, wie in HOOK).

Was nun den kapitalistisch-puritanischen Kern der populären Mythologie anbelangt, so muss Steven Spielberg (auch wenn er in der Regel – und vor allem nach dem Debakel von 1941 – die böseren und anarchischeren Ausfälle seinen Protegés überlässt) in jedem seiner Filme so etwas wie eine „zentrale Blasphemie" einbauen:
– die Szene der „diebischen" Freude des Helden, nachdem er das blecherne Monster in DUEL besiegt hat;
– der Gebrauch der „Bundeslade" als McGuffin in RAIDERS OF THE LOST ARK: jenes Heiligtum der israelitischen Stämme, das von David nach Jerusalem gebracht wurde, und von Salomo in den allerheiligsten Raum des Tempels. Es ist, nach dem zweiten Buch Mose ein an zwei Stangen tragbarer goldbemalter Kasten aus Akazienholz mit zwei ebenfalls goldenen Cherubinen auf dem Deckel. Nach dem Babylonischen Exil blieb die Lade verschollen, in der wohl erst jüngere Vorstellungen das Original der Gesetzestafeln vermuten. Dass diese Lade jemandem die Kräfte eines neuen Messias zuteilen würde, ist so sehr Kino-Erfindung wie die furchtbaren Geister, die das Heiligtum bewachen;
– die Szene in INDIANA JONES AND THE TEMPLE OF DOOM, in der der Hohepriester seinem Opfer das Herz bei lebendigem Leib herausschneidet, die ihm von der pädagogischen Fraktion des Spielbergianismus immer sehr übel genommen wurde, und die als eine sarkastische Absage an die Opfer- und Kannibalismus-Religionen erscheinen mag;
– das (Plakat-)Motiv von E.T., das so direkt dem Michelangelo-Fresko „Die Erschaf-

fung Adams" nachempfunden ist, in dem der außerirdische Freund den Finger des jungen Menschen so berührt, wie es Gott mit seiner Schöpfung Adam in dem berühmten Bild der Sixtinischen Kappelle macht. Nicht der „alte Gott", sondern der kleine Bote aus der Zukunft gibt mit seinem ausgestreckten Finger dem Menschen diesen „göttlichen Funken";
– in THE LOST WORLD lernen wir einen Menschen kennen, der uns durchaus als sympathischer Zeitgenosse präsentiert wird. Aber kaum haben wir ihn so richtig kennen gelernt, wird er auch schon Opfer der Saurier. Das aber geschieht weder auf beiläufige noch auf melodramatische Weise, sondern in einer moralisch höchst ambivalenten Szene: der Saurier hat sich des menschliche Opfer mit dem Maul geschnappt und lässt es in die fressgerechte Stellung fallen, aber dann verschlingt das Tier sein Opfer nicht einfach, sondern bietet in einer Geste höchster Zärtlichkeit, auch seinem weiblichen Partner ein Stück des Opfers an. Nicht einmal die Metapher der „grausam zurückschlagenden" Natur trifft hier mehr.

Aber mindestens ebenso wichtig wie der Punkt der zentralen Blasphemie ist der Punkt der großen Gnade in Spielbergs Filmen (und tückischerweise gibt es Spielberg-Filme, in den beides ineinander fällt, oder beinahe ineinander fällt): Das Kind in uns entdecken, ist nichts anderes, als zugleich zu entdecken, dass es nur eine Konstruktion, ein Bild eben, war. Und umgekehrt bedeutet Erwachsenwerden nichts anderes als auf die Illusion dieser Transition zu verzichten. Der Erwachsene kann das Kind in sich so wenig leugnen, wie das Kind leugnen kann, in keine andere als die Welt der Erwachsenen „wollen" zu können, wobei die Märchen eben nicht einmal in ihrem künstlichsten Zustand verleugnen können, dass sie keine Alternativen, sondern nur Grenzpässe sind. Das Zögern, in dem Augenblick, da der Schritt

vom Kind zum Erwachsenen unausweichlich wird, ist nicht nur ein Moment der tragischen Komödie, es ist auch ein Augenblick der Weisheit, und später wird man erkennen: ein Augenblick der verpassten Weisheit. Kindheit und Erwachsensein sind nicht zuletzt ideologische Konstruktionen. Nur schlagen die Spielberg-Kinomärchen eine andere Ziehung der Grenzverläufe vor: Warum sollten wir uns an eine lineare und eindimensionale Ziehung dieser Grenze halten? Die Kindheit muss ständig neu erfunden werden (und schon aus technischen Gründen sind es Erwachsene, die sie erfinden), und ebenso muss die Verantwortung, die den Erwachsenen definiert, ständig neu gefunden werden. Der Erwachsene kann seine Entscheidung nur treffen, indem er an das Kind appelliert, das er nicht mehr ist (und das er vielleicht nie gewesen ist), und das Kind kann nur überleben, indem es den Erwachsenen befragt, der er sein könnte (und vielleicht nie wird). Diese Konstruktion des Menschseins, man kann es an vielen Blicken in Spielbergs Filmen ablesen, ist vor allem: traurig.

Americana: Die Kraft des Anekdotischen

Zum Einschreiben des jüdisch-humanistischen Erbes in die populäre Mythologie freilich gehört auch die andere Seite, gewissermaßen das „Textblatt", und Steven Spielberg hat zeit seines Lebens und natürlich nicht zuletzt in seiner Arbeit darauf geachtet, diese amerikanische Seite seines Lebens und seiner Träume nicht zu vernachlässigen. So etwa gehört zu den (mannigfaltigen) finanziellen Engagements des Regisseurs in der Kunst-Szene die Errichtung eines Museums für den *Americana*-Maler *par excellence* Norman Rockwell in Stockbridge in Neuengland. Dieser – dem europäischen Geschmack wohl allenfalls höchst exotisch zu vermitteln den – Chronist „prallen" amerikanisch provinziellen Lebens, das er vollkommen im Anekdoti-

214   Die Techniken des Spielbergianismus

schen aufhob, malte eine Art amerikanisches Biedermeier des kleinen Glücks.

Bei Spielberg, wie bei Norman Rockwell (und davor – wenn auch in sehr verschiedenen Weisen – bei Carl Spitzweg, bei Hoegg, bei Heinrich Zille), leben die Menschen gerade durch ihre Anekdotenhaftigkeit. Und Walter Benjamin hat nicht zu Unrecht darauf hingewiesen: Die Anekdote (die so verachtet ist, dass sie nicht einmal im italienischen Neorealismus sich die Würde bewahren konnte, von allen anderen „neuen Wellen" ganz abgesehen) „ist der Aufstand der Straße gegen die Geschichte". Das Anekdotische setzt die Erinnerung des Einzelnen gegen die Legende. Es verhält sich zum Figurativen ein wenig so, wie sich das Ornamentale zum Abstrakten verhält.

Spielberg erzählt nie etwas anderes als Anekdoten, auch die Geschichten von Oskar Schindler und von Captain Miller, der Private Ryan rettete, sind nichts anderes, ebenso die Geschichte des Jungen im Krieg von EMPIRE OF THE SUN, oder die von dem Mann, der die Aliens erwartete in CLOSE ENCOUNTERS OF THE THIRD KIND. Vielleicht könnte man sogar behaupten, Steven Spielberg scheitert immer dann, künstlerisch wie kommerziell, wenn er das Anekdotische einer Erzählung verfehlt. Das heißt, wenn wir Benjamin für den Augenblick kategorisch verstehen: wenn er eine Geschichte nicht als Aufstand gegen die Geschichte versteht, sondern als deren Ausdruck (wie am schlimmsten wohl in AMISTAD, am verschwommensten in ALWAYS, am ideologischsten in HOOK).

Die „Helden" der Anekdote bedürfen der großen Geste nicht, um sich in die Geschichte (history) einzuschreiben (auch wenn sehr viele Anekdoten, und gewiss nicht die sympathischsten, von eben diesem Versuch handeln, sich einen kleinen Teil der Geschichte anzueignen). Es ist ein inneres Licht, das sie gleichsam von selber zu ihrem Platz in der Geschichte führt. (Natürlich ist das das genaue Gegenteil von et-

was „Revolutionärem", aber genauso weit scheint es von etwas wahrhaft Reaktionärem entfernt: der Norman Rockwell/ Carl Spitzweg/Steven Spielberg-Mensch bekommt, in seinem unbedeutenden Eigensinn, in dem Eigensinn seiner Unbedeutendheit, seine Würde, so wie es bei Norman Rockwell geschieht, dass der sommersprossige Junge, der am Ufer eines Flusses liegt, einen Strohhalm im Mund, zur reinen Verkörperung von America wird – nicht, obwohl er keine Ahnung hat, sondern weil er davon keine Ahnung hat. Spielbergs Helden sind solche, weil sie es nicht werden wollen, und in Wahrheit erleben sie keine Geschichten, sie sind Teil von Anekdoten.

Und wenn die INDIANA JONES-Filme Aneinanderreihungen von Anekdoten sind, die so unwahrscheinlich klingen, dass man nicht eine einzige, geschweige denn das ganze System glaubt, und ihm gerade deswegen vertraut, so widerspricht umgekehrt SAVING PRIVATE RYAN gar nicht der Auflösung der Kriegserinnerungen im Anekdotischen, als diese vielmehr erst in den Mittelpunkt zu stellen. Genauer gesagt: Spielberg gibt dem Anekdotischen seine Würde und seine Bedeutung zurück; das macht den Erfolg und genauso auch den Misserfolg mancher seiner Filme (und übrigens vor allem seiner Fernsehproduktionen) aus: Es ist diesem Filmemacher gelungen, die Auflösung der Story ins Anekdotische zugleich zu akzeptieren und in einer Metaphysik aufzuheben. Die Anekdote schreibt die Geschichte des Einzelnen in die Geschichte ein, ohne vollständig seinen Widerstand dagegen aufzugeben. Darum sind wir durch seine Filme erst einmal in eine Vergangenheit des Erzählens zurückversetzt. Einerseits.

Alle die Geschichten, die Steven Spielberg erzählt, so abstrus wie in INDIANA JONES oder so real wie in SCHINDLER'S LIST, wären, sagen wir, einem John Ford gar nicht wert gewesen, sie zu erzählen. Nicht weil zuwenig in ihnen geschehen würde, oder weil sie die Charaktere in ihnen verfehlten (sträflichster Fehler so vieler Spielberg-Epigonen), sondern weil sie nicht zur wirklichen und umfänglichen Metapher werden. Ja mehr noch: Steven Spielbergs Helden verweigern sich dem Metaphernhaften ihrer Erzählungen, das Anekdotische oder sagen wir, wie im Fall von AMISTAD, SCHINDLER'S LIST oder SAVING PRIVATE RYAN, das Einzigartige von Schicksalen, ist ihr Refugium. Wenn sie sich dennoch dem patriotischen, historischen oder metaphysischen „Text" einschreiben, dann nur durch eine freie Entscheidung. Das Glück (und die Trauer) in E.T. besteht nicht zuletzt darin, dass alle erkennen oder sogar wissen müssen, dass dieser außerirdische Besucher nur für Elliot da ist. Für ein Subjekt, das seine Erfahrungen nicht einmal (und glücklicherweise) in eine „Heilslehre" umwandeln kann. Wenn er wieder fort ist, dann ist es nur eine Anekdote gewesen.

Auch in CLOSE ENCOUNTERS wird der Besuch der Außerirdischen nicht zum Erlösungsbild der Menschheit, sondern für das Subjekt. Die Spielberg-Anekdoten lassen sich leicht in drei Kategorien einteilen.

1. Die Geschichte von den verschwundenen Kindern.
Steven Spielberg ist alles andere als ein „subversiver" oder gar „verschwörerischer" Filmemacher; sein Wunsch ist so sehr das allgemeine und tolerante Glück, wie es es selbst dem Einzelnen nur als anekdotisches Geschehen zubilligen kann.

Aber vielleicht ist Steven Spielberg auch das beste Bild dafür, dass diese Versöhnung der Gegensätze, die Allianz der Hoffnungen, zwar punktuell zu „Erleuchtungen" führt – in Filmen wie E.T. – aber auch allerorten wieder zusammenbricht. Steven Spielberg, die große Hoffnung einer im humanen Sinne reformierten Traumfabrik, ist zugleich immer auch der große Verräter.

Hat man ihn zunächst als einen möglichen Vertreter von New Hollywood angesehen und dann als veritablen Schöpfer des *blockbuster* geschmäht, so wurde ausgerechnet ihm auch immer wieder „Rassismus" vorgeworfen. SCHINDLER'S LIST erzeugte einen Erinnerungsschub in Deutschland wie in den USA und zog doch die Kritik auf sich als Verdrängungshilfe und sogar wegen der Konstruktion des „guten Deutschen".

2. Die Rettung!
Während es möglicherweise das Projekt der Moderne ist, die Würde des Menschen in einer Welt zu retten, die ohne die Hilfe der Götter auskommen muss (der Gedanke von Jean-Luc Godard), so geht es vielleicht in Spielbergs Filmen um die Würde des Menschen, der ohne einen Messias, ohne Gottes Sohn auskommen muss.

Und natürlich geht es in diesen Filmen immer auch um das Abwesende; um die Frage nach dem Retter, der nicht Abbild und Schatten von Christus ist. (Wenn man die Welt besieht, könnte man wohl zu keinem anderen Urteil kommen, als dass Christus in der Welt anders gescheitert sei, als der Mythos seines Scheitern vorsah, und dass er am furchtbarsten bei denen gescheitert sei, die sich ihm in der einen oder anderen Weise nahe wähnen.)

Ich wäre sonst wahrscheinlich nicht darauf gekommen, aber ein hartnäckig in der Headline wiederkehrender Druckfehler in dem Buch „The Last Great American Picture Show" berichtete beständig von einem Kampf „Nashville *gegen* Jews", wo hoffentlich „Nashville *gegen* Jaws" gemeint war. Dass aus den JAWS so schnell Jews werden können, lässt das weiße Ungeheuer der Meere dann doch leicht als eine neue Variante des Golem erscheinen, den die Juden gegen ihre Unterdrücker wünschen, und dann selber nicht mehr kontrollieren können.

Dafür ist JAWS noch einmal ein metapolitischer Beleg. Sterben, sich opfern muss der alte nationale Held, der in den Kriegen gekämpft hat, der mit den Macho-Sprüchen und der offenen Verachtung für beinahe den Rest der Welt. Der jüdische Intellektuelle dagegen muss das Opfer anbieten (und es wird von der Natur oder von was auch immer abgelehnt), der clean american, der Sheriff, hat gar keine Opfer-Option, weil er seinen Job nur ohne dies tun kann.

Der Blick in die Welt

Für einen Regisseur, der mit Road Movies bekannt geworden ist, und der alle nur erdenklichen technischen Mittel zur Verfügung hat, ist es doch erstaunlich, wie statisch, wie topografisch limitiert seine Filme sind. Spielbergs Filme beschreiben in der Regel einen einzelnen Ort – mit mehr oder weniger gefährlichen Abschweifungen des Blicks an periphere Handlungsorte: Der Hollywood Boulevard in 1941; die Häuser in E.T. und POLTERGEIST; die Insel von JURASSIC PARK; die Bucht von HOOK. Bewegungen in Spielberg-Filmen entsprechen am ehesten „Sprüngen" zwischen zwei Orten. Ein Pathos der Bewegung – wie, sagen wir, bei seinem erklärten Vorbild John Ford – gibt es hier kaum.

Zwei signifikante Spielberg-Einstellungen stehen als Kompositionselemente gegenüber: Es ist der Blick aus der Erd- und Kinderperspektive hinauf in den suggestiven Himmel (die Einstellung mit der, natürlich, E.T. beginnt, und auf den CLOSE ENCOUNTERS OF THE THIRD KIND hinauswill), und es ist der Blick vom Hügel, ins Tal, (von der Erhabenheit des Subjekts in die urbane Komplexität). Mit dieser (durch eine Kranfahrt verstärkten) Einstellung beginnt unser Besuch im Neverland von HOOK, sie bezeichnet aber auch die innere Umkehr des Protagonisten in SCHINDLER'S LIST, der „hoch zu Ross" von einem Hügel aus die Räumung des Warschauer Ghettos erlebt (und zum ersten mal das Mädchen im roten Mantel sieht). Man begegnet diesem Blick aber auch in E.T. und POLTERGEIST, wenn man auf das Lichtermeer der Stadt hinaussieht. Diese Einstellungen sind bei Spielberg immer materiell begründet, und jedes Mal haben wir ein zumindest mögliches Subjekt für diesen Blick. Es

E.T., CLOSE ENCOUNTERS OF THE THIRD KIND, EMPIRE OF THE SUN (2 x)

ist der Blick eines wirklichen Menschen, oder die Vorwegnahme oder Erinnerung an den wirklichen Blick eines Menschen. Weder überantwortet Spielberg also die Perspektive an eine objektive Erzählinstanz, noch wagt er sich an jene „transzendentale Einstellung", die etwa für Martin Scorsese so bezeichnend ist und die, reichlich frivol, James Cameron in seinem TITANIC zitiert.

Die härteste und „beste" Einstellung in Steven Spielbergs Filmen indessen ist das „Mittendrin" einer Kamera, die das Geschehen ganz direkt miterleben muss, am eindrucksvollsten natürlich in den Szenen von SCHINDLER'S LIST und SAVING PRIVATE RYAN (s. S. 148), erprobt freilich schon in INDIANA JONES. Die konsequent durchgehaltene Erzählweise von E.T. vermischt die Perspektive von unten (den Blick des Kindes, dem die Erwachsenenwelt bedrohlich und verzerrt erscheinen muss) mit dem „Mittendrin" der Kamera.

Der Spielberg-Plot

Der schlechte Plot eines Spielberg-Films – der nicht notwendig einen schlechten Spielberg-Film zur Folge haben muss – zersetzt sich ins Anekdotische und zerfällt in so viele kleine Geschichten, die kaum der Erzählung wert wären wie etwa in CLOSE ENCOUNTERS OF THE THIRD KIND. Und dieser Plot ist voller psycho- und technologischer Fehler und Schlampereien, auch und gerade für die Genre-Aficionados. Warum, zum Beispiel, muss man in CLOSE ENCOUNTERS OF THE THIRD KIND eine Rollbahn für die Ankunft der Außerirdischen errichten, wenn doch jeder weiß, dass *flying saucers* nach Belieben auch senkrecht landen und starten können. Steven Spielberg hat über diesen *twist* später ein wenig verlegen gelacht, und ihn in E.T. nicht wiederholt. Dafür hat er, getreu den Worten Jeff Goldblums in LOST WORLD, neue gemacht.

„Spielberg", so Iain Johnstone in der *Sunday Times*, „versteht die Kunst, B-Movie-Stoff in A-Movie-Kunst zu verwandeln". Und dazu gehört es offenkundig, mit irgendetwas in der Art eines Augenzwinkerns über logische Brüche oder erklärungsbedürftige Situationen hinwegzuzielen. Bis heute weiß niemand, wie es Indiana Jones gelungen ist, in RAIDERS OF THE LOST ARK mehrere hundert Seemeilen am Periskop eines U-Bootes geklammert zu überleben. Es hat allerdings auch niemanden sonderlich interessiert.

Lost World

Die Frage, die alle Spielberg-Filme stellen, ist die nach der Möglichkeit sich „gerecht" zu verhalten in einer verlorenen Welt. Diese Welt, in der die größte aller möglichen Katastrophen immer schon eingetreten ist oder gerade dabei ist, abzulaufen, ist nicht zu vergleichen mit einem puritanisch-kapitalistischen Feld der Prüfungen und nicht durch das totale Opfer zu bewältigen, das in Filmen des „transzendentalen Stils" das Leiden so schön macht. Spielbergs verlorene Welt setzt sich aus unendlich vielen moralischen Paradoxien zusammen, weshalb es so wenig den solitären Helden geben kann wie „die richtige Lösung", die alles andere zum Fehler oder zum Vergehen machen könnte. Spielbergs Protagonisten leiden unter einem Überangebot an Optionen, von denen keine die Verlorenheit der Welt „endgültig" überwinden könnte.

In der Regel führen die Impulse der Protagonisten zum genauen Gegenteil dessen, was sie angestrebt haben. „Wenn wir erst unser Baby wiederhaben, dann ist Schluss mit der Rumtreiberei. Dann werden wir so ordentlich und ehrbar wie die Leute hier", befindet Goldie Hawn in SUGARLAND EXPRESS, und ihr Versuch, das Baby zu holen, führt das Paar unwiederbringlich in die Unordnung des Verbrechens und schließlich in den Tod. Umgekehrt werden für Oskar Schindler gerade die Eigenschaften eines Spielers und Opportunisten essentiell für seine Fähigkeiten als Retter. Die Versuche der mittelständischen Familien, sich Geborgenheit und Übersicht in einem Heim zu erschaffen, weckt den Spuk (SOMETHING EVIL, POLTERGEIST) oder das Chaos (THE MONEY PIT).

Die politische Ökonomie des Spielbergianismus

Steven Spielbergs Arbeitsweise als Regisseur ist eine höchst effektive Mischung aus Organisation und Improvisation. „Ich improvisiere auf dem Set nur allzu gern", räumt er ein, „aber nur rund um das bereits Geplante". Erst der Plan, der die vollständige Sicherheit gewährleistet, erlaubt den Übergang zum freieren Spiel, das selber nie das Geplante in Frage stellen darf. Diese Vorgehensweise hat Spielberg auch seiner Arbeit als Produzent zugrunde gelegt. Er hat die Produktionsweise Hollywoods – natürlich zusammen mit Leuten wie George Lucas und dem offensichtlichen Looser dieses Prozesses, Francis Ford Coppola – in einer ganz ähnlichen Mischung aus Fortsetzung und Innovation neu gestaltet.

Niemand, so stellte die *Sunday Times* am 2. Juli 1989 kategorisch fest, ist „*more bankable*" als Steven Spielberg. Er ist bankable, aber keine Bank. Er hat nicht den Ehrgeiz, zu einem auch ökonomischen Machtzentrum in der Art der alten Studios zu werden. Man könnte meinen, jemand wie Steven Spielberg könnte Hollywood, oder doch einen erklecklichen Teil davon, einfach kaufen. Aber genau das tut er nicht. Zur Zeit von RAIDERS OF THE LOST ARK erklärte er seine Absicht: „Ich möchte völlig unabhängig von Hollywood werden und mein gesamtes Kapital aus dem Studio-System herausnehmen und möglichst nur noch das Verleihsystem der Großen benutzen."

So versteht man die Grundregeln des produktiven Spielbergianismus:
1. Stecke niemals eigenes Geld in deine Filme. Spielberg gewinnt, wo Francis Ford Coppola so fundamental scheitern muss.

2. Verbünde dich mit dem System, aber werde nicht vollständig Teil von ihm.
3. Suche nicht die Einheit des „Total Filmmakers", sondern diversifiziere deine Aktivitäten.
4. Der Film ist immer auch Zentrum einer Merchandising-Kampagne. (Allerdings gibt es für diese Vermarktung auch Grenzen; *DreamWorks* stoppte nach SAVING PRIVATE RYAN die Auslieferung einer Soldaten-Puppe mit den Zügen von Tom Hanks, mit der Begründung: „Man kann kein Spielzeug machen, das auf so einem Film basiert. Das ist hauptsächlich eine Frage des Geschmacks.")
5. Der *blockbuster* diktiert auf dem Kino-Markt seine eigenen Bedingungen, zum Teil auch gegen die Kinos als letzte Verbrauchsstation. So wurden, nachdem sich der Erfolg von E.T. abgezeichnet hatte, den Kinobetreibern sehr harte Bedingungen diktiert, und in Deutschland zum Beispiel mussten die Kinos bis zu 56% der Einnahmen abgeben, zwanzig Prozent mehr als für übliche Erfolgsfilme. Die Kinos profitierten also nur sehr bedingt von ihren so ausnahmsweise voll gefüllten Häusern. Dies erhöhte den Druck auf die Betreiber, sich zusätzliche Einkommen durch den direkten Vertrieb von möglichst viel Merchandising-Artikeln zu sichern, was wiederum der Produktion zurückfließendes Kapital einbrachte – und den Kinobetreibern neue Risiken aufbürdete. Auch die Erhöhung der Eintrittspreise sind durch solche *blockbuster* erzwungen, die wiederum die Kino-Situation verändern. Der Erfolg, den ein Film wie LOST WORLD verzeichnet, wird auf diese Weise immer schon zur Hypothek für den nächsten Film. Eine mittlere Produktion hat in diesem System so gut wie keine Chance mehr.
6. So wie bei einem *blockbuster* das Merchandising nach dem Export zu einem wichtigen Einkommensteil wird, so ist umgekehrt der Bereich der Vermarktung ein bedeutender Teil seines Erfolges. JAWS, obwohl durch die Feuilletons erheblich vor-

bereitet, übertraf, was die eingesetzten Mittel der Reklame anbelangt, in der BR Deutschland alle bis dahin bekannten Dimensionen. Und nach dem EXORCIST war JAWS das erste Beispiel für die Verwendung einer *reality advertising*, die Vermischung von Werbung und Reflexion. Wenn bei THE EXORCIST die katholische Kirche die entsprechenden Nachrichten lieferte, zum Beispiel, indem die echten Exorzisten den Tod eines Mädchens verschuldeten, oder indem zum passenden Zeitpunkt der Papst selber von der „personalen Existenz" des Teufels sprach, so erklärte sich bei JAWS ein Teil der zuständigen Wissenschaft – in welchem Widerspruch zu den besonnenen Vertretern ihrer Zunft auch immer – dazu bereit, die Hai-Hysterie nach Kräften zu schüren, etwa als der Professor für Biologie an der *California State University*, Dr. Donald R. Nelson, und zumindest selbst ernannter Hai-Spezialist, erschreckende „Tatsachen über den Hai" zusammenstellte, darunter eine Feststellung wie diese: „Von allen großen Lebewesen ist der Mensch für den Hai die leichteste Beute."

8. Natürlich kann man sich auf das *reality advertising* nicht allein verlassen, das auch bei den JURASSIC PARK und der sie begleitenden „DinoMania" eine bedeutende Rolle spielte. JURASSIC PARK gehörte zu den ersten amerikanischen Filmen, bei denen die Kosten für die Werbung und Vermarktung signifikant die Kosten der eigentlichen Produktion überstiegen – Vorläufer dieser Entwicklung waren erheblich kostengünstiger. Freilich waren umgekehrt diese Kosten wiederum von vornherein mehr als gedeckt durch den Vorab-Verkauf von Lizenzen an über hundert Firmen, die mehr als tausend Produkte mit den Figuren und dem Logo von JURASSIC PARK vertrieben. Auf diese Weise wird ein *blockbuster* zu einem Durchlauferhitzer von Kapitalströmen, die weit über den Kino-Kreislauf selber hinausgehen. Er produziert einen semantischen Regen für eine Zeit, der über

die Märkte herniedergeht und unterschiedlich rasch wieder austrocknet.

8. Der *blockbuster* wird ein nationales oder internationales Event, etwas, das „man" gesehen haben muss, auch wenn man nicht wirklich ein Kino-Fan ist. Er verzahnt das Politische mit dem Ökonomischen und dieses mit dem (Pop-)Kulturellen. Ein *blockbuster* wird einerseits zu einer politischen Metapher (und als solche im übrigen auch immer wieder für das Feuilleton „lesbar", das ansonsten nicht einmal die Sprache für die Beschreibung des Mainstream-Films entwickeln kann). Andererseits zieht er aber auch die Aufmerksamkeit der politischen Repräsentation auf sich. Spielbergs „ernste Filme" verknüpfen diese Wirkung mit ihrer historischen Valenz: Der *blockbuster* aktiviert, beschreibt und erzeugt zugleich Hysterie, und darin unterscheidet sich JAWS und JURASSIC PARK kaum von SCHINDLER'S LIST und SAVING PRIVATE RYAN. Schon bei JAWS erkannte *Der Spiegel*, dass es bei der Wirkung und der öffentlichen Aufregung „schon längst nicht mehr um den Film selber" gehe, und lag doch auch da wieder um das Entscheidende daneben. Denn exakt dies ist die Kunst des *blockbuster*, das hysterische Potential der Gesellschaft in seinen Bildern zu bündeln, um es wiederum auf ein Jenseits seiner selbst zu richten.

Es ist schwer, demgegenüber den Film selber zu retten (der ja nicht wirklich und vollständig Anteil haben muss an der Hysterie, die er benutzt, und die er erzeugt) weil wir nicht wissen, ob er überhaupt gerettet werden will („Dummer Rummel um einen anständigen Film" titelte damals die *Süddeutsche Zeitung* einen Artikel von Peter Buchka, der Steven Spielberg – ausdrücklich als „großes Talent" bezeichnet, das sich in DUEL und SUGARLAND EXPRESS gezeigt hätte – gegen die Hysterie zu verteidigen antrat, was ein wenig wirkt, als hätten wir versucht, Orson Welles gegen die Hysterie zu verteidigen, die sein „War of the

Worlds"-Hörspiel auslöste. Soviel darf man von einem medialen Künstler erwarten, dass er weiß, was er tut.).

Der *blockbuster* ist also Ferment einer Hysterie, aus der er sich selber in gewisser Weise herauszuhalten weiß. (Er will, könnte man sagen, die von ihm selbst bediente und erzeugte Hysterie überleben.) Selbst die Debatten, die SCHINDLER'S LIST auslöste, hatten bald allenfalls noch alibihaft mit dem Film zu tun (und der Film rettete sich seinerseits aus der Debatte, weil sich mit ein wenig Abstand herausstellte, dass Spielberg gerade die meisten Fehler, die in dieser Debatte ausgebreitet wurden, selber nicht begangen hatte). Nicht einmal die Hai-Feindschaft, nicht einmal die Ufo-Hysterie, die JAWS oder CLOSE ENCOUNTERS OF THE THIRD KIND auslösten, lassen sich direkt durch die Filme begründen, weshalb an Spielbergs Arbeiten sowohl die hermeneutische als die ideologiekritische Art der Film-Reflexion scheitern müssen.

Von den frühen Werken einmal abgesehen könnte man wohl sagen, dass ein Regisseur und Produzent wie Steven Spielberg entweder einen *blockbuster* oder einen Flop herstellt. Einen mittleren Erfolg konnte er nur wiederum selbst definieren, indem er ihn etwa in die Absicht eines Films einschrieb. Jede Produktionsgeschichte wird daher auch zur Metapher auf den Stand der Dinge in der Industrie und in der Kultur. Die vier Kameras, mit denen DUEL aufgenommen wurde, die Pannen, die Bruce alias der weiße Hai bei JAWS verursachte und die von Spielberg und der Crew durch intelligente Improvisationen überspielt werden mussten, die „echten" Weltreisen, die bei der Produktion der INDIANA JONES-Filme notwendig waren, die online-Verbindung der Trick-Ergebnisse aus dem Haus Industrial Light and Magic zu JURASSIC PARK, die Steven Spielberg täglich in sein Hotel in Polen überspielt wurden, während er SCHINDLER'S LIST drehte, die Handkamera in SAVING PRIVATE RYAN –

all dies erzählte immer auch von signifikanten Änderungen der Wahrnehmung und der Repräsentation. Spielberg-Filme sind für das amerikanische Publikum die Tore zur Welt, nur mit ihnen gelangt man nach Marokko (INDIANA JONES), nach China (natürlich musste es der Spielberg-Film EMPIRE OF THE SUN sein, für den China zum ersten Mal eine Dreherlaubnis erteilte. Dort bekam eine amerikanische Produktion auch die 15 000 Komparsen, die der Film benötigte), und sogar nach Auschwitz.

DreamWorks ist vor allem um die Möglichkeiten kreativer Synergie-Effekte herum aufgebaut. Nicht mehr die „Architektur" der Genres und der Studio-Hierarchien führt zu einem System, sondern ein Netz der gegenseitigen Abhängigkeiten und Freundschaften.

Natürlich birgt der Spielbergianismus auch für die wohlwollende Beobachtung erhebliche Gefahren, von den neuen, nun eher horizontal organisierten Monopolen einmal ganz abgesehen. Die INDIANA JONES-Filme sind der vorläufige Endpunkt in der ökonomischen Entwicklung der Traumfabrik: Filme, die tatsächlich dazu tendieren, alle anderen Filme überflüssig zu machen, weil sie sie schon mehr oder weniger vollständig enthalten. Wenn also, zum Beispiel, der letzte Teil der Trilogie die Hälfte aller Kinobesucher in den USA an sich zieht, ist er nicht nur Ausdruck der wirtschaftlichen Möglichkeiten Hollywoods, sondern auch seiner strukturellen Krankheit. Der *blockbuster* kannibalisiert nicht nur in ästhetischer Hinsicht alle seine reale und mögliche Konkurrenz, sein Erfolg bleibt auch narzisstisch an das eigene Produkt gebunden und verbreitet sich nicht demokratisch-kapitalistisch über den gesamten Kino-Markt, wie es einst beim Studio- und Genrefilm der Fall war. Immer weniger Filme spielen immer mehr Geld ein und produzieren dabei immer mehr Flops. Und weil in einem INDIANA

JONES soviel Kino steckt wie in zwanzig anderen Filmen, zieht er auch so viel „Kinoleidenschaft" an sich, entwertet er soviel an „Filmsprache" und Mythos, dass er indirekt das Kino selber angreift. Auf dem Weg zum semiotischen Monopol ruiniert unser Held sein Medium.

Freilich scheint es nun wiederum so, dass Steven Spielberg selber diese Gefahr des neuen, destruktiven Monopols erkannt und daher an die Seite des „reinen Spielbergianismus" einen „praktischen Spielbergianismus" gesetzt hat, in dem der Produzent in seiner *factory* immer weniger ästhetische und moralische Autorität verlangt und sich gewissermaßen die vernichtete Konkurrenz selber wieder erzeugt (allerdings in einem selbst definierten Rahmen: es mag subversive Spielbergianer geben wie Joe Dante, einen rebellischen Autor oder eine rebellische Autorin wird man in dieser Factory vergeblich suchen).

Von AMBLIN zu DREAMWORKS

1984 gründete Spielberg gemeinsam mit Kathleen Kennedy und Frank Marshall die Produktionsfirma *Amblin Entertainment*, die eine Reihe höchst erfolgreicher Filme produzierte, von GREMLINS bis WHO FRAMED ROGER RABBIT? Steven Spielberg selbst ließ sich und seinen Gesellschaftern immer größeren Spielraum; Amblin war nie allein eine Institution für den angewandten Spielbergianismus. Kathleen Kennedy übernahm schließlich die Präsidentschaft von Amblin; und neben Amblin fungierten die Kennedy-Marshall-Productions seit 1992 als zweite Unit, bei der Filme wie Frank Marshalls eigene Inszenierung ALIVE (Überleben!) entstanden.

Amblin ist zunächst nichts weiter als ein Büro auf dem Gelände der *Universal*, so als würde hier auf höherem kommerziellen Niveau das „Einnisten" des jungen Spielberg in der Traumfabrik wiederholt. Das Büro sieht aus, wie Jerry Buck in *Stripes* beeindruckt feststellt, „wie ein Clubhaus,

das sich ein Junge bauen würde, wenn er dafür eine Million Dollar zur Verfügung hätte". Und dieser Junge würde offensichtlich von einem indianischen Pueblo träumen.

Die sich gleichsam krakenartig ausdehnende *Amblin*-Formation stand schließlich im Schatten der wohl größten Fusion von Macht und Kapital im amerikanischen Unterhaltungsbusiness: Spielberg tat sich mit dem einstigen Chef der *Disney Corporation* Jeffrey Katzenberg und dem Musik-Manager David Geffen zusammen, der vor einigen Jahren seine *Geffen Records* für 550 Millionen Dollar an *MC/Universal* verkauft hatte. Wenn *Amblin* eine symbiotische Form des Zusammenlebens einer unabhängig-abhängigen Produktionseinheit war, dann war *DreamWorks* durchaus der Keim zu einem Imperium, in dem *Amblin* informell seinen Platz behielt. Das Ziel, nach der Jahrtausendwende zur führenden Macht in Hollywood zu gehören, wurde hier nicht verleugnet. Und nicht nur Jeffrey Katzenberg träumte dabei vor allem davon, ein ernstzunehmender Antipode von *Disney Corporation* zu werden. Das sollte dann tatsächlich mit Filmen wie SHREK (2001) auf dem ureigensten Gebiet des „Stiefvaters" geschehen, auf dem des Animationsfilms. SHREK schlug mit 300 Millionen Dollar Einspielergebnis die Konkurrenz und bestätigte endgültig die neue Situation, in der Disney kein Monopol, nicht einmal mehr die Leitfunktion auf dem Gebiet des Animationsfilms für sich beanspruchen konnte.

DreamWorks sollte schließlich neben einer neuen Machtposition im Filmgeschäft auch Fernsehproduktionen und vor allem Produktionen für den neuen Markt der elektronischen Medien und Computerspiele ermöglichen. Eigentliches Ziel des Zusammenschlusses aber sei, so war sich die Branche einig, die Kontrolle über MCA/Universal zu erringen, das 1991 für 6,6 Milliarden Dollar in die Hand des japanischen Matsushita-Konzerns übergegangen war. Insbesondere Spielbergs alte Verbündete, Lew Wasserman und Sid Sheinberg gerieten in Konflikt mit den japanischen Konzernherren, denen sie vorwarfen, eine parasitäre Politik zu betreiben und Geld aus dem Studio zu ziehen, ohne dringend notwendige Zukunftsinvestitionen zu tätigen. Dabei gelang in dieser Zeit dem Studio kein überragender Erfolg. Wenn man so will, war dieses Spiel auch eine „nationale Metapher": die konzentrierte Macht der alten Herren von Universal und des neuen Teams zwang den japanischen Konzern zunächst, der amerikanischen Produktion mehr Selbständigkeit zu übertragen, kurzum eine Re-Amerikanisierung des Konzerns zuzulassen – den Spielberg zuvor wohl mit JURASSIC PARK gerettet hatte. Nun verlangten er und die Seinen einen Teil des Königreiches/Marktes als Kompensation. Und wer wollte, konnte durchaus chauvinistische Töne in Spielbergs Aussage lesen: „Wir wollen, dass unsere Filme, unsere Träume uns selbst gehören. Es geht nicht nur ums Geld."

Mit diesem ebenso romantischen wie „nationalistischen" Anliegen freilich verstieß Spielberg gegen seinen eigenen Grundsatz, wurde Teil des Systems, in dem er nun eigenes Kapital riskierte – und einiges davon auch prompt verlor. Sein erster eigener Film für die Firma, AMISTAD, gehört zu den kommerziellen Ausrutschern seiner Karriere.

Die Animation der Geschichte

Animation und Cartoons bildeten schon bald ein wichtiges Segment der Produktion. Dass sich auch in diesem Segment die großen Spielberg-Themen spiegelten, ist nicht sonderlich erstaunlich. In den „Tiny Toons Adventures" (1990 bis 1992), die aus dem ausgesprochen erfolgreichen WHO FRAMED ROGER RABBIT? von Robert Zemeckis entstanden, waren die populären Zeichentrickfiguren von *Warner* in den Zustand

ewiger Jugend versetzt. Die Serie brachte es immerhin auf 65 Folgen, konnte sich aber nicht endgültig in den Himmel der Unsterblichkeit in der Ikonographie der Zeichentrickfiguren einschreiben.

Deutlicher noch als in den Realfilmen gibt es für die Zeichentrickfilme von *Amblimation* einen wiederkehrenden Bezugspunkt zu Holocaust, Vertreibung und Suche nach neuer Heimat. Die Zeichentrick-Saga um „Feivel, den Mauswanderer" geht nicht zuletzt auf die Geschichte der Einwanderer-Familie Spielberg zurück. Feivel war der Name seines Großvaters, der aus Russland in die USA emigrierte. Im ersten Teil, AN AMERICAN TAIL (Feivel der Mauswanderer) wird die Familie Mouskewitz in der alten Heimat von bösartigen Kosaken-Katzen terrorisiert, und schon mehrere Familienmitglieder sind ihnen zum Opfer gefallen. Nun hat man von dem neuen Land gehört, Amerika, wo es angeblich keine Katzen gibt, und so beschließt man, dort einen Neuanfang zu wagen. Bei der Überfahrt wird der jüngste, Feivel, von einer Welle über Bord gespült, und während die Familie um ihn trauert, erreicht er in einer Flasche das rettende Ufer. Er macht sich auf die Suche nach seiner Familie, und muss als erstes erfahren, dass es hier durchaus Katzen gibt, und die sind hier so böse und tückisch wie in der alten Welt. In AN AMERICAN TAIL – FIEVEL GOES WEST (Feivel, der Mauswanderer im wilden Westen – 1990) erfährt er eine weitere Station der Amerikanisierung. In New York werden die Mitglieder der Familie Mouskewitz wieder von Katzen gepeinigt, und so machen sie sich erneut auf die Wanderschaft, auf nach Westen, ins gelobte „Green River"-Land. Aber auch das ist kein katzenfreies Land, im Gegenteil: Hier stellen Kater sogar in einer Fabrik „Mäusewurst" her. Doch nun heißt es, Gegenwehr zu leisten. Im Westen möchte Feivel wie sein Vorbild Wylie Burp zum guten Gunfighter werden, um die Schurkereien von

Cat R. Waul zu stoppen, der, unter anderem, von der größten Mausefalle der Welt träumt. So erkämpft er, zum Helden nicht wirklich geboren, für sich und seine Familie das Heimatrecht.

Eine Suche nach einem „gelobten Land" schildert auch A LAND BEFORE TIME (1988), die Geschichte des kleinen Sauriers „Littlefoot", dessen Mutter gestorben ist, und der sich mit einigen Freunden auf die Suche nach dem „Großen Tal" begibt, in dem frisches Wasser fließt und die Bäume grün sind. Mehr als die Feivel-Filme steht diese Arbeit von Regisseur Don Bluth (der sich im übrigen noch vor dem Sequel zu AN AMERICAN TAIL von Spielberg trennte) noch im Schatten Disneys, in der (technisch perfekten) Machart ebenso wie in der Mythologie vom elternlosen Kind, das neue Freunde findet, große Gefahren überwindet und eine einfache Lektion erteilt, die freilich auch Produzent Steven Spielberg rückhaltlos unterstützen konnte: Am Anfang scheint eine böse Spaltung in der Welt der Saurier verfestigt. Triceratops-Kinder und Brontosaurier-Kinder „spielen nicht miteinander". Aber dann müssen sie doch einsehen, dass nur ein gemeinsames Vorgehen, ein Zusammenschließen gegen den großen Feind, eben den Tyrannosaurier, helfen kann. (Eine Lektion, die die Saurier in JURASSIC PARK leider nicht zu lernen in der Lage waren.)

ALL DOGS GO TO HEAVEN (Charlie – Alle Hunde kommen in den Himmel – Irland 1989 – Regie: Don Bluth) allerdings stellt als eine der ersten abendfüllenden Trickfilme die Disney-Welt auf den Kopf. Ein lebenslustiger Straßenköter namens Charlie, der sich in den heruntergekommensten Ecken im Süden der Gegend von New Orleans herumzutreiben pflegte, kommt da, nachdem er gerade noch einmal der Todeszelle entkommen konnte, bevor ihn ein Automobil erwischte, in einen Hundehimmel, dessen gepflegte Langeweile ihm kaum verlockend erscheint. So nutzt er die erste sich bietende Gelegenheit, um sich aus dem Engelsstaub zu machen (was ihm im Übrigen nur gelingen kann, weil er seine bereits abgelaufene „Lebensuhr" klaut). Auf seinem Weg von oben nach unten und zurück begegnet Charlie dann doch der „gewohnten" Geschichte, nämlich der vom Waisenmädchen, das sich auf der Suche nach seinen neuen Eltern befindet.

Erst nach der Trennung von Bluth, der zusammen mit Bill Mechanic und seinem Partner Gary Goldman schließlich das Fox Animation Studio begründete, ein weiterer Versuch, der Allmacht Disneys auf dem Animationssektor eine eigenständige Produktion entgegenzusetzen, wurden Spielbergs Animationsfilme „erwachsener" und begannen ein anderes Zielpublikum anzusprechen. Nicht mehr nur Kinder, deren begleitende Eltern mit ein wenig „Meta-Text" und kleineren ironischen Verweisen unterhalten werden sollen, sondern die Erwachsenen selbst sollten angesprochen werden. Das Ziel dieser Entwicklung war eine Form des Trickfilms, das nicht mehr Genre war (Märchenstoffe, Fantasy und Musik), sondern eine cinematische Ausdrucksform, die man nach künstlerischem Belieben auf passende Sujets anwenden könnte. Zunächst schien diese Rechnung noch nicht ganz aufzugehen. PRINCE OF EGYPT (Der Prinz von Ägypten – 1998 – Regie: Brenda Chapman, Steve Hickner, Simon Wells) und EL DORADO – CITY OF GOLD (Der Weg nach El Dorado) spielten nur mühsam und in der Video-Auswertung ihre enormen Produktionskosten wieder ein.

Bereits in ANTZ (1998 – Regie: Eric Darnell, Tim Johnson) hatte man bei *Dream-Works* – in direkter und mehr oder weniger unentschiedener Konkurrenz zu Disneys A BUG'S LIFE (Das große Krabbeln – 1998 – Regie: John Lasseter) – neben der konventionellen Animation den digitalen Aufbau der Bewegungsbilder forciert. Für CHICKEN RUN (Chicken Run – Hennen rennen –

2000 – Regie: Peter Lord, Nick Park) arbeiteten *DreamWorks* mit der englischen Produktion des Aardman- Studios zusammen, um ein höchst erfolgreiches Werk der Plastilin-Animationen (WALLACE & GROOMIT) mit den Mitteln der digitalen Bildbearbeitung zu vervollkommnen. Spielberg selbst zeigte sich nicht nur von der sehr eigenen Ikonographie des „Aardman-Stils", sondern auch von der Story begeistert: Die Hennen des Films müssen ihr Leben unter der sadistischen Farmerin Mrs. Tweedy wie in einem besonders brutalen Gefängnis empfinden. Und wer von ihnen nicht genug Eier legt, wird mit dem Tode für den menschlichen Kochtopf bedroht. Ginger hat schon mehrere erfolglose Ausbruchsversuche hinter sich. Der aus dem Zirkus entflohene Hahn Rocky gibt mit seiner „Flugnummer" neue Hoffnungen für die Flucht, für die es weiß der Himmel Zeit wird, denn die Farmerin verfügt nun über eine Pastetenmaschine, die ziemlich viele Hennen in ziemlich kurzer Zeit „verarbeiten" kann. Bald aber kommen die Hennen

dahinter, dass hinter Rockys Flugkünsten nur ein Zirkustrick steckt. Ginger tut sich nun mit den Ratten zusammen (die bislang einen schwunghaften Schwarzhandel mit Eiern betrieben), um ein Flugzeug für die Flucht zu bauen. Hinter dem vergnüglichen Animationsspiel versteckt sich nicht nur eine weitere Fluchtphantasie (ein „Frauengefängnisfilm" der eher rebellischen Art), sondern auch mehr als ein Hauch von sozialem Empfinden. Wenn in den meisten der Kinderfilme sehr allgemein das „Böse" gezeigt wird, das den Tieren Fell, Leben und Lebensraum nimmt, zeigen die Hennen dieses Films ein durchaus differenziertes Verhalten. Neben der taffen Ginger sind etwa die hemmungslos opportunistische Stachanow-Eierlegerin Bunty oder die naive Babs zu sehen, die außerstande ist, die Gemeinheit der Welt zu erkennen, in der sie lebt. Und wenn jeden Morgen 150 Hühner zum Appell antreten, dann ist man durchaus an ein Konzentrationslager erinnert. (Sehr radikal setzten im Übrigen die Brüder Farrelly ihre Animations-Vision gegen die optimistische „Befreiungsfantasy" im Allgemeinen und den Spielbergianismus im Besonderen. So sehnen sich insbesondere in FRISCO PIGEON Versuchstiere, die von Umwelt- und Tierschutzaktivisten aus ihrem Laborgefängnis befreit werden, nach kurzer Zeit in Freiheit nach ihrem vorherigen Dasein zurück. Zum einen, weil es hier draußen auch ziemlich rauh zugeht. Und zum anderen, weil ihnen die feinen Drogen fehlen, mit denen sie im Labor vollgepumpt wurden.)

SHREK brach, nach den ökonomisch eher enttäuschenden *DreamWorks*-Arbeiten PRINCE OF EGYPT und EL DORADO – CITY OF GOLD erneut eine Reihe von Rekorden: Es war der erste abendfüllende amerikanische Zeichentrickfilm, der seine Premiere bei den Filmfestspielen in Cannes erlebte. Allein in den USA betrugen die Einspielergebnisse nach drei Wochen Laufzeit 200

Millionen Dollar. Man feierte den Film nicht nur als einen weiteren Meilenstein in der Entwicklung der *computer aided imagery,* sondern auch als grandiose Neuordnung im Reich der Zeichen und Wunder. Während man in FINAL FANTASY (Final Fantasy – die Mächte in Dir – 2000 – Regie: Hironobu Sakaguchi) den ersten „realistischen" Computerfilm vorstellte, ist SHREK auf den ersten Blick ein Märchen mit einfach-phantastischen Bildern, die freilich vor allem durch ihre Liebe zu detailgenauen Texturen, zu Stoffen, Haut, Flüssigkeiten usw. besticht. Shrek ist ein grüner „ogre", ein „Urga", der in einem Sumpf lebt, sich am liebsten im Schlamm suhlt und Kerzen aus seinem Ohrenschmalz formt. Dieser ogre ist zwar kein Menschenfresser mehr, wie es in der Rollenverteilung des traditionellen Märchens bestimmt wäre, aber ein paar schlechte Angewohnheiten hat er dennoch. Unterdessen vertreibt der kleinwüchsige, schurkische Lord Farquaad (kleiner Inside Joke: er hat in der Tat frappierende Ähnlichkeit mit Disney-Chef Michael Eisner) die Fabelwesen, von Schneewittchen bis zu den kleinen Schweinchen, denen der Wolf regelmäßig das Haus zusammenpustet, aus dem Märchenreich Dulac, denn er träumt von einer „perfekten" Welt. Ein sehr, sehr vorlauter Esel (der im Original mit der Stimme von Eddie Murphy spricht) findet bei Shrek einen möglichen Beschützer und weicht nicht mehr von seiner Seite. Farquaad will Shrek seine Ruhe garantieren, wenn dieser im Gegenzug die von einem Drachen bewachte Prinzessin Fiona befreit. Freilich ist auch diese Prinzessin nicht ganz, wie man sich eine Prinzessin im Märchen vorstellt. Sie zersingt schon mal einen Vogel und brät sich sein Ei. Nicht die perfekte, sondern die wilde und lebenswerte Lebensweise siegt am Ende (denn natürlich hat auch SHREK eine Moral zu bieten, wenn auch nicht die gewohnte). Vielleicht ist dieser Film, den man vor allem dem Produzenten-Genie Jeffrey Katzenberg zugeschrieben hat, nicht nur eine satirische Kritik an der amerikanischen Disneyland-Phantasie, sie ist durchaus auch als eine unterschwellige (und teilweise selbst spielbergianische) Kritik am angewandten Spielbergianismus zu lesen. Abgesehen von den direkten E.T.- und INDIANA JONES-Zitaten scheinen alle Elemente aus Spielbergs mehr oder weniger persönlicher Mythologie auf den Kopf gestellt: die Rollen von „Kind" und „phantastischem Begleiter", die sich in Shrek und den Esel verkehren, ebenso wie die Höhenangst, das Spielbergsche Reise-Motiv ohne Raum zwischen den Stationen und das so wenig damenhafte *love interest*. Das Märchenbuch, das uns mit seinem „Once Upon a Time ..." in die Handlung einführt, wird von Shrek gleich darauf als Toilettenpapier benutzt. Und ganz direkt bezieht sich ein bitterböse schönes Bild auf einen Spielbergianischen Zentralmythos: Shrek und die Prinzessin spielen wie ein verliebtes Paar auf der Wiese und blasen abwechselnd einen Frosch und eine Schlange zu frivol-fröhlichen Luftballonformen auf.

Kurzum: In den Trickfilmen von *DreamWorks* in der Nachfolge der *Amblimation* rotierte in gewisser Weise der Spielbergianismus; er bezog sich deutlicher noch auf die individuellen und kollektiven Alpträume, auf das ausgestoßene, misshandelte, allein gelassene Kind ebenso wie auf eine „Erinnerung" an Vertreibung, Verschleppung, Versklavung und schließlich die Bedrohung der Ausmerzung. „Bisher haben noch in jedem Animationsfilm des Spielberg-Studios Nationalsozialismus und Judenverfolgung nachgehallt, insbesondere in PRINCE OF EGYPT und CHICKEN RUN. SHREK erzählt erneut eine Geschichte vom siegreichen Widerstand, mokiert sich aber auch über das Duckmäusertum der Masse. Aus der Ghettoisierung der Andersartigen entwickelt er seine Moral. Das Monster gilt zunächst aller Welt als unheimlich, deshalb denkt es selbst von sich gering. Erst der Esel treibt Shrek und seine neue Liebe heraus aus der Selbstverleugnung und lässt sie ihren vermeintlichen Makel mit Stolz tragen – das ‚Hässliche' ist eben anders schön. So gesehen sind am Ende die historischen Fluchtlinien mit den Regeln der Popkultur elegant in Einklang gebracht." (Merten Worthmann)

Und in einer schönen Spiegelung dazu der ökonomische Konkurrenzkampf zwischen *DreamWorks* und *Disney* und die magische Biographie des Steven Spielberg, der sich hier vielleicht endgültig von seinem innig gehassten medialen „Stiefvater" trennt.

Peter Pan & Moses

Leben im Herz der Finsternis

Dass es keine sinnvolle Unterscheidung zwischen dem Spielberg des Entertainments und dem des „Anliegens" gibt, ist, hoffe ich, hinreichend deutlich geworden. Das Projekt der Einschreibung bedarf nur unterschiedlicher Verknüpfungen.

Wir wissen von einigen Dingen, die in Spielbergs Welt-Sicht keine Lösungen sein können. Dazu gehört vor allem die alte horizontale Bewegung des Western. Der Raum ist in Spielbergs Filmen keine Lösung, und dass sie, bei aller Aktion so statisch erscheinen, mag also nicht nur persönliche Marotte sein, sondern auch Teil der moralischen Rekonstruktion der Welt. Der Traum, ohne Welt, als „reines Medium" ist im angewandten Spielbergianismus seiner eigenen kathartischen Wirkung eingedenk; diese Filme inszenieren sich schon selbst als „Gegenmittel" gegen die höllische Unerträglichkeit der Welt.

Spielbergs Filme wimmeln von Bildern umgekehrter Geburt. Der Tod scheint einen unwiderstehlichen Sog auf seine Protagonisten auszuüben. Das schreckliche Maul des Todes saugt die Kinder in POLTER-GEIST an, frisst sich in die Schiffsplanken und lässt den Helden in sich verschwinden in JAWS, bricht den Himmel auf in ALWAYS, zieht Indiana Jones immer wieder hinab und ereilt die Soldaten bei der Landung in SAVING PRIVATE RYAN, als sich die Klappen ihrer Boote öffnen und sie noch keinen Schritt aus ihren schwimmenden Höhlen getan haben.

Aber auch der Tod selber kommt in bemerkenswerter Analogie zur Geburt einher, wie in SAVING PRIVATE RYAN, als der Arzt der Gruppe nach einem Bauchschuss verblutet und wir seine Wunde direkt neben dem Bauchnabel sehen. Der Körper also ist

des Todes, und in Steven Spielbergs Filmen, wie anderswo, wo es keine Bilder dafür gibt, begeben wir uns auf die Suche nach Alternativen.

Die neue Wirklichkeit: A.I.

Eine feste Welt, und darin die Gefühle als das Bewegliche und Veränderliche: das ist die normale Vorstellung. Eigentlich aber sind beide, die Gefühle und die Welt unfest, wenn auch innerhalb sehr verschiedener Grenzen.
Robert Musil

Im Nachlass des 1999 verstorbenen Regisseurs Stanley Kubrick befand sich unter anderem ein 80 Seiten umfassendes Script zu einem Film über künstliche Intelligenz. Immer wieder hatte ihn der Science Fiction-Stoff beschäftigt, immer wieder aber zog er, manchmal erst im letzten Moment, ein anderes Projekt zur Realisierung vor. Aber im Jahr 2001 entstand der Film schließlich doch, ein „nachgelassenes Werk", und natürlich entwickelte sich Skepsis gegenüber einem „Kubrick ohne Kubrick", Skepsis nicht zuletzt gegenüber einem Regisseur, der zwar für sich in Anspruch nehmen konnte, mit dem Verstorbenen persönlich befreundet gewesen zu sein (von der Bewunderung des Jüngeren ganz zu schweigen), und das Angebot der Verfilmung schon zu Kubricks Lebzeiten erhalten zu haben, der sich aber mit Filmen wie E.T. und HOOK auch als einer ausgewiesen hatte, dem die märchenhaften Aspekte der Phantastik im Zweifelsfall wichtiger sind als das spekulative Gedankenspiel (von einer inneren Reise wie in 2001 ganz zu schweigen).

Der Film, den Spielberg von Stanley Kubrick aus dessen Erbe übernommen hat,

Steven Spielberg und Jude Law

ein merkwürdiger Akt zugleich der Hom-
mage und Ehrerbietung und der Anma-
ßung, geht auf eine Kurzgeschichte von
Brian W. Aldiss zurück, eines Autoren, der
das Genre Science Fiction vor seiner Exe-
kution durch STAR WARS noch einmal in
unerwartete ästhetische und philosophische Höhen brachte wie neben ihm nur
Philip K. Dick. Während es bei Dick (wie in
BLADE RUNNER [1982 – Regie: Ridley Scott],
alias „Do Androids Dream of Electric
Sheep?") um die Gleichzeitigkeit der verschiedenen menschlichen und maschinellen Lebensformen geht, und der Autor dabei die Frage nach dem Subjekt stellt (die
das Genre am Ende überfordern sollte), ist
Aldiss eher an einer Geschichte des Menschen und seiner industriellen Nach-
Schöpfung interessiert. Daher stellt seine
Kurzgeschichte „Super-Toys Last All Summer Long" aus dem Jahr 1969 die sehr alte
Pinocchio-Frage auf neue Weise. Die
Zwickmühle zwischen Gefühl und Mechanik baut Aldiss in seinem Text als literari-

sche Pointe auf, der Leser selbst hat sich in
ihr verfangen. Sie endet (anders als der
Film) abrupt; der Robot-Junge mit der
(einzigen) Fähigkeit, zu lieben, wird von
einem Paar „adoptiert", das auf die regie-
rungsamtliche Erlaubnis wartet, ein eigenes, leibliches Kind zu haben. Wir sehen –
mit den Augen des ebenfalls roboterhaft
belebten Teddybären (der ikonographisch
in Spielbergs Film wieder auftaucht) – den
Augenblick, in dem die beiden die Nachricht vom Sieg in der Kinder-Lotterie erhalten, und wir wissen, dass damit das
Schicksal des Kindes als „Super-Toy" der
Erwachsenen besiegelt ist. Kubrick erwarb
Ende der siebziger Jahre eine Option auf
den Stoff, beauftragte Ian Watson mit der
Verfertigung eines Drehbuches und den
Comic-Künstler Fangorn (d.i. Chris Baker)
mit einem ersten Storyboard. Von Beginn
an war das Geschehen der lakonischen
Short Story (zuerst 1969 in *Harper's Bazaar*
veröffentlicht) in ein umfassenderes Zeit-
Bild gebettet; die Gefühlskälte auf die die

kleine Emotionsmaschine trifft (in Umkehrung aller Mythen der „weißen" Science Fiction, in denen die gefühllose Maschine das Emotionswesen Mensch unterjocht), konnte nur ein pars-pro-toto einer historischen Katastrophe sein.

Diese Katastrophe ist also vollkommen materiell und manifest in A.I. Ein Szenario, das uns aus unseren ökologischen Schuldphantasien durchaus vertraut ist. Und die „sieben Todsünden" der Zukunftsgesellschaft wurden alle durch die entsprechenden kosmischen Strafen beantwortet. Die Erwärmung der Welt hat die Kappen der Pole zum Schmelzen gebracht. Weite Landstriche sind unter Wasser gesetzt, die Küstenstädte wie Venedig, Amsterdam und New York sind im Meer versunken, es gibt zu wenig Ernte, die Menschen werden durch Hungersnöte dezimiert. Die Wissenschaftler haben allerdings die künstliche Intelligenz der Maschinen so weit gesteigert, dass die Roboter die Aufgaben der menschlichen Arbeiter übernommen haben. Für jeden Bereich gibt es spezielle „Mechas" – für die Arbeit wie für den Krieg, für die Kunst wie für die Liebe. Zur gleichen Zeit wird die Vermehrung der überlebenden Menschen-Elite, der „Orgas", auf ein Minimum begrenzt. Ein Los-Verfahren entscheidet, welches Ehepaar Kinder haben darf. Dies alles haben wir aus der Narration zu Bildern des Ozeans erfahren, die in jedem anderen Kontext (und vielleicht auch bei jedem anderen Regisseur) zunächst einmal als „schön" empfunden worden wären. Ein Prolog führt uns an eine wissenschaftliche Einrichtung, an der Professor Hobby (William Hurt) seinen Studenten seine neueste Kreation vorstellt, den humanoiden Roboter, der nicht nur denken, sondern auch empfinden kann.

Am Beginn des eigentlichen Film-Plots sehen wir, wie der (einzige) Sohn des Ehepaares Swinton im Koma liegt. Die Mutter darf ihn im Krankenhaus besuchen, und sie liest ihm über ein Mikrophon ein Märchen in seine ewige Nacht, ohne zu wissen, ob ihre Stimme zu ihm dringt oder nicht. Die Firma *Cybertronics* macht Henry Swinton ein sensationelles Angebot: Sie sollen als erste Familie ein Experiment des Zusammenlebens zwischen menschlicher und maschineller Intelligenz unternehmen. Henry (Sam Robards) und Monica (Frances O'Connor) sollen den Roboterjungen David (Haley Joel Osment) als mehr denn ein „Ersatzkind" aufnehmen, eine Maschine, die so weit entwickelt ist, dass sie wirkliche „Gefühle" entwickeln kann. David wird von einem „Liebes-Programm" zu seinen Eltern, vor allem der Mutter gegenüber, bestimmt. Ein Programm, das irreversibel wirkt, wenn es einmal durch eine bestimmte Wortfolge aktiviert wird und das, anders als bei einem „echten" Menschen-Kind, nicht dazu bestimmt ist, in einen Prozess der Ablö-

Die Eltern

sung zu münden. Monica ist zuerst skeptisch, ja gekränkt, aber ihre mütterlichen Gefühle sind zu stark, und schließlich liest sie David die Wortfolge aus der Gebrauchsanweisung vor, die sein Band zu ihr unauflöslich machen.

Zunächst ist David ein Kind, wie es sich Eltern nur wünschen können. Ebenso anrührend wie intelligent, wohlerzogen wie verständig. Aber der Graben zwischen Menschen und Mechas ist nicht verschwunden durch die noch so perfekte Simulation. Einmal mehr zeigt Steven Spielberg die Familie keineswegs als Ideal, sie ist vielmehr die soziale Maschine, die Gefühle konsumiert und zerstört. Die Familie in die David/Pinocchio kommt, ist eine furchtbare Weiterentwicklung der gefühlskalten und mechanischen Familien aus Filmen wie CLOSE ENCOUNTERS OF THE THIRD KIND oder HOOK. Davids Programm ist einerseits eine pure (melodramatische) Anklage dieses Zustandes, in dem sich tatsächlich Eltern das Kind als nichts anderes denn als „Super-Toy" halten, ein Spielzeug als sozialen Ausweis, und andererseits schon die Verzeihung, Liebe gegenüber Menschen, die diese offenkundig nicht „verdient" haben. David fürchtet, dass er nicht „wirklich" geliebt werden kann, und er benötigt Anleitung und Begleitung, wie sie ihm die Menschen nicht bieten können. Diese Hilfe findet David später in dem „Liebesroboter" Gigolo Joe (Jude Law), der ihm entscheidende Hinweise für das Zusammenleben von Mechas und Menschen gibt. Ein Zusammenleben, das nur auf die fortschreitende Diversifikation von Bedürfnissen und ihren Befriedigungen bis hin zu einer chaotischen Unübersichtlichkeit des „Marktes" für Mechas bauen kann und eigentlich, wie der globalisierte Kapitalismus, nichts anderes als ein System der endlosen Zusammenbrüche ist, die nicht das endgültige Aus bedeuten, weil sich immer neue Akte von Kannibalismus und Prothetisierung des Lebens ab-

wechseln. Der „Prothesengott" von Sigmund Freud hat in A.I. die Herrschaft der Welt übernommen. Aber nicht dies zu sehen ist David geschaffen worden. Die „Liebe" zwischen dem maschinellen Ersatzkind und seinen menschlichen Eltern ist denn auch wahrhaft grenzenlos. Aber dann erwacht der Sohn aus dem Koma, und Jake (Brendan Gleeson) kehrt in ein gründlich verändertes Elternhaus zurück. Es entbrennt ein Kampf der beiden ungleichen Söhne um die Zuneigung der Mutter. Dreimal zwingt Jake David in seiner Arglosigkeit zu Taten, die den Mecha als Bedrohung erscheinen lassen. Einmal provoziert er die Maschine dazu, sein Innenleben mit richtiger Nahrung zu ruinieren. Dann überredet er David, der Mutter nächtens eine Locke abzuschneiden, um sich ihrer Liebe zu vergewissern. Als sie im entscheidenden Moment erwacht und eine kleine Verletzung davonträgt, muss sie zuerst an einen Angriff glauben. Bei Jakes Geburtstag schließlich wird David von den „Orga"-Gästen in die Enge getrieben, und nachdem man seine Schmerz-Sensoren getestet hat, so verängstigt, dass er sich hilfesuchend an seinen „Bruder" klammert und mit ihm zusammen in den Swimming Pool stürzt. Nach diesem „Mordanschlag" ist es beschlossen, dass David „entsorgt" werden muss. Es ist die einzige Möglichkeit, den Konflikt zwischen Menschen- und Roboterkind zu vermeiden, nämlich David zu deprogrammieren und zu verschrotten. Aber Monica Swinton hat nun auch gegenüber dem Ersatzkind zumindest so viel mütterliche Gefühle entwickelt, dass sie es nicht über sich bringt, ihn bei Cybertronics abzuliefern.

In ihrer Obhut, wie man so sagt, behalten kann sie ihn auch nicht. David wird, noch ein Märchen-Bezug, wie es Hänsel und Gretel einst geschah, von der Mutter in einem Wald ausgesetzt, mit ein wenig Geld statt mit Brotkrumen. Und dort haben sich,

Die Brüder

ein anderes Neverland, eine andere Wildnis der entkommenen Sklaven, die verstoßenen und geflohenen Roboter verborgen, die defekte Schöpfung, die nicht einfach sterben will. Die erbarmungswürdigen Mechas werden von menschlichen Jägern verfolgt, von einem künstlichen Mond aus werden Motorradkrieger auf Bluthund-Maschinen hinter ihnen her gejagt. In der Verbindung von Sadismus und professioneller Mechanik erinnert das an die Tötungsorgien in den Filmen der *fauves* des amerikanischen Horrorfilms in den siebziger Jahren, an Romeros DAWN OF THE DEAD (1979) zumal. Aber das ist nicht nur eine Horror/ Hitchcock-, sondern auch eine Disney/Spielberg-Märchenwelt, weshalb David auch nicht vollständig allein ist. Sein erster magischer Begleiter ist der Teddybär, ebenfalls ein sprechendes, empfindendes, wahrnehmendes Roboterwesen, eine mechanische Fortsetzung von Jiminy Grille, der in Disneys PINOCCHIO-Version das „Gewissen" des hölzernen Jungen abgab. So viel Einfluss kann dieser Mecha-Teddy nicht mehr nehmen, aber er kann David immer wieder warnen (und in einer Szene ist er zugleich eine wunderhübsche Chewbacca-Parodie aus den STAR WARS und ein WIZARD OF OZ-Zitat). Und dann ist da Gigolo Joe, der Sex-Roboter – Fortsetzung der Strategie der Umkehrungen in A.I. und auch ein Spielbergianismus: das männliche Exemplar des maschinellen Sex-Objekts. (Im Übrigen könnte man wohl durchaus vermuten, A.I. sei unter anderem eine große, bittere „Abrechnung" mit den Frauen, deren Gefühle, als Mutter wie als Geliebte, nichts anderes als Bedürfnisse sind, die sich jederzeit durch Maschinen ersetzen lassen. Mehr noch: Müsste demnach nicht „die Frau" an der Maschinisierung der Welt schuld sein, die das Mecha-Kind wie den Mecha-Lover wie einen Fernseher oder eine Waschmaschine ein- und ausschalten will?) Gigolo Joe ist an der Negation von Davids Problem gescheitert: Er hat, „mechanisch", so gut funktioniert, dass er bei Menschen „echte" Gefühle auslösen konnte, was

David, Teddy, Gigolo Joe

schließlich in einer Eifersuchtstragödie endete. Er hat zu gut funktioniert, vielleicht ist sein „Defekt" auch so etwas wie ein narzisstischer Reflex: Gigolo Joe schaut sich schon selbst beim Funktionieren zu. Das ist ein anderer Weg in die Katastrophe zwischen Menschen und Maschinen. So blieb auch ihm nur die Flucht. David ist im Märchenwald der verlorenen Maschinen unterwegs zugleich wie Pinocchio auf der Suche nach der blauen Fee, die ihn in einen „echten" Jungen verwandelt, und wie Dorothy in „The Wizard of Oz", die den Zauberer sucht, um den Weg nach Hause zu finden. Nach Hause, auf eine Farm der Depressionszeit, mit Staub, Hunger und Gefühlskälte. *There is no place like home*. Nach Hause in den mechanischen (Gefühls-)Haushalt seiner Mutter.

So beginnt für David eine Reise auf der Suche nach dem Menschwerden; er ist der aus dem zweiten, schweiß- und tränenvollen „Paradies" vertriebene Abelkain, ein Pinocchio, ein Nachfolger von so vielen

Menschengeschöpfen, die Menschen nicht werden können, von Frankenstein über Johnny Five aus SHORT CIRCUIT (Nummer 5 lebt! – 1986 – Regie: John Badham) bis zum TERMINATOR (1984 – Regie: James Cameron). Interessanter vielleicht aber ist der Wechsel der Empfindungen bei den Menschen, insbesondere bei Monica, die David beinahe als wirklichen Sohn angesehen hat. Bei seiner Odyssee findet der elektronische Pinocchio falsche und richtige Freunde wie Gigolo Joe, der an den John Malkovich von EMPIRE OF THE SUN erinnert. Wie dieser führt auch Gigolo Joe den Jungen in die „materiellen" Dinge des Lebens ein, gerade weil er alles andere als selbstlos ist – eine Seite des Väterlichen, die gewiss nicht zu verachten ist, von der man allerdings nur zu gut weiß, dass sie nicht alles umfasst, ja, dass sie gerade das Wesentliche verfehlt. David sieht an der Hand und mit den Augen von Gigolo Joe eine zerfallende und immer sich neu formierende Gesellschaft der Klassen und der

Ausbeutungen. Da geht es um den schrecklichen Überlebenskampf der defekten Menschmaschinen, die furchtbaren Kämpfe um die Ersatzteile auf den Müllplätzen ebenso wie um die sadistischen Vergnügungen von Menschen, die ihr maschinelles Parallelwesen nie als „Brüder" und „Schwestern" akzeptiert haben, und sich stattdessen an grausamen Sklaven-Kämpfen bis zum Tode nach Art der Gladiatoren ergötzen. Der Roboter ist das neue „Tier", auf das alle „animalischen" Triebe, Sex und Gewalt, aber eben auch Sentimentalität projiziert werden. David ist das verlorene Kind in *Rouge City*, dem maschinellen Vergnügungsviertel der katastrophischen Zukunft von A.I., und am Ende landet er mit all den anderen gefangenen Mechas in der Arena, in der zum großen Gaudium der Zuschauer die lebenden Maschinen zu Tode gefoltert werden, indem man sie durch Feuerringe schießt oder mit siedendem Öl übergießt. Der Direktor in der Manege peitscht dabei den durchaus rassistischen Hass der Zuschauer gegen die Maschinen ein, die den Platz der

Menschen übernehmen wollen, und seine Todespropaganda kulminiert in der Hassrede auf den perfekten David, den er zum Tod unter dem Öl erwählt hat: Gerade weil David einem echten Jungen so ähnele, soll man ihn hassen und vernichten. Aber eine Maschine, die lieben kann und die Schmerz empfindet, kann noch etwas anderes: Mitleid erregen. Wieder organisiert Spielberg ein Bild, das er beinahe perfekter als das der emotionalen Intimität inszenieren kann, nämlich das der um sich greifenden Hysterie. In dem dabei entstehenden Chaos gelingt David, Teddy und Gigolo Joe noch einmal die Flucht.

David will die „Blaue Fee" finden, aus der Geschichte, die Monica vorgelesen hat (ganz so, wie die Mutter in E.T. mit ihrer Feen-Geschichte die Phantasie von Elliot in Gang setzte), und die als einzige vermag, einen richtigen Jungen aus dem „Spielzeug" zu machen, den seine Mutter dann endlich lieben wird, und Gigolo Joe weiß, wo man auf alle seine Fragen eine Antwort erhält, natürlich gegen Bezahlung: Bei Dr. Know, dem holografischen

Computerwesen. Und auf die letzte seiner
möglichen Fragen erhält David die Antwort: Die blaue Fee ist in der verbotenen
Zone, im untergegangenen Manhattan zu
finden.

Aber David (und nicht nur er) ist längst
zum „reinen" Menschen geworden, und
der sucht das Licht und die Liebe. Daher
wird er auch zum Erforscher der menschlichen Seele – und damit so sehr zum kleinen „Retter" wie zur Gefahr für den Fort-
bestand dieser Welt des Prothesengottes.
Gewiss gehört er zu den vielen Mischfor-
men zwischen Technik und „Leben", die
im Kino immer wieder die Frage stellen:
„Was ist ein Mensch?", oder, genauer: „Wo
verläuft die Grenze zum Mensch-Sein?"
Spielberg „löst" die Frage nicht, wie der
TERMINATOR, in der Existenz des Maschi-
nenwesens und seines Verhaltens zur Welt
selber, und auch nicht in der künstlichen
„Identität" der Replikanten in BLADE RUN-
NER (ist es die Erinnerung oder die Hoffnung, die einen Menschen ausmachen?),

sondern durch den Blick oder, wenn man
so will, durch den Glauben.

Es ist ein Gedicht, das David statt zur
blauen Fee zu seinem eigentlichen Schöpfer, zu Professor Hobby führt. Dort macht
er die furchtbarste Erfahrung seines kurzen oder zeitlosen Lebens. Er begegnet einem Wesen, das ihm selber vollkommen
gleicht. Der andere David, der es sich in
der Bibliothek eingerichtet zu haben
scheint und vor allem mit Büchern lebt,
lädt ihn zur Freundschaft ein, aber David
sieht die Voraussetzung für die Liebe zwischen zwei Menschen, zwischen Mutter
und Sohn, von seinem Double vernichtet:
die Einzigartigkeit. Nur wer einzig ist,
kann geliebt werden. Nun droht eine ganz
andere Art von Einsamkeit. Auf die Einsamkeit des Menschen, der vom Objekt
seiner Liebe zurückgewiesen wurde folgt
die furchtbarere Einsamkeit des Menschen, der erkennt, wie sehr er austausch-
bar ist. Auf die Programmierung der Liebe
ist gleichsam selbst-kreativ die Entwicklung des Schmerzes und die Entwicklung
des Gefühls der Angst gefolgt, und nun,
im Angesicht seines Doubles, entwickelt
David ein weiteres Gefühl, für das er ursprünglich nicht gedacht war: Zorn. Rasend vernichtet er den anderen David, den
Beginn der Serienproduktion seiner selbst.
Selbst Gigolo Joe zeigt sich entsetzt vor
diesem Ausbruch. Er endet mit dem Eintreffen seines Schöpfers. Professor Hobby
zeigt sich erfreut über diese „Heimkehr",
aber auch er konstatiert, dass David auf
das Ideal, nicht auf die Einzigartigkeit hin
erschaffen wurde. Seine Perfektion also
muss ins Leere gehen, diese denkende und
empfindende Maschine könnte größer
und perfekter als der Mensch werden, un-
ersetzlich sowieso, aber sie könnte nie
Mensch werden: Davids Leben ist ein Widerspruch in sich. Während Professor
Hobby die Crew zusammenholen will, damit sie ihr selbständig heimgekehrtes Geschöpf begrüßen, irrt David durch die Räu-

me des Hochhauses (dort, wo nach der Prophezeiung die „Löwen weinen", steinerne Figuren, die dem Druck des Wassers ausgesetzt sind) und sieht die Anfangsstadien der Massenproduktion seiner selbst. Auch ein weibliches Modell ist in Arbeit, viele Roboter nach seinem Modell (aber schon wieder mit leicht abgeänderten Zügen) werden zusammengebaut, andere sind bereits versandfertig verpackt und mit den entsprechenden Werbebotschaften versehen. Und es ist, als würde sich David bei diesem Anblick innerlich vollkommen leeren.

Dieses mögliche Ende von Davids Reise ist der schönste und fundamentalste Kubrick-Augenblick in Spielbergs Film. Er ist so radikal ans Ende seiner Existenz gelangt wie der Astronaut am Ende von 2001. Er kann ausgerechnet angesichts seiner selbst nicht mehr weiterleben. In diesem Augenblick der Selbsterkenntnis, der Erkenntnis des Lebens als Betrug, als unlösbares Problem, als Identität von Werden und Sterben, kann es keine Hoffnung mehr geben. David hat sich als das Subjekt verloren, das

seine einzige Hoffnung erfüllen könnte, die Liebe seiner Mutter zu erringen, indem er als einzigartiges Wesen ganz und gar „echt" wird. Kubrick hat seinen Menschen über diesen Punkt ohne Trost zu einer Wiedergeburt jenseits aller seiner Vorstellungskraft geführt. Sein „Sternenkind" musste jenseits der Begriffe, jenseits der Empfindungen, jenseits des ursprünglichen Mensch-Seins neu beginnen.

Steven Spielberg aber glaubt nicht an die Wiedergeburt nach dem unerträglichen Punkt des Lebens ohne den Trost. Steven Spielberg glaubt an den Trost. Getröstet sterben ist besser als untröstlich leben.

David kann ohne die Hoffnung auf seine Einzigartigkeit nicht weiterleben. So lässt er sich in den Ozean fallen und sinkt ins Vergessen, so wie er schon einmal, im Swimming Pool seiner Familie, in einer embryonalen Haltung zu vergessen schien. Ein Schwarm Fische trägt ihn eine Weile, immer tiefer hinab sinkt die kleine Maschine, die kein Mensch werden konnte, bis David schließlich den Grund er-

reicht: Coney Island, den Vergnügungs-park, mit seinem Riesenrad und seinem Märchenland, den Passions-Stationen der Pinocchio-Legende – und der blauen Fee. Ihr Bild gibt David wieder neuen Mut. Er taucht wieder auf und überredet Gigolo Joe, mit ihm in ihrem Fluchtgefährt auf den Meeresgrund zu tauchen, aber der wird nach einer letzten Hilfeleistung für ihn von den menschlichen Jägern gefangen (auch sein letzter Gedanken gilt der Einzigartigkeit: nicht das Programm sondern das Leben selber, so scheint er seinem Schützling zu sagen, macht die Einzigartigkeit des menschlichen Wesens aus). Und endlich steht David in seinem kleinen U-Boot vor der unbeweglichen Statue der blauen Fee und bittet sie, ihn zu einem wirklichen Jungen zu machen. Immer wieder trägt er seine Bitte vor; eine Maschine wird nicht müde, eine Maschine schläft nicht. Das Riesenrad (wie es in 1941 so dekorativ ins Meer gerollt ist) gerät ins Wanken und begräbt das Boot von David und die Statue der blauen Fee. Endlos wieder-

holt David seine Bitte, endlos schweigt das Bild der Fee. Auch damit hätte A.I. sein längeres Gedankenspiel schließen können, nach einem philosophischen ein zynisches Ende, ganz so, wie es uns in der Wirklichkeit gelegentlich geschieht, wenn wir auf das Unaushaltbare der Welt und unserer Existenz darin stoßen. Die Maschine, die nicht sterben kann, repetiert sich bis in alle Ewigkeit.

Oder so lange, bis es einen mechanischen Defekt gibt. Tausende von Jahren vergehen, David, Teddy, das U-Boot und die blaue Fee sind im ewigen Eis gefroren. Die Menschheit hat längst aufgehört zu existieren. Eine außerirdische Rasse exploriert den Planeten; die Astronauten der in der Tat unvorstellbaren Zukunft (einer Zukunft ohne Menschen) sehen in David den einzigen Speicher der untergegangenen menschlichen Kultur. Da erfüllt sich sein Wunsch nach Einzigartigkeit auf höchst paradoxe Weise. Aber diese Wesen sind nicht nur auf andere Weise neugierig als die Menschen, sie haben auch eine andere Form des Mitleids. Sie tun, was in ihrer Macht steht: für einen einzigen Tag können sie Monica noch einmal zum Leben erwecken, ein Tag, den er allein mit ihr verbringen darf, ein Tag des vollkommenen Glücks im Bewusstsein des endgültigen Abschieds. Spielberg benötigt für die Inszenierung dieses Trosts nicht mehr das Pathos von E.T. Gerade die Verhaltenheit der Trauer, der zärtliche Blick auf David, der zum ersten mal in seinem Leben „einschlafen" kann, neben seiner Mutter, die nicht mehr erwachen wird, macht uns deutlich, wie sehr die Empfindung vom Bewusstsein abhängt. David ist Mensch geworden durch seinen Abschied, durch die Fähigkeit, das Gefühl zu denken, den Gedanken zu fühlen. Er ist frei, weil er sich von der Absolutheit des Wunsches befreite, und weil er über die Kränkung triumphierte, die Kränkung der Welt ebenso wie die Kränkung der Mutter, die ihn einst im Wald ausgesetzt hat. David hat, wenn man so will, das Märchen wirklich zu Ende gelesen/erzählt, das heißt auf seinen Anfang hin.

Radikaler als das je zuvor in Spielbergs Film-Welt ausgesprochen werden konnte, ist David das „verstoßene Kind", der „parahumane Mechanoid", der von seiner Orga-Mutter wenn nicht dem Tod, so doch der fundamentalen Einsamkeit überantwortet wird. Und dieses verstoßene Kind sinkt hinab, ins Fruchtwasser der Erde, in den Ozean, der sich längst das Eiland Manhattan wieder geholt hat. Es ist dort so kalt, wie es für Frankensteins Geschöpf im ewigen Eis kalt war, in das es geflohen war. Und eine neue Eiszeit ist auch über die Erde hereingebrochen, die umfassendste Gefühlskälte. Auch nun kann es nicht mehr der Mensch sein, der David erlöst, nur eine jener außerirdischen Kräfte, die sein Leben streifen, ohne dass er sie begreifen könnte. Die Befürchtung der Menschen, sie würden von den Maschinen überlebt, ist auf eine inversive Weise ein-

getreten: Es ist die verstoßene Maschine, die überlebt hat. So wird der Mecha nach Jahrtausenden wieder aufgetaut, für einen einzigen Tag der Gnade, den er mit seiner Mutter verbringen kann. Keine „leibliche" Mutter, eine emotionale, eine bildhafte Mutter ist das. Das Prinzip der Leiblichkeit hat damals über das Prinzip der Emotion gesiegt, nun, in dem tröstenden Traum des Abschieds, ist es umgekehrt.

Der gnadenvolle Augenblick dieser zärtlichen Mutter/Kind-Berührung spiegelt das (groteske) Paradox jener Situation, in der David in der erwachten Konkurrenz zum leiblichen Sohn der Mutter, dem unleiblichen „Bruder", als „guter Junge" Spinat in sich hineinstopft, obwohl er weiß, dass er damit sein mechanisches Innenleben ruiniert und er sich dem Tod oder einer Reparatur aussetzt, die wiederum die Entfremdung in seiner „Familie" beschleunigen müsste. In Szenen wie dieser treffen sich Kubricks kühle Ironie und Spielbergs Mythem von der Ablehnung

des Opfers. Nur das Paradox kann die Lösung sein, wo das Paradox schon das Prinzip des Lebens geworden ist. Alle Filme von Steven Spielberg zeigen dieselbe Situation: Das Leben des Menschen in einer Welt, in der ein Mensch nicht leben kann. Warum man doch leben kann in der unerträglichen Welt und in der widersprüchlichen Determination der sozialen und technischen Programmierungen, das ist die Erkenntnis der Einzigartigkeit. Die ist zugleich fruchtbar und schön. Die Differenz des Ich zur Welt ist die Voraussetzung der Liebe (und macht sie zugleich unmöglich). Und die Liebe ist die Produktion der Differenz, in E.T.s Abschied ebenso wie im Tod von Captain Miller. A.I. ist eine Spielbergianische Revision des cineastischen Nietzscheanismus à la Kubrick, und es ist eine Kubricksche Reise ins finstere Herz des Spielbergianismus.

Es ist einerseits eine durchaus ernsthaft durchgeführte Kubrick-Situation, der immer wieder nach dem Nach- und Gegenmenschen gefragt hat, und es ist anderer-

seits eine dunkle Zusammenfassung so vieler Spielbergianismen, Erfüllung und Widerspruch in einem. Nie waren die phantastischen und die historischen Aspekte seiner Welt so eng aneinander gebunden, nie ein Spielberg-Film über das Gefühl zugleich so „gedacht". Die Mechas sind nicht nur die maschinellen Parallelgeschöpfe der Menschen, sie sind auch neue Abbildungen der Sklaven, denen die Herren mit einer Mischung aus Sentimentalität und in Aggression und Überheblichkeit gewendeten Furcht begegnen, denn wie alle Sklaven, so haben auch die maschinellen Wesen den Aufstand oder die Flucht in sich. Es ist nur eine Frage der Zeit oder eine Frage des Blicks. Im Sklaven bekämpft der Sklavenhalter seinen sicheren Untergang, seine kommende Einsamkeit, seine so deutlich hervortretende Einsamkeit. (Und sind nicht Kinder in unserer Kultur zuallererst die Gefühlsslaven und Spielzeuge ihrer Eltern?)

Freilich: Dieser Sklave der kommenden Zeit, die denkende und empfindende Maschine, ist nicht mehr einer eigenen Kultur, einer eigenen Vergangenheit, einer eigenen Erinnerung entrissen, er ist ökonomisch erzeugt, auf den Bedarf hin, eben als reine Gegenwart ohne eine Vergangenheit und ohne eine Zukunft. Das Mecha-Kind wie auch der Gigolo-Joe sind daher vor allem Ausdruck der Krise des Leibs in der ökonomischen Gesellschaft der nahen Zukunft (die längst begonnen hat). Noch einmal lagert man die Sexualität, die Gewalt und die Sentimentalität aus, um des Überlebens in der ökonomisch funktionierenden und natürlich zerstörten Welt willen. Paradoxerweise aber wird die maschinelle Schöpfung selber zur Natur, oder anders gesagt: die Natur wird sich mit der Maschine gegen den Menschen verbünden, und das muss keineswegs in der Form der Revolte, in der Form jenes Krieges geschehen, den Kubrick in 2001 als Duell des Astronauten mit dem Computer zeigt oder

James Cameron in TERMINATOR als veritablen Weltkrieg zwischen Menschen und Maschinen. Und daher kann auch diesmal das Opfer (wie in TERMINATOR II [1991 – Regie: James Cameron] oder in ALIEN IV [Alien – Die Wiedergeburt – 1997 – Regie: Jean-Pierre Jeunet]) nicht die eigentliche Lösung bringen.

In A.I. scheint es möglich, dass die Maschinen die Menschen durch die Liebe bezwingen. Die Katastrophe also beginnt mit einem Gedankenspiel. Was geschieht, wenn ein Wesen, ob animalischer, menschlicher, göttlicher oder maschineller Provenienz, das aus reiner Liebe besteht, nicht angenommen wird? Wie schon bei E.T. also wird man sehr rasch auf allfällige Parallelen zum Bild des christlichen Gottessohnes stoßen, der den Widerspruch zwischen seiner Menschenliebe und der Liebesunfähigkeit der Menschen nur mit dem radikalen Selbstopfer beantworten konnte. (Und wieder wird uns Spielberg mit dem Hinweis entgegnen, der „jüdische Junge aus Phoeniox, Arizona" habe mit diesem Mythos des geopferten Messias nicht viel im Sinn.) Tatsächlich

reicht David in tiefere Schichten jenes Monotheismus, der seine metaphysischen Bilder doch immer wieder spalten und anreichern musste. David, der die Bundeslade nach Jerusalem bringt, oder David, der (wie David Mann in DUEL) gegen den körperlich überlegenen Goliath antreten muss. Ein Stammvater, einer der vielen, die vermutlich vergeblich versuchen, den Widerspruch von Körper und Schrift, den Moses (und ach, wie unbeholfen holzschnitthaft der Film-Moses von Charlton Heston, den jedes fernsehende Kind noch kennt) in die Geschichte brachte, in der Tat zu lösen, die ganz in der „Liebe zu den Seinen" aufgehen sollte. David wird für die Menschen zum reinen Bild, das ist das eine. Aber die andere Seite seiner Vermenschlichung besteht darin, dass ihm selbst die Welt zum reinen Bild wird. Er sieht die weinenden Löwen (die vielleicht auch eine späte Antwort auf die sich erhebenden Löwen von Sergej Eisenstein sind).

Während in den JURASSIC PARK-Filmen immer wieder ganz nebenbei durch die Saurier-Bedrohung eine Familie gegründet

wird, muss dies der kleinen Menschma-
schinengott-Einheit mißlingen. Die Liebe,
die er als ein Theorem in die Welt bringt,
als etwas, das sich nur ausbreiten oder ka-
tastrophisch enden kann, erweist sich für
den „echten" Menschen, für die Mutter allemal, als ungemein seelenzerstörerisch.
Denn was auf Davids Seite unbedingt ist,
das ist auf der anderen Seite konditioniert,
auf das körperliche, das soziale, das semantische, das syntagmatische konzentriert. Es enthält immer das eigene Gegenteil und macht somit den Menschen viel
mehr zur Maschine als es die emotionale
Maschine je sein kann. „Mutter", als Beispiel, erscheint daher wie eine sozial sank-
tionierte Verknüpfung von Fleisch und
Text, von Körper und Gesetz. David kann
nur so unbedingt lieben, weil er nicht essen, weil er nicht sterben muss. Er ist nicht
der bessere Mensch. Er ist anders.

Der Bruch zwischen der kalten Klarheit
von Stanley Kubrick und der humanistischen Wärme und, gewiss, der Verklärung
des Bildes bei Spielberg, entspricht in A.I.
dem Bruch in den meisten Spielberg-
Filmen selbst zwischen den Bildern des
hoffnungslosen Grauens und der hoff-
nungsstiftenden Fabel (wie am deutlichs-
ten in SAVING PRIVATE RYAN, nicht minder
aber in SCHINDLER'S LIST und AMISTAD). Der
sehr kubrickianische erste Teil, bis zum
Versinken des kleinen Protagonisten im
Wasser über dem Broadway, erinnert nicht
nur in seiner Haltung und Ikonographie
an A CLOCKWORK ORANGE (1971), sondern
auch in der strengen Logik seiner Dramaturgie. Diese Welt ist zu einer Müllkippe
geworden, auf der die neuen maschinellen
Untouchables verzweifelt nach Ersatztei-
len zum Überleben suchen, ein allfälliger
Kannibalismus, den die Orgas droben nur
subtiler betreiben. Mit dem Eintreten der
Außerirdischen in diese verlorene Welt
(also jenen Vertretern eines Messianismus,
der ganz ohne das Opfer auskommt, den
wir aus CLOSE ENCOUNTERS OF THE THIRD

KIND so sehr kennen wie aus E.T.) gelangen
wir unversehens vom Bereich der Beschreibung in den Bereich der Fabel und
mehr noch des Fabelhaften. Der Bruch ist
nicht geringer als der in SAVING PRIVATE
RYAN, von der Konstatierung einer unrett-
baren Welt zu einer Fabel der Erlösung, die
ihrerseits zu einer Aufforderung wird:
„Earn it"! Und was man da beim ersten
Hinsehen als „Verrat" Spielbergs an Kubricks unnachsichtiger Vision von der
nicht rettbaren Welt ansehen könnte,
wirkt bei genauerer Betrachtung auch als
eine Art der „Spiegelung" und der gegenseitigen Kommentierung.

Spielberg will die Welt nicht verloren
geben, auch wenn im Kern seiner Filme
seit DUEL dieses Verlorensein der Welt und
vor allem das Verlorensein jedes einzelnen
Menschen letztlich unleugbar ist. Im Lau-
fe der Entwicklung des Spielbergianismus
hat sich der Bruch zwischen der Unrett-
barkeit der Welt und dem Willen zu ihrer
Errettung immer wieder verschoben, nie
aber ist er verschwunden, nie hätte die
eine Seite die andere gänzlich bezwungen.
Der Bruch bildet die Klammer zur Fabel
wie in SCHINDLER'S LIST oder (wie in einem
goldenen Schnitt) eine Position mitten im
Film wie in SAVING PRIVATE RYAN, er ist ein
Intervall wie in THE COLOR PURPLE oder ein
Initial wie in HOOK, und manchmal verläuft er auch zwischen zwei Filmen wie
zwischen E.T. und POLTERGEIST. Seine neueste Variation also besteht im Bruch zwischen zwei Autoren, ein wenig Lehrer und
Schüler vielleicht, zwischen Kubrick und
Spielberg.

Wer könnte uns daran hindern, die Teile von A.I. wie die Erfahrung und den
Traum zu behandeln und das Eintreffen
der Aliens, für die es keine Grenzen von
Raum und Zeit mehr gibt (Kubricksche
Über- und Nachmenschen, Bergsonsches
Licht und Bild, das vor dem Blick existiert,
und natürlich Spielbergianische Engel
und Begleiter), als die Phantasie im Augen-

blick einer sterbenden Maschine, vergleichbar der schaurigen Melodie, die HAL. in 2001 im Augenblick seines Todes singt? Dieser Traum kann zu keinem Happy End führen, genauso wenig aber zur radikalen Verdammnis. Im Spielbergianismus wird die Maschine (oder die Idee des Lebens) zum Menschen durch drei Dinge: durch das Akzeptieren von Verantwortung (wie Gigolo Joe), durch das Bildwerden, und schließlich durch die Fahigkeit zu träumen. All das konstruiert Einzigartigkeit trotz der Serienproduktion – der Maschine oder des Menschen in Suburbia.

Dass künstliche Wesen echte Gefühle erzeugen, ist nun ja so neu nicht. Schließlich konnte ein frei erfundener Herr namens Werther eine Selbstmordwelle auslösen, und wer seinerzeit bekannt hätte, bei E.T. nicht geheult zu haben, hätte sich in die Gefahr öffentlicher Steinigung begeben. Immerhin: gerade dort leiden wir mit den künstlichen Menschen am meisten, wo diese Existenz auch ein Teil ihres Problems ist. Wie Frankensteins Ungeheuer, der gerne eine Seele, ein Bewusstsein oder wenigstens eine Braut haben wollte, wie Pinocchio, das Holzpüppchen das ein „richtiger" Junge werden wollte und, in der aktuellsten Version, der Mecha-Junge David. Umgekehrt spielen andere künstliche Wesen mit den Grenzen ihrer Gefühle. Kasperle ist komisch und frech, aber sentimental ist er nicht. Das Mechanische bei R2-D2 und seinem Blechkumpel begrenzt ihren Gefühlsradius gerade richtig, ihre Gefühle bleiben kindlich. Und dass die Wesen der TOY STORIES (1995/1999 – Regie: John Lasseter) aus dem Computer stammen, macht uns deswegen weder kognitiv noch sentimental besonders große Schwierigkeiten, weil es sich eben um Spielzeug handelt, und zwar um Spielzeug, das klug genug ist, vom Pinocchio-Traum der Menschwerdung Abstand zu nehmen. Die zweite (oder dritte) Realität ist Lebensraum genug. Aber eine friedliche Koexis-

tenz zwischen dem Menschen und seiner zweiten Schöpfung ohne jenes Opfer, das so radikal ausfallen mag wie in TERMINATOR II, ist der eher unwahrscheinliche Fall. Auch Menschen und „TOONS" in Zemeckis WHO FRAMED ROGER RABBIT? liegen im Krieg miteinander – oder doch in einer Art „Bürgerkrieg". Die Vermeidung dieses Opfers (und genau darum geht es auch wieder in A.I.) liegt in der Spielbergianischen Morphologie. Die Technik, die nur als eine Maschine der Wunscherfüllungen funktioniert, kann zaubern, aber nicht betrügen. Denn alle Wesen im Spielberg-Kosmos, die Kinder wie die Erwachsenen, die „echten" wie die künstlichen Wesen, die irdischen wie die außerirdischen Lebensformen, sogar die Bösen wie die Guten, werden nicht vom „Willen zur Macht" getrieben, sondern von einer einzigen paradoxen Sehnsucht: geliebt zu werden.

Steven Spielberg hat sich in A.I. nicht viel weniger vornehmen müssen (und wenn er es sich nicht vorgenommen hat, war es dennoch unausweichlich), als nach einem Ausweg aus einem Dilemma von Wahrnehmung, Moral und Philosophie dieser Zeit zu suchen. Umberto Eco hat sich vor Jahren, was die rasante Entwicklung der Medien, der Technik, der sozialen Umbauten anbelangt, mit einer hübschen Differenz aus der Affäre gezogen. Er hat die Menschen, die überhaupt noch nachdenken, was mit ihnen geschieht, in die „Angepassten" und die „Apokalyptiker" eingeteilt. Da sind also Menschen (man müsste sie heute vielleicht schon mehr als „angepasst" nennen, etwa als „Faszinierte" oder gar „Interaktivisten"), die bedingungslos mitmachen, was sich da entwickelt, von neuen Medien grundsätzlich das Allerbeste erwarten, „Big Brother" wenigstens auf einer zweiten, „ironischen" Ebene genießen, Gen-Technologie befürworten und in den Robotern die Befreiung des Menschen sehen. Die anderen, die

„Apokalyptiker", können in jedem Schritte von der Authentizität weg, in jedem Modernisierungsschub, in jeder Zukunft nur das Katastrophale sehen. Aus den „Apokalyptikern" Ecos sind in der Mediengesellschaft möglicherweise zum Teil auch die „Gelangweilten" geworden, die die Zukunft weder als Apokalypse noch als Versprechen, sondern nicht anders denn als Hysterie ansehen können: Hysterie um mehr oder weniger nichts. Spielberg hat mit A.I. also auch einem Diskurs, der zwischen diesen Dispositiven längst frivol, zynisch oder abstrus geworden ist, eine verlorene Würde zurückzugeben versucht.

Das Subjekt seit den achtziger Jahren kämpft in gewisser Weise darum, weder Angepasster noch Apokalyptiker (oder eben: weder „Faszinierter" noch „Gelangweilter") zu sein. Das ist, um ein sehr viel älteres philosophisches Modell zu zitieren, auch der Kampf gegen die Reinheit eines Verschwindens, das einem Wesen zustößt, das entweder viel zu wenig oder viel zu viel Bewusstsein hat. (Kurzum: der zwischen Faszination und Langeweile changierende Mensch ist selbst das perfekte Spiegelbild seiner denkenden Maschine geworden.) Was A.I. vermittelt, ist nicht nur die Idee der Welt als Bild, sondern auch die Idee vom Bewusstsein als Form der Begrenzung. Stanley Kubricks Kino hat immer wieder Grenzen überschritten, das war seine Ur-Sache. Spielbergs Kino dagegen ist auf der Suche nach der Grenze, um sie zu respektieren, aber je tiefer der cineastische Spielbergianismus reicht, desto fragwürdiger wird die Grenze. Am Ende bleibt es der Fähigkeit zur Einzigartigkeit, bleibt es dem „Gerechten", diese Grenze selbst zu ziehen.

Der Konflikt zwischen den Segmenten der Gesellschaft, der sich einst so vehement in der Auseinandersetzung der Befürworter und der Gegner des Krieges in Vietnam zeigte, war unter anderem wohl auch eine aktualisierte und in den jeweiligen Milieus bekräftigte Erscheinungsform noch tieferer Widersprüche. Eine andere Form davon war der Widerspruch zwischen den Technik-Freaks und den Techniknhassern, der sich zwar längst in tausenderlei und teils überraschenden Crossovern differenziert hat, aber deswegen nichts weniger als „gelöst" ist. Dabei geht es indes nicht mehr nur um den „alten" (mechanischen) Widerspruch zwischen Zivilisation und Kultur (wie man es aus dem Besinnungsaufsatz kennt) – ist nicht, einerseits, die Maschine, die produziert (die Fabrik) und die aufnimmt (die Kamera) immer schon auch die Maschine, die tötet, oder ist nicht andererseits, auch die Robinsonade, die Rebarbarisierung, die man mit den besten und friedlichsten Absichten beginnt, am Ende dazu verurteilt, in blutigen Kämpfen, im Chaos des LORD OF THE FLIES (1963 – Regie: Peter Brook), im Kannibalismus (oder wenigstens im Wahn) zu enden? Es gilt, den Punkt zu bestimmen, wo beides die Unschuld verliert (crucial in Spielbergs Welt). In sich und aneinander. Und das ist zur gleichen Zeit natürlich offensichtlich unmöglich. Der Barbar und der Techniker verwandeln sich daher unablässig ineinander (ist nicht der sanfte Professor Hobby in A.I. die furchtbarste und freundlichste Gestalt zugleich?) – ein mythischer Ausweg ist der Repräsentant der falschen Technik, der in den Dschungel von Vietnam als Barbar zurückkehrt wie RAMBO, oder der Held von STAR WARS, der sich die technische Zukunft zum Barbaren-Märchen verlängert. Solche einfachen Lösungen hat Spielberg, obwohl er in der Tat auf einfache Filme hinauswollte, nie eingesetzt. Seine Kindmänner und Wissenschaftsmagier suchen noch immer nach dem Dazwischen, sie akzeptieren die Differenz und wollen sich dennoch nicht spalten lassen in den angepassten und apokalyptischen Menschen (jedenfalls nicht dort, wo das Leben etwas mehr ist als das Alltägliche).

A.I. jedenfalls spaltete die amerikanische Kritik und scheint kein überwältigender ökonomischer Erfolg zu werden, trotz einer bemerkenswerten, hübsch „geheimnisvollen" Vorab-Kampagne im Internet (mittlerweile für den *blockbuster* unabdingbar) und über 1000 Websites, die zum Thema A.I. eingerichtet wurden. Als eine „manisch depressive Variation von E.T." wurde der Film im *New York Magazine* bezeichnet, und auch die europäische Kritik hielt den „Dialog" zwischen Spielberg und Kubrick für weitgehend verfehlt. Giulia D'Agnolo Vallan bezeichnete A.I. als „Spielbergs seltsamsten, faszinierendsten und persönlichsten Film" – in der Tat hat ja Spielberg hier zum ersten Mal seit CLOSE ENCOUNTERS OF THE THIRD KIND wieder selbst ein Drehbuch geschrieben – und die Arbeit als jene, welche „die Lücke zwischen den beiden JURASSIC PARK-Filmen – den ‚kommerziellsten' Arbeiten des Regisseurs – und SCHINDLER'S LIST oder SAVING PRIVATE RYAN – den ‚erwachsenen' Filmen" füllt. Pierre Lachat dagegen beschreibt präzise eine der rhetorischen Umformungen, die Spielberg vornimmt: „Den Gegensatz zwischen den beiden Autoren, die einander respektierten, ohne einander ähnlich zu sein, könnte nichts besser verdeutlichen als der Gebrauch der Musik. Dort, wo Kubrick zweifellos seine eckig verfremdenden Kommentare eingesetzt hätte, wie er's zuletzt in EYES WIDE SHUT (1999) noch einmal getan hat, da lässt Spielberg zu Beginn recht unverbindlich aufspielen, um dann gegen den Schluss hin vermehrt Geigen zu besetzen, die dem Publikum auch schon mal vorschluchzen, was es da nachzuschluchzen gibt." Auch die Musik markiert eine Art der Grenze im filmischen Universum.

Spielbergianismus als Meta-Politik
Steven Spielberg hat nicht nur Hollywood neu erfunden, er hat vor allem Hollywood als moralische Anstalt wieder erfunden.

Dies konnte nur gelingen, indem er es zum einen aus der Kinderperspektive neu sah, und indem er es zum anderen „entterritorialisierte". Steven Spielbergs Protagonisten können nicht wirklich in den Raum aufbrechen; er verschwindet vor ihren Augen, wird so absurd wie für die Menschen in seinen frühen Road Movies, so leer wie in JAWS oder SAVING PRIVATE RYAN, so begrenzt wie in HOOK oder SCHINDLER'S LIST. Der Raum ist keine Lösung, und auch die Konstruktion des Feindes ist höchst temporär. Also kann der Spielberg-Mensch nur sich selbst als Erfahrungsraum dienen. Vergangenheit wird dabei selten in der Form einer traditionellen Rückblende konstruiert. Viel häufiger muss sie ganz buchstäblich in eine andere Form der Gegenwärtigkeit verwandelt werden (wenn auch nicht immer so modellhaft wie in HOOK); der Spielbergianische Mensch existiert auf drei Weisen, als das Kind, das er gewesen ist (oder auch nicht gewesen ist), als der Mensch, der in der Gesellschaft steht (und in ihr verloren geht) und als der sterbende Mensch, der Mensch, dem Flügel wachsen zwischen dem Tod des Körpers und dem Tod des Bewusstseins. (Wir begreifen vielleicht noch einmal die Tragödie im Scheitern von HOOK und die Groteske in INDIANA JONES AND THE TEMPLE OF DOOM, den Filmen, in denen diese Dreiheit an die Oberfläche gelangt.)

Wichtiger vielleicht noch ist der Umstand, dass Spielbergs Helden keine Chance haben, eine Katastrophe abzuwenden oder sich in ihr heldenhaft zu bewähren und sei es durch das Opfer. Nicht im Vorher und nicht im Währenddessen liegen ihre Möglichkeiten, sondern beinahe ausschließlich im Nachher. Das Opfer, so es eines geben muss, ist weder vorherbestimmt noch hat es seinen Sinn in sich, es wirkt durch seine Übernahme. Und so ist die Frage nach der Aufnahme des künstlichen Lebens im organischen, wie sie A.I. am Ende stellt, weder eine der Produktion (die Programmierung hebt sich in der Praxis auf) noch eine der aktuellen Rationalität (als könne man das künstliche Leben nur in den Kategorien des Bedarfs sehen), sondern eine Frage der Projektion. Die Emotionsmaschine in A.I. verhält sich daher auch wie ein Gegenentwurf zum „unfehlbaren" Computer HAL in 2001, dem mit der Perfektion auch der Wille zur Macht und zur Unsterblichkeit einprogrammiert wurde. Wenn die Liebe im Programm ist, hebt sich die Dialektik auf, welche in Kubricks Film den Weg des Menschen bestimmte, der seine zweite Schöpfung bezwingen musste, um neu geboren werden zu können. Auch hier tritt an die Stelle der Überwindung das Einschreiben; so wie sich der Gerechte in die Geschichte der Überlebenden einschreibt (in SCHINDLER'S LIST), so wie das Opfer im Krieg in die Geschichte der Gesellschaft eingeschrieben wird (in SAVING PRIVATE RYAN), so wie das Leiden und wie der Prozess (in AMISTAD und THE COLOR PURPLE) in eine Kultur eingeschrieben wird, so schreibt sich das künstliche in das alte Leben der Menschen in A.I. ein.

Die Katastrophe ist immer bereits eingetreten. Spielbergs Helden können nur darauf reagieren. Unter anderem durch die Verwandlung von Peter Pan in Moses und umgekehrt. Sie wissen, dass sie bereits in so etwas wie der Hölle leben. Das ist ihre eigentliche Stärke: Sie akzeptieren nicht die Welt als Ausrede. Sie wissen, dass sie sich zu entscheiden haben, sie wissen, dass es auch in der Hölle die moralische Entscheidung des Einzelnen geben wird. Sie mag falsch oder richtig sein. Und so wird denn auch der postmoderne Pinocchio in A.I. nicht „kategorisch" zu einem „richtigen Menschen", sondern durch eine Kette der Entscheidungen.

Und diese Entscheidungen sind nicht an den „totalen" Helden gebunden; alle Spielberg-Helden sind mehr als unvollkommen, sie sind in der Regel nicht einmal sonderlich sympathisch. Da unterscheidet sich Oskar Schindler nur wenig von Indiana Jones. Aber im entscheidenden Augenblick machen sie von ihrem moralischen Entscheidungsrecht Gebrauch. Sie werden Menschen durch diese Entscheidung, und umgekehrt ist Mensch erst, wer zu einer solchen Entscheidung fähig ist. Kein Wunder also, dass die Grenze überall, nur nicht zwischen dem „Authentischen" und dem „Gefälschten" verlaufen muss.

Deshalb ist Spielberg, bei aller Vernarrtheit in die Märchen und die Bilder der ewigen Wiederkehr, eben nicht der „Mythomane", als den ihn beispielsweise Heike Kühn sieht, er konstatiert im Gegenteil – und gerade dies macht die populäre aufklärerische Komponente auch noch der sentimentalsten und phantasiesüchtigsten (was in der Regel auch heißen mag: Phantasie tötenden) Spielberg-Filme aus – nicht identisch mit ihrem historischen Mythos. ????? Sie sind nicht identisch mit ihrer Legende.

Spielbergs Menschen also müssen akzeptieren, dass die „eigentliche" Katastrophe schon eingetreten ist. Habe sie nun die Gestalt eines weißen Hais, der Badestrände terrorisiert, von Sauriern auf Menschenjagd, die eines Krieges, die einer durch eine empfindende Maschine ausgelöste Bewusstseinskatastrophe von A.I. oder die der nationalsozialistischen Herrschaft. Das eben macht wohl SCHINDLER'S LIST zu einem so geglückten Werk, dass sein Held eine klare Antwort auf die Frage aller Spielberg-Filme gibt: Wie soll, wie kann man leben in der Zeit der Katastrophe, wenn man weder ein platter „Held" noch das todessüchtige Opfer sein kann?

Die große Katastrophe, die nicht mehr zu verhindern ist, lässt sich auf unterschiedliche Weise historisch füllen. Es ist der Holocaust, es ist Vietnam, es ist die ökologische Katastrophe, es ist die Katastrophe der ökonomischen Korruption (die Verwandlung Peter Pans in einen Piraten). Der Mythos versucht diese Katastrophen mit Sinn zu füllen, oder gar, sie auf die eine oder andere Weise ungeschehen zu machen, sie zu „übermalen". Man kann dies etwa als die „James Cameron"-Linie des *blockbusters* bezeichnen, die von TERMINATOR II bis zu TITANIC führt. Spielberg dagegen muss seine Menschen immer wieder trösten (wie seinen Oskar Schindler im Augenblick der Befreiung), dass ihre Entscheidung die Katastrophe weder verhindern noch mit Sinn füllen konnte.

Es geht also um die Frage nicht „vor" der Katastrophe und nicht um die Analyse der Ursachen. Spielbergs Filme fragen niemals nach dem „Warum" einer Situation; sie fragen nach dem „Wie". Denn genau dies ist die Frage, die nicht das Fleisch und nicht der Text, sondern nur das Bild beantwortet.

Wenn Spielbergs Protagonisten in und nach der Katastrophe leben, so geht ihnen glücklicherweise die fatale Hoffnung ab, durch die Katastrophe erwachsen zu werden, und auch das Abenteuer – und dann: der Krieg – als „Mannbarkeitsritual" findet sich hier nicht.

In 1941 hat sich Spielberg gebührend über die Riten und Symbole solcher kriegerischer Mannbarkeit lustig gemacht, und in EMPIRE OF THE SUN hat er sie als wahrhafte Blendung im Blick eines Kindes gezeigt. Nicht die Helden, sondern das Objekt ihrer Mission muss in SAVING PRIVATE RYAN den Schritt in die Erwachsenenwelt tun.

Die „großen" Spielberg-Filme sind in den USA längst in den Rang nationaler Ereignisse erhoben, und in Europa immerhin feuilletonistische Schlüssel. Nachdem die politische Prominenz mehr oder weniger pflichtschuldigst öffentliche Tränen in E.T. vergoss und der Präsident selber eine Empfehlung zum Besuch von SCHINDLER'S LIST abgegeben hatte, wurde SAVING PRIVATE RYAN sogar juristisch kanonisiert, als ein Richter in Minnesota einen 18jährigen, der ein Veteranen-Denkmal verwüstet hatte, dazu verurteilte, sich Spielbergs Film anzusehen und danach seine Reue zu bekennen. Der Junge behauptete schließlich, er habe durch den Film vom wahren Opfer der Väter etwas verstanden und würde fürderhin ihr Andenken ehren. Wenn man bei SCHINDLER'S LIST schon von einer „Spielbergianisierung des Holocaust" gesprochen hatte, so schien eine Spielbergianisierung der Rehabilitationsjustiz dann allerdings doch zu weit zu gehen. Zum Gewohnheitsrecht jedenfalls wurden Spielberg-Filme als Umerziehungsmedium nicht (stattdessen privatisierte man die Gefängnisse).

Der Spielberg-Film als nationales Gesamtkunstwerk funktioniert als Epos, Fabel, Predigt und Gesang, politisch, sentimental und religiös zugleich. Sicher hat Louis Menand recht, wenn er (in der *New York Review of Books*) kritisiert: „Das Problem mit Spielberg ist, dass er nicht will, dass die Leute überhaupt denken – er erlaubt nur, dass sie fühlen." Nur ist eben das Fühlen in den Spielberg-Filmen nicht ganz das Fühlen von, sagen wir, BAMBI oder TITANIC. Es ist ein Fühlen, das sich der Abhängigkeit von der Umwelt so weit bewusst ist, dass es nicht in vollständige Regression versinkt. Ob es damit für den aufklärerischen Diskurs gerettet wird, ist indes eine andere Frage.

Wie funktioniert die Hölle? In der ersten Hälfte von SAVING PRIVATE RYAN versucht ein Film, darin Kubricks FULL METAL JACKET womöglich übertreffend, die Frage zu beantworten, wie Krieg funktioniert. Diese „höllische" Antwort steht gar nicht im Gegensatz zu einem Film wie 1941 (der erklärt wie Kriegs*hysterie* funktioniert) oder EMPIRE OF THE SUN (der versucht zu erklären, wie kindliche *Faszination* des Krieges funktioniert). Ja das Zerbrechen der Erzählung ist eine womöglich genauere Wiedergabe als der einigende Mythos oder die diskursive Montage.

Begegnungen zwischen Mensch und Monster

In beinahe allen Spielberg-Filmen gibt es den Punkt der schieren Hoffnungslosigkeit, wo die Macht des Bösen, das Grauen übermächtig scheint, jede andere Haltung als den Wunsch zu überleben, oder auch nur den Wunsch, gnädig zu sterben, kaum noch vorstellbar ist. Es ist dies ein Punkt der moralischen Müdigkeit, der Gleichgültigkeit. Bestien wie der Monstertruck in DUEL, der Hai in JAWS, die Saurier in LOST WORLD scheinen gerade in ihrer moralischen Gleichgültigkeit unbezwingbar. Und immer wieder, wie auch in A.I., ist der Mensch in Gefahr, selber zu einer Bestie der Gleichgültigkeit zu werden.

Das Überleben dieses Moments der Ermattung bedeutet die (einzige) große moralische Verpflichtung des Spielberg-Helden. Worum er nun zu kämpfen hat, ist nicht die erlösende Tat für die Gemeinschaft, er handelt vielmehr vor allem für sich, für die Wiederentwicklung seiner Verantwortung und seiner Würde. Von hier schreibt er gewissermaßen seine Ge-

schichte neu. Denn im Augenblick der Tat kann er nicht wissen, ob ihm die Geschichte Recht geben wird oder nicht. Es ist jederzeit denkbar, dass Oskar Schindler alles umsonst getan hat, und „seine" Juden dann doch nicht zu retten gewesen wären; es hätte sein können, dass die vielen grausamen Tode in SAVING PRIVATE RYAN mit dem Ausgang des Kriegs nichts zu tun gehabt hätten, die verschüttete Mutterliebe in A.I. hätte statt des Überlebens des künstlichen Kindes ebenso gut auch sein verlängertes, grausames Sterben bedeuten können.

Steven Spielberg hat in allen seinen Filmen eine Re-Lektüre des amerikanischen National-Märchens, „The Wizard of Oz" betrieben. Etwas wie ein Wirbelsturm, das Landen eines Raumschiffes oder der Zweite Weltkrieg, trägt den Spielberg-Menschen in ein zauberhaftes und schreckliches Land, voller Dämonen und voller Falschheit. Er muss ins Zentrum dieses Landes von Oz, koste es was es wolle, denn nur dort ist der Schlüssel für die Heimkehr. Dort muss Dorothy erwachsen werden, und Peter Pan zu Moses, um die Heimkehr zu bewerkstelligen. Freilich, wir wissen, dass der Zauberer von Oz ein Schwindler ist. So wie wir wissen, dass es keine Aliens gibt, jedenfalls nicht so, wie wir sie uns vorstellen könnten. So wie vielleicht sogar der Weltkrieg ein Schwindel war, die Geschichte insgesamt nichts anderes als ein Schwindel von Zauberern, die in Wahrheit nichts anderes als Handlungsreisende sind. Aber das ändert weder den Weg noch den Sinn dieser ewigen „Heimkehr". There is *no* place like home. Die Rückkehr ist die dialektische Einheit der materiellen (oft ausgesprochen unerträglichen) Wahrheit am Ausgangspunkt und des Phantastischen und der Phantasmen der Spielbergschen Reise. Es ist, in der Regel, Glück und Ernüchterung zugleich. Und oft nur noch Traum im Traum. There *is* no place like home.

Kritik des Spielbergianismus

Steven Spielberg und die Seinen also haben die „Traumfabrik" zugleich ökonomisch und moralisch gerettet, gegen die Zyniker und Barbaren, gegen die nostalgischen Rebellen der Genres, gegen die schönen Rebellen der Form wie Monte Hellman. Die Frage, ob sich diese Rettung gelohnt hat, stellt sich in diesem Kontext so wenig, wie die Frage, ob es sich lohnt, gegen einen weißen Hai anzutreten. Auch in dieser Situation galt es für Steven Spielberg immer zuerst, seine eigene Verantwortung und seine eigene Würde zu retten.

Wenn Spielberg-Filme beinahe immer so etwas sind wie nationale Versöhnungsangebote, dann ist er selber dabei immer bestrebt, mit der Versöhnung Erinnerung und „Erziehung" zu verbinden (was ihn von den ausschließlich reaktionären Versöhnern ebenso wie von den „Tragikern" dieses Prozesses unterscheidet). Wieder emaniert dieser Impuls zum Teil höchst bi-

zarre Anekdoten: Richter Marc Greenberg führte Mitglieder der *Fourth Reich Skinheads* zur Besserung SCHINDLER'S LIST im Simon Wiesenthal Center vor, um anschließend mit Überlebenden der Konzentrationslager zu diskutieren. Beim Start von AMISTAD verteilte Spielbergs Firma 20 000 Broschüren zur Geschichte der Sklaverei in den USA an den Highschools. Aber so ganz konnte er die Vorwürfe auch nicht entkräften, die „Indiana Jones"-Serie und insbesondere INDIANA JONES AND THE TEMPLE OF DOOM transportiere mehr als nur „dumme" rassistische Klischees. In EMPIRE OF THE SUN geht es – im Übrigen ganz entgegen der literarischen Vorlage – so gut wie nie um die eigentlichen Opfer des Krieges in Shanghai; was Japaner und Alliierte untereinander ausmachen, degradiert die Chinesen zu duldenden und unwichtigen Statisten. Die episodische Struktur der Filme steht einer vollkommenen „Gerechtigkeit" offenkundig im Weg. So kommt eine strukturelle Ungerechtigkeit in die Spielberg-Filme.

Spielbergs magische Kino-Reisen verleugnen weder den großen Bruch (den zwischen Individuum und Gesellschaft, zwischen Moral und Geschichte, zwischen Wahrnehmung und Inszenierung etc.), um dessen Essenz der postmoderne Mensch und die postmoderne Kultur aufgebaut ist, noch verleugnen sie ihren eigenen Illusionscharakter. Dennoch enthalten sie noch genügend Mythos, um nicht nur das Unerträgliche in metaphysisches Erträgliches zu verwandeln, sondern um auch das „Außen", den „Anderen" immer wieder zu rekonstruieren. Daher träumen diese Filme eine Menschlichkeit, die sie nicht denken können, so wie sie (und wie die Shoah Foundation) eine Art von Erinnerung sammeln und individualisieren, die sie nicht der Geschichte zurückgeben. Gesellschaft und Geschichte sind bei Spielberg weitgehend mit einer Natur übereinstimmend, die ihrerseits genauso weitgehend aus den künstlichen Welten der mechanischen Suburbias wie der medialen Zauberreiche verbannt ist. Die Natur hat sich im Spielbergianismus nicht erst seit A.I. mit der Technik gegen den Menschen verbündet. Das Leben ist eine unabänderliche Hölle, die dem Einzelnen dennoch immer wieder die moralischen Entscheidungen abfordert. Weder die Revolte noch die Erkenntnis versprechen Befreiung. Der Spielbergianismus beschreibt eine geschlossene Welt, die trotz aller Zeichen und Wunder ihren radikalsten Bruch mit dem Jenseits hat. Spielbergs Menschen verwandeln sich in innere und äußere Prothesenmenschen, in Halbwesen und Schizophrene, wegen der fundamentalen Abwesenheit von Sinn in ihrem Leben. Vermutlich kann man auch sagen: Wegen der fundamentalen Abwesenheit Gottes.

Das eingeschriebene Problem des Spielbergianismus ist die Wahl der Mittel. Eine Form der Erzählung, die einerseits so in der Konvention des Alten befangen scheint, dass das Neue immer erst auf einen zweiten Blick zu erkennen ist, und die so sehr auf das Gemüt abzielt, dass man beinahe in jeder Einstellung argwöhnen kann, man hätte mit den selben rhetorischen und ikonographischen Mitteln das Gegenteil von der beabsichtigten Aussage auch ausdrücken können. Das Einschreiben der humanistischen Ideale des Spielbergianismus in den Mainstream geschieht um den Preis eines Sprachverlustes. Und immer ist die Möglichkeit da, dass, ganz im Sinne Theodor W. Adornos, die Form des Diskurses den Diskurs selbst zerstört.

Diese Kritik des Spielbergianismus mag Stil, Inhalt und Methode sehr genau treffen, sie trifft, in der Mediengesellschaft, die Soziologie dieses medialen Netzwerkes nicht mehr. Denn Spielberg ist unter der Maske eines Erzählers (die so gut sitzt, dass man gar ein Buch über ihn mit dem Motto „Erzählkunst" titelt) auch ein radikaler Er-

neuerer der Form. Auch das kann man durchaus als eine Kritik sehen (aber auch als das Gegenteil): Spätestens mit INDIANA JONES AND THE TEMPLE OF DOOM entwickelt er seine Drehbücher mit dem Gestus eines Autors, der nicht mehr erzählen will. Im Übrigen würde nicht ein einziger Spielberg-Film den Kriterien entsprechen, die in den populären Ratgebern für erfolgreiche Drehbücher aufgestellt werden. Spielbergs Kino-Kunst besteht gerade in der Fähigkeit, über das katastrophische Ende des Erzählens hinauszugelangen, das Zerbrochene der Welt, das Episodische der Heldenreise, die Mehrdeutigkeit der Bilder zum Thema zu machen. Aber vielleicht müssen sie sich dabei auch in der Paradoxie des Wizard of Oz auflösen: die Phantasie beschreibt eine Heimkehr zu einem Ort, der nur in der Phantasie bewohnbar ist.

Spielbergs Filme erzählen, wenn überhaupt, vom Ende, von der Katastrophe her. Es gibt im Grunde keinen Spielberg-Helden, dem wir dabei zusehen könnten, wie er etwas „Konstruktives" tut. Sie sind vielmehr damit beschäftigt, „etwas" in der Katastrophe zu retten, das ein wenig über das eigene Leben hinausgeht. Wie das vor sich geht, wissen sie selbst am Allerwenigsten. Alle Spielberg-Helden sind in Wahrheit Hysteriker, die versuchen, auf den Übersprung zu reagieren, den der Wechsel von Ausbruch und Lethargie bewirkt. Die Hysterie, das ist das Symptom der Realität im Spielberg-Kosmos.

Spielbergianismus, das ist im Grunde also einerseits nichts anderes als die Wiederkehr des medial verschärften, emotionalen kulturellen Liberalismus in der Zeit der Postmoderne, und das bedeutet eine Reihe von Stärken und Schwächen. Doch Spielberg löst die Kritik am Spielbergianismus in seiner Arbeit als Produzent und Mastermind auch immer schon wieder auf, er dreht Filme und initiiert andere, die diese Arbeiten schon wieder kritisieren

Bei den Dreharbeiten zu SAVING PRIVATE RYAN

oder zumindest persiflieren. Er spielt das Spiel von Subversion und Schizophrenie schon vorweg. Und oft genug sind aktuelle Filme von ihm unter anderem Bearbeitungen der Hysterie-Ausbrüche in vorhergegangenen.

Als Essential bleibt eine freiwillige Beziehung des Subjekts mit der Geschichte, bei der es auf den Anteil des Synthetischen nicht mehr ankommt. Jede seiner (erfolgreichen) Kino-Geschichten birgt in sich ein vollständiges Paradoxon: In der Familie mag man es eine „Beziehungsfalle" nennen, im historischen Prozess ist es die Erfahrung der Absurdität. Steven Spielbergs Filme behaupten nicht mehr und nicht weniger, als dass die Werte des liberalen Kleinbürgers, die kleine Portion von Aufklärung, auch angesichts der großen Absurdität gültig und tauglich sind, wenn sie nur angenommen, „verdient" sind. Die Welt ist nicht zu retten, aber der Gerechte (und jeder kleine Akt der Gerechtigkeit) rettet sie doch.

Das mag stimmen oder nicht. Wie es sich für einen anständigen Liberalen gehört, bekommt Spielberg ja auch die Kritik von links und von rechts. Seine Suche gilt nicht dem Helden, nicht dem Herrscher und schon gar nicht, wie immer wieder behauptet wird, einem „Messias". Spielbergs Filme suchen den Gerechten. Dass das Jüdische und das Amerikanische dabei so zwingende Konstruktionspunkte werden, ist nur zu verständlich. In den „Text" der Aufklärung im Kino sind nur wenige von seinen Filmen ohne Umschweife aufzunehmen. In der Geschichte der Selbstaufklärung des Mediums indes spielen sie eine größere Rolle als ihnen etwa die europäische Filmgeschichtsschreibung zugestehen will.

Tote auf Urlaub, oder Notizen zur Ethik des Zurückschreckens

Es gibt ein Motiv, das, wenn auch verborgen, in bemerkenswerter Häufung in Spielbergs Filmen auftritt, nämlich das von

Menschen, die eigentlich schon tot sind, und es nur noch nicht wissen. Der Veteran Quint in JAWS trägt den Tod von seinem ersten Auftreten mit sich; sein Tod durch den Hai ist nichts anderes als die Vollendung des Sterbens, das im Zweiten Weltkrieg, beim Untergang seines Schiffes und beim Angriff der Haie auf die Überlebenden, begonnen hat. Was ist HOOK anderes als ein Gespenst, das den Zeitpunkt seines Todes nicht weniger vergessen hat als Peter Pan den Zeitpunkt des Verlustes seiner ewigen Kindheit? Über den Kampf zwischen Schindler und Göth in SCHINDLER'S LIST bemerkt Hanno Loewy: „Dass man um diese Menschenleben spielen kann, so wie es Schindler und Göth miteinander tun, hat einen simplen Grund, der einen in diesem Film immer wieder wie ein Blitz durchfährt: Die, um die es geht, sind schon längst tot, auch wenn man es ihnen noch nicht unbedingt ansieht." Und bei SAVING PRIVTE RYAN hat sich Kameramann Kaminski an die Kriegsfotos von Robert Capa gehalten, weil man in ihnen „Menschen sieht, die schon tot sind, ohne es zu wissen".

Das Paar in SUGARLAND EXPRESS ist von dem Augenblick, da es den Polizisten als Geisel genommen hat, vom Tode gezeichnet; wir wissen von ihrem Ende nicht nur durch die Umstände des wirklichen Falles, der dem Film zum Vorbild diente. Jims Freund in THE EMPIRE OF THE SUN ist ebenso ein Toter, der von sich nicht weiß, wie, natürlich, ALWAYS vom Tod aus erzählt ist. E.T. könnte, mit einigen kleinen Akzentverlagerungen, als Phantasie eines sterbenden Kindes funktionieren (wie „Die Brüder Löwenherz"), und beinahe alle „Amazing Stories", die Spielberg geschrieben oder inszeniert hat, handeln von einem mehr oder weniger „leichten" Übergang in einen Tod, der sich selbst noch nicht akzeptiert hat. Und A.I. handelt gleich von zwei „todgeweihten" Kindern, dem „natürlichen", das an einer Krankheit zu sterben droht und bereits halb im Jenseits scheint, und dem „mechanischen", das getötet werden soll, nachdem es seine Aufgabe erfüllt hat. So ist das episodische und fragmentierte Erzählen in Spielbergs Filmen vielleicht nicht viel anderes als ein Handel mit dem Tod.

Die Legende von dem Jungen, der den Frosch nicht zerschneiden konnte und deshalb hinaus stürmen musste, um sich zu übergeben (oder: die Legende von einem Jungen, dessen Körper dagegen rebellierte, die analytische Rationalität am Körper des anderen, des Mitgeschöpfs, zu exemplifizieren), beschreibt auf eine scheinbar sehr einfache Weise den Mythos des Spielbergischen Menschen, der, wir haben es gesehen, zum Helden so wenig wie zum Opfer geboren ist. Er macht mit. Aber nicht bis zum Ende. Es gibt die Punkte des Zögerns, und es gibt den Augenblick des Zurückschreckens. Der Knabe Elliot, der ihn erreicht, vielleicht wie der echte, vielleicht wie der geträumte Knabe Steven, ist darin dem Oskar Schindler so sehr verwandt wie dem Mann mit der Peitsche (der sie übrigens bemerkenswert selten gebraucht), Indiana Jones. Umgekehrt ist es die Mutter, die in A.I. vor dem „Opfer" des mechanischen Kindes zurückschreckt. Sehr kurz aber nichtsdestoweniger prägnant waren die Momente des Zögerns in DUEL und JAWS, bevor das künstliche Wesen, die reine Mechanik oder die reine Natur, geopfert werden, was in JURASSIC PARK keineswegs nur aus der Serienlogik heraus gänzlich unterbleiben muss.

In Steven Spielbergs Filmen lernen wir weder das Richtige gegen das Falsche zu setzen, noch lernen wir, die Erkenntnis und die Tat einander gegenüberzustellen. Im Vergleich zu Spielberg ist der große Mythopoet des amerikanischen Kinos, John Ford, ein radikaler Aufklärer (und mit Fug mag man THEY WERE EXPENDABLE [Schnellboote vor Bataan – 1945] als einen genaueren Film über den Krieg ansehen als SAVING PRIVATE

RYAN). Der Kern seiner moralischen Geschichten freilich ist gerade diese Fähigkeit des Menschen, zu zögern, an seinen Gewohnheiten und Überzeugungen zu zweifeln, sogar um den Preis des Erfolges, sogar um den Preis, diesen zweiten großen Wunsch des Knaben Elliot oder des Knaben Steven Spielberg zu verpassen, nämlich „dazuzugehören", nicht ausgeschlossen zu sein, keine Türen vor sich schließen zu sehen. (Diesen Zustand, den – ausgerechnet und mittlerweile vielleicht verständich – HOOK zu beschreiben versäumte, weder der einen noch der anderen Kultur, weder der Gesellschaft noch dem Traum anzugehören.) Kein Spielberg-Held kann diese Ethik des Zweifelns, des Zögerns, des Zurückschreckens, ganz aus sich allein heraus schaffen; er oder sie benötigt dazu die Hilfe anderer Menschen, und wo es die nicht gibt, die Hilfe von Aliens und Engeln.

So zieht sich alles auf den magischen Augenblick zusammen, in dem sich das Kino vom Leben trennt, ohne es aufzugeben. In THE LOST WORLD: JURASSIC PARK ist er am einfachsten eingefangen: Ein kleiner Junge wird in der Nacht von Hundegebell und anderen, noch undefinierbaren Geräuschen geweckt. Ein Schatten fällt über das Elternhaus. Der Junge versucht seine Familie von der drohenden Gefahr zu überzeugen. Ein Saurier im Garten, das passiert schließlich nicht alle Tage! Die Erwachsene lachen ihn nur aus. Bis sie das Untier sehen, das gerade den Hund verspeist hat. Das Blut jedenfalls ist so wenig zu übersehen wie die zerstörte Hundehütte. Jetzt ist es für die Erwachsenen an der Zeit zu schreien. Aber das kommt nun zu spät. Für sie und für den Jungen, der in dieser Zeitspanne gelernt hat, auf wen er sich nicht verlassen kann. So muss er, was er menschlich verloren hat, technisch ersetzen. Und jetzt hat dieser kleine Junge, der im Zentrum der Spielberg-Filme steht, einen anderen Verbündeten. Ein anderes Mittel gegen die Angst. Er hat eine Kamera und macht Bilder von dem Monster. Seine Angst spielt in diesem Augenblick keine Rolle mehr.

Und ist, was Rabbi Albert Lewis über seinen einstigen Schüler Steven Spielberg sagte: „Die Kamera erst hat ihn zum Menschen gemacht", ein bezeichnendes biographisches Detail oder eine weitere Metapher? Schlagen zwischen diesen beiden Möglichkeiten nicht die Spielbergschen Wellen vom Innen zum Außen? Das Bild des kleinen Jungen, der, um seine Angst zu bezwingen, nur das eine Mittel hatte, die Kamera, genau dieses Bild immer und immer wieder zu evozieren, ist eine „Obsession". Sie ist zugleich Abbildung des Übergangs vom Erleiden zum Bild-Denken. Die Kamera macht einen Menschen aus Steven Spielberg, so wie jeder nur ein Mensch werden kann, wenn er in irgendeiner Weise diesen Schritt macht und dieses Objekt findet, das zugleich zwischen dem Ich und der Welt einen Schutzwall errichtet und beides in Beziehung zueinander setzt. Wenn ein Bild entsteht, ist nicht alles verloren. Nicht einmal das Fleisch und der Text, wovon in ganz anderen Filmen ganz anderer Autoren die Rede ist.

Rette sich wer kann (das Leben)

> Wir erzählen uns Geschichten, um zu überleben.
> *Joan Didion*

In dem Augenblick, in dem das Kind die Kamera als Möglichkeit und zugleich als Ersatz (also als Medium von Zukunft und Vergangenheit) erkannt und benutzt hat, ist es in gewisser Weise auch gezwungen, moralisch zu handeln. Dennoch bleibt im Zentrum der Filme nicht der Mensch, der mit der Kamera erwachsen wurde (wie er sogar Mensch und Bürger – citoyen nicht bourgeois – wird, wie bei François Truffaut), sondern „das Kind mit der Kamera".

Das Kind mit der Kamera schafft ein Bild der Welt, schafft eine Welt, und es muss selber lernen zurückzuschrecken, zum Beispiel vor der allfälligen Macht dieses Schöpfungsaktes, davor, was J.G. Ballard als Wesen der Ästhetisierung aller Beziehungen am Ende des zwanzigsten Jahrhunderts ausgemacht hat, nämlich die Fähigkeit, „unsere Psychopathologien als ein Spiel fortzusetzen". Ein Element dieses Zögerns ist die (Wieder-)Entdeckung der Vergangenheit, die Spielberg, wie wir gesehen haben, nicht in der konventionellen Form der Rückblende aufheben will oder kann. Spielberg lässt nicht nur alle seine Figuren an den Ort des Verzichtes – auf die anmaßende Tat wie auf das absolute Opfer – gelangen, auch seine Filme selber beschreiben diesen Verzicht, zum Beispiel darauf, die Rolle eines vollendeten Welt-Modells einzunehmen. Immer schreckt er vor dem „visionären" Kino, dem nietzscheanischen Kino so unterschiedlicher Autoren wie James Cameron, Ridley Scott oder eben Stanley Kubrick zurück. Das *Kind mit der Kamera* will sich davor bewahren, auf eine Weise destruktiv zu werden (1941 oder INDIANA JONES AND THE TEMPLE OF DOOM hatten davon einen Hauch), dass diese Kamera nur noch einen Weg sieht, bei dessen Verfolgung sie die Welt in Trümmer zu legen vermag. (Auch dies ist eine Erklärung für die Abwesenheit des „travelling" in Spielbergs Filmen: die Kamera will nicht diesen „Weg" finden, den man dann nur noch zu Ende gehen kann, sie will sich einen Platz unter den Menschen suchen und einen für das Kind hinter ihr.)

Steven Spielberg, das hat uns vom Anbeginn seiner Werkgeschichte begleitet, hat in seinen Filmen auf eine Reihe von Brüchen reagiert, den Sündenfällen der amerikanischen Politik (in Vietnam und Watergate) so sehr wie den Brüchen der Familie und nicht zuletzt den post-religiösen Brüchen der Wahrnehmung. Die Antwort der Mainstream-Kultur war, neben der Kreation paranoider Leitbilder in der Politik wie Ronald Reagan und der Kreation paranoider Leitbilder im Kino wie RAMBO eine „Verdinglichung" ungeahnten Ausmaßes. Die Menschen in Suburbia winden sich vor Angst vor der körperlichen Berührung, vor jedem symbiotischen Zugriff. Die Berührung (die, wie wir gesehen haben, bei den Spielberg-Filmen selber eine Geste des Zögerns, eine Geste des Innehaltens ist) ist so gefürchtet, dass sie nur den Dämonen und Engeln vorbehalten bleibt, und je weniger der Körper sich offenbaren darf, desto mehr öffnet sein Index, die „Natur" der Welt, ihre Pforten. Diese Furcht vor der Körperlichkeit der Welt geht tiefer als die puritanische Sexualfeindlichkeit, tiefer, mehr noch als die Feindlichkeit gegenüber dem Bild der Sexualität (die in den „unbeobachteten" Momenten immer sogleich ins Pornographische umkippt).

Es ist das „Ding", das einen Ausweg zu weisen schien: der Fetisch, der Markenartikel, die Waffe, das Geld. Das unbelebte Objekt verspricht Sicherheit und Kontrolle. Allerdings: Je mehr es technisch perfektioniert wird, desto weniger ist es „unbelebt", desto mehr wird es selber Körper. Die Sehnsucht nach dem Maschinenwesen, nach der Verdoppelung des Menschen als sauberer Datenschatten im Cyberspace, als genmanipulierte zweite Schöpfung, als David und Gigolo Joe, ist also unter anderem auch die Konsequenz dieser amerikanischen Körperfurcht. Nicht so sehr die mächtige Maschine ist das Problem, sondern die Rückkehr des verdrängten Körpers als Maschine oder als „nackter" Alien.

Um also dem „Frankenstein-Syndrom" des Filmemachens zu entgehen, verlängert Spielberg nicht das Psychopathologische als cineastische Metamorphose (nicht einmal Indy ist so eine Verlängerung von Dr. Jones wie, sagen wir, Superman eine Verlängerung von Clark Kent, oder der Werwolf eine von Larry Talbot ist), noch stellt er sie als „Feind" dem Helden gegenüber. Stattdessen macht die Welt dem Spielberg-Helden und dem Kind mit der Kamera „Vorschläge", es ist, als würden die Dinge, die Zeichen und Wunder (an die man, wie gesagt, nicht glauben muss, um an sie zu glauben) dieses Kind mit der Kamera auffordern: Schreib unsere Geschichte. Schreibe sie als Fabel gegen die Verzweiflung, als das Mögliche gegen das Unmögliche. Deshalb müssen sich die Helden der Spielberg-Filme auch nicht wirklich „verwandeln" (auch wenn sie unentwegt Grenzgänge zwischen dem Reich der Kindheit und dem der Erwachsenen, zwischen der Selbstidentifikation als Peter Pan oder Moses unternehmen), ihre Aufgabe ist es vielmehr, sich der Verantwortung dieses Bilder-Schreibens bewusst zu sein. Denn das Wesen des Menschen ist das Sehen geworden (nachdem er so sehr an die Grenzen von Fleisch und Schrift gestoßen ist, dass er sich für beides nur noch nach Prothesengöttern umsehen kann, dass er sich, im Extremfall, vor beidem nur noch ekeln kann): Was sehen wir? Das ist die Frage der Spielberg-Filme, und mehr noch: Was können wir sehen? So ist SCHINDLER'S LIST nicht nur ein Film der Erinnerung, die nur durch die Konstruktion eines „episodischen" (also weder kategorischen noch vorherbestimmten, ja nicht einmal unbedingt eines „überzeugten") Gerechten zu bewerkstelligen ist, sondern im *Duell* zwischen Schindler und Göth auch ein Zweikampf des Sehens. Man kann den Menschen, das ist vielleicht der humanistische Meta-Text der Filme von Steven Spielberg und in gewisser Weise

auch der etwas düsteren Seitenlinien des Spielbergianismus, nur retten, *wenn man ihn sieht.* Und so ist A.I. die nun fast doch wieder „visionäre" Erfüllung dieser Forderung: Ein Mensch ist jemand, der als Mensch angesehen wird. Und Menschwerden heißt nichts anderes als sichtbar werden, unter anderem für das Kind mit der Kamera.

Aber sichtbar wird dabei eben immer auch das Andere: die Dämonie, die verschlingende Natur, die sinnliche Grausamkeit, der Rachen des weißen Hais und die Zähne und Klauen der Saurier. Das ist der Kurzschluss zwischen der Natur und der Technik, die maschinell rekonstruierte Natur, die zur Natur gewordene Maschine. Steven Spielberg teilt in seinen Filmen von DUEL bis A.I. diese puritanisch-kapitalistische Sorge um die Rückkehr der Natur in Maschinenform durchaus, die das finstere Herz der *popular culture* schlagen lässt. Der kleine Junge mit der Kamera hat Angst, vielleicht nicht nur vor dem Sezieren von Fröschen, sondern vor Fröschen überhaupt, vor dem Fleisch, der „wetware" des Lebens, der suggestiven Morphologie der Natur. Deswegen fürchtet er sich vor dem Wasser und liebt das Fliegen. Aber von Anfang an sucht er darin auch das Positive, die Rettung des Lebens, und sei es in jener „kybernetischen" Form, die die Erfahrungen und Gefühle von ihrer Bindung an den menschlichen Körper befreien: Ein außerirdisches Schildkrötenwesen (ohne Panzer) ist so anrührend wie ein maschinelles Kind, das auf Liebe eingestellt ist. Im Kino jedenfalls.

Anhang

Filmografie (Auswahl)

1968 AMBLIN'
Regie: Steven Spielberg
Produktion: Dennis C. Hoffman
Drehbuch: Steven Spielberg
Kamera: Allen Daviau
Musik: Michael Lloyd
Darsteller: Pamely McMyler, Richard Levin
26 Min.

1971 COLUMBO: MURDER BY THE BOOK
(Columbo: Tödliche Trennung)
Regie: Steven Spielberg
Darsteller: Peter Falk (Inspector Columbo),
Jack Cassidy (Ken), Martin Milner (Jim), Rosemary Forsyth
73 min

1971 DUEL (Duell)
Regie: Steven Spielberg
Produktion: George Eckstein für Universal
Drehbuch: Richard Matheson nach seiner
Erzählung
Musik: Billy Goldenberg
Kamera: Jack A. Marta
Schnitt: Frank Morriss
Darsteller: Dennis Weaver (David Mann),
Jacqueline Scott (Mrs. Mann), Eddie Firstone (Gastwirt), Lou Frizell (Busfahrere), Gene
Dynarski, Lucille Benson (Frau in der
Schlangenfarm)
90 min
Video: CIC

1972 SOMETHING EVIL (Das Haus des Bösen)
Regie: Steven Spielberg
Produktion: Alan Jay Factor für CBS, David
Knapp, Harvey Lembeck
Buch: Robert Clouse
Kamera: Bill Butler
Schnitt: Allan Jacobs

Musik: Wladimir Selinsky
Darsteller: Sandy Dennis (Marjorie Worden), Darren McGavin (Paul Worden),
Ralph Bellamy (Harry Lincoln), Jeff Corey
(Gehrmann), Johnnie Whitaker (Stevie
Worden), Sandy Lempert/Debbie Lempert
(Laurie Worden), John Rubinstein (Ernest),
David Knapp (John), Margaret Avery (Irene)
73 Min.

1973 ACE ELI AND ROGER OF THE SKIES
Regie: John Erman (als „Bill Sampson")
Drehbuch: Steven Spielberg, Claudia Salter
Kamera: David M. Walsh
Darsteller: Cliff Robertson, Pamela Franklin, Eric Shea, Rosemary Murphy
92 Min.

1973 SAVAGE/ WATCH DOG/ THE SAVAGE REPORT
Regie: Steven Spielberg
Drehbuch: Richard Levinson, William
Link, Mark Rodgers
Produktion: Richard Levinson, Paul Mason,
William Link
Musik: Gil Melle
Kamera: Bill Butler
Schnitt: Edward M. Abroms
Darsteller: Martin Landau, Barbara Bain,
Barry Sullivan, Will Gere
90 min

1974 THE SUGARLAND EXPRESS (Sugarland
Express)
Regie: Steven Spielberg
Produktion: Richard D. Zanuck, David
Brown
Buch: Hal Barwood, Matthew Robbins, Steven Spielberg

Kamera: Vilmos Zsigmond
Musik: John Williams
Schnitt: Edward M. Abroms, Verna Fields
Darsteller: Goldie Hawn (Lou Jean Poplin), Ben Johnson (Captain Tanner), Michael Sacks (Officer Slide), William Atherton (Clovis Poplin), Frank Steggall (Logan Waters), Harrison Zanuck (Baby Langston Poplin)
110 Min.

1974 JAWS (Der weiße Hai)
Regie: Steven Spielberg
Buch: Peter Benchley, Carl Gottlieb nach dem Roman von Peter Benchley
Kamera: Bill Butler
Schnitt: Verna Fields
Musik: John Williams
Darsteller: Roy Scheider (Polizeichef Martin Brody), Richard Dreyfuss (Matt Hooper), Lorraine Gary (Ellen Brody), Robert Shaw (Quint), Murray Hamilton (Bürgermeister Vaughn), Carl Gottlieb, Jeffrey C. Kramer, Susan Backlinie, Jonathan Filley
125 Min.

1977 CLOSE ENCOUNTERS OF THE THIRD KIND (Unheimliche Begegnungen der dritten Art)
Regie: Steven Spielberg
Produktion: Julia Phillips, Michael Phillips
Drehbuch: Steven Spielberg
Kamera: Vilmos Zsigmond; William A. Fraker, Douglas Slocombe, John Alonzo, Laszlo Kovacs
Scnitt: Michael Kahn
Ausstattung; Joe Alves, Dan Lomino
Spezialeffekte: Douglas Trumbull
Musik: John Williams
Darsteller: Richard Dreyfuss (Roy Neary), Teri Garr (Ronnie Neary), François Truffaut (Claude Lacombe), Gary Guffey (Barry Guiler), Melinda Dillon (Jillian Guiler), Lance Hendriksen (Robert), Bob Balaban (David Laughlin)
135 Min.

1978 I WANNA HOLD YOUR HAND
Regie: Robert Zemeckis
Produktion: Bob Gale, Steven Spielberg

Drehbuch: Robert Zemeckis
Kamera: Donald M. Morgan
Schnitt: Frank Morris
Musik: The Beatles
Darsteller: Nancy Allen (Pam Mitchell), Bobby Di Cicco (Tony Smerko), Mark McLure (Larry Dubois), Susan Kendall Newman (Janis Goldman), Theresa Saldana (Grace Corrigan), Eddie Deezen (Richard „Ringo" Klaus)

1979 1941 (1941 – Wo, bitte, geht's nach Hollywood)
Regie: Steven Spielberg
Produktion: Buzz Feitshans für Columbia
Drehbuch: Robert Zemeckis, Bob Gale n.einer Story von Robert Zemeckis, Bob Gale und John Milius
Kamera: William A. Fraker
Schnitt: Michael Kahn
Ausstattung: Dean Edward Mitzner, William F. O'Brien
Musik: John Williams
Darsteller: Dan Aykroyd (Sergeant Tree), Ned Beatty (Ward Douglas), John Belushi („Wild Bill" Kelso), Toshiro Mifune (Comander Mitamura), Christopher Lee (von Kleinschmidt), Lorraine Gary (Joan Douglas), Murray Hamilton (Claude), Tim Matheson (Loomis Birkhead), Warren Oates („Madman" Maddox), Robert Stack (General Stilwell), Treat Williams (Sitarski), Nancy Allen (Donna Stratton), Lucielle Bensen (Snake Farmer), John Candy (Foley), Elisha Cook jr. (Patron), Eddie Deezen (Herb), Slim Pickens (Hollis Wood)
Video: CIC
118 Min.

1980 RAIDERS OF THE LOST ARK (Jäger des verlorenen Schatzes)
Regie: Steven Spielberg
Produktion: Frank Marshall, George Lucas, Howard Kazanjian
Buch: Lawrence Kasdan (nach einer Story von George Lucas und Philip Kaufman)
Kamera: Douglas Slocombe
Musik: John Williams
Schnitt: Michael Kahn
Ausstattung: Norman Reynolds

Darsteller: Harrison Ford (Indiana Jones), Karen Allen (Marion), Paul Freeman (Belloq), John Rhys-Davies (Sallah), Wolf Kahler (Dietrich), William Hootkins (Major Eaton), Ronald Lacey (Toht), Alfred Molina (Satipo), Denholm Elliott (Brody)
115 Min.

1980 USED CARS (Mit einem Bein im Kittchen)
Regie: Robert Zemeckis
Produktion. Steven Spielberg
Drehbuch: Robert Zemeckis, Bob Gale
Kamera: Donald M. Morgan
Musik: Patrick Williams
Darsteller: Kurt Russell, Jack Warden, Gerrit Graham, Frank McCrae
111 Min.

1981 CLOSE ENCOUNTERS OF THE THIRD KIND – THE SPECIAL EDITION (Unheimliche Begegnung der dritten Art – Die neue Version)
Regie: Steven Spielberg
Zusätzliche Kamera: Allen Daviau
Zusätzlicher Schnitt: Michael Kahn
Video: RCA/Columbia
137 Min

1981 CONTINENTAL DIVIDE (Zwei wie Katz und Maus)
Regie: Michael Apted
Produktion:Bob Larson, Steven Spielberg, Zelda Barron, Jack Rosenthal für Universal Pictures
Drehbuch: Lawrence Kasdan
Kamera: John Bailey
Schnitt: Dennis Virkler
Musik: Michael Small
Darsteller: John Belushi (Ernie Souchak), Blair Brown (Nell), Allen Gorwitz (Howard), Carlin Glynn (Sylvia), Tony Ganios (Possum)
103 Min.

1982 E.T. – THE EXTRATERRESTRIAL (E.T.)
Regie: Steven Spielberg
Produktion: Steven Spielberg, Kathleen Kennedy, Melissa Mathison für Universal
Drehbuch: Melissa Mathison
Kamera: Allen Daviau

Schnitt: Carol Littleton
Ausstattung: James D. Bissell, William Teagarden
Musik: John Williams
Darsteller: Henry Thomas (Elliott), Dee Wallace (Mary), Peter Coyote (Keys), Robert MacNaughton (Michael), Drew Barrymore (Gertie), K.C. Martel (Greg), Sean Frye (Sean), Tom Howell (Taylor)
Video: CIC
115 Min.

1982 POLTERGEIST (Poltergeist)
Regie: Tobe Hooper
Produktion: Steven Spielberg, Frank Marshall, Kathleen Kennedy
Buch: Steven Spielberg, Michael Grais, Mark Victor nach einer Originalstory von Steven Spielberg
Kamera: Matthew F. Leonetti
Ausstattung: James H. Spencer
Schnitt: Michael Kahn
Musik: Jerry Goldsmith
Darsteller: Craig T. Nelson (Steve Freeling), Jobeth Williams (Diane Freeling), Heather O'Rourke (Carol Anne), Dominique Dunne (Dane), Oliver Robins (Robbie), Beatrice Straight (Dr. Lesh), Zelda Rubinstein (Tangina), Michael McManus (Ben Tuthill), Richard Lawson (Ryan)
114 Min.

1983 TWILIGHT ZONE – THE MOVIE (Unheimliche Schattenlichter)
Regie: Steven Spielberg, George Miller, John Landis, Joe Dante
Produktion: Frank Marshall, Steven Spielberg, John Landis
Drehbuch: John Landis, George Clayton Johnson, Richard Matheson, Josh Rogan
Kamera: Steven Larner, Allen Daviau, John Hora
Schnitt: Michael Kahn, Malcolm Campbell, Tina Hirsch, Howard Smith
Ausstattung: Richard Sawyer, James H. Spencer, James D. Bissell
Musik: Jerry Goldsmith
Darsteller: Dan Aykroyd (Hitchhiker), Albert Brooks (Fahrer), Vic Morrow (Bill Connor), Kathleen Quinlan (Helen Foley), Scat-

man Crothers (Mr. Bloom), Bill Quinn (Mr. Conroy), Martin Garner (Mr. Weinstein), Selma Diamond (Mrs. Weinstein), John Lithgow (John Valentine), Abbe Lane (Stewardes)
Video: Warner
102 Min

Episode 2: KICK THE CAN
Regie: Steven Spielberg
Drehbuch: George Clayton Johnson, Richard Matheson, Josh Rogan
Darsteller: Scatman Crothers (Mr. Bloom), Bill Quinn (Mr. Conrooy), Martin Garner (Mr. Weinstein), Selma Diamond (Mrs. Weinstein)

1984 INDIANA JONES AND THE TEMPLE OF DOOM (Indiana Jones und der Tempel des Todes)
Regie: Steven Spielberg
Production: Robert Watts, George Lucas, Frank Marshall für Lucasfilm
Drehbuch: Willard Huyck, Gloria Katz
Kamera: Douglas Slocombe
Schnitt: Michael Kahn
Ausstattung: Elliott Scott, Alan Cassie
Musik: John Williams
Darsteller: Harrison Ford (Indiana Jones), Kate Capshaw (Willie Scott), Ke Huy Quan (Short Round), Amrish Puri (Mola Ram), Roshan Seth (Chatter Lal), Roy Chiao (Lao Che), Akio Mitamura (Pilot 1), Michael Yama (Pilot 2)
Video: CIC
118 Min.

1984 GREMLINS(Gremlins – Kleine Monster)
Regie: Joe Dante
Drehbuch: Chris Columbus
Produktion: Michael Finnell, Steven Spielberg, Frank Marshall, Kathleen Kennedy für Amblin und Warner Bros.
Kamera: John Hora
Schnitt: Tina Hirsch
Musik: Jerry Goldsmith
Darsteller: Zach Galligan (Billy Peltzer), Hoyt Axton (Rand Peltzer), Francis Lee McCain (Lynn Peltzer), Phoebe Cates (Kate), Polly Holliday (Mrs. Deagle), Judge

Reinhold (Gerald), – Gastauftritt von Steven Spielberg
108 Min.

1985 THE COLOR PURPLE (Die Farbe Lila)
Regie: Steven Spielberg
Produktion: Steven Spielberg, Kathleen Kennedy, Frank Marshall, Quincy Jones, Carol Isenberg, Jon Peters, Peter Guber
Drehbuch: Menno Meyjes (nach dem Roman von Alice Walker)
Kamera: Allen Daviau
Musik: Quincy Jones, Jeremy Lubbock, Rod Temperton, Caiphus Semenya, Andrae Crouch, Chris Boardman, Joge Calandrelli, Joel Rosenbaum, Fred Steiner, Jack Hayes, Jerry Hey, Randy Kerber
Schnitt: Michael Kahn
Production Design: J. Michael Riva, Linda De Scenna
Darsteller: Danny Glover (Albert „Mister" Johnson), Whoopi Goldberg (Celie), Margaret Avery (Shug), Rae Dawn Chong (Squeak), Oprah Winfrey (Sofia), Willard Pugh (Harpo), Akosuah Busia (Nettie), Adolph Ceasar (Old Mister), Dana Ivey (Miss Millie), Leonard Jackson (Pa), Bennet Guillory (Grady), John Patton jr. (Prediger), Carl Anderson (Reverend Samuel), Larry Fishburne (Swain), Desreta Jackson (Celie als Kind)
Video: Warner Home
152 Min.

1985 THE GOONIES (Die Goonies)
Regie: Richard Donner
Produktion: Steven Spielberg, Frank Marshall, Kathleen Kennedy, Richard Donner für Amblin und Warner Bros.
Drehbuch: Chris Columbus nach einer Story von Steven Spielberg
Kamera: Nick McLean
Schnitt: Michael Kahn
Musik: Dave Grusin
Darsteller: Sean Astin (Mickey), Josh Brolin (Brand), Jeff Cohen (Chunk), Corey Feldman (Mouth), Kerri Green (Andy), Martha Plimpton (Stef), Ke Huy Quan (Data), Anne Ramsey (Ma Fratelli), John Matuszak (Sloth), Robert Davi (Jake Fratelli)

Video: Warner Home
111 Min.

1985 BACK TO THE FUTURE (Zurück in die Zu-
kunft)
Regie: Robert Zemeckis
Produktion: Steven Spielberg, Frank Mar-
shall, Kathleen Kennedy, Bob Gale, Neil
Canton für Amblin und Universal Picture
Drehbuch: Robert Zemeckis, Bob Gale
Kamera: Dean Cundy
Schnitt: Arthur Schmidt, Harry Keramidas
Musik Alan Silvestri
Darsteller: Michael J. Fox (Marty McFly),
Christopher Lloyd (Dr. Emmett Brown), Lea
Thompson (Lorraine Baines/McFly), Cri-
spin Glover (George McFly), Thomas F. Wil-
son (Biff Tannen), Claudia Wells (Jennifer
Parker), Marc McClure (Dave McFly)
Video: CIC
116 Min.

1985 YOUNG SHERLOCK HOLMES (Das Ge-
heimnis des verborgenen Tempels)
Regie: Barry Levinson
Produktion: Steven Spielberg, Frank Mar-
shall, Kathleen Kennedy, Mark Johnson,
Harry Benn für Amblin und Paramount Pic-
tures
Drehbuch: Chris Columbus
Kamera: Stephen Goldblatt
Schnitt: Stu Lindner
Musik: Bruce Broughton
Darsteller: Nicholas Rowe (Sherlock Hol-
mes), Alan Cox (John Watson), Sophie
Ward (Elizabeth), Anthony Higgins (Rat-
he), Susan Fleetwood (Mrs. Dribb), Freddie
Jones (Cragwitch), Nigel Stock (Waxflatter)
Video: CIC
109 Min.

1985 THE MONEY PIT (Geschenkt ist noch zu
teuer)
Regie: Richard Benjamin
Produktion: Steven Spielberg, David Giler,
Frank Marshall, Kathleen Kennedy, Art Le-
vinson
Drehbuch: David Giler
Kamera: Gordon Willis
Schnitt: Jacqueline Cambas

Musik: Michel Colombier
Darsteller: Tom Hanks (Walter Fielding),
Shelley Long (Anna Crowley), Alexander
Godunow (Max Beissart), Maureen Staple-
ton (Estelle), Joe Mantegna (Art Shirk), Philip Bosco (Curly), Josh Mostel (Jack Schnitt-
mann)
Video: CIC
91 Min

1985 GHOST TRAIN (Der Geisterzug)
(Episode der Serie „Amazing Stories" – Un-
glaubliche Geschichten/Fantastische Ge-
schichten)
Regie: Steven Spielberg
Produktion: Steven Spielberg
Drehbuch: Frank Deese
Kamera: Allen Daviau
Darsteller: Robert Blossom (Großvater),
Gail Edwards (Mutter), Scott Paulin (Vater),
Lukas Haas

1985 THE MAIN ATTRACTION (Der Meteor)
(Episode der Serie „Amazing Stories" – Un-
glaubliche Geschichten/Fantastische Ge-
schichten)
Regie: Matthew Robbins
Produktion: Steven Spielberg
Drehbuch: Brad Bird, Mick Garris nach ei-
ner Story von Steven Spielberg
Kamera: John McPherson
Darsteller: John Scott Clough, Lisa Lane
Persky, Bill Allen

1985 THE MISSION (Die Notlandung)
(Episode der Serie „Amazing Stories" – Un-
glaubliche Geschichten/Fantastische Ge-
schichten)
Regie: Steven Spielberg
Produktion: Steven Spielberg
Drehbuch: Menno Meyjes
Kamera: John McPherson
Darsteller: Kevin Costner, Casey Sie-
maszko, Kiefer Sutherland, John Philbin

1985 VANESSA IN THE GARDEN (Vanessa im
Garten)
(Episode der Serie „Amazing Stories" – Unglaubliche Geschichten/Fantastische Geschichten)

Regie: Clint Eastwood
Produktion: David E. Vogel
Drehbuch: Steven Spielberg
Kamera: Robert Stevens
Darsteller: Harvey Keitel, Sondra Locke, Beau Bridges

1986 AN AMERICAN TAIL (Feivel, der Mauswanderer)
Regie: Don Bluth
Produktion: Steven Spielberg, Don Bluth, John Pomeroy, Gary Goldman, Kate Barker, Deborah Jelin, David Kirschner, Kathleen Kennedy, Frank Marshall für Amblin und Universal Pictures
Drehbuch: Judy Freudbergh, Tony Geiss nach einer Story von David Kirschner, Judy Freudbergh, Tony Geiss
Kamera: David R. Ankney, Joe Juliani, Marilyn O'Connor
Schnitt: Dan Molin
Design: Don Bluth
Animation: John Pomeroy, Dan Kuenster, Linda Miller
Figuren: Vera Lanpher
Musik: James Horner
Sprecher: Cathianne Blore (Bridget), Dom DeLuise (Tiger), John Finnegan (Warren T. Rat), Phillip Glasser (Fievel Mousekewitz), Amy Green (Tanya Mousekewitz), Madeline Kahn (Gussie Mausheimer)
81 Min

1986 GATHER YE ACORNS (Der Träumer)
(Episode der Serie „Amazing Stories" – Unglaubliche Geschichten/Fantastische Geschichten)
Regie: Norman Reynolds
Produktion: Steven Spielberg
(Episode der Serie „Amazing Stories" – Unglaubliche Geschichten/Fantastische Geschichten)
Drehbuch: Steven Spielberg
Darsteller: Mark Hammill, Louis de Banzie, Royal Dano, David Rappaport, Forest Whitaker

1986 DOROTHY AND BEN (Koma)
(Episode der Serie „Amazing Stories" – Unglaubliche Geschichten/Fantastische Ge-

schichten)
Regie: Thomas Carter
Produktion: Steven Spielberg
Drehbuch: Michael de Guzman nach einer Story von Steven Spielberg
Kamera: John McPherson
Darsteller: Joe Seneca, Lane Smith, Louis Giambalvo

MIRROR, MIRROR (Phantom im Spiegel)
(Episode der Serie „Amazing Stories" – Unglaubliche Geschichten/Fantastische Geschichten)
Regie: Martin Scorsese
Produktion: Steven Spielberg
Drehbuch: Joseph Minion nach einer Story von Steven Spielberg
Kamera: Robert Stevens
Darsteller: Sam Waterston, Helen Shaver, Dick Cavett, Tim Robbins

1986 THE WEDDING RING (Der gestohlene Ring)
(Episode der Serie „Amazing Stories" – Unglaubliche Geschichten/Fantastische Geschichten)
Regie: Danny DeVito
Produktion: Steven Spielberg
Drehbuch: Stu Krieger nach einer Story von Steven Spielberg
Kamera: Robert Stevens
Darsteller: Rhea Perlman, Danny DeVito, Louis Giambalvo, Bernadette Birkett

1986 YOU GOTTA BELIEVE ME (Der Flugzeugabsturz)
(Episode der Serie „Amazing Stories" – Unglaubliche Geschichten/Fantastische Geschichten)
Regie: Kevin Reynolds
Produktion: Steven Spielberg
Drehbuch: Stu Krieger nach einer Story von Steven Spielberg
Kamera: Robert Stevens
Darsteller: Charles Durning, Mary Betten, Ebbe Roe Smith

1986 THE GREIBBLE (Monster aus dem Märchenbuch)
(Episode der Serie „Amazing Stories" – Unglaubliche Geschichten/Fantastische Geschichten)
Regie: Joe Dante
Produktion: Steven Spielberg
Drehbuch: Mick Garris nach einer Story von Steven Spielberg
Kamera: Robert Stevens
Darsteller: Hayley Mills, Dick Miller, Justin Mooney, Don McLeod

1987 EMPIRE OF THE SUN (Das Reich der Sonne)
Regie: Steven Spielberg
Produktion: Steven Spielberg, Kathleen Kennedy, Frank Marshall für Amblin und Warner Bros.
Drehbuch: Tom Stoppard nach dem Roman von J.G. Ballard
Kamera: Allen Daviau
Schnitt: Michael Kahn
Musik: John Williams
Darsteller: Christian Bale (Jim), John Malkovich (Basie), Joe Pantoliano (Frank), Nigel Havers (Dr. Rawlins), Miranda Richardson (Mrs. Victor), Leslie Phillips (Mr. Maxton), Masato Ibu (Sgt. Nagata)
Video: Warner Home Video
152 Min

1987 INNERSPACE (Die Reise ins Ich)
Regie: Joe Dante
Produktion: Steven Spielberg, Peter Guber, Jon Peters
Drehbuch: Chip Proser, Jeffrey Boam nach einer Story von Chip Proser
Musik: Jerry Goldsmith
Kamera: Andrew Laszlo
Schnitt: Kent Beyda
Darsteller: Dennis Quaid (Lt. Tuck Pendleton), Martin Short (Jack Putter), Meg Ryan (Lydia Maxwell), Kevin McCarthy (Victor Scrimshaw), Fiona Lewis (Dr. Margaret Canker), Vernon Wells (Mr. Idoe) Henry Gibson (Mr. Wormwood), John Hora(Ozzie Wexler), Robert Picardo (Cowbooy), Wendy Schaal (Wendy), William Schallert (Dr. Greenbush), Harold Sylvester(Pete Blanchard), Mark L.

Taylor (Dr. Niles), Kevin Hooks (Duane), Kathleen Freeman („Dream Lady")
Video: Warner Home
120 Min
1987 BATTERIES NOT INCLUDED (Das Wunder in der 8. Straße)
Regie: Matthew Robbins
Produktion: Donald L. Schwary, Gerald R. Molen, Steven Spielberg, Frank Marshall, Kathleen Kennedy für Amblin und Universal
Drehbuch: Brad Bird nach einer Story von Mick Garris
Kamera: John McPherson
Schnitt: Cynthia Scheider
Musik: James Horner
Darsteller: Hume Cronyn (Frank), Jessica Tandy (Faye), Frank McRea (Harry), Elizabeth Pena (Marisa), Michael Carmine (Carlos), Dennis Boutsikaris (Mason), Tom Aldredge (Sid)
106 Min.

1987 BLUE MAN DOWN
(Episode der Serie „Amazing Stories" – Unglaubliche Geschichten/Fantastische Geschichten)
Regie: Paul Michael Glaser
Produktion: Steven Spielberg
Drehbuch: Jacob Epstein, Daniel Lindley nach einer Story von Steven Spielberg
Kamera: Charles Minsky
Darsteller: Max Gail, Kate McNeil, Chris Nash, Sal Viscuso

1988 WHO FRAMED ROGER RABBIT? (Falsches Spiel mit Roger Rabbit)
Regie: Robert Zemeckis
Produktion: Robert Watts, Steven Spielberg, Kathleen Kennedy, Frank Marshall für Amblin und Touchstone Pictures
Drehbuch: Jeffrey Price, Peter S. Seaman nach dem Buch „Who Censored Roger Rabbit" von Gary K. Wolf
Kamera: Dean Cundey
Schnitt: Arthur Schmidt
Musik: Alan Silvestri
Darsteller: Bob Hoskins (Eddie Valient), Christopher Lloyd (Richter Doom), Joanna Cassidy (Dolores), Stubby Kaye (Marvin

Acme), Kathleen Turner (Stimme von Jessica Rabbit)
103 min.

1988 THE LAND BEFORE TIME BEGAN (In einem Land vor unserer Zeit)
Regie: Don Bluth
Produktion: Don Bluth, Gary Goldman, Don Pomeroy,Steven Spielberg, Kathleen Kennedy, Frank Marshall, George Lucas für Sullivan Bluth Studios, Amblin und Universal Pictures
Drehbuch: Stu Krieger nach einer Story von Judy Freudberg und Tony Geiss
Kamera: Jim Mann
Animation: David Goetz
Schnitt: Dan Molina, John K. Carr
Musik: James Horner
Darsteller: Pat Hingle (Erzähler und Stimme von Rooter), Helen Shaver (Stimme von Littlefoots Mutter), Gabriel Damon (Stimme von Littlefoot)
Video: CIC
69 Min.

1989 INDIANA JONES AND THE LAST CRUSADE (Indiana Jones und der letzte Kreuzzug)
Regie: Steven Spielberg
Produktion: Lucasfilm, Robert Watts
Drehbuch: Jeffrey Boam
Kamera: Douglas Slocombe
Schnitt: Michael Kahn
Musik: John Williams
Darsteller: Harrison Ford (Indiana Jones), Sean Connery (Professor Henry Jones), Denholm Elliott (Marcus Brody), Alison Doody (Dr. Elsa Schneider), John Rhys-Davies (Sallah), Julian Glover (Walter Donovan), River Phoenix (Indiana Jones als Junge). Michael Byrne (Vogel), Alex Hyde-White (Henry Jones als junger Mann)

1989 ALWAYS (Always – Der Feuerengel von Montana)
Regie: Steven Spielberg
Produktion: Steven Spielberg, Frank Marshall, Kathleen Kennedy, Richard Vane für Amblin und Universal

Drehbuch: Jerry Belson nach dem Film A GUY NAMED JOE (1944 – Drehbuch: Dalton Trumbo)
Kamera: Mikael Salomon
Schnitt: Michael Kahn
Musik: John Williams
Darsteller: Richard Dreyfuss (Pete), Holly Hunter (Dorinda), Audrey Hepburn (Engel Hap), Brad Johnson (Ted), John Goodman (Al Yackey), Robert Blossoms (Dave), Keith David (Powerhouse)
Video: CIC
127 Min-

1989 TUMMY TROUBLE (Roger in Nöten)
Regie: Rob Minkoff, Frank Marshall
Produktion: Steven Spielberg, Kathleen Kennedy, Frank Marshall
Drehbuch: Kevin Harkey, Bill Kopp, Rob Minkoff, Mark Kausler
Kamera: Hiro Narita

1989 BACK TO THE FUTURE II (Zurück in die Zukunft II)
Regie: Robert Zemeckis
Produktion: Neil Canton, Bob Gale, Steve Starkey, Steven Spielberg, Kathleen Kennedy, Frank Marshall für Amblin und Uinversal Pictures
Drehbuch: Bob Gale nach einer Story von Bob Gale und Robert Zemeckis
Kamera: Dean Cundey
Schnitt: Arthur Schmidt, Harry Keramidas
Musik: Alan Silvestri
Darsteller: Michael J. Fox (Marty McFly), Christopher Lloyd (Doc Brown), Lea Thompson (Lorraine McFly), Thomas F. Wilson (Biff Tannen), James Tolkan (Strickland), Elizabeth Shue (Jennifer Parker), Jeffrey Weissman (George McFly), Marc McClure (Dave McFly)
Video: CIC
107 Min

1989 DAD (Dad)
Regie: Gary David Goldberg
Produktion: Steven Spielberg, Kathleen Kennedy, Frank Marshall

Drehbuch: Gary David Goldberg nach dem Roman von David William Wharton
Kamera: Jan Kiessner
Schnitt: Eric Sears
Musik: James Horner
Darsteller: Jack Lemmon (Jake Tremont), Ted Danson (John Tremont), Olympia Dukakis (Bette Tremont), Kathy Baker (Annie), Ethan Hawke (Billy), Kevin Spacey (Mario), J.T. Walsh (Dr. Santana)
Video: CIC
117 Min.

1990 GREMLINS II: THE NEW BATCH (Gremlins II – Die Rückkehr der kleinen Monster)
Regie: Joe Dante
Produktion. Steven Spielberg, Frank Marshall, Kathleen Kennedy, Michael Finnell, Rick Baker für Amblin und Warner Bros.
Drehbuch: Charles Haas
Kamera: John Hora
Schnitt: Kent Beyda
Musik: Jerry Goldsmith
Darsteller: Zach Galligan (Billy), Phoebe Cates (Kate), John Glover (Daniel Clamp), Christopher Lee (Dr. Catheter), Haviland Morris (Marla Bloodstone), Dick Miller (Murray Futterman), Jackie Joseph (Sheila Futterman)
117 Min.

1990 JOE VERSUS THE VULCANO (Joe gegen den Vulkan)
Regie: John Patrick Shanley
Produktion: Steven Spielberg, Kathleen Kennedy, Frank Marshall
Drehbuch: John Patrick Shanley
Kamera: Stephen Goldblatt
Schnitt: Richard Halsey
Musik: Georges Delerue
Darsteller: Tom Hanks (Joe), Meg Ryan (DeDe/Angelica/Patricia), Lloyd Bridges (Graynamore), Amanda Plummer (Dagmar), Robert Stack (Dr. Ellison), Abe Vigoda (Häuptling der Waponis), Ossie Davis (Koffer-Verkäufer)
Video: Warner Home
102 Min.

1990 BACK TO THE FUTURE III (Zurück in die Zukunft III)
Regie: Robert Zemeckis
Produktion: Neil Canton, Bob Gale, Steven Spielberg, Kathleen Kennedy, Frank Marshall für Amblin und Universal Pictures
Drehbuch: Robert Zemeckis, Bob Gale
Kamera: Dean Cundey
Schnitt: Arthur Schmidt, Harry Keramidas
Musik: Alan Silvestri
Darsteller: Michael J. Fox (Marty/Seamus McFly), Christopher Lloyd (Doc Brown), Mary Steenburgen (Clara Clayton), Lea Thompson (Maggie/Lorraine McFly), Thomas F. Wilson (Buffrod „Mad Dog"/Biff Tannen), Elisabeth Shue (Jennifer Parker), Matt Clark (Barkeeper)
Video: CIC
118 Min

1990 ROLLERCOASTER RABBIT (Im Rausch der Raserei)
Regie: Rob Minkoff (Animation), Frank Marshall (Realfilm)
Produktion: Don Ernst, Steven Spielberg, Kathleen Kennedy, Frank Marshall für Amblin und Touchstone Pictures
Drehbuch: Bill Kopp, Kevin Harkey, Lynne Naylor, Patrick A. Ventura
Kamera: Gary W. Smith, Mary E. Lescher
Schnitt: Chuck Williams
Musik: Bruce Broughton

1991 AN AMERICAN TAIL – FIEVEL GOES WEST (Feivel, der Mauswanderer im Wilden Westen)
Regie: Phil Nibbelink, Simon Wells
Produktion: Steven Spielberg, Robert Watts, Stephen Hickner, Kathleen Kennedy, Frank Marshall für Amblin und Universal
Drehbuch: Flint Dille nach einer Story von Charles Swenson
Kamera: Robert Crawford
Schnitt: Nick Fletcher
Animation: Nancy Beiman, Kristof Serrand
Musik: James Horner, Will Jennings
Darsteller: Phillip Glasser (Sprecher von Feivel), James Stewart (Sprecher von Wy-

lie), Erica Yohn (Sprecherin von Mama Mouskevitz), Nehemiah Persoff (Sprecher von Papa Mouskevitz), Dom DeLuise (Sprecher von Tiger), Amy Irving (Sprecherin von Miss Kitty), John Cleese (Sprecher von Cat R. Waul)
Video: CIC
74 Min.

1991 ARACHNPOHOBIA (Arachnpohobia)
Regie: Frank Marshall
Produktion: Richard Vane, Don Jacoby, Steven Spielberg, Frank Marshall, Kathleen Kennedy für Amblin und Hollywood Pictures
Drehbuch: Don Jakoby, Wesley Strick
Kamera: Mikael Salomon
Schnitt: Michael Kahn
Musik: Trevor Jones
Darsteller: Jeff Daniels (Ross Jennings), John Goodman (Delbert McClintock), Julian Sands (Dr. James Atherton), Harley Jane Kozak (Molly Jennings), Stuart Pankin (Sheriff Parsons), Brian McNamara (Chris Collins)
Video: Warner Home
109 min.

1991 TINY TOONS ADVENTURES – HOW I SPENT MY VACATION (Tiny Toons Abenteuer –Total verrückte Ferien)
(Kino-Version aus Material der TV-Serie)
Regie: Rich Arons, Byron Vaughns, Alfred Gimeno, Barry Caldwell, Ken Boyer, Art Leonardi, Kent Butterworth,
Produktion: Steven Spielberg, Frank Marshall, Kathleen Kennedy, Tom Ruegger für Amblin und Warner Bros.
Drehbuch: Paul Dini, Nicholas Hollander, Tom Ruegger, Sherri Stoner
Musik: Steve Bramson, Bruce Broughton, Don Davis, Albert Olson, Richard Stone, Steven James Taylor, Mark Watters
Schnitt: Al Breitenbach
Video: Warner Home
80 Min.

1992 HOOK (Hook)
Regie: Steven Spielberg

Produktion: Kathleen Kennedy, Frank Marshall, Gerald R. Molen, Gary Adelson, Craig Baumgarten für Amblin und Tri-Star
Drehbuch: Jim V. Hart, Malia Scotch Marmo frei nach dem Stück „Peter Pan" von J.M. Barrie
Kamera: Dean Cundey
Schnitt: Michael Kahn
Ausstattung: Norman Garwood
Musik: John Williams
Schnitt: Michael Kahn
Darsteller: Dustin Hoffman (Captain Hook), Robin Williams (Peter Banning/Peter Pan), Julia Roberts (Tinkerbell), Phil Collins (Inspektor Good), Bob Hoskins (Smee), Maggie Smith (Großmutter Wendy), Caroline Goodall (Moira Banning), Charlie Kosmo (Jack), Glenn Close
Video: Columbia-Tri-Star
144 Min.

1993 JURASSIC PARK (Jurassic Park)
Regie: Steven Spielberg
Produktion: Gerald R. Molen, Kathleen Kennedy für Amblin und Universal Pictures
Drehbuch: Michael Crichton, Malia Scotch Marmo, David Koepp nach dem Buch von Michael Crichton
Kamera: Dean Cundey
Schnitt: Michael Kahn
Ausstattung: Rick Carter
Musik: John Williams
Darsteller: Sam Neill (Alan Grant), Laura Dern (Ellie Sattler), Jeff Goldblum (Ian Malcolm), Richard Attenborough (John Hammond), Bob Peck, Ariana Richards, Joseph Mazello, Martin Ferrero
126 Min.

1993 SEAQUEST DSV (Pilot zur Serie)
Regie: Steven Spielberg
Darsteller: Roy Scheider, Stephanie Beacham

1993 WE'RE BACK (Vier Dinos in New York)
Regie: Dick Zondag, Ralph Zondag, Phil Nibbelink, Simon Wells
Produktion: Steven Spielberg, Kathleen Kennedy, Frank Marshall für Amblin und Universal Pictures

Drehbuch: John Patrick Shanley
1993 TRAIL MIX-UP
Regie: Barry Cook
Produktion: Steven Spielberg, Frank Marshall, Kathleen Kennedy, Rob Minkoff für Amblin und Walt Disney Pictures
Drehbuch: Rob Minkoff, Barry Cook, Mark Kausler, Patrick A. Ventura
Schnitt: Victor Livingston
Musik: Bruce Broughton
Darsteller: Kathleen Turner (Sprecherin von Jessica Rabbit), April Wichell (Sprecherin von Baby Hermann), Corey Burton (Sprecher von Droopy Dog)
72 Min.

1994 THE FLINTSTONES (The Flintstones: Familie Feuerstein)
Regie: Brian Levant
Produktion: Steven Spielberg für Amblin
Drehbuch: Tom S. Parker, Jim Jennewein, Steven E. de Souza
Kamera: Dean Cundey
Darsteller: John Goodman (Fred Flintstone), Rick Moranis, Elizabeth Perkins, Rosie O'Donnel, Kyle MacLachlan, Elizabeth Taylor
92 Min.

1997 SCHINDLER'S LIST (Schindlers Liste)
Regie: Steven Spielberg
Drehbuch: Steven Zaillian nach dem Roman von Thomas Keneally
Produktion: Steven Spielberg, Gerald R. Molen, Branko Lustig
Kamera: Janusz Kaminski
Schnitt: Michael Kahn
Musik: John Williams
Set Design: Allan Starski
Darsteller: Liam Neeson (Oskar Schindler), Ben Kingsley (Itzhak Stern), Ralph Fiennes (Amon Göth), Caroline Goodall (Emilie Schindler), Jonathan Sagalle (Poldek Pfefferberg), Embeth Davidtz (Helen Hirsch), Malgoscha Gebel (Victoria Klonowska), Shmulik Levy (Wilek Chilowicz), Friedrich von Thun (Rolf Czurda), Mark Ivanir (Marcel Goldberg), Beatrice Macola (Ingrid)
195 Min.

1997 THE LOST WORLD: JURASSIC PARK (Vergessene Welt: Jurassic Park)
Regie: Steven Spielberg
Drehbuch: David Koepp, nach einem Roman von Michael Crichton
Darsteller: Jeff Goldblum (Ian Malcolm), Julianne Moore (Dr. Harding), Pete Postlethwaite (Tembo), Richard Attenborough (John Hammond), A. Howard, Arliss Howard (Ludlow)
134 Min.

1997 AMISTAD (Amistad)
Regie: Steven Spielberg
Drehbuch: David Franzoni
Produktion: Steven Spielberg, Debbie Allen, Colin Wilson
Kamera: Janusz Kaminski
Schnitt: Michael Kahn
Musik: John Williams
Darsteller: Morgan Freeman (Theodore Jadson), Nigel Hawthorne (Martin van Buren), Anthony Hopkins (John Quincy), Djimon Hounsou (Cinque), Matthew McConaughey (Baldwin), David Paymer (Secretary Forsyth), Pete Postlethwaite (Holabird), Stellan Skarsgard (Tappan), Tomas Milian (Calderon)

1998 SAVING PRIVATE RYAN (Der Soldat James Ryan)
Regie: Steven Spielberg
Produktion: Steven Spielberg, Ian Bryce, Mark Gordon, Gary Levinsohn
Drehbuch: Robert Rodat
Kamera: Janusz Kaminski
Musik: John Williams
Schnitt: Michael Kahn
Darsteller: Tom Hanks (Captain John Miller), Tom Sizemore(Sgt. Hotvath), Edward Burns (Private Reiben), Matt Damon (Private Ryan), Jeremy Davies (Corporal Upham), Adam Goldberg (Private Mellish), Barry Pepper (Private Jackson), Vin Diesel (Private Caparzo), Harrison Young (Ryan im Alter)
169 Min.

1998 PRINCE OF EGYPT
(Der Prinz von Ägypten)
Regie: Brenda Chapman, Steve Hickner, Simon Wells
Drehbuch: Kelly Asbury, Lorna Cook
Produktion: Peneny Finkelman Cox, Sandra Rabbins, Jeffrey Katzenberg, Steven Spielberg für DreamWorks
Animation: Derek Gogol, Katzy Altieri, Richard Chavez
Schnitt: Nick Fletcher
Musik: Hans Zimmer
95 Min.

1998 ANTZ (Antz)
Regie: Eric Darnell, Tim Johnson
Produktion: Brad Lewis, Aron Warner, Patty Wooton für DreamWorks
Drehbuch: Todd Alcott, Chris Weitz, Paul Weitz
Schnitt: Stan Webb
Musik: Harry Gregson-Wiliams, John Powell
81 Min.

2001 JURASSIC PARK III (Jurassic Park III)
Regie: Joe Johnston
Produktion: Kathleen Kennedy, Larry Franco, Steven Spielberg, Michael Crichton für Amblin und Universal
Drehbuch: Peter Buckman, John August nach Charakteren von Michael Crichton
Kamera: Shelly Johnston
Schnitt: Robert Dalva
Musik: Don Davis
Darsteller: Sam Neill (Dr. Alan Grant), Tean Leoni (Amanda Kirby), William H. Macy (Paul Kirby), Michael Jeter (Udesky), John Diehl (Cooper), Laura Dern (Dr. Ellie Sattler), Mark Harelik (Ben), Sarah Danielle Madison (Cheryl Logan)
93 Min.

2001 SHREK (Shrek – Der tollkühne Held)
Regie: Andrew Adamson, Vicky Jenson
Produktion: Jeffrey Katzenberg, Aron Warner, John H. Williams für DreamWorks
Drehbuch: Ted Elliott, Terry Rossio, Joe Stillman, Roger S.H. Schulman, Chris Miller nach dem Buch von William Steig
Musik: Harry Gregson-Williams, John Powell, James McKee Smith
Schnitt: Sim Evan-Jones
Stimmen: Mike Myers (Shrek), Eddie Murphy (Esel), Cameron Diaz (Prinzessin Fiona), John Lithgow (Lord Farquaad), Vincent Cassel (Monsieur Hood)
89 Min.

2001 A.I. (A.I.)
Regie: Steven Spielberg
Produktion: Kathleen Kennedy, Steven Spielberg, Bonnie Curtis, Jan Harlan, Walter F. Parkes für Amblin, Dreamworks, Stanley Kubrick Production und Warner Bros.
Drehbuch: Steven Spielberg nach der Screen Story von Ian Watson, nach der Kurzgeschichte „Super-Toys Last All Summer" von Brian W. Aldiss
Kamera: Janusz Kaminski
Schnitt: Michael Kahn
Ausstattung: Rick Carter
Musik: John Williams
Darsteller: Haley Joel Osment (David), Jude Law (Gigolo Joe), Frances O'Connor (Monica Swinton), Brendan Gleeson (Lors Johnson-Johnson), William Hurt (Professor Hobby), Sam Robards (Henry Swinton), Jake Thomas (Martin Swinton), Ken Leung (Syatyoo-Sama)
145 Min.

Im Text zitierte Quellen

Hans C. Blumenberg in: DIE ZEIT vom 16.12. Hamburg 1977

Gianni Canovo: E Spielberg disse: Mai piu guerra. In: Primo Piano Nr. 38. Milano 1998

Giulia D'Agnolo Vallan: Robot Sapiens. In: Ciak Nr. 7.Milano 2001

Eva-Elisabeth Fischer: Ein Werbefilm besonderer Art. Steven Spielbergs „Survivors of the Holocaust" bei CNN. In: Süddeutsche Zeitung vom 17.April. München 1996

Stefan Heidenreich: Das unbedingte Wahrheitsgefühl. In: taz vom 26. Februar. Berlin 1998

Paul Honeyford: Harrison Ford. Seine Filme – sein Leben. München 1990

Pierre Lachat: An Kindes statt. A.I. von Steven Spielberg. In: Filmbulletin Nr. 3. Zürich 2001

Hanno Loewy: Der Spieler und der Buchhalter. In: taz vom 9. Juni. Berlin 1994

Alexander Mitscherlich: Auf dem Weg zur vaterlosen Gesellschaft. München 1986

Alberto Moravia: Al Cinema. Milano 1975

Hans Joachim Neumann: Jurassic Park. In: Zitty Nr. 18. Berlin 1993

Lars Penning: Schuld und Sühne – Anmerkungen zu Hitchcocks Melodramen. In: Lars-Olav Beier/Georg Seeßlen (Hg.): Alfred Hitchcock. Berlin 1999

Franz Josef Röll: Mythen und Symbole in populären Medien. Frankfurt/M 1998

Merten Worthmann: Ohrenschmalz zu Tischkerzen. in: DIE ZEIT vom 20.7. Hamburg 2001

Literatur

Bob Balaban: Close Encounters of the Third Kind. Diary. New York 1977

Edith Blake: The Making of the Movie JAWS. New York 1975

Hans-Christoph Blumenberg: Die Geschäfte des Herrn Peter Pan. In: Die Zeit vom 3.9.1993

David Breskin: Steven Spielberg. In: Rolling Stone Nr. 459. New York 1995

Richard Corliss: „I Dream for a Living" In: Time vom 15.7. New York 1985

Tony Crawley: The Steven Spielberg Story: The Man Behind the Movies. London/New york 1983 (dt. Steven Spielberg – Eine Erfolgsstory, München 1989)

Antje Goldau/Hans Helmut Prinzler (Hg): Spielberg. Filme als Spielzeug. (Edition Filme Nr. 3) München 1985

Carl Gottlieb: The Jaws Log. New York 1975

Nancy Griffin: Manchild in the Promised Land. In: Premiere Nr. 6. New York 1989

Robert Philip Kolker: A Cinema of Loneliness: Penn, Kubrick, Scorsese, Spielberg, Altman. New York/Oxford 1988

Helmut Korte/ Werner Faulstich (Hg): Action und Erzählkunst. Die Filme von Steven Spielberg. Frankfurt/M 1987

Michael Lang: Amblimation. Spielberg-Animationsfilme. In: Zoom Nr. 5.

Bern/Zürich 1992

Willy Loderhose: Steven Spielberg. Der Herr der Träume. Bergisch Gladbach 1995

Franco La Polla: Steven Spielberg. Firenze 1987

Donald L. Mabery: Steven Spielberg. Minneapolis 1986

James Monaco: American Film Now. New York 1979 (dt. München 1985)

Donald R. Mott/ Cheryl McAllister Saunders: Steven Spielberg. Boston 1986

Michael Pye/Lynda Myles: The Movie Brats. Boston 1979

Frank Schnelle: Die Traumfabrik des Steven Spielberg. München 1983

Frank Schnelle: Die Spielberg-Factory. Kindheitsträume im Kino. München 1993

Henry Sheehan: The Panning of Steven Spielberg. In: Film Comment Nr. 3 und 4. New York 1992

Neil Sinyard: The Films of Steven Spielberg. London 1987

Derek Taylor: The Making of RAIDERS OF THE LOST ARK. New York 1981

Philip M. Taylor: Steven Spielberg. London 1992

Uli Weiss: Das neue Hollywood. Coppola, Spielberg, Scorsese. München 1986

Bildnachweis

Archiv Filmbulletin; Archiv film-dienst, Verleih, Videostills: Verlag

Wir danken allen, die uns Bilder zur Verfügung gestellt haben.

Kultfilmer

Georg Seesslen/Fernand Jung
Stanley Kubrick
und seine Filme

arte EDITION   SCHÜREN

Georg Seeßlen/Fernand Jung
Stanley Kubrick und seine Filme
In Zusammenarbeit mit ARTE TV
2. Auflage 2001, 320 S., Pb., über
300 Abb.
€ 19,80/SFr 32,80 (DM 34,-/ÖS 248)
ISBN 3-89472-312-2

„Georg Seeßlens Text zu Kubrick und
seinen Filmen ist Erkundung und
Erläuterung zugleich, präzise Lektüre
und waghalsige Interpretation. Die
Filme werden sozusagen durch-
wandert, auf ihre Motive und
Techniken geprüft – und alles dann
zu einer philosophisch-ästhetischen
Diagnose verdichtet."
Süddeutsche Zeitung

Deutschhausstr. 31 D-35037 Marburg
Fon 06421/63084 Fax 681190
www.schueren-verlag.de

Kultfilmer

Georg Seesslen
David Lynch
und seine Filme

arte EDITION   SCHÜREN

Georg Seeßlen
David Lynch und seine Filme
4. Auflage 2000
240 S., Pb., zahlr. Abb.
DM 34,- (ÖS 248/SFr 32,80) € 19,80
ISBN 3-89472-316-5

David Lynch ist einer der erfolg-
reichsten, aber auch umstrittensten
Filmregisseure der Gegenwart.
Lynch lockt den Zuschauer in das
Zwischenreich zwischen Kitsch und
Kunst, zwischen Realität und Traum,
zwischen Horror und Sentiment,
zwischen Sprache und Bild.

„ein inspirierendes Buch"
film-dienst

Deutschhausstr. 31 D-35037 Marburg
Fon 06421/63084 Fax 681190
www.schueren-verlag.de